[明] 张居正 著

張居正全集

【六】

附录三 诗经直解

长江出版传媒

崇文书局

目录

附录三

诗经直解

林益莉　点校

卷一

国风一

二南总论：以《麟趾》为《关雎》之应者，言文王能正心修身以齐其家，是以化及于江汉汝坟，而《麟趾》之祥应焉；以《驺虞》为《鹊巢》之应者，言诸侯能正心修身以齐其家，是以仁恩及于草木禽兽，而《驺虞》之效应焉。要之诸侯王道之盛，实本于文王王道之成。

周南一之一

凡十一篇。朱子曰：《诗》言文王之德者，系之周公，以周公主内治故也。

关雎 三章，一章四句，二章章八句

首章讲：此宫人为得圣配作也。

关关雎鸠，在河之洲。

雎鸠，水鸟。洲，水中可居之地。相彼雎鸠，关关然相与和鸣于河洲之上，情挚有别，鸟中之善匹也。

窈窕淑女，君子好逑。

女，是未嫁之称。君子，指文王。况此淑女窈窕然，幽深而不浅露，闲静而不轻浮，是天下之圣女也。以是而配君子，必相与和乐而恭敬，可以奉神灵之统，可以理万物之宜，正位于中宫，视诸正位于外者，允无愧矣！不为君子之善匹乎？盖虽始至，而一见之间，固可以逆睹也已。

二章讲：夫淑女惟为君子好逑也，则向当未见之时，我何如其为忧哉！

参差荇菜，左右流之。

荇菜，水中之接余。左右，是无定之方。彼长短不齐之荇菜，柔顺芳洁。欲得之以为神明之羞者，则当左右以流之，无处而不用其力矣。

窈窕淑女，寤寐求之。

之，指淑女。况窈窕淑女幽闲而贞静，欲得之以为内治之助者，则当寤寐以求之。

求之不得，寤寐思服。

寝而醒曰寤，熟睡曰寐。求之而不得，则寤寐之间思怀之切。

悠哉悠哉，辗转反侧。

悠悠而不能忘，以至于辗转反侧而不能以安席，无时而不用其情矣。盖为君子图好逑，固宜忧思而不能已哉！

末章讲：夫向者未得而忧如此，则今日既得，我何如其为乐哉！

参差荇菜，左右采之。

彼参差荇菜既得之，当采而择之，以为精洁之用。

窈窕淑女，琴瑟友之。

之，指淑女。况窈窕淑女既得之，而有以为君子之好逑矣，吾人亲爱之意勃然而兴，则当比之琴瑟，以写吾亲爱淑女之意焉。

参差荇菜，左右芼之。

参差荇菜既采之，则当熟而荐之，以为神明之善矣。

窈窕淑女，钟鼓乐之。

之，指淑女。况窈窕淑女既得之，而有以为君子之善匹，吾人娱乐之心油然而动，则当考之钟鼓，以宣吾娱乐淑女之心焉。盖为君子幸好逑，固宜其尊奉而不能已哉！夫诗人于淑女，忧也以德，乐也以德，此所以不伤不淫而得其性情之正也欤！

葛覃 三章，章六句

首章讲：此后妃既成缔绤作也。言享其成者，当勤其功，而乐其成者，亦思其始。方今缔绤成矣，宁不有所始乎？

葛之覃兮，施于中谷，维叶萋萋。

葛，草名。覃，蔓延。向当初夏之时，葛之生也，延蔓不绝，施于山谷之中。其叶萋萋然，遂其向荣之势。

黄鸟于飞，集于灌木，其鸣喈喈。

灌木，丛生之木。斯时也，景物所及睹者，黄鸟鼓亲上之性，振羽仪以于飞，启知止之明，集灌木以爱止。自得之余，其鸣喈喈然，而和声为之远闻矣。景与物咸熙，见与闻适会，追而想之，初夏景象宛然在目。斯时葛虽未成也，而不有可治之不渐乎？

二章讲：

葛之覃兮，施于中谷，维叶莫莫。

迨盛夏之时，葛之延施于中谷也，维叶莫莫而茂密，则葛已成，而织纴之功可施矣。

是刈是濩，为缔为绤，服之无斁。

濩，煮。为，是织纴。于是刈之以斧斤，濩之以釜鬵，而治之有序也。因其精者为绨，因其粗者为绤，而理之有等也。绨绤既成，则一经一纬之绪，莫非手泽之存。由是而服之也，心诚爱之，虽极垢弊而不忍厌弃矣。此时葛幸有成矣，而吾从事不既遂乎？

末章讲：绨绤之功既成，闺门之修少暇，而吾归宁之念动矣。

言告师氏，言告言归。

师，是女师。然外行不专，固不可以径行乎？归宁内言不出，又不可自告于君子，于是以其意告于师氏，使师氏告君子以我将归宁之意焉。

薄污我私，薄澣我衣。

污，烦捴以去其垢。澣，浣濯之而已。然归宁之礼不可苟，必有当洁之服也，则薄污我之私服，薄澣我之礼服。

害澣害否？归宁父母。

害，何也。否，不当澣。归宁，父母在，归而问其安否。何者在所当澣，而何者在所未澣乎？在所未澣者固不必澣，而所当澣者则必澣之，以致其洁焉。庶可服之以归，而问父母之安否，一念孝思之心，藉是少申矣。是绨绤既成，而我之所用情有如是者。吁！后妃一绨绤之成，而勤俭孝敬之德备焉，固可谓贤矣。然而文王修身之效，亦讵可诬哉？

卷耳 四章，章四句

首章讲：此后妃为思君子不在而作。言居而相离则思，人之情也。今我于君子不在，果何如其为情耶？

采采卷耳，不盈顷筐。

卷耳，菜名。顷，是欹。筐，竹器。我以君子不在，而有事于卷耳之采，犹未满于顷筐。

嗟我怀人，寘彼周行。

人，指文王。寘彼，弃之不来。周行，大路也。斯时适念其君子，于是事为情夺，手为心制，不能复采。而卷耳之生于周行者，寘之周行而已。怀人在念，虽欲终其事而不能，顷筐不盈奚计哉！

二章讲：不特此也。

陟彼崔嵬，我马虺隤。

陟，升也。崔嵬，土山戴石者。虺隤，马病也。我以君子不在，欲陟崔嵬之山，以望我所怀之人而往从之，此我之心也。然登高必资于马，今我马则虺隤，而不能以升高，往从之计不遂矣。

我姑酌彼金罍，维以不永怀。

永，长也。怀，思也。则我之怀不能自已，而将何以宽之哉？我姑酌彼金罍之酒，使不至于长以为念，而稍宽其一二之思焉耳。要之夫妇之情，乌能以终恝耶？

三章讲：

陟彼高冈，我马玄黄。

冈，山脊。玄黄，病极变色。我以君子不在，欲陟高冈之山，以望我所怀之人，而往从之，我之意也。然登高必资于马，今我马则玄黄而不能历险，往从之计不谐矣。

我姑酌彼兕觥，维以不永伤。

兕，是野牛。觥，是酒爵，以兕角为之。则我之伤，不能自已，将何以解之哉？我姑酌彼兕觥之酒，使不至于长以为伤，而稍解其一二之忧焉耳。要之夫妇之情，乌能以类忘耶？

末章讲：

陟彼砠矣，我马瘏矣。

砠，石山戴土者。瘏，马病。我以君子不在，欲陟石出戴土之砠，以望所怀之人而从之。然登高必资于马，今我马则瘏病而不能进。

我仆痡矣，云何吁矣！

仆，御车之人。痡，人病也。御马必资于仆，我仆则痡而不能行，往从之计亦已矣。夫君子之归既不可得，往从之计又不可遂，使我如何其忧叹也！盖其愤郁之深，有非言语所能形容者矣。吁！后妃于君子不在而思念之。卷耳之寘，登高之举，金罍、兕觥之酌，无非甚其思念之情也，非贞静专一之至德，其能然哉！

樛木 三章，章四句

首章讲：后妃能逮下而无嫉妒之心，众妾乐其德而称愿之，曰：天人妙相与之机，德福有相因之理，吾尝征之物，而知君子之得天有道矣。

南有樛木，葛藟累之。

藟，亦葛类。彼南山之木，樛然其下垂，则葛藟维系于其上。是葛之上系，因樛木有以引之，在物且有然者。

乐只君子，福履绥之。

众妾，指后妃。履，禄也。况我君子恩意溢于闺门，而嫌隙尽泯，慈爱通于群下，而忌刻不生，其德诚可乐也。是不为福履之所绥乎？盖德之所在，天必予之以安贞之吉，富贵福泽以绥其生也。《麟趾》《螽斯》以绥其后也，殆无所不至矣。有是德则有是绥，非感应必然哉？

二章讲：

南有樛木，葛藟荒之。

南有下垂之樛木，则葛藟得以荒奄于其上矣。

乐只君子，福履将之。

况我君子，深仁逮下，而无嫉妒之心，其德何可乐也！殆必天相之以福，其思也若启，其行也若翼，凡所以左右扶助者，自不容已矣！而其为福履之所将也，孰非将之以君子之德哉！

末章讲：

南有樛木，葛藟萦之。
南有下垂之樛木，则葛藟得以萦旋拔其上矣。

乐只君子，福履成之。
况我君子深恩逮下而无猜忌之心，其德何可乐也！殆必天祐以福，其来也如几，其多也如式，凡所以左右成就之者，自不容已矣！而其为福履之所成也，孰非成之以君子之德哉！此固吾人之所深愿者，若然则吾人所以被其乐只之德者，盖未有艾矣。夫后妃溥逮下之德，而众妾致称愿之词，闺门之修于此可见，而文王刑于之化亦可征矣。

螽斯 三章，章四句

首章讲：后妃不妒忌，而子孙众多，故众妾以螽斯比之，曰：盛德者必获福，至仁者必昌后；吾尝远取诸物，而知其理之不诬矣。

螽斯羽，诜诜兮。
螽斯，黄虫之属，生九十九子。彼群则必争，物之情也。惟夫螽斯之羽虫也，诜诜然群处和集，而不相害焉，固自得其滋生之理矣。

宜尔子孙，振振兮。
尔，指螽斯。是以和气所感，天地之和应焉。其子孙之振振然众盛者，尔之所宜也，非幸也。

二章讲：

螽斯羽，薨薨兮。
是螽斯羽也，不惟诜诜和集已也，但见飞则群飞，其声薨薨焉，何其和也!

宜尔子孙，绳绳兮。

固宜尔之子孙绳绳然，其不绝矣。

末章讲:

螽斯羽，揖揖兮。

是螽斯羽也，不惟薨薨群飞已也，但见聚则会聚其群，揖揖焉，何其和也!

宜尔子孙，蛰蛰兮。

固宜尔之子孙，蛰蛰然其众多矣。然则我后妃之不妒忌也，是即螽斯之诜诜、薨薨、揖揖也，而有以为昌后之本。我后妃子孙之众多也，是即螽斯子孙之振振、绳绳、蛰蛰也，而有以为盛德之征。有是德则有是福，其相因之理固如此者，而岂出于私媚哉!

桃夭 三章，章四句

首章讲:《桃夭》，咏女子之贤也。盖曰:守正之节，君子犹难，讵意于今女子见之!

桃之夭夭，灼灼其华。

彼桃之夭夭，其木少矣。木少则华盛，是以灼灼其华也。

之子于归，宜其室家。

之子，指嫁者。于归，归于夫家。况之子当此时以于归，而守正俟时，其人之贤何如也!既归之后，不有以宜其室家乎?盖其处室也，必能克敬克戒而顺于室;其处家也，必能事上接下，而和顺于家。诚于今日之行，而预卜之矣。

二章讲:

桃之夭夭，有蕡其实。

桃之夭夭，则其实之所成也，有蕡其盛矣。

之子于归，宜其家室。

况之子于归也，守正俟时，其贤如此。则其归而处家室之间也，必能道不衰于尊卑，敬无违于夫子，有以宜其家室也，兹固可以逆睹也已。

末章讲：

桃之夭夭，其叶蓁蓁。

桃之夭夭，则其叶之所生也，蓁蓁其盛矣。

之子于归，宜其家人。

况我之子于归也，守正俟时，其贤如此。则其归而处家人之间也，必能乖戾之不生，而和顺之愈笃，有以宜其家人也，兹固可前知也已。是于其室家之宜也，见女子之贤焉；于其女子之贤也，见圣化之盛焉。文王家齐国治之效于斯验矣。诗人因所见而叹美之，其咏女子耶！其亦咏文王耶！

兔罝 三章，章四句

首章讲：诗人美圣世多贤也。若曰：人才难得，自古为然，国家多贤，于今始见，试以在野言之。

肃肃兔罝，椓之丁丁。

罝，罥网。彼设兔罝以待兔，肃肃然其整饬矣；椓杙以张罝，丁丁然其有声矣。

赳赳武夫，公侯干城。

赳赳，武勇貌。干，是盾。城，是垣。况此赳赳武夫也。言乎其迹不过武勇以从事于田猎之务耳。然其才则不囿于迹也。使其脱山林而为公侯用，吾知御武有素猷，外而无恐，恃之抚绥有定策；内而久安，赖之不为公侯之干城乎？

　　二章讲：然干城不足以尽之也。

肃肃兔罝，施于中逵。

　　中逵，道之中央也。肃肃兔罝，则施于中逵之冲矣。

赳赳武夫，公侯好仇。

　　况此赳赳然掩兔之武夫，时而见用，必能展安内攘外之略，与公侯相为匹休。此能是，彼能是，而君臣其合德矣，不为公侯好述乎？

　　末章讲：然好仇又不足以尽之也。

肃肃兔罝，施于中林。

　　肃肃兔罝，则施于中林之会矣。

赳赳武夫，公侯腹心。

　　况此赳赳然掩兔之武夫，时乎见用，必能撼安内攘外之谟，与公侯相为默契。此欲是，彼亦欲是，而君臣其一心矣，不为公侯腹心乎？吁！人有一才，已为国家幸，矧干城、好仇、腹心咸备于一人；师师在朝，已为多士庆，矧干城、好仇、腹心不乏于草莽。在野如此，在朝可知；武夫如此，百官可知，然非文王作人之化，何以致之？

芣苢 三章，章四句

　　首章讲：时家室和平，妇人采芣苢而赋以相乐，曰：天下有可乐之事，而恒患无可乐之时，今吾与汝幸际和平之会，值无事之时，相从于芣苢之采，何如哉？

采采芣苢，薄言采之。

　　芣苢，车前草。采，始去求。其始也，不有以求之，孰从而得之？则采采芣苢，薄言采之焉，于彼于此而博求之无方矣。

采采芣苢，薄言有之。

有，是得那芣苢所生之地。其既也，不有以得之，适虚其求也。则采采芣苢，薄言有之焉，于彼于此而物显于有象矣。

二章讲：

采采芣苢，薄言掇之。

既有矣，掇之之功可施也。则采采芣苢，薄言掇之以拾其穗焉。兼取并蓄，弗使穗之弃于地矣。

采采芣苢，薄言捋之。

既掇矣，将之之功可施也。则采采芣苢，薄言捋之，以取其子焉。裒多益寡，弗使子之遗于穗矣。

末章讲：

采采芣苢，薄言袺之。

捋之既多，手不能掬也。则采采芣苢，薄言袺之，以衣贮之，而执其衽。藏蓄之计，取诸身而袺也。

采采芣苢，薄言襭之。

袺之既久，手不能执也。则采采芣苢，薄言襭之，以衣贮之而极其衽于带间。佚游之道，不下带而存也。率境外以攸往，采芣苢以适情，惟吾与女油然有余休矣。外此复何求哉！要之芣苢，微物也，相与采之，而所以得采芣苢者，妇人不知也；采物，细事也，相与赋之，而所以得赋其事者，妇人不知也，殆所谓王民皞皞而忘所为者欤！

汉广 三章，章八句

首章讲：此文王化及江汉，有以变其淫乱之俗。故出游之女，人望见之而知其端庄静一，乃作此诗以美之。曰：天下之风俗，系人君之转移，而圣人在上，则其感化之机尤速也。吾有征于江汉之游女焉。

南有乔木，不可休息。

乔，上竦无枝。彼凡木之可息者，皆其茂盛而下垂者也。若南山之乔木上竦无枝，则不可以休息矣。

汉有游女，不可求思。

凡女之可求者，皆其越礼而逾闲者也。此江汉之游女，端庄静一，则不可得妄求矣。

汉之广矣，不可泳思。

广，是阔。泳，潜行于水。然是游女之不可求也，吾何以拟诸形容哉？今夫水之狭者，或得而泳之。曾谓汉之广矣，可得而泳乎？

江之永矣，不可方思。

永，长也。方，是桴，即今之木排也。水之短者，人或得而方之。曾谓江之永矣，可得而方乎？

游女与汉水比洁，则其不可求犹汉广也；与江水同清，则其不可求犹江永也。吾一望见之余，而有以窥其素矣！

二章讲：夫以游女之贤如此，而吾人好德之念将何以致其情哉？

翘翘错薪，言刈其楚。

翘翘，秀起貌。秀起之错薪，有楚生焉，则言刈其楚。

之子于归，言秣其马。

之子，指游女。归，归于夫家。秣，是饲马。况我之子，苟乘桃夭以于归，我则愿为之秣其马焉。夫秣马，贱役也。然苟可以致吾亲炙之诚，虽贱有弗恤矣。

汉之广矣，不可泳思。江之永矣，不可方思。

今夫汉之广矣，不可得而泳；江之永矣，不可得而方；游女之不可求犹是焉。则其德之起人敬何如也，而乌容已于秣马之仰者哉？

末章讲：

翘翘错薪，言刈其蒌。

翘翘错薪，有蒌生焉，则言刈其蒌矣。

之子于归，言秣其驹。

况我之子，际仲春以于归，我则愿为之秣其驹焉。夫秣驹，辱行也。然苟可以致其景仰之怀，虽辱行亦有弗辞矣。

汉之广矣，不可泳思。江之永矣，不可方思。

今夫汉之广矣，不可得而泳；江之永矣，不可得而方；游女之不可求犹是焉。则其贤之启人慕何如也，而乌容己于秣驹之仰者哉？夫此一游女也，荡于昔而变于今。如此可见朝廷有教化，则天下有风俗矣，文王之化远矣哉。

汝坟 三章，章四句

首章讲：此被化妇人喜君子行役而归作也。若曰：论夫妇则有不忍忘之情，论君臣则有不容辞之义。吾今幸君子之归矣，追昔未见而其情何如哉？

遵彼汝坟，伐其条枚。

遵，循行也。汝，汝水名。坟，大防可行之处。汝坟之上有条枚生焉，我则循汝坟而伐其条枚矣。斯时也，君子未归，而未得以见之。

未见君子，惄如调饥。

君子，指其夫也。惄，乱意。调，重也。不胜其睽违之感而思之切，有如饥饥之重而不能堪焉。此昔日未见而忧思之情如此矣。

二章讲：乃今既得见止，而其情何如哉？

- 15 -

遵彼汝坟，伐其条肄。

汝坟之上有条肄生，我则遵彼汝坟而伐其条肄矣。

既见君子，不我遐弃。

遐，远也。斯时也，君子来归而得以见之，适慰其契阔之思，何幸君子不忘偕老之约，而不远弃我也！此今日既见，而喜乐之情如此矣。

末章讲：夫今昔殊遭而忧喜，殊情在吾夫妇之情，大抵然也。然有君臣之义，则君子当不以行役为劳矣。

鲂鱼赪尾，王室如毁。

鲂，鱼名。赪，是赤。王，指纣。毁，火焚。彼鱼劳则尾赤。鲂尾本白而今赤，则其劳甚矣。我君子之从役劳瘁，何异是哉？然女之劳既如此，而王室酷烈之政，如火方焚。则征役不息，而君子从役之劳犹未艾也。

虽则如毁，父母孔迩。

父母，指文王。迩，近也。然王室虽如毁，岂无可以自慰者乎？彼西伯保民之仁，体恤周至，不啻如父母。然今德泽在南国，即父母之爱在南国，而吾民莫不有瞻有依，望之盖甚近也。今尔既以父母之命，供王室之役，则当为父母而忘其劳矣。夫妇人于君子，既极忧喜之情，必致悯劳之意。其于夫妇之恩，君臣之义胥得之矣，非其德泽之深，风化之美能有是哉？

麟趾三章，章三句

首章讲：此诗歌圣瑞也。若曰：征圣人之化者，莫先于家；稽圣王之瑞者，莫大于德。吾兹有感于子孙宗族，而知周之德与周之所以王也。

麟之趾，振振公子，于嗟麟兮！

麟，兽名。趾，是足。公子，文王所生者。兮，叹词。彼麟之为物，其性仁厚者也。故其趾不践生草，不履生虫，亦仁厚之至也。况我公子渐被于家庭仁厚之化远矣，故有以培养其德性之良，慈祥而能爱也，敦庞而不刻也，亦振振其仁厚焉。夫麟之出，所以兆太平也。今公子有仁厚之德，则上可以凝天命，下可以结人心；亦有以开天下之太平，而其瑞莫大此矣。吁嗟，公子是即麟也，而何形之拘哉！

二章讲：然不特公子之振振已也。

麟之定，振振公姓，于嗟麟兮！

定，是额。公姓，公子所生者。麟性仁厚，故其定亦仁厚，而不以抵乎物。况我公姓渊源于家庭之仁厚，而莫不有慈祥敦庞之德，亦振振以仁厚称矣。夫麟固治世之征也，而公姓仁厚，则嗣续有人，而天命人心赖以永延，所以开周家有道之长者在此矣。吁嗟，公姓其即麟也，而形奚论哉！

末章讲：然不特公姓之振振已也。

麟之角，振振公族，于嗟麟兮！

公族，是公同高祖。麟性仁厚，故其角亦仁厚，而不以触乎物。况我公族渐染于家庭之仁厚，而莫不有慈祥敦庞之德，亦振振以仁厚称矣。夫麟固治世之祥也，而公族仁厚，则藩翰有托，而天命人心赖以夹辅，所以扩周家无外之治者在此矣。吁嗟，公族其即麟也，而形奚计哉！吁！吾于是而知文王有可王之德，周家有兴王之势，果而集一统之业，而四海永清。所谓麟者，是耶？非邪？

召南一之二

凡十四篇。诗言诸侯之国，被文王之化以成德者，系之召公，以召公长诸侯故也。

鹊巢 三章，章四句

首章讲：此家人美被化之女子作也。若曰：国家大婚之礼，仪卫匪贵，惟德为称，何幸于我之子见之！

维鹊有巢，维鸠居之。

鹊，鸟名。巢，鸟宿之处。鸠之为物，不善为巢者也。故鹊有完固之巢，则鸠尝来居之。性拙者固宜享其逸矣。

之子于归，百两御之。

之子，指女子。车两轮，故曰两。况我之子，具专静纯一之德，其乘桃夭以于归也，则百两以迎之，轮毂辉煌，侈邦君之仪卫，固其德之克称而无忝者矣。

二章讲：

维鹊有巢，维鸠方之。

方，为其所有意。鸠之为物，不能为巢也。故鹊有巢，则鸠奄而有之。性拙者固宜享其安矣。

之子于归，百两将之。

况我之子，具专静纯一之德，其际仲春以于归也，则百两以送之，翟茀连络，俨夫人之等威，固其德之克称而无愧者矣。

末章讲：

维鹊有巢，维鸠盈之。

维鹊有巢，而完固之可居，则维鸠盈之，而类聚之甚众也。是至拙之物，固宜享成巢之利者矣。

之子于归，百两成之。

成，兼送迎。况我之子，德备于纯一，而乘时以于归也，则宜迎以百两，以重其来，送以百两，以重其往。所以成是婚礼者，无有于旷仪焉。是盛德之人，固宜享成礼之备矣。是知非女子之贤，固无以藉仪卫之盛；非教化之洽，亦无以致女子之贤。诗人美之，其得于观感者深矣。

采蘩 三章，章四句

首章讲：此被化夫人能尽诚敬以奉祭祀，故家人美之曰：理天下之幽在祭，通神明之感在敬。故未事贵预，执事贵恪，去事贵徐。我夫人之奉祭何如哉？

于以采蘩？于沼于沚。

蘩，是白蒿。沚，是渚。彼蘩生于沼沚也，则于以采蘩于沼沚之中，而不辞躬亲之劳。

于以用之？公侯之事。

公侯，指南国诸侯。事，祭祀之事。是将何所用哉？诚以公侯举祭祀之事，而夫人有荐豆之礼。是蘩之采也，将以为菹以助公侯祭祀之事耳。祀事虽未举，而一念精白之忱，不已寓于沼沚之行乎？

二章讲：

于以采蘩？于涧之中。

山夹水曰涧。彼蘩生于涧，则于以采蘩于涧之中，而不惮夫往来之烦。

于以用之？公侯之宫。

宫，庙也。是将何所用哉？诚以公侯举都宫之祭，而夫人有东房之立。是蘩之采也，将实之豆，以修公侯都宫之祭耳。宫虽未启，而一念明信之忱，不已形于涧中之往乎？是其采蘩之敬有如此。

末章讲：由是其方祭也，蘩于是乎荐矣。

被之僮僮，夙夜在公。

被，是首饰编发为之。公，是公所。则诚敬之存于心者，不可得而见，而见其形之于被者，僮僮然其竦敬焉，步虽移而被不动。夙夜在公，以行荐豆之礼，殆有俨宗公于如见者矣。是其荐蘩之敬有如此者。

被之祁祁，薄言旋归。

由是其既祭也，蘩于是乎彻矣，则余敬之蕴于中者，不可得而见，但见其形之于被者，祁祁然其舒迟焉，去如慕而行若疑。以薄言旋归，虽毕都官之祭，殆有俨神明于不忘者矣。是其彻蘩之敬有如此者。事有始终，敬无间断，可谓贤矣。然非被文王之化，其能然哉？

草虫三章，章七句

首章讲：此被化之大夫妻，思其君子而作。曰：因时而变化者物，触物而兴思者人。我今于君子不在，安能忘情于时物之变哉！

喓喓草虫，趯趯阜螽。

草虫，蝗虫之谓。阜螽，是蠜虫。彼草虫向未闻其有声也，今则喓喓然而鸣。昔所未闻，而今闻之矣。阜螽向未见其成形也，今则趯趯然而跃。昔所未见，而今见之矣。

未见君子，忧心忡忡。

物类变化，今昔不同，而君子行役，于今未见。则离别之感，动于见闻之余，而忧心盖忡忡而靡定矣。

亦既见止，亦既觏止，我心则降。

然是忧也，果何时而可降哉？是必既见既觏，有以睹其仪容，聆其德音焉。然后仳离之感以慰，而忡忡之忧庶乎其下矣。不然，心之忧乌能已耶？

二章讲：然时物之变，不特草虫阜螽已也。

陟彼南山，言采其蕨。

蕨，鳖草。我也陟彼南山，以望君子之归。而蕨生可食，则言采其蕨。是时物之变，于蕨亦有征矣。

未见君子，忧心惙惙。

我也感时物之非旧，思会晤之难期，忧心盖惙惙而不能置焉。

亦既见止，亦既觏止，我心则说。

必也亦既见止，亦既觏止，然后此心庶乎其悦怿耳。否则，惙惙之忧其能忘哉？

末章讲：然时物之感，又不特蕨为然也。

陟彼南山，言采其薇。

薇，似蕨而略大。陟彼南山，以望君子之归。而薇生可食，则言采其薇。时物之变，于薇亦有征矣。

未见君子，我心伤悲。

我也睹时物之更新，嗟怀人之不归，忧思至于伤悲而不解焉。

亦既见止，亦既觏止，我心则夷。

必也亦既见止，亦既觏止，然后此心庶乎其夷平耳。否则，伤悲之心其能自休哉？

采蘋 三章，章四句

首章讲：此美大夫妻能奉祭祀作也。曰：宗庙载启，举明禋之典者，我大夫尽助奠之诚者，我主妇试言之。

于以采蘋？南涧之滨；

蘋，是水中浮萍。

彼蘋之为物，可以羞神明。而南涧，蘋所生也。则采蘋于南涧之滨，而躬亲之劳，有不辞矣。

于以采藻？于彼行潦。

藻，是聚藻。藻之为物，可以荐宗庙。而行潦，藻所生也。则采藻于行潦之地，而往来之烦，有不恤矣。

二章讲：既采之矣。

于以盛之？维筐及筥。

盛，贮也。由是而盛之，则维方之筐也，及圆之筥也。盖蘋藻异品，盛之各异其器者，正使之无或混也。

于以湘之？维锜及釜。

湘，是烹。既盛之矣，由是而湘之，则维有足之锜也，及无足之釜也。盖蘋藻异味，湘之各一其具者，正使之无或亵也。

末章讲：

于以奠之？宗室牖下。

奠之，是置那蘋藻。牖下，即室四南隅之奥。既湘之矣，由是奠之宗室牖下焉。盖宗室乃大夫奉祭之所，而牖下乃神明所栖之地，神明于此而栖，则蘋藻亦于此而奠矣。

谁其尸之？有斋季女。

季，是少年。然所以主蘋藻者，果谁其人乎？则有庄敬之少女而已。盖本其寅畏之衷，以虔夫荐豆之礼。凡其采而盛，盛而湘，湘而奠，何莫非一敬之攸存乎？夫祭而能敬固难，少而能敬尤难，而我主妇优为之，真可谓能奉祭祀哉。此固大夫妻生质之贤，而化之所从来远矣。

甘棠 三章，章三句

首章讲：此思召伯作也。言天下之物，每有所因而志爱；仁人之泽，恒以所见而不忘。吾于召伯，其能已于情耶？

蔽芾甘棠，勿剪勿伐，召伯所茇。

甘棠，是杜梨之才。召伯，即召公。彼南国之有甘棠也，枝叶条干蔽芾而茂盛。凡我南国之人，尚勿剪其枝叶乎，勿伐其条干乎！若此者，非爱一甘棠也。盖以召伯循行布政之时，尝舍此甘棠之下以舒其劳，今我南人受召伯之荫至矣，而甘棠即所以荫召伯也。召伯既去，不可复睹，甘棠实系吾人去后之思也。伐甘棠，即所以伐召伯之德矣。伐之，又奚忍哉？

二章讲：

蔽芾甘棠，勿剪勿败，召伯所憩。

是蔽芾甘棠也，不特勿伐之已也，苟少败而挫折之，亦其心之所不忍也。其勿剪勿败乎！所以然者，盖以召伯循行，尝憩此甘棠之下，今其人不可见矣，得见甘棠即见召伯也。不忍忘伯之德，即不忍残所憩之甘棠矣，又奚忍于败之耶？

末章讲：

蔽芾甘棠，勿剪勿拜，召伯所说。

是蔽芾甘棠也，不特勿败之已也，苟少拜而屈抑之，亦其心之所不忍也。其勿剪勿拜乎！所以然者，盖以召伯循行，尝说此甘棠之下，今其人不可见矣，得见甘棠即见召伯也。不忍忘伯之德，即不忍伤所说之甘棠矣，又奚忍拜之耶？噫！甘棠且见爱矣，召伯当何如耶？召伯且见思矣，文王当何如耶？于此固可以见召伯得民之深，亦可以见文王德化之盛矣。

行露 三章，一章三句，二章章六句

首章讲：此被化之女子自守作也。若曰：天下恒有外至之辱，而能不为所污者，惟有自守耳。

厌浥行露，岂不夙夜？谓行多露。

今道间之露厌浥而方湿，其势甚可畏也。我也当此旦夜之际，岂不欲有所行也乎？但以行道之间多露，畏其沾濡而不敢耳！使不顾此而冒行，宁免沾濡之患乎？

二章讲：夫我之自守如此，然或有强暴不情之讼，则我之自诉乌能已哉？

谁谓雀无角，何以穿我屋？

彼雀之穿屋，人皆谓其有角也，谁谓雀无角乎？若无角，何以能穿我之屋耶？

谁谓女无家，何以速我狱？

女，指男子。女之致我于狱，人皆谓其有室家之礼也，谁谓女无家乎？若无家，何以能召致我于狱耶？

虽速我狱，室家不足。

然女虽能速我于狱，而媒妁之言未通，六礼之仪未行，所以求为室家之礼，初未尝备，则速我于狱，不过为无情之词焉耳，岂足以诬人哉？

末章讲：

谁谓鼠无牙，何以穿我墉？

墉，是墙。鼠之穿墉，人皆谓其有牙，谁谓鼠无牙乎？若无牙，何以能穿我之墉耶？

谁谓女无家，何以速我讼？

女之致我于讼，人皆谓其有室家之礼也，谁谓女无家乎？若无家，何以能速我于讼耶？

虽速我讼，亦不女从。

然女虽速我于讼，而室家之礼不足，则自守之志不易，我决不女从矣。无情之讼何为哉！吁！贞女之守礼如此，非文王、召伯之德化，孰风之？

羔羊三章，章四句

首章讲：此美大夫作也。曰：常人于公朝之服，或勉从乎常制，而私服则不免流于侈矣；于立朝之顷，或谨饰乎仪容，而燕居则不免流于肆矣。我大夫不然。

羔羊之皮，素丝五纮。

素，白色。纮，丝饰裘之名。以羔羊之皮，为燕居之裘，其加之以饰也，则惟素丝五纮而已。崇雅而黜华，不尚乎文绣之美，其衣服之常如此，何其德之节俭耶？

退食自公，委蛇委蛇。

退食，退朝食于家。自公，从公门而出。当退食于家而出自公朝之时，其形之动容，则见其委蛇自得而已。不拘而不肆，适著乎安舒之度，其动容之自得如此，何其德之正直耶？

二章讲：

羔羊之革，素丝五緎。

革，是皮。緎，裘之缝界。以羔羊之革为裘，而以素丝五緎为饰。

委蛇委蛇，自公退食。

且其委蛇自得之容，每形于自公退食之际，是其去奢敦朴、周旋中礼可见矣。其节俭正直也何如哉！

末章讲：

羔羊之缝，素丝五总。

以羔羊之皮缝而为裘，以素丝五总为饰。

委蛇委蛇，退食自公。

且其委蛇自得之容，著于退食自公之时，是其敛华而尚质，动容而有则可见矣。其节俭正直也何如哉！要之衣服有常，文王卑服之化风之也。动容自得，文王敬止之德感之也。倘非被化之深，而在位焉能若是耶？

殷其雷 三章，章六句

首章讲：此思君子作也。意曰：君子驰驱王事，奚暇计及家哉？顾役则念其劳，离则期其合，在我有难为情者。

殷其雷，在南山之阳。

山南曰阳。彼殷然雷声，则在南山之阳。是无定者，固有定在矣。

何斯违斯？莫敢或遑。

斯，前一字指君子，后一字指此所。遑，闲暇也。何此君子乃违此所，以从役于外，而莫敢少暇乎？是有定者，反无定在矣。

振振君子，归哉归哉！

君子，指其夫。夫以君子之莫敢或遑，则旋归之未有期，诚不能不系吾思者。吾想君子之为人也，振振然信实而无伪，忠厚而有余，其德之美如此。乃吾之所欲相亲，而无朝夕违者。尚其早毕事而来归哉！早毕事而来归哉，庶可以慰吾仰德之思矣。不则，思念之情，曷维其已耶？

二章讲：

殷其雷，在南山之侧。

殷然雷声，盖在南山之侧，而有定处矣。

何斯违斯，莫敢遑息。

息，止息也。何此君子独去此，而莫敢遑息者乎？

振振君子，归哉归哉！

想我君子忠信慈祥，振振有足嘉者。速一日之归，则速慰吾一日之思矣。尚其早毕事而来归哉！不然，思念不能以自已也！

末章讲：

殷其雷，在南山之下。

殷然雷声，盖在南山之下，而有定处矣。

何斯违斯，莫敢遑处。

处，安居也。何此君子独去此，而不敢遑处者乎？

振振君子，归哉归哉！

想我君子笃实浑厚，振振有足美者。速一日之归，则速慰吾一日之念矣。尚其早毕事而来归哉！不然，思念不能以自已也！夫既念其役而悯其劳，复美其德而望其归，妇人可谓专一之至矣。非被化而能若是乎？

摽有梅三章，章四句

首章讲：此女子自守，惧其嫁不及时作也。若曰：婚姻有期，一过其期，将有后时之悔者，甚可惧也。

摽有梅，其实也七分。

七，七分。向也梅之方实，乃桃夭之候，大昏之期也。今梅之实者已摽，其在树者仅十之七而已，则时过而太晚矣。

求我庶士，迨其吉兮。

庶，众也。士者，知礼义之人。吉，吉日。当此之时，婚礼未定，吾宁以无惧乎？求我之庶士，其及此时日之吉，而遂行大婚之礼乎！庶乎吾身有主，而侵凌之患可免矣！

二章讲：

摽有梅，其实三兮。

三，三分也。然梅之摽也，不特七已也。其实之在树者，仅十之三而已。时之过益以晚矣，吾之惧益以切矣。

求我庶士，迨其今兮。

今，今日也。求我之庶士，今犹不至者，意必待吉也。然惟及今而来，以成大婚之礼，则有所恃以无恐矣。奚待其时之吉邪？

末章讲：

摽有梅，顷筐塈之。

塈，取也。然梅之落也，不特三已也。其落之尽者，顷筐以取之焉。时之过又益以晚矣，吾之惧又益以深矣。

求我庶士，迨其谓之。

谓，是相告语。求我之庶士，及今而来固也，然必求其礼之备，恐后时矣。惟以父母之命，通媒妁之言，以相谓则约可定，而我可恃以无恐矣。奚待其礼之备耶？夫当太过之时，而虑强暴之辱，冀庶士之求，而定婚姻之礼。女子之贞信自守如此，非被化之深而能若是哉？

小星 二章，章五句

首章讲：此被化夫人能不妒忌，以惠其下，故其众妾美之。若曰：

嘒彼小星，三五在东。

三五,是稀疏意。东,天东方。嘒然而明之小星,则三五在东矣。

肃肃宵征,夙夜在公。

肃肃,整饬意。宵,是夜。征,行。夙,早。公,即公所。我也进御于君,肃肃然夜行于宫闱之中,则夙夜在公矣。夙焉在公,见星以往还也;夜焉在公,见星以往还也,其往来之勤有如此者。

寔命不同。

是非不欲自逸也,盖我所付之分不同。于夫人之贵者,则贵处其逸,而贱处其劳,固分耳。然使我得进御于君,则夫人之惠也,又安敢致怨于往来之勤哉?

末章讲:

嘒彼小星,维参与昴。

参、昴,西方二宿名。嘒然而明之小星,则维参与昴矣。

肃肃宵征,抱衾与裯。

裯,单被。我也进御于君,肃肃然夜行于宫闱之中,则抱衾与裯矣。夙焉抱衾与裯,见星以往还也;夜焉抱衾与裯,见星以往还也,其往来之速有如此者。

寔命不犹。

是非不能自安也,盖我所付之分不犹。于夫人之尊者,则尊者处其安,而卑者处其烦,固分耳。然使我得进御于君,则夫人之惠也,又安敢致怨于往来之数哉?

江有汜 三章,章五句

首章讲:此媵妾美其嫡作也。若曰:人不能无一时之失,而实难于悔悟之诚,我于夫人深喜其有不远之复矣。

江有汜。

江水犹有决而复入之汜矣。

之子归，不我以。

之子，指嫡妻。我，媵妾自我。何向者之子于归，乃不挟我以行焉？

不我以，其后也悔。

然虽不以，亦特一时之蔽耳。迫其后也，则悔其既往之失，而迎我以归矣，岂终于不我以哉！

二章讲：

江有渚。

江水犹有小洲之渚。

之子归，不我与。

何向者之子于归，乃不与我偕行焉？

不我与，其后也处。

然虽不与，亦特一时之愆耳。迫其后也，则迎我以归，反之无愧于心而泰然得其所安矣，岂终于不我与哉！

末章讲：

江有沱。

江水犹有别出之沱。

之子归，不我过。

何向者之子于归，乃不过我以俱行焉？

不我过，其啸也歌。

然虽不过，亦特一时之迷耳。迨其后也，则创往事之失，而发咨叹之声，于是悔而迎，迎而得所处，油然乐以咏歌矣，岂终于不我过哉！吁！吾于媵众不怨，见夫人之贤焉；吾又于夫人之贤，而见后妃之化焉。

野有死麕三章，二章章四句，一章三句

首章讲：此美贞女之自守也。若曰：情欲，人所易徇。求其能以礼自防者，惟我贞女乎！何言之？

野有死麕，白茅包之。

麕，是獐。彼郊野之间有死麕，欲取之者，犹必以白茅包之。是一物之微，而取之有不苟矣。

有女怀春，吉士诱之。

怀春，当春有怀也。况此怀春之女，吉士当以礼娶之可也。顾欲以非礼诱之，不亦妄哉！

二章讲：

林有朴樕，野有死麕。

林有朴樕之，野有死鹿焉，欲取之者，犹必以白茅纯束之。是一物之微，而取之有不苟矣。

白茅纯束，有女如玉。

况此如玉之女，吉士当以礼聘之可也。顾欲以非礼诱之，不亦妄哉！

末章讲：然吉士之求虽妄，而贞女之守则甚严。

舒而脱脱兮，无感我帨兮，无使尨也吠。

脱脱，即舒缓模样。帨，手巾也，佩之身者。吠，犬声。观其拒之之词，曰：达礼者固当以礼处己，亦当以礼处人，尔姑舒舒而来，毋得犯

礼以相求也。吾身所佩有帨也，感我帨则近我身尔，当无动我之帨焉。吾家所畜有龙也，惊我龙则近我家尔，当无使龙也吠焉。贞女拒之之词如此。夫帨犹不可动也，而况于身？犬犹不可惊也，而况于家？其自守之严，凛然不可犯。如吉士纵欲以非礼诱之，乌得而诱之哉？吁！于此见文王之化矣。

何彼襛矣 三章，章四句

首章讲：此美下嫁之王姬作也。若曰：以王姬而适藩国，荣宠极矣，而能忘其名分以联情好，则姬德之甚茂不可诬也，何则？

何彼襛矣？唐棣之华。

彼襛襛而盛者，果何华乎？乃唐棣之华也。

曷不肃雍？王姬之车。

王姬，周姬姓，故其女曰王姬。此何不异日肃肃而敬，雍雍而和以执妇道者？果何人乎，乃王姬之车也。盖王姬育德于思斋之范者深，观化于窈窕之风者久，自无挟贵之意。吾虽未尽窥其蕴也，然即车而想其人，则其能和敬，不可以逆睹哉？

二章讲：夫以王姬有和敬之德如此，则其匹配之际，何者不见可美乎？自其男女之称言之。

何彼襛矣，华如桃李。

彼襛然而盛，果何华也？实维桃与李也，二物盖烨然其并盛矣。

平王之孙，齐侯之子。

况下嫁者乃平王之孙，派出天潢之尊也。上娶者乃齐侯之子，爵膺五等之贵也。下嫁不为屈，上娶不为僭，男女二人何有不称哉？

末章讲：自其男女之合言之。

其钓维何？维丝伊缗。

彼其钓维何？实惟丝合之以为纶也，二物盖灿然其相比矣。

齐侯之子，平王之孙。

况此上娶者，乃齐侯之子，男得女以为室也。下嫁者乃平王之孙，女得男以为家也。以女为室者，资其内助之益；以男为家者，赖其刑于之化。男女二人何有不合乎？要之王姬惟有肃雍之德，故族类之相称，婚姻之相合，无一而不可美如此也！文王、太姒之教，乌可诬哉？

驺虞二章，章三句

首章讲：此美诸侯之仁德及物也。意曰：万物以得所为贵，王道以因心为难。我侯仁民之余，恩固有以及于庶类矣。而其春田之际，草木之茂，禽兽之多，何如哉？

彼茁者葭，壹发五豝。于嗟乎驺虞！

葭，芦苇。发，发矢。豝，牡豕。驺，白虎。虞，黑文。彼植者吾知其为葭，则茁然而茂盛。走者吾知其为豝，则一发而中五。即一葭、豝之盛，而凡类于葭、豝者，可知我侯之仁恩，盖洋溢于宇宙矣。然岂待于勉哉？彼驺虞之不食生物，其仁性之也。我侯之仁，及于庶类，亦皆出乎因心之自然，而无所勉也。吁嗟乎，是即驺虞矣，而何形体之拘哉！

末章讲：

彼茁者蓬，壹发五豵。于嗟乎驺虞！

豵，生一岁者。植者吾知其为蓬，则茁者而壮盛。走者吾知其为豵，则一发而中五。即一蓬、豵之盛，而凡类于蓬、豵者，可知我侯之仁恩，盖充周于覆载矣。然岂待于勉哉？彼驺虞之不食生物，其仁性之也。我侯之仁，及于庶类，亦皆由于根心之自然，而无所强也。吁嗟乎，是即驺虞矣，而何形体之限哉！是则非及物无以见诸侯功用之全，非仁心无以见诸侯功用之本，薰蒸透彻，上下周遍。文王王道之盛，盖至此而不可加矣。

邶一之三

邶、鄘之诗，多为卫载，以其地后入于卫也。犹系故国之名者，存先王之封建也。诗凡十四篇。

柏舟五章，章六句

首章讲：此妇人不得于夫作也。若曰：君子者，终身之所仰望也，一为见弃，则忧伤之情有不可胜言者，若我是已。

泛彼柏舟，亦泛其流。

彼以柏为舟，坚致牢实，宜以之乘载也。今乃不以乘载，无所依薄，但泛然于水中而已。我之不得于夫，失其所依归，不犹是哉！

耿耿不寐，如有隐忧。

耿耿，小明也。是以耿耿于中，而不遑寐。其隐忧之深，有如此者。

微我无酒，以遨以游。

是非为无酒，可以遨游而解之也。盖不得于夫，乃人伦大变。变之所关者大，则忧之所感者深，始非酒所能解耳，将奈之何哉？

二章讲：我之不得于夫，是必有其故矣。

我心匪鉴，不可以茹。

鉴，镜也。茹，度也。据，依也。惟鉴可以度物也。我心则匪鉴之明，不可以度物，而莫测其所以然之故者矣。

亦有兄弟，不可以据。

夫我既无度物之智，使至亲有可恃焉，则亦聊可以自安也。奈何亦有兄弟，又不可依以为重。

薄言往愬，逢彼之怒。

伸冤曰愬。我方以见弃之情，往而愬之，乃兄弟反不恤我遭变之可怜，而深责我见弃之自取。适以逢彼之怒而已，其不可据如此。盖不得于夫，所遭无非逆境，何其不幸哉！

三章讲：夫不得于夫，我既不能度其故，则所以自反者，不容已矣。

我心匪石，不可转也。

意者立心无常致之与？然语坚确者莫如石，犹可得而转也。而我心坚确之至，则匪石之可拟者，不可得而转矣。

我心匪席，不可卷也。

语正直者莫如席，犹可得而卷也。而我心正直之至，则非席之可伦者，不可得而卷矣。其立心何有常耶！

威仪棣棣，不可选也。

选，拣择也。意者动容未善致之与？然我之威仪，周旋进退无不中礼，棣棣然富而闲习也。人虽欲有取舍故于其间，夫固无一之不善，不可得而选择之矣。其动容何尽善耶！夫反之于身内外无缺如此，则固无不得于夫之故矣，而乃遭此变焉，亦独何哉？

四章讲：

忧心悄悄，愠于群小。

愠，怨也。愠，怒也。群小，指众妾言。夫自反无缺，而乃不得于君子，忧心已悄悄矣。何群小所以事我者也？今亦以我不得于夫，有所观望，而厚薄其情，遂不免于见愠焉。

觏闵既多，受侮不少。

觏，是见。闵，是病。侮，戏慢也。谗谮以攻我，觏闵亦既多矣。傲慢以接我，受侮亦不少矣。其愠于群小为何如耶？

静言思之，寤辟有摽。

寤，是睡醒时。辟，是拊摸其心。夫不得于夫，至于小加大、贱妨贵如是，故我静言思之，深伤所遭之不幸，何尤于群小之交构；寤言不寐，但摽然拊心而已。其将何所控诉哉？

末章讲：夫见愠群小，则名分之乖甚矣。

日居月诸，胡迭而微？

迭，相更换意。彼月宜有时而亏，日当常明不宜亏也。而今亦亏，是日之与月更迭而微矣。然则正嫡当尊，众妾当卑。今众妾反胜正嫡，而正嫡反卑，则与日月更迭而微何异哉？

心之忧矣，如匪澣衣。

故我也伤嫡妾之易位，慨尊卑之失序。心之忧矣，烦冤瞆眊，如衣不澣之衣而不能自胜。

静言思之，不能奋飞。

奋飞，鸟奋翼而飞。静言思之，恨不能奋翼飞去，以解脱此忧耳。其将如之何哉？夫不得于夫，大变也。妇人惟知反躬自咎，而无怨怼之词，可谓贤矣。圣人系之变风之首，良有取尔。

绿衣 四章，章四句

首章讲：此庄姜失位而作也。若曰：

绿兮衣兮，绿衣黄里。

里，内服也。绿，间色，贱也，宜以为里；黄，正色，贵也，宜以为衣。今以绿为衣，以黄为里，是皆失其所矣。不犹贱妾当幽而反显，正嫡当显而反幽也乎？

心之忧矣，曷维其已！

已，止也。夫嫡妾之间，人伦关焉。幽显失序，则人伦乖矣。我心之忧，曷能以自已耶？

二章讲：

绿兮衣兮，绿衣黄裳。

下衣曰裳。绿，间色，贱也，宜以为裳；黄，正色，贵也，宜以为衣。今以绿为衣，而黄者自里转而为裳，其失所益甚矣。不犹贱妾当微而反尊，正嫡当尊而反微也乎？

心之忧矣，曷维其亡！

亡，即忘字。夫嫡妾之间，名分存焉。尊卑易位，则名分乱矣。我心之忧，曷能以自忘哉？

三章讲：

绿兮丝兮，女所治兮。

治，是理其丝而织之。彼绿方为丝，其色本可爱也，而女又治之。本以有用之物，而加之宠用之意，此绿之所以益美也。然则以少艾之妾，而蒙眷爱之隆，不犹是耶？则妾之尊显有由矣。

我思古人，俾无訧兮。

訧，是过。然固不可移矣，我将如之何哉？亦曰：古人之事，今人之师也。我思古人者尝遭此而善处者，以自励焉，使不至陷于有过之地。斯已矣，若夫绿丝之见爱，吾又何暇计哉！

末章讲：

絺兮绤兮，凄其以风。

絺、绤，皆葛布。彼絺兮绤兮，而凄其以风，虽为有用之物，而值无用之时，此絺绤之所以为取也。然则我以颜色之哀，而遭过时之弃，不犹是耶？则我之幽微有所自矣。

我思古人，实获我心。

然固无可为矣，我将之如何哉？亦曰：古人之心，今人之心也。我遭此变而求以善处，仰思古人果有善处者，真能先得我心之所求矣。若夫绻绻之见弃，我奚暇恤哉？吁！遇变而不失其常，处变而求法乎古，若庄姜者可为贤矣！

燕燕 四章，章六句

首章讲：此戴妫大归，而庄姜送之，作此诗也。若曰：

燕燕于飞，差池其羽。

彼燕燕于飞，其羽则差池而不齐矣。

之子于归，远送于野。

之子，指戴妫。况之子遭大变而大归于陈，我则远送于野矣。

瞻望弗及，泣涕如雨。

弗及，望不见也。斯时也存亡在念，而感慨弥深；离别殊常，而忧伤独切。故奄忽之间，瞻望之子而弗及，而泣涕如雨，有不能为情之甚矣。

二章讲：

燕燕于飞，颉之颃之。

燕燕于飞，则颉颃而上下矣。

之子于归，远于将之。

况之子遭大变而大归于陈，我则远以送之矣。

瞻望弗及，伫立以泣。

伫立，立之久意。斯时也感念大故，不胜无穷之恨；忧伤远别，不胜无已之情。故瞻望弗及之间，伫立以泣，有不能以自已者矣。

三章讲：

燕燕于飞，下上其音。

燕燕于飞，则下上其音矣。

之子于归，远送于南。

南，陈在卫南。况之子遭大变而大归于陈，我则远送于南矣。

瞻望弗及，实劳我心。

斯时也遭家不幸，已悲愤于吾心，而后会无期，又重切于吾念。实有以劳我之心，而不能以自适矣。

末章讲：夫我之不忍别于仲氏如此，亦以仲氏之为人，有以系吾念耳。

仲氏任只，其心塞渊。

仲氏，戴妫字。以言其立心，则诚实而不虚妄，深密而不浅露。其存心之善有如此者矣。

终温且惠，淑慎其身。

以言其制行，则待人终始以和，从君终始以顺。其持身之淑慎有如此矣。观其处嫡妾之间，恩意独至，而相信之殊深。虽我不得于先君，彼亦不因之厚薄其情，而若群小之我愠者也。

先君之思，以勖寡人。

先君，是庄公。勖，是勉。且其别也，又以先君之思勉我。盖虽我心之思念无时不存，而彼之拳拳必欲我之常念，而不失其守焉。持大义以相勉，固不必古人之思，而实有以获我心矣。夫思其贤，贤犹在望；思其言，言犹在耳。则今日于归能不远而送，送而悲哉？

日月四章，章六句

首章讲：此庄姜不见答于庄公，呼日月而诉之。曰：夫妇莫贵于相与，而莫病于相暌。今予不幸而相暌，诚有难于为情者矣。

日居月诸，照临下土。

言日居月诸，照临下土久矣。自有夫妇之伦以来，未有不以古道相处者。

乃如之人兮，逝不古处。

之人，指庄公。今乃有如是之人，不以古人处夫妇之道而处矣。

胡能有定？宁不我顾。

顾，亲也。夫不以古道相处，是即不我顾矣。是其心志之回惑，胡能有所安定哉？夫常相顾念者，夫妇之情也。今何为独不我顾？自绿衣见爱，而缔绤有寒风之弃，于情若是恝耶？

二章讲：

日居月诸，下土是冒。

日居月诸，丕冒下土久矣。自有夫妇之伦以来，未有不相好者。

乃如之人兮，逝不相好。

好，爱。今乃有如是之人，于夫妇之间而不相好。

胡能有定？宁不我报。

报，答也。夫不相好，即不相报矣。是其心志回惑，胡能有定哉？夫常相报答者，夫妇之情也。今何为独不我报？自黄裳失序，而终风无往来之亲，于情若是忍耶？

三章讲：

日居月诸，出自东方。

日居月诸，出自东方，其旁烛也久矣。

乃如之人兮，德音无良。

今乃有如是之人，失其古处相好之常，而德音无良。

胡能有定？俾也可忘。

是心志回惑，胡能有定哉？夫夫妇之情，可亲而不可忘也。何独使我为可忘，而弃之如遗耶？

末章讲：

日居月诸，东方自出。

日居月诸，东方自出，其垂照也久矣。

父兮母兮，蓄我不卒。

卒，终也。今父兮母兮乃养我不得以善终，使我有失所之忧。

胡能有定？报我不述。

循理曰述。然我之罹此忧，是其心志之回惑也，亦胡能有定哉？夫夫妇之相唱随，义理之当然也。胡为见弃，所以报我者，曾不循义理耶？

终风 四章，章四句

首章讲：庄姜为庄公之狂暴作也。意曰：

终风且暴，顾我则笑。

暴，急疾也。终日之风，狂荡而暴。盖言君子之狂暴，亦犹是风也。虽其狂暴如此，然亦有顾我则笑之时焉。

谑浪笑敖，中心是悼。

但其顾我则笑也，不过谑浪笑敖耳。是皆出于戏慢之意，而无爱敬之诚。所以使我不敢以形诸言，而独中心是悼焉耳。盖彼虽有谑浪之态，而我实有难于发言，则亦心知之而心悼之而已矣。

二章讲：

终风且霾，惠然肯来。

终日之风，雨土而蒙雾。盖言君子之狂惑，亦犹是也。虽其狂惑如此，然亦有惠然肯来之时焉。

莫往莫来，悠悠我思。

但其来者特暂耳，则又有莫往莫来之时，而绝无君子之迹矣。其无常如此，故使我思其来，又莫测其所以不来之故。悠悠思之长，而不能已矣。

三章讲：

终风且曀，不日有曀。

天阴而起风曰曀。终风且曀，不旋日而又曀，晦而益晦矣。盖言君子之狂惑，暂开而复蔽锢，无以异是也。

寤言不寐，愿言则嚏。

我之处此，其忧思之深，当寤而不寐。虽至于感伤闭郁，而成鼽嚏之疾焉，亦其所甘心矣。

末章讲：

曀曀其阴，虺虺其雷。

阴之蔽也，曀曀而方暗雷之发也。虺虺而未震，是未有开霁之期也。盖言君子之狂惑，愈深而未已，无以异是也。

寤言不寐，愿言则怀。

我之处此，其忧思之深，常寤而不寐。深望其开悟之有期，至于缱绻反覆而不忘永怀，亦其所甘心矣。

击鼓 五章，章四句

首章讲：此卫人从军作也。若曰：兵，凶器也。故先王不得已而后用，犹恐毒民于死，而况敢妄用之乎？自今言之。

击鼓其镗，踊跃用兵。

鼓所以进兵也，我之击鼓疾徐高下，则有镗然之声。兵所以攻敌也，我之用兵坐作击刺，则有踊跃之状。我之所为如此。

土国城漕，我独南行。

土，土功也。城，筑城。南行，从军伐郑。顾今卫民或役土功于国，或筑城于漕，固皆有危苦矣，然而死亡之患非所忧也。惟我独南行，而击鼓以用兵，将有锋镝死亡之忧危，苦不尤甚乎！

二章讲：然我之所以南行者，果何故哉？

从孙子仲，平陈与宋。

子仲，当时之将。平，和也。陈、宋，二国名。盖我卫于郑，曾有延厘之衅。今欲修怨于郑，恐独力不足以济也。故今日之行，盖从孙子仲平陈与宋，以为伐郑之举耳。

不我以归，忧心有忡。

二国既合，而不我以归，则锋镝死亡，吾惧其难免，是以忧心为之忡忡而不宁矣。

三章讲：夫既有忧心，安有战斗之志乎？彼身军旅之事者，虽居处之不遑，司纪律之严者，当控御之有法也。

爰居爰处，爰丧其马。

居，常止。处，暂处。今我则于是居焉，于是处焉，而敌忾之气靡然不振矣。

于以求之,于林之下。

于是丧其马焉,于以求之林下焉,而行伍之纪涣然不守矣。失伍离次如此,而斗志安在哉?

四章讲:夫既无斗志,得不动室家之思者乎?

死生契阔,与子成说。

追思始为室家之时,以为夫妇之情,固如此其厚矣。有时而忘之,不可也。于是期以死生相念,虽至于隔远之甚,而亦不相忘弃焉。既已成约誓之言矣。

执子之手,与子偕老。

又且相与执手,以为一时之爱,固如此其亲矣。有时而负之,不可也。于是期以百年相依,偕生偕死,重致叮咛之意焉。言犹在耳,不知今竟当何如哉?

末章讲:

于嗟阔兮,不我活兮!

夫昔日契阔之约如此,固望其能活也;今吁嗟阔兮,以事势观之,死亡其难免矣。安得全躯以归,而使我活乎?则契阔之说,终成空言矣。

于嗟洵兮,不我信兮!

信,即伸也。昔者偕老之信如此,固望其能伸也;今吁嗟洵兮,以事势观之,死亡其难免矣。安得完师以归,而伸此信乎?则偕老之信,终为空盟矣。不亦深可忧哉?吁!伐郑之师五日而返,为时亦不久矣,而民乃怨之如此。盖身犯大逆,众叛亲离,莫肯为之用耳。

凯风 四章，章四句

首章讲：七子歌此以自责。曰：亲恩罔极，子职难尽。今我七子之于母，深有负愧者矣。

凯风自南，吹彼棘心。棘心夭夭，母氏劬劳。

彼棘本难长之物，而棘心尤其难长者也。今凯风自南，吹彼棘心。棘心夭夭而少好，则风之力为多矣。然则母生众子，幼而育之，令无失所，不犹是耶？嗟嗟吾母，其劬劳亦已甚矣。

二章讲：夫以母养子之甚劳，则为子者当如何以尽子道哉？奈何其不能也。

凯风自南，吹彼棘薪。母氏圣善，我无令人。

夫凯风自南，吹彼棘薪。因已成矣，但止于为薪，则非美材而有负于风之力矣。念我母氏知识聪明，性天纯笃，其养育七子，亦已壮大矣。但我七子无一善人，虽壮大而不足恃，不有负于母之恩乎！

三章讲：夫我之无令人如此，感物不可以自伤哉！

爰有寒泉，在浚之下。有子七人，母氏劳苦。

爰有寒泉，在彼浚邑之下。浚之人皆资其灌溉之利，是寒泉犹有滋益于浚矣。今我有子七人，乃反不能左右就养，而使母氏至于劳苦，不亦寒泉之不如耶？

末章讲：

睍睆黄鸟，载好其音。有子七人，莫慰母心。

瞻彼黄鸟，布其清和圆转之音，闻之者莫不欢欣喜悦，是黄鸟尚能好其音以悦人矣！今我有子七人，乃反不能承欢膝下，以慰悦其母心，不亦黄鸟之不如耶？夫本其母鞠育之劳，而归咎于子职之未尽。婉词几谏，不显亲恶，若七子者，亦可谓孝矣。

雄雉四章，章四句

首章讲：妇人以君子从役在外，故作此诗。曰：

雄雉于飞，泄泄其羽。

雉，是野鸡。雄雉之飞也，泄泄其羽，是固舒缓自得矣。

我之怀矣，自诒伊阻。

嗟我所思之人，乃自诒阻隔于外，而夙夜无遑时焉。是不得自适矣，不亦雄雉之不如耶？

二章讲：

雄雉于飞，上下其音。

雄雉之飞也，上下其音，是固飞而自得矣！

展矣君子，实劳我心。

君子，指其夫。展矣君子，乃从役于外至勤。吾之思念，而实劳我心焉。是不得自如矣，不亦雄雉之不若耶？

三章讲：

瞻彼日月，悠悠我思。

瞻彼日月，日往则月来，月往则日来。是往来之感，非一朝一夕之故矣。而君子之出，不为不久矣。故我也以君子一日未归，则思之一日；一月未归，则思之一月。悠悠之怀，与日月之往来而俱切矣。

道之云远，曷云能来？

然使道之不远，则君子之来其期犹易待也。今乃周道倭迟，非朝夕所可致。不知果何时而能来，以慰我悠悠之思乎？日月之瞻，当无已时矣。

末章讲：夫君子之归不可必，但能善处以远害，斯可矣。

百尔君子，不知德行。

彼德行者，保身之要道，吾身之固有也。凡尔君子，固见无不彻，岂不知德行？

不忮不求，何用不臧？

忮，害也。求，贪也。彼见人之有而忮心生，非德行也。是必仁以存心，不嫉人之有，而生一忮心焉。因己之无而求心生，非德行也。是必义以制事，不耻己之无，而生一求心焉。如是则德行全矣。由是顺德之行，自无不利，将何用而不臧乎？以之处常，则顺而适；以之处变，则利而通。虽身在军旅之中，亦足以自保矣。若然则今日固未得君子之归，而旋归不有期哉？此则吾之所望于君子者也。吁！妇人于君子思之深而勉之至如此，其思念之情，盖可见矣！

匏有苦叶 四章，章四句

首章讲：此刺淫乱作也。若曰：男女之伦不可乱也，礼义之闲不可逾。胡今之人不顾此而冒行之哉？

匏有苦叶，济有深涉。

济，水之渡处。彼匏可用以渡水也。今匏有苦叶，尚未可用也。而济有深涉，渡处又方深也。

深则厉，浅则揭。

行者于此，当何如耶？是必于水之深者，度其深之宜，以衣而涉可也；于水之浅者，度其浅之宜，褰衣而涉可也。夫渡水者必度其浅深而后可渡，然则男女之际亦当量度礼义而后可行，不犹是耶？

二章讲：夫男女当量度礼义而后行，何今人之不然也？

有渳济盈，有鷕雉鸣。

彼济渡之处，渳然而盈。雌雉之鸣，鷕然有声。

济盈不濡轨，雉鸣求其牡。

濡，是湿意。夫济之盈必濡其轨，今济盈而反不濡轨。雉之鸣当求其雄。今雉鸣而反求其牡。是何物理之失常哉？然则淫乱之人，不度礼义，而犯礼以相求，不犹是耶？

三章讲：夫淫乱之悖如此者，亦未睹古人之婚姻者乎！

雍雍鸣雁，旭日始旦。

雁，鸟，似鹅。旭，日初出。其纳采则奠雍雍之鸣雁，取其偶也。其请期则乘旭日之始旦，贵其始也。

士如归妻，迨冰未泮。

归妻，是迎妇以归。然斯礼之行也，又岂急遽而无渐哉？士如归妻于冰泮之时，则迨冰未泮，而行此纳采请期之礼矣。古人于婚姻，其求之不暴，而节之以礼如此，何淫乱者不然耶？

末章讲：抑未知男女之有定配乎！

招招舟子，人涉卬否。人涉卬否，卬须我友。

招招，是号召声。人，主济渡者。卬，是我。须，待也。友，同类为友。彼舟予招人以渡，人皆从之以涉，而我独否者。盖以舟人非吾同类，吾必待我友而后从之也。然则男女之际，必待其配偶以相从，亦犹是也。何淫乱者不然耶？夫以淫风大行之日，而其间犹有知礼义之人，何谓自好而不为习俗所移矣！

谷风 六章，章八句

首章讲：此妇人为夫所弃而作。曰：

习习谷风，以阴以雨。

习习，是和舒。风南来曰谷。阴，是天阴。雨，是天泽。彼习习然之谷风，阴阳和调，则以阴以雨，而天泽降矣。然则夫妇和，而后家道有成，不犹是哉？

黾勉同心，不宜有怒。

黾勉，如勉强。故为夫妇者，以和为贵，当黾勉以同心，而不至于有怒可也。

采葑采菲，无以下体。

下体，是葑菲之粮。又若彼葑菲，根茎皆可食，而其根则有时而美恶。故采葑菲者，无以下体之恶，而并弃其茎之美。然则为夫妇者，不可以颜色之衰，而弃其德音之善，不犹是耶？

德音莫违，及尔同死。

德音，美誉也。故为夫妇者，德音之善，终始而不违。则可以与尔同死，而不宜见弃矣。

二章讲：夫为夫妇者，贵和好而重德音如此。奈何夫之于我，乃和好之不终，而德音之是弃者哉？

行道迟迟，中心有违。

违，背也。故我之被弃也，行于道路，而迟迟不能进。盖其足欲前而心不忍，与之而相背故也。

不远伊迩，薄送我畿。

畿，是门内。然我之不忍如此，而故夫之送我则不远而甚迩，亦至其门内而止矣。曷尝少有不忍，而留情于方去之际乎？

谁谓荼苦？其甘如荠。

荼，是苦菜。荠，是甘菜。今夫荼，苦菜也；荠，甘菜也。人皆谓荼之苦于荠矣，自今观之，谁谓荼苦乎？实其甘如荠矣。盖荼虽苦，然以吾之苦较之，尤有甚于荼焉，故视荼之苦反甘如荠耳。

宴尔新昏，如兄如弟。

新昏，夫所更娶者。夫我之苦如此，而故夫方且燕乐其新昏，有如兄如弟之既翕矣。曷尝知我之忧苦，而少恤于己去之后乎？

三章讲：

泾以渭浊，湜湜其沚。

沚，水中之渚。今夫泾浊渭清也。然泾未属渭之时，虽浊而未甚见。由二水既合，而清浊益分。是泾之浊以渭形之，而益见其浊矣。然流或稍缓，而别出之沚，犹有湜湜其清之时，岂终于浊哉！然则我也颜色之衰，以新昏形之，益见憔悴。而其心之可取，不以老而或衰者，不亦犹是耶？

宴迩新昏，不我屑以。

屑，洁也。以，是与。但以夫之安于新昏，惟知有渭之清，而不知有湜湜之沚。不以我为洁，而与之焉耳。

毋逝我梁，毋发我笱。

毋，禁止词。逝，是往。发，是开。然我之身虽见弃，而家之念犹未忘。故梁所以通鱼，而实我之梁也，尔毋逝我之梁焉；笱所以取鱼，而实我之笱也，尔毋发我之笱焉。然则惟尔新昏，其毋居我之处，而行我之事可也。

我躬不阅，遑恤我后。

阅，是容。后，被弃之后。然逝梁发笱，此去后之事耳。今葑菲遗于下体，泾浊形于渭清，我身且不见容矣，奚暇恤我已去之后哉！其逝其发，吾皆不得而禁之矣。

四章讲：夫故夫之弃我如此，岂知我之德音不可弃者乎？以我之治家言之。

就其深矣，方之舟之。

方，是桴。舟，是船。今夫渡水者，就其水之深者，则方之舟之。

就其浅矣，泳之游之。

潜行水曰泳。浮水曰游。就其水之浅者，则泳之游之。盖不计浅深，而期于必济矣。

何有何无，黾勉求之。

况我之治家也，何论家之有，而黾勉以求之，惟恐其或至于无；亦何论家之无，而黾勉以求之，惟欲其至于有。盖不计有无，而期于家道之必成矣。

凡民有丧，匍匐救之。

匍匐，急遽状。至于凡民有丧，则匍匐以救之，补其不足，而助其不给。是我之周睦邻里乡党，又尽其道如此矣。

五章讲：夫我于女家勤劳如此，则德音诚莫违，而可与尔同死矣。

不我能慉，反以我为雠？

慉，养也。雠，怨也。今女既不我能养，而反以我为仇雠。

既阻我德，贾用不售。

阻，却也。德，是善。所以然者，盖凡人爱憎皆本于心。惟其心既拒却我之善，故虽勤劳而不见取，如贾之不见售者耳。

昔育恐育鞠，及尔颠覆。

昔，是始时。恐，是惧。育，生理。鞠，是穷。尔，指夫说。夫尔待我至于如此，则今日之情绝矣。独不念我昔时与尔为生，惟恐其生理穷尽，而及尔皆至于颠覆。此所以何有何亡，而黾勉求之也。

既生既育，比予于毒。

毒，苦药。今也生理既遂，固宜德我以终身矣！乃反比予于毒而弃之乎？夫以将恐将惧，则维予与汝将安将乐，而女转弃予，有人心者顾如是哉？

末章讲：

我有旨蓄，亦以御冬。

旨，美菜。且我之所以蓄聚美菜者，盖欲以御冬月乏无之时。至于春夏，则不食之。

宴尔新昏，以我御穷。

今君子宴乐其新昏而厌弃乎我，是但使我御其穷苦之时，至于安乐则弃之也。同困苦而不共安乐，亦独何心哉？

有洸有溃，既诒我肄。

夫今之弃我，其薄可见矣。且于未弃之先，义虽云夫妇也，尝待我以洸然之武，加我以溃然之怒。凡其家勤劳之事，一遗于我，而不少怜恤焉。是其待我之薄，在未弃我之时而已然矣。

不念昔者，伊余来墍。

伊，是尔。然女曾不念我昔时之来。昔时也，恩意之厚，亦尝如兄如弟乎？夫何一旦至此之薄哉？厚于昔而薄于今，乌能使人悒然于怀，而不为之慨恨也耶？

式微 二章，章四句

首章讲：此黎臣以恢复劝其君也。意曰：

式微式微，胡不归？

式，语词。我黎失守，寄旅他邦，宗庙社稷丘墟，衰微甚矣，衰微甚矣！君胡不归，以图兴复之策乎？

微君之故，胡为乎中露？

微，作非字看。中露，沾濡之辱。且我之所以久居于此，而有中露之辱者，为君之故耳。若微君之故，胡为有是中露之辱，而无所庇覆哉？夫主忧臣辱，义固在所不辞。然光复旧物，实为人子孙者之责。君亦当自奋矣，胡可坐视式微而不归哉？

末章讲：

式微式微，胡不归？

我黎失据，寄寓他国，宗庙社稷沦没，衰微甚矣，衰微甚矣！君胡不归，以图中兴之业乎？

微君之躬，胡为乎泥中？

泥中，指溺之难。且我之所以久寓于此，而有是泥中之辱者，为君之躬耳。若微君之躬，胡为有泥中之辱，而不见拯救哉？夫主辱臣死，义固在所不顾。然恢复故疆，实为人后者之责，君亦当自振矣。胡为坐视式微而不归哉？夫当式微之日，而劝其君以自强，斯人可谓贤矣。使黎侯而能如商高宗也，则黎岂终于不祀已哉？

旄丘 四章，章四句

首章讲：此黎臣为卫之不救作也。若曰：当今强凌弱，众暴寡，天时不能正矣。所赖以相救援者，惟有邻邦在耳，奈何卫之不然也。

旄丘之葛兮，何诞之节兮！

前高后下曰旄丘。我之始至于卫也，葛之始生，其节犹蹙而密也。今旄丘之葛，何其节之阔乎！

叔兮伯兮，何多日也！

叔、伯，指卫诸臣。多日，日数之多。夫时物既变，则在卫已久，而望救之情亦亟矣。叔兮伯兮，何其多日而不见救乎！我盖不得而测其故矣。

二章讲：

何其处也？必有与也。

夫叔伯多日不救，是其安处甚矣。不知何其处而不来乎？意者兵力不支，将与他国相俟而俱来耳。不然，邻国有急，宜其不遑安也，而奚可若是之处哉？

何其久也？必有以也。

叔伯多日不救，是其迟久亦甚矣。不知何其久而不来乎？意者时事相仍，或有他故而不得来耳。不然，四邻有难，宜其不容缓也，而奚可若是之久哉？

三章讲：

狐裘蒙戎，匪车不东。

蒙戎，乱而敝坏。我之在卫已久，狐裘则蒙戎而敝矣。而卫之救不至，岂我之车不东告于女乎？

叔兮伯兮，靡所与同。

盖处安宁者，心无所激而常缓；处患难者，心无所聊而常切。叔兮伯兮，实与我不同心。是以告急之师虽屡至，而彼之久处亦如故，岂诚为有与而有以哉？

末章讲：

琐兮尾兮，流离之子。

我黎臣子，威灵气焰荡然无存，其琐尾如此者。是乃失国羁旅之余，而为流离之子，其情状何大可怜耶！

叔兮伯兮，褎如充耳。

褎，多笑貌。有人心者，宜为之动念矣。乃叔兮伯兮，不告之犹是，告之亦犹是，褎然如塞耳而无闻，何哉？坐视邻国之覆，而不为之所干，自安可也。其于救灾恤邻之义安在耶？亦太忍矣！夫以流离患难之余，而其言有序不迫，其人亦可知矣。吁！于此可见卫为狄所灭之因焉。

简兮四章，三章章四句，一章六句

首章讲：此贤者不得志作也。若曰：

简兮简兮，方将万舞。

我也仕于伶官，无言职官守之拘，简易而自得。方将万舞，文用羽籥，武用干戚，以事其所事也。

日之方中，在前上处。

然舞果何在乎？乃当日之方中，在前上处。即有屈伸缀兆之能，是固众人之所共见者矣，不有以显吾之才乎。

二章讲：然吾之才，岂一事所能尽哉？

硕人俣俣，公庭万舞。

公庭，即君庭。惟此硕人，俣俣然其大。处公庭之上，而事万舞之舞，文武惟其所用矣。

有力如虎，执辔如组。

辔，是马缰。组，织丝为之。然而不止此也，且膂力方刚，有如虎之猛。但见御能使马馨控无不顺意，执辔有如组之柔焉，其御又何有不善耶？能舞而又能御，我固天下之兼才也，实有足夸者矣。

三章讲：夫我之才既无不备，岂不可以蒙上赏乎？

左手执籥，右手秉翟。

籥，乐器，如笛。翟，雉羽。当公朝设燕之时，而有事于文舞之舞。左手则执籥矣，右手则秉翟矣，屈伸缀兆皆适协于度。

赫如渥赭，公言锡爵。

爵，酒器。但见愧怍不形，颜色充盛，赫然有如厚渍之赤者焉。斯时也，公嘉其能，锡我以爵。一时赍予之亲洽如此，何其荣耶！

末章讲：然我之所事固在于此，而其心之所思则有不在于是者。

山有榛，隰有苓。

今夫山则有榛矣，隰则有苓矣。

云谁之思？西方美人。

我也果何所思，则西方美人矣。道德威仪，光明俊伟，诚有以快夫人之睹者。

彼美人兮，西方之人兮。

然使其相去不远，则可得而见以慰吾思也。夫何彼美人兮，乃西方之人兮。彼此异地，欲观无由，则我之思，将何以自慰耶？吁！以处衰世之下国，而思盛世之显王，其意亦远矣。故虽轻世肆志或近于不恭，而犹不失为贤人欤！

泉水 四章，章六句。

首章讲：此卫女为不得归宁作也。若曰：人情无所不至，先王制之礼义，约其情，使合于中。故有时义、有所制，情亦无如之何矣。

毖彼泉水，亦流于淇。

毖，泉始出。彼毖然之泉水，亦流入于淇。为卫之水者，则固流于卫之地矣。

有怀于卫，靡日不思。

靡，无也。况我也有怀于卫，无日而不思。为卫之人者，亦思于卫之国矣。

娈彼诸姬，聊与之谋。

娈，貌之好。诸姬，是侄娣。夫我之怀也，固欲归于卫也。然我之归也，犹不可以径情也。是以即彼娈然之诸姬，而与之谋为归卫之计焉。义之或可或否，固将赖之以一决矣。

二章讲：谋之云何。

出宿于泲，饮饯于祢。

宿，是歇。饯，送行之酒。我始之自卫而来也，出宿则于泲矣，饮饯则于祢矣。

女子有行，远父母兄弟。

女子，卫女自谓。斯时也，女子有行，远其父母兄弟。盖义已属于夫家，而情已违于膝下矣。

问我诸姑，遂及伯姊。

诸姑、伯姊，均即诸姬。况今父母既终，而复可归乎哉？是以问我诸姑，遂及伯姊，如其果不可归焉，则亦不得任情以悖义者矣。

三章讲：

出宿于干，饮饯于言。

使今得以望卫而归也，出宿则于干矣，饮饯则于言矣。

载脂载辖，还车言迈。

脂，脂膏。辖，车轴。迈，往也。彼嫁来有车，而车有辖也。于是载脂其辖，而旋车以言迈。

遄臻于卫，不瑕有害？

遄，疾也。则其至卫疾矣。然父母终无归宁之义，岂不有害于义乎？夫苟有害于义，则不可任一己之情，以悖先王之制。此予之所自拟者如此，惟我诸姑、伯姊，其为我谋之可也。

末章讲：夫义固不可归，而思终不能忘。

我思肥泉，兹之永叹。

彼肥泉，卫水也。我思肥泉，而为之长叹息矣。

思须与漕，我心悠悠。

须、漕，卫邑也。我思须与漕，而悠悠以长矣。

驾言出游，以写我忧。

写，即除之谓。然思之虽切，而义终不可归。顾安得思之所至，义无所制？驾言出游于肥泉、须、漕之地，以写我之忧哉！吁！发乎情而思，念乎义而止，卫女其贤乎！然而先王之教远矣。

北门三章，章七句

首章讲：此卫之贤者，自伤不得志作也。意曰：

出自北门，忧心殷殷。

殷，即忧。南为阳明之区，而北为幽阴之地。今我也出自北门，皆阳明而向幽阴矣。我之所遇如此，何能为情耶？是以慨遭逢之不偶，伤吾道之终穷，忧心盖殷殷然矣。

终窭且贫，莫知我艰。

且窭焉无以为礼，贫焉无以自给。我之艰难如此，而人又莫之知焉。

已焉哉！天实为之，谓之何哉！

已焉，是止于穷意。夫事出于人者，犹可以力为；而事出于天者，不可以幸免。今我之值昏乱而处困穷，乃莫之为而为者天也。已焉哉！天实为之，谓之何哉！则亦安之已矣。

二章讲：然吾之穷困，不止此已也。

王事适我，政事一埤益我。

埤，厚。益，增。王命使为之事，既适于我，而国之政事又一切以埤益我。其困于外极矣。

我入自外，室人交遍谪我。

谪，责也。然使室人而无以相谪，犹可慰也。今贫窭又甚，我入自外，室人至无以自安，而交遍谪我。其困于内极矣。

已焉哉！天实为之，谓之何哉！

此莫非天也。已焉哉！天实为之，谓之何哉！夫惟听天所命已矣。

末章讲：

王事敦我，政事一埤遗我。

敦，投掷。遗，是加。王命使为之事，既敦于我，而国之政事又一切以埤遗我。其困于外极矣。

我入自外，室人交遍摧我。

摧，沮也。然使室人而无以相摧，犹可慰也。今贫窭又甚，我入自外，室人至无以自安，而交遍摧我。其困于内极矣。

已焉哉！天实为之，谓之何哉！

然此莫非天也。已焉哉！天实为之，谓之何哉！夫惟听天所命而已矣。夫处困穷之极，而无怨尤之心，若北门大夫，诚可谓忠臣矣。

北风 三章，章六句

首章讲：此贤者去乱之诗也。言国家将亡，必有妖孽见几而作。居身所珍，顾今何时可以仕，而不知避耶？

北风其凉，雨雪其雱。

雨，是下。彼北风其凉，而有凛烈之威；雨雪其雱，而有纷纭之盛，殊非太和之景矣。今国之将亡，而气象愁惨，不犹是哉？

惠而好我，携手同行。

此固可以去之时也。故我也欲与惠而好我之人携手同行，去而避之焉。

其虚其邪？既亟只且。

虚，是宽。邪，是徐。亟，是急。只且，语词。然是去也，尚可以宽徐乎哉？盖其祸乱之迫已甚，失今不去，则有欲去而不可得者，其去诚不可以不速者矣！

二章讲：

北风其喈，雨雪其霏。

北风其喈，而有急疾之声；雨雪其霏，而有分散之状，殊非太和之气候矣。今国家将亡，而气象愁惨，何异是哉？

惠而好我，携手同归。

此固可以去之时也。故我也欲与惠而好我之人携手同归，去而避之焉。

其虚其邪？既亟只且。

然是去也，尚可以宽徐乎哉？盖其祸乱之迫已甚，失今不去，则有欲去而不可得者，其去诚不可不速矣！

末章讲：

莫赤匪狐，莫黑匪乌。

今夫狐不祥之物也。人所见者，莫赤非狐矣。乌亦不祥之物也。人所见者，则莫黑非乌矣。然则国之将亡，而所见无非不祥之物，不犹之狐与乌者哉？

惠而好我，携手同车。

此固可以去之时也。故我也欲与惠而好我之人携手同车，去而避之焉。

其虚其邪？既亟只且。

然是去也，尚可以宽徐乎哉？盖其祸乱之迫已甚，失今不去，则有欲去而不可得者，其去诚不可以不速矣！吁！人之云亡，邦国殄瘁。卫之贤者相率避乱，则康叔之祀，自此而衰矣。

静女 三章，章四句

首章讲：此淫奔期会而作也。若曰：

静女其姝，俟我于城隅。

姝，美色。俟，是待。城隅，是城之角。闲雅之女，姝然其美，固将俟我于城隅也。

爱而不见，搔首踟蹰。

不见，期而不至。踟蹰，是独行不进意。方其未至，我也爱之而不见。为之搔首踟蹰焉，盖其心迟疑于不见之故，而行步为之不进矣。

二章讲：

静女其娈，贻我彤管。

贻，送也。彤管，玩好之物。及其既至也，但见闲雅之女，娈然其好，而遗我彤管。

彤管有炜，说怿女美。

说，即悦。女，指静女。彤管则有炜然其赤。我也幸其人之得见，而悦怿此女之美。亲爱之情，盖有出于彤管之外者矣。

末章讲：且不特有彤管之贻己也。

自牧归荑，洵美且异。

牧，野外。归，即送。又自牧而归我以荑，以结殷勤之好。但见是荑也，信美矣而且异焉。

匪女之为美，美人之贻。

女，指荑。美人，是静女。是非汝之为美也，特以美人之所赠，故其物亦因之而美耳。

新台三章，章四句

首章讲：此卫人丑宣公作也。若曰：

新台有泚，河水瀰瀰。

新台则有泚而鲜明，河水则瀰瀰而甚盛。其作此新台于河上，固将以要齐女也。然其渎乱彝伦，人道斁丧，其行抑何丑哉！

燕婉之求，籧篨不鲜。

燕，是安。婉，是顺。籧篨，竹器。夫齐女本求与伋为燕婉之好，今反得此籧篨不鲜之人。非其配矣，不亦甚可恶乎！

二章讲：

新台有洒，河水浼浼。

新台有洒而高峻，河水浼浼而平满。于河上而作此台，固将以要齐女也。然而败坏礼法，人心忮亡，其行抑何丑哉！

燕婉之求，籧篨不殄。

夫齐女本求与伋为燕婉之好，今反得此籧篨不殄之人。非其匹矣，不亦甚可恶耶！

末章讲：

鱼网之设，鸿则离之。

设，张网。离，入网中。今夫鱼网之设，本以取鱼也，而鸿反离于其中矣。

燕婉之求，得此戚施。

况此齐女本求与伋为燕婉之好也，而反得此戚施之人。所得非其所求，不犹之网鱼而得鸿耶？事出人情未有之外，诚为古今大丑之行，不亦甚可恶哉！

二子乘舟二章，章四句

首章讲：国人伤伋、寿见杀作也。曰：

二子乘舟，泛泛其景。

二子，指伋与寿。景，作影。此二子也，一则尊父命，一则重天伦。其乘舟以如齐也，见其景泛泛然而去矣。

愿言思子，中心养养。

子，即伋、寿。然是行也，死生存亡之冲，则有不可测者。我也愿言思之，中心为之养养，而忧之不定矣。盖以二子之孝友，而或祸起不测，诚有令人悯者，其思之乌容自已哉！

末章讲：

二子乘舟，泛泛其逝。

此二子也，一则尊父命，一则重天伦。其乘舟以如齐也，见其泛泛然而逝矣。

愿言思子，不瑕有害？

然是行也，存亡生死之际，则有甚可疑者。我也愿言思之，意者变生齐境而不瑕有害乎？不然反卫之期指日可待，何其久而不归也。夫以二子之孝友，而苟或有害，诚有令人伤矣，其思之乌容已哉！

鄘一之四

凡十篇。

柏舟二章，章七句

首章讲：卫共姜作此以自誓。曰：妇人从一而终。故不幸而遭变，终不可以存亡而易其心，盖从一之义当如是也。

泛彼柏舟，在彼中河。

彼泛然而流之柏舟，则在彼中河，夫固有定所矣。

髧彼两髦，实维我仪。

髧，发垂。两髦，剪发夹囟。我，是共姜。仪，是匹。况此髧然而垂之两髦，则实我之仪，是亦有定配也。

之死矢靡他！母也天只，不谅人只！

之，即至也。矢，是誓。他，他心。谅，信也。夫既为我之定配，则偕老之约终始不渝，虽至于死，誓无他适之心者矣。是心也，非不欲母之见谅，而坚我之守也。顾母之于我，覆育之恩虽大，而如天罔极。然欲使我有他焉，何其不谅我之心如是乎？故我之于母，感恩则有之，谓之知我则未也。

末章讲：

泛彼柏舟，在彼河侧。

泛然而流之柏舟，则在彼河侧，夫固有定处矣。

髧彼两髦，实维我特。

特，即匹。况此髧然而垂之两髦，则实我之特，是亦有定匹也。

之死矢靡慝！ 母也天只，不谅人只！

慝，是邪。夫既为我之定匹，则一与之醮，终身不改，虽至于死，誓无邪慝之心矣。是心也，非不欲母之见谅，而成我之志也。顾母之于我，覆育之恩虽广，而如天无穷。然使我有慝焉，何其不谅我之心如是乎？故我之于母，感恩则有之，谓之知我则未也。夫共姜守义之心，而不以夫死或移，不以母爱或夺其节，可谓坚矣。非贤而能之乎？

墙有茨 三章，章六句

刺顽作也。此章不惟淫乱丑恶不必讲，且词意浅淡明白，不费词说矣，故略之。

君子偕老 一章九句，一章八句

首章讲：此刺宣姜作也。若曰：服容匪贵，惟德为贵。乃今之所见，则有大不然者。

君子偕老，副笄六珈。

女子之生，以身从人。故夫人为君子之配，则当与君子偕老，虽或不幸而没，身心不或贰，其分当然也。为君之夫人，则有夫人之服饰。但见首饰之副也，编发以为之；当耳之笄也，六珈以饰之，其服之盛又如此矣。

委委佗佗，如山如河，象服是宜。

象服，法度之服。然夫人既有偕老之德，则于是服岂有不称哉！吾知有偕老之德，则心无愧怍。而其见之动容之间，雍容自得，委委而佗佗也，安重宽广如山而如河也。则其于副笄六珈之象服，不有以克称之而无忝乎？

子之不淑，云如之何？

子，指宣姜。今子无偕老之德，其不淑如此，则必无委蛇山河之容。虽有是法服，亦不称矣，其将如之何哉？

二章讲：若然则子之不足者，岂徒在服饰容貌之间哉？

玼兮玼兮，其之翟也。

翟，雉也，祭服之饰。自子之服言之，玼然鲜明者，其祭服之翟衣也。

鬒发如云，不屑髢也。

鬒，是黑。髢，皮发。自子之容言之，鬒发如云者，不屑于髢之益也。

玉之瑱也，象之揥也，扬且之晳也。

瑱，塞耳。象，象骨。揥，摘发之物。然服不特有是翟衣已也，又见以玉为瑱，以象为揥服，何有一之不盛耶！容不但有是鬒发已也，又见眉上之广晳，然而白容，又何有一之不美耶！

胡然而天也，胡然而帝也！

夫以如是之服饰，以如是之容貌，固人间之未尝见也。乃于今忽然见之，意者其天之神乎，意者其帝之灵乎？而何其服饰容貌之弗类，有如是也哉？

末章讲：然其服饰容貌又岂止此哉？

瑳兮瑳兮，其之展也。

展，是礼衣。自子之服言之，瑳然鲜盛而有展衣，所以见君宾也。

蒙彼绉絺，是绁袢也。

蒙，覆之上也。绉絺，絺绤之蹙者。绁袢，束缚意。蒙彼绉絺而为之绁袢，所以自敛饰也，服又何如其盛耶！

子之清扬，扬且之颜也。

自子之客言之，额其目则极其清明，语其眉则极其宽广，语其额角则极其丰满，容又何如其美耶！

展如之人兮，邦之媛也。

展，诚也。美女曰媛。夫以如是之服饰，以如是之容貌，皆非国人之所有者也。乃如之人兮，岂不色倾一邦，而为一邦之媛乎？服则盛矣，容则美矣，惜乎无偕老之德以为之称，亦将如之何哉？

桑中 三章，章七句

首章讲：淫奔者歌此。曰：

爰采唐矣？沬之乡矣。

沬，卫邑。沬之乡有唐生焉，我也爰采唐矣，于彼沬之乡矣。

云谁之思？美孟姜矣。

姜，齐姓。是行也，其云谁之思乎？乃彼美色之孟姜也。

期我乎桑中，要我乎上宫，送我乎淇之上矣。

期，是约。桑中，地名。上宫，地名。盖斯人也，期我于沬之桑中，故我托为采唐之行，以往会之耳。沬之地有上宫也，但见始则迎我乎上宫，而不胜其相见之喜者矣。沬之地有淇上也，既则送我乎淇之上，而不胜缱绻之情矣。如是则我之所思于是乎慰，而今日采唐之行，夫岂徒哉？

二章讲同。

爰采麦矣？沬之北矣。云谁之思？美孟弋矣。期我乎桑中，要我乎上宫，送我乎淇之上矣。

弋，杞姓。

末章讲同。

爰采葑矣，沫之东矣。云谁之思？美孟庸矣。期我乎桑中，要我乎上宫，送我乎淇之上矣。

孟、庸，皆贵族女。吁，卫之淫乱至此！所谓其政散，其民流，诬上行私而不可止者也，要皆宣公、宣姜诲淫于上，则其俗之不美有自来矣。

鹑之奔奔 二章，章四句

首章讲：此刺宣姜与顽作也。若曰：

鹑之奔奔，鹊之彊彊。
鹑之奔奔，鹊之彊彊，居有常匹，飞则相随，在物尚各从其偶矣。

人之无良，我以为兄。
人，指子顽。况此人也，渎配偶之伦，虽至于上烝而不忌，其无良甚矣，曾鹑鹊之不若矣。而我反以为兄，何哉？
末章讲同。

鹊之彊彊，鹑之奔奔。人之无良，我以为君。
讲同上。

定之方中 三章，章七句

首章讲：卫人美文公也。言我公营建，所以振中兴之业者也。而其始经之事，果何如哉？

定之方中，作于楚宫。
定，北方宿。方中，昏而正中。楚宫，楚丘之宫。公以营建当顺天时，则仰观于天，而见定星之方中，民力为可用也，于是率渡河之民，而作于楚官焉。

揆之以日，作于楚室。

揆，度也。日，影也。楚室，楚丘之室。以营建当审地势也，则树之以臬，而验东西南北之影，方面为既正也，于是兴版筑之役而作于楚室焉。

树之榛栗，椅桐梓漆，爰伐琴瑟。

榛、栗，果名。椅、桐、梓、漆，皆木名。宫室既作，又以礼乐者为国之首务，不可缓也，则他务未遑，而先树之榛、栗焉，与夫椅、桐、梓、漆焉。夫榛、栗之树，固以为异日笾实之供，而礼可备也。而是椅、桐、梓、漆也，实将以时伐之，而为琴瑟之用焉，而乐亦可兴矣。此不惟宫室之建，立可大之基；且礼乐之豫，垂可久之计矣。我公之营建，何其不苟，且极综理之周哉！

二章讲：夫我公徙居楚丘，其营立之事固如此矣。然其方迁之始，夫岂不慎于为谋哉？

升彼虚矣，以望楚矣。望楚与堂，景山与京。

楚，即楚丘。堂，楚丘旁邑。但见升彼故城之虚，以望楚丘之形势，而与夫旁邑之堂焉。测日出入之景，以正楚山之方面，而与高丘之京焉。

降观于桑，卜云其吉，终焉允臧。

卜，龟卜。允，信也。臧，善也。以土地之美，但验于物产，则降观于桑，以察其土宜之何如也。以犹豫之决，必赖于鬼神，则卜云其吉，以稽其朕兆之何如也。夫始之望景观卜，固欲其臧矣。既而果得形势之胜，而方面之尊也。土宜之美，而休征之吉也，所以立国君民而光前裕后者在是矣，终焉不允臧乎！

末章讲：夫我公方迁之始，为谋之慎固如此矣。然其既迁之后，所以勤心为国者，果何如哉？

灵雨既零，命彼倌人。星言夙驾，说于桑田。

倌人，主驾车首。星，是见星。说，舍也。但见当献岁发春之时，灵雨则既零，而农桑之务作矣。然用力虽在于民，而劝相则在于君，故我公不敢以自安，命倌人晨起驾车，遂亟乘之。以税于桑焉，劳一国之桑者，而劝之使力于桑也；以税于田焉，劳一国之田者，而劝之使力于田也。

匪直也人，秉心塞渊。骒牝三千。

匪直，言不但也。秉，操行也。塞，实也。渊，深也。马七尺以上曰骒。母曰牝。此其实心为民谋衣食，而不为粉饰之文也，秉心可谓塞矣，然非直于民而有是塞也。深思为民图久远，而不为浅近之计，秉心可谓渊矣，然非直于民而有是渊也。以此心而为民，亦以此心而为物，民于是乎安，物亦于是乎阜。故观其所畜之马，其骒而牝者亦已至于三千之众矣，则其非骒而牝者可知矣。此皆秉心塞渊之所致，岂特心见于为民而民之得所已哉，则其能复中兴之业宜矣。

蝃蝀 三章，章四句

首章讲：此刺淫奔作也。若曰：

蝃蝀在东，莫之敢指。

蝃蝀，是虹。是蝃蝀也，暮而见于东方。此阴阳之气不当交而交，天地之淫气也，则人不敢指矣。然则淫奔之恶，人不敢道，岂异是哉？

女子有行，远父母兄弟。

况女子有行，又当禀命于父母兄弟而后远，乃为礼之正也。岂可不顾此而冒行乎？

二章讲：

朝隮于西，崇朝其雨。

崇朝，自旦至食时也。是蝃蝀也，朝而忽升于西。此天地淫慝之气，有害于阴阳之和者，则其雨终朝而止矣。然则淫奔之恶，有害于人道之正，岂异是哉？

女子有行，远兄弟父母。

况女子有行，又当面告于兄弟父母而后远，庶不昧所适也。岂可不顾此而冒行乎？

末章讲：夫男女之欲，虽人之私情，而贞信之节，则天之正理。人要当以理御情，而不为情动可也。

乃如之人兮，怀昏姻也。

之人，指淫奔言。斯人也，但知怀男女之欲，而为苟合之行。

大无信也，不知命也。

在人曰信，在天曰命，其理一也。是不能自守其贞信之节，而不知有天命之正理矣。使知有命，则必以信自守，而何有是哉？夫以卫俗淫靡，乃有如此诗刺淫之严。亦可见羞恶之在人心，未曾忘也，抑亦惩创往事者欤！

相鼠 三章，章四句

首章讲：此恶人之无礼作也。若曰：

相鼠有皮，人而无仪。

鼠为物之最贱者也，今相鼠犹有皮矣。况人为物之最灵者也，可以人而无可象之仪乎？则亦鼠之不若矣。

人而无仪，不死何为？

夫以人而无仪，而久生于世，则徒足以败常乱俗，是人间之一大蠹也。不死亦何为哉？盖人生而有益于世者，正以其威仪足以表俗，故一日而在，即一日之望也。不然，斯人亦何益于世，而世亦何赖有斯人哉？

二章讲同。

相鼠有齿，人而无止。人而无止，不死何俟？
末章讲同。

相鼠有体，人而无礼。人而无礼，胡不遄死？

干旄 三章，章六句

首章讲：诗美大夫见贤也。若曰：贤才曷尝乏忠告之献哉？顾延揽之怀未切，欲冀士之乐告无由矣。今何幸我大夫之能下贤乎！

孑孑干旄，在浚之郊。

干旄，以旄尾主之旗孑之首。郊，野外。我大夫之出而见贤也，建彼特出之干旄，在乎浚邑之郊野矣。

素丝纰之，良马四之。

素丝，白色之丝。纰之，维干旄。四，是两服、两骖。其维乎旄也，则以素丝之洁；其载乎旄也，则以四马之良，忘大夫之贵以下贤。此其礼意之勤，固已溢于车马旌旗之表矣。

彼姝者子，何以畀之？

姝，美也。子，指所见之贤。畀，与也。彼姝者子，抱奇于己，固将待人而后畀也。今以屈己若大夫，其咨询之下，必有畀之而匡其不逮矣。但英贤之谋略，有出于寻常测度之列，不知果可以畀之，而答其礼意之勤乎？

二章讲：

孑孑干旟，在浚之都。

旟，是鸟隼之旗。都，下邑。建孑孑之干旟，在浚邑之都，将以见贤也。

素丝组之，良马五之。

组，即维也。维之则以素丝为组，载之则以良马之五。我大夫屈己下贤如此，其礼意可谓勤矣。

彼姝者子，何以予之?

予，则畁。彼姝者子，将何以予之，而答其礼意乎? 吾知姝子必有所予焉，以不虚大夫之盛意也。我特不得而测之耳。

末章讲:

孑孑干旌，在浚之城。

干旌，析翟羽于旗干之首。建孑孑之干旌，在浚邑之城，将以见贤也。

素丝祝之，良马六之。

祝，是属。维之则以素丝之祝，载之则以良马之六。我大夫枉己见贤如此，其礼意可谓勤矣。

彼姝者子，何以告之?

彼姝者子，不知将何以告之，而答此礼意乎? 吾知姝子必有所告焉，以不负大夫之盛心也。我特不得而知之耳。夫大夫举盛典于久旷之余，兴善端于破灭之后，宜国人创见而深嘉乐道之欤!

载驰 四章，二章章六句，二章八句

首章讲: 许穆夫人为归唁不果作也。若曰: 宗国破灭，乃时事之大变。我为卫之女子，不能以恝然者矣。

载驰载驱，归唁卫侯。

吊失国曰唁。是故载驰载驱，欲以吊卫侯亡国之惨，庶可以达吾不容已之情耳。

驱马悠悠，言至于漕。大夫跋涉，我心则忧。

悠悠，远而未至之意。漕，卫邑。大夫，许之臣。跋，草行。涉，水行。奈何当其驱马而行，在彼悠远之道，将以言至于漕。而时固未至也，许之大夫已有奔走跋涉而来者。吾知其来非无故也，必将以不可归之义来告矣。夫义既不可归，则漕邑必不可至，而吾归唁之情终不得以自遂矣，我心其能以无忧哉？

二章讲：

既不我嘉，不能旋反。

嘉，善也。反，归也。及大夫既至，果以我之归也，有犯先王之制，而不以善焉。则情为义夺，而我亦不能旋反以至于卫矣。

视尔不臧，我思不远。

远，忘也。

然宗社丘墟乃人心大愤，故虽视尔不以我归为善，而我归唁之思，终不能忘也。

既不我嘉，不能旋济。

大夫既至，果以我之归也有违先王之礼，而不以为善焉，则私为公制，而我亦不能旋济以至于卫矣。

视尔不臧，我思不阂。

阂，止也。然故都沦没，乃人情之不堪，故虽视尔不以我归为善，而我归唁之思，终不能止也。

三章讲：夫我既不适卫，而思终不止，则忧想之情切，而郁结之疾成矣。

陟彼阿丘，言采其蝱。

偏高曰阿丘。蝱，贝母草。故其在途也，陟彼阿丘，以舒忧想之情，言采其蝱以疗郁结之疾。

女子善怀，亦各有行。

女子，卫女自言。善怀，多忧思也。行，是道。此其所怀亦诚切矣，然非徒为无益之思也。亦以宗国被祸，乃天理之所难忘，人情之所不忍，殆各有其道焉，而不容于自已者矣。

许人尤之，众稚且狂。

稚，幼也。狂，狂妄。彼许国之众人，乃不我嘉而以为过者，则亦少不更事，而狂妄之人耳。使非稚且狂也，何不谅我心之若是乎？

末章讲：

我行其野，芃芃其麦。

我也归途在野，而涉芃芃之麦。

控于大邦，谁因谁极？

控，诉而止是也。因，依也。极，至也。斯时也，自伤许国之小，而力不能救，于是思欲为之控告于大邦，藉其土地甲兵之力，以图兴复之举焉。然控于大邦，必有所因之人，而其人必仗义执言者也，今不知其何所因乎？必有所至之国，而其国必力大兵强者也，今不知其何所至乎？则欲控诉无由矣。

大夫君子，无我有尤。

大夫，即跋涉大夫。君子，指许国众人。夫许之力既不能救，欲资于人又无其机，则所可自尽者，惟归唁一事耳！今尔跋涉之大夫与在国之君子，无以我归为有过。

百尔所思，不如我所之！

虽尔所以处此百方，欲我置身于无过之地，其意非不善也。但我之心不能自遂，终不如使我得以归唁，而自尽其心之为愈也。盖守礼固足无过，而善怀亦各有道，何为徒执彼以议此耶？吁！宗国之亡，其事诚大矣。以不可归之义律之，其事尤有大者。此所以卒不果归而作此诗，以道己情之切至如此也。切于情而止于义，夫人亦贤矣哉！

卫一之五

凡十篇。卫，姬姓，侯爵康叔之后。

淇奥三章，章九句

首章讲：卫人美武公作也。曰：

瞻彼淇奥，绿竹猗猗。

淇，水名。奥，是隈。瞻彼淇奥，绿竹猗猗，然柔弱而美盛者矣。

有匪君子，如切如磋，如琢如磨。

匪，文章。君子，指武公。切以刀锯，磋以镳锡，琢以锤凿，磨以沙石。况此有斐君子，其德之进修何如哉？但见以言其学问也，讲习讨论已精，益求其精，有如治骨角者，既切而复磋之，而同其精之至者矣；以言其自修也，省察克治已密，益求其密，有如治玉石者，既琢而复磨之，而同其密之至矣。是其德之修饰，有进而无已如此。

瑟兮僩兮，赫兮咺兮。

是以征之为德容也，矜庄不肆，威严不亵，而瑟兮僩兮矣；盛大无拘，宣著莫掩，而赫兮咺兮矣。

有匪君子，终不可谖兮。

有斐君子，德容之盛如此，则人之得于观感者，莫不起其爱敬之心，而终身不能忘矣。盖君子先得其同然之心，则人之不能忘，固非有所强也已。

二章讲：

瞻彼淇奥，绿竹青青。

瞻彼淇奥，绿竹青青，然坚刚而茂盛矣。

有匪君子，充耳琇莹，会弁如星。

琇莹，美石。会，是缝。弁，皮弁。况我有斐君子，其德之称服何如哉？但见以言其充耳也，尚之以石，则有琇莹之美，而有以肃千乘之具瞻矣；以言其会弁也，饰之以玉，则有如星之明，而有以起万民之敬仰矣。盖惟其德之称服，故其尊严如是也。

瑟兮僩兮，赫兮咺兮。

是以征之为德容也，矜庄不肆，威严不亵，而瑟兮僩兮矣；盛大无拘，宣著莫掩，而赫兮咺兮矣。

有匪君子，终不可谖兮。

有斐君子德容之盛如此，则人之得于景仰者，莫不切其爱敬之情，而终身不能忘矣。盖君子适触其懿德之好，则人之不能忘，固非有所私也已。

三章讲：

瞻彼淇奥，绿竹如箦。

箦，床栈。瞻彼淇奥，绿竹如箦，则密比而盛之至矣。

有匪君子，如金如锡，如圭如璧。

况我有斐君子，其口德之成就何如哉？但见以言其德之精纯也，则万理莹净，一疵不存，有如金如锡，而锻炼之精纯者矣；以言其德之温润也，则天理浑全，圭角不露，有如圭如璧，而生质之温润者矣。

宽兮绰兮，猗重较兮。

宽，宏裕。绰，开大。较，卿士之车。夫以其德之成就如此，则其动容周旋，安往而不中礼哉？彼宽绰无敛束之意，而能自如者鲜矣。彼则从容之中，自有成法。宽兮绰兮，猗然有如重较之上，固不失之肆也，亦不失之拘也，何其宽广而自如也乎！

善戏谑兮，不为虐兮。

戏谑非庄厉之时，而能中节者鲜矣。彼则与人之际，和而不流，善戏谑兮，而不为淫虐之愆。不以言语凌物也，不以意气加人也，何其和易而中节也乎！夫宽绰而犹可观，则敛束之时可知矣；戏谑而犹中节，则庄厉之时可知矣。若此者，何莫而非盛德之至哉！吁！武公之德之美如此，固宜诗人屡咏歌而叹美之也。

考槃 三章，章四句

首章讲：此美贤者隐处作也。言心之外慕者，恒择地以为安；而乐之在中者，则无入而不得。吾兹有取于硕人矣。

考槃在涧，硕人之宽。

考，是成。硕人，指贤者。宽，是广。但见成其隐处之室，在彼涧谷之间，萧然一环堵之居也。宜若无可乐矣，而硕人之处此也，浩然独乐，心超于贫贱之外。初不见其有戚戚者，何宽广乎！

独寐寤言，永矢弗谖。

永，长也。矢，誓也。谖，忘也。然乐之不真者，或能勉强于人知之地而已。所独知则不堪之情，不觉因之而毕露矣。彼其独寐而寤，独寤而言之时，犹自誓其终身不忘此乐焉。盖不以人所不知，略有一毫忧戚之意。而视涧谷之中，皆其乐境矣。而岂勉强于一时者，可同日语哉？

二章讲：

考槃在阿，硕人之薖。

薖，即宽。成其隐处之室，在彼曲陵之阿，何荒凉也。维此硕人处此，胸次悠然，外物不能为之累，吾见其宽大而自得矣。

独寐寤歌，永矢弗过。

其乐如此，夫岂有可尚者哉？虽独寐寤歌之，时在外慕者，固易以动情之地也，犹自誓其终身所乐，不逾于此焉。盖乐自得之，即自保之。不知天壤之间，有何乐可以代此矣？

末章讲：

考槃在陆，硕人之轴。

成其隐处之室，在彼高平之陆，何寂寞也。维此硕人处此，居贞自守，轩冕不能为之移。吾见其盘桓而不行矣。

独寐寤宿，永矢弗告。

其乐如此，夫岂求人知者哉？虽独寐寤宿之时，在炫名者固易有求知之心也，犹自誓其终身不以此乐告人焉。盖乐自得之，即自知之。不以真乐之味，而轻泄于言语之间矣。夫居人所不堪之地，而适己所独乐之情，非贤者见大心泰而能若是乎？

硕人 四章，章四句

首章讲：卫人为庄姜不见答作也。言夫妇之间最宜亲厚，而有不见亲厚者，此其事有出于常情测度之外矣。吾于硕人之不见答，深为之思其故焉。

硕人其颀，衣锦褧衣。

硕人，指庄姜。褧，单衣。此硕人颀然其长。衣锦于中，而加褧衣于外，恶其文之著也。

齐侯之子，卫侯之妻。

是硕人也，不见亲厚于君，岂其族类之不贵耶？吾以族类言之，以齐侯之子而为卫侯之妻。其父贵矣。

东宫之妹，邢侯之姨，谭公维私。

东宫，太子所居之宫。妻之姊妹曰姨。姊妹之夫曰私。以东宫之兄，而彼乃为之妹。其母贵矣。邢侯则彼为之姨，谭公则为彼之私。盖戚属无一而不贵者矣。夫以族类之贵如此，是宜君之亲厚之也，而反不见亲厚，亦独何也哉？

二章讲：夫族类贵矣，而犹不见亲厚，岂其容貌之有不美耶？吾以容貌言之：

手如柔荑，肤如凝脂。

茅之始生曰荑。肤，肌肤。手之柔而白也，如荑之生。肤之白而润也，如脂之凝。其手与肤美矣。

领如蝤蛴，齿如瓠犀。

领，是颈。领白而长也，有如蝤蛴。齿正白而齐也，有如瓠犀。其领与齿美矣。

蓁首蛾眉，巧笑倩兮，美目盼兮。

额角方正为蓁之首，眉细长曲为蛾之眉。其笑也则巧笑倩然，而口辅之甚美。其目也则美目盼然，而黑白之分明。盖身容无一而不美矣。夫以容貌之美如此，是宜君之亲厚之也，而反不见亲厚，亦独何也哉？

三章讲：夫容貌美矣，而犹不见亲厚，岂其始时来嫁而已然耶？吾自来嫁之始言之：

硕人敖敖，说于农郊。

敖敖，长貌。硕人敖敖，来自齐国，舍止近郊。

四牡有骄，朱幩镳镳，翟茀以朝。

骄，壮貌。幩，马衔外铁之饰。翟，翟羽。茀，车蔽。以朝，入于君朝。驾车有马也，则四牡有骄，而朱幩之饰，镳镳然其甚盛也。载行有车也，则前后设蔽，而翟羽之饰，灿然其可观也。乘是车马以入君之朝，吾君乐得有佳配者矣。

大夫夙退，无使君劳。

但见吾君平日亲厚夫人之心，国人之所知也。故国人谓大夫朝于君者宜早退，毋使君劳于政事，而不得与夫人相亲也。此其在昔，固未尝不亲厚矣，而今反不见亲厚，亦独何也哉？

末章讲：夫亲厚于昔，而今不然，岂其来嫁礼仪不备，而今追咎之耶？吾又以礼仪之备言之。

河水洋洋，北流活活。

但见齐居大河之滨，河水洋洋然盛大而莫御，北流活活然望海以为归。是其地势广矣。

施罛濊濊，鳣鲔发发。

施，是设。罛，鱼罟。发发，是盛。施罛濊濊以取鱼，则有鳣鲔之发发。

葭菼揭揭，庶姜孽孽，庶士有朅。

揭揭，是长。庶姜，是侄娣。庶士，是媵臣。百卉之生于其地，则有葭菼之揭揭。是其物产饶矣。齐地广饶如此，则其来嫁礼仪岂有不备哉？故从行之侄娣有庶姜焉，则孽然其盛饰，而烂盈门之顾也；从行之媵臣有庶士焉，则揭然其武勇，而侈载道之光也。其士女姣好如此，则礼仪无有不备，而无可追咎者矣。而今不见亲厚，亦独何也哉？重见庄公之昏惑也已。噫，卫人为之赋《硕人》，固深悲硕人之不幸。若硕人之德，其宜为正嫡。小君尤有不系于此者，庄公何为而弃之乎？

氓六章，章十句

首章讲:此淫妇为人所弃作也。言天下之事不谨于始，未有不悔于终。我也惩创往事，有不胜其悔者矣。

氓之蚩蚩，抱布贸丝。

氓，男子之称。昔也有蚩蚩无知之民，抱其已成之布，贸我未成之丝。

匪来贸丝，来即我谋。

然其实非来贸丝也，特来就我谋为私奔之事，而托之贸丝以行耳。

送子涉淇，至于顿丘。

子，指男子。顿丘，卫地名。然虽与之谋矣，而不与之俱往，于是送子涉淇，至于顿丘之地。

匪我愆期，子无良媒。

愆，过也。而语之曰:我不遂与子而偕往者，非我之愆期也，乃子无良媒，而约有未定耳。

将子无怒，秋以为期。

将，请也。愿子无以愆期为怒，惟秋以为期，则与子偕往，而可以无若今日之未决者矣。

二章讲:

乘彼垝垣，以望复关。

垝，是毁。垣，是墙。复关，男子之所居者。夫既与之期矣，于是及期则乘垝垣以望复关。

不见复关，泣涕涟涟。

当夫未见复关，则虑其约之不遂，而泣涕涟涟，不胜其为悲也。

既见复关，载笑载言。

及夫既见复关，则幸其约之得伸，而载笑载言，不胜其为喜也。

尔卜尔筮，体无咎言。

龟曰卜。蓍曰筮。咎，是凶。遂从而问之，曰：秋以为期，人谋固如此矣，然人谋不如神谋之为臧也。尔必灼龟以卜，揲蓍以筮。果其所得卦兆之体，若无凶咎之言，则质诸神而无疑者，固可以保诸百年而不惑者矣。

以尔车来，以我贿迁。

尔，指男子。贿，是财。迁，是徙。则女当以车来迎，而我当以贿往迁也，岂复如昔之愆期哉！

三章讲：夫我始之从人如此，惟其颜色之光丽耳。自今思之，而岂可以或恃乎哉？

桑之未落，其叶沃若。

今夫桑之未落，则其叶沃若而润泽矣。然则我之颜色光丽，不犹是哉？

于嗟鸠兮，无食桑葚。

葚，是桑实。然不可恃此而纵欲忘返也。彼鸠食葚，多则致醉。吁嗟鸠兮，其无食桑葚焉。

于嗟女兮，无与士耽。

女与士耽则丧节。吁嗟女兮，其无与士耽焉。

士之耽兮，犹可说也。

耽，是相乐。说，作解看。所以然者何？盖士有百行，功过可以相掩。故士之耽兮者，而苟能改行从善，则足以自赎可说也。

女之耽兮，不可说也。

若妇人无外事，惟以贞信为节。一失其身，则余无足观，故女之耽兮不可说也。夫惟其不可说，则岂可与士耽哉？

四章讲：夫始惟恃其颜色光丽，而轻与士耽，则今日颜色凋谢，其能免于见弃乎？

桑之落矣，其黄而陨。

陨，是落。今夫桑之落矣，则其叶黄而陨矣。然则我之容色凋谢，不犹是哉？

自我徂尔，三岁食贫。

徂，是往。夫惟色不足恃，固宜见弃，有所不免矣。然尔独不念我贿迁而往。盖值尔之贫，而三岁食贫，亦云穷苦矣。

淇水汤汤，渐车帷裳。

汤汤，水盛。帷裳，妇人车饰。今乃弃我，使我涉淇而来者，亦涉淇而往。而淇水之汤汤，渐乎车之帷裳，盖永无室家之好矣。

女也不爽，士贰其行。

女，妇人自言。爽，是差。士，指其夫。然此岂我之过哉？但见女也，为也甚坚，而始终不爽。惟士也持约不固，而异贰其行焉。

士也罔极，二三其德。

何也人之行皆本于心，而心之有恒者德乃不贰。今士之心反覆变诈，无所止极，故二三其德以至此耳。然则我今日之见弃，其过不有所归耶？

五章讲：夫我之被弃，其过固在于士，然反而思之，我亦安能以无悔乎？

三岁为妇，靡室劳矣。

我也三岁为妇，而值尔之贫，尽心竭力不以室家之务为劳。

夙兴夜寐，靡有朝矣。

夙兴夜寐，靡有朝旦之暇，我之勤劳亦云至矣。

言既遂矣，至于暴矣。

夫何与尔始相谋约之言既遂，而家道方成；尔遽以暴戾之事相加，而弃我以归，何其忍哉！

兄弟不知，咥其笑矣。

咥，是笑貌。使归而兄弟相恤，犹可以少慰也。夫何兄弟又不知我见弃之故，以为士之贰行，乃鄙吾之素行有以自致之。但咥然其笑而已，曾有相恤之意乎！

静言思之，躬自悼矣。

然此亦何所咎哉？我也静言思之，亦惟失身于为谋之始，丧节于贿迁之时。夫之见弃也，兄弟之不恤也，是皆我之自取，特躬自悼而已。

末章讲：然今虽悔，亦何所及乎？

及尔偕老，老使我怨。

我始也与尔本期为偕老，今不知老而见弃如此，则语及偕老之约，适增深长之恨，而徒使我怨也。

淇则有岸，隰则有泮。

泮，是涯。若此者亦我不思之过也。彼淇则有岸矣，隰则有泮矣。在淇、隰之远，犹有底止之地也。

总角之宴，言笑晏晏。

总角，幼时结发也。今我总角之时，与尔宴乐言笑，晏晏然其和柔。

信誓旦旦，不思其反。

成此信誓，旦旦然其明白。将以为可恃之永久，曾不思其终之反覆以至此，而有今日之见弃，不亦淇、隰之不如乎？

反是不思，亦已焉哉！

夫既不思其反覆以至此，则已往之失已不可追，而今日之悔将无所及，则亦如之何哉？亦已而已矣。吁！淫妇失身于始，而独不虑及于终。及夫见弃于终，而后追悔于始，不亦晚乎？是足以为淫奔者之永鉴矣。

竹竿 四章，章四句

首章讲：卫女思归宁而不得，故言曰：人子之情莫切于归宁，归而不得，则不能不睹物而兴思矣。

籊籊竹竿，以钓于淇。岂不尔思？远莫致之。

籊籊，长而杀也。尔，指竹竿、淇水。致，至也。今夫竹，卫物也；淇，卫地也。我卫之女子也，以籊籊之竹竿，而钓于淇水，于以慰吾宗国之想，是固其本心也，岂不尔思哉？特以道之云远，不可以遽至，而心之所思，不能不为地阻矣。

二章讲：夫远莫致之，我将何如以为情者哉？

泉源在左，淇水在右。

今夫泉源自西北而东南流入于淇，则在卫之左矣。淇水自西南而东流与泉源合，则在卫之右矣。是为卫之水者，皆得潆洄于卫之地也。

女子有行，远父母兄弟。

女子，卫女自言。顾我女子有行，远其父母兄弟，虽欲一日在卫之左右而不可得矣，不亦泉源、淇水之不如耶？

三章讲：

淇水在右，泉源在左。

淇水则在卫之右矣，泉源则在卫之左矣。为卫之水者，皆得潆旋于卫之地也。

巧笑之瑳，佩玉之傩。

瑳，是笑而见齿，其色鲜白。傩，行有度也。顾我也为地所阻，安得巧笑之瑳，佩玉之傩，以笑语游戏于其间哉！

末章讲：夫我思卫之情如此，然乌得以舒其情乎？

淇水滺滺，桧楫松舟。

今夫淇水滺滺而流，其中有桧楫焉，有松舟焉，固可以为出游之具者也。

驾言出游，以写我忧。

顾道远而莫能致，安得驾言出游于淇水之上，以写我深长之思哉！吁！卫女思归而不得归，非以地之远而不可至也，以义之制而不可逾也。夫能以义制情，而不以情掩义，此卫女之所以为贤也欤！

芄兰二章，章六句

首章讲：此疑刺童子躐等作也。曰：

芄兰之支，童子佩觿。

芄兰，草之高又生者。支，即枝。觿，是锥。

芄兰弱草，则有支矣。童子幼艾，则佩觿矣。

虽则佩觿，能不我知。

能，才能也。夫觿者，成人之饰，贵有才能与之称也。今观童子，虽则佩觿，而才能碌碌无闻，曾不足以见知于我，容兮遂兮，垂带悸兮。

但见威仪之间，舒缓放肆，悸然其带之下垂而已。其视佩觿，焉能称哉？

末章：讲同。

芄兰之叶，童子佩鞢。
虽则佩鞢，能不我甲。

鞢，玦也。甲，长也。才能碌碌庸下，曾不足以长我。

容兮遂兮，垂带悸兮。

河广 二章，章四句

首章讲：宋桓夫人思其子而作。曰：

谁谓河广？一苇杭之。

苇，蒹葭之属。杭，渡也。我在河北，子在河南。我之不渡河也，人皆曰河之广也。然谁谓河广乎？但以一苇加之，则可以渡矣，夫何广之有？

谁谓宋远？跂予望之。

跂，举足也。我在于卫，子在于宋。我之不适宋也，人皆曰宋之远也。然谁谓宋远乎？但一跂足望之，则可以见矣，夫何远之有？

末章讲：

谁谓河广？曾不容刀。

刀，小船。我之不渡河也，谁谓河广乎？其中曾不容一刀之小，奚其广也？

谁谓宋远？曾不崇朝。

我之不适宋也，谁谓宋远乎？其行之曾不终朝而至，奚其远也？夫河不广也而不渡，宋不远也而不至，夫人何为而然哉？盖嗣君承父之重，母出，与庙绝，不可以私往，而义有所制耳。夫人虽思其子，卒能以义自裁，而不敢往，其亦贤矣哉！

伯兮 四章，章四句

首章讲：妇人以夫久从征役而作此。曰：

伯兮朅兮，邦之桀兮。

伯，指其夫。桀，才过人之称。我伯也具武勇之才，有以拔出侪人之中，乃一邦之杰也。

伯也执殳，为王前驱。

殳，长丈二而无刃。前驱，前行引道。而今果何所事哉？方且执殳为王之前驱，身服警跸之役，而与君相周旋。盖自贻伊阻而旋，归之未有期者矣。

二章讲：夫伯也为王前驱，于公义得矣。其如我之私情，何哉？

自伯之东，首如飞蓬。

蓬，是乱草。自我伯之执殳而东也，无心于为容，而其首有如飞蓬之乱焉。

岂无膏沐，谁适为容？

适，主也。容，容貌。是岂无膏可以泽发，无沐可以涤首而然耶？盖妇人以夫为主，即以夫之故而为容也。今伯既之东，则我将何所主而为容乎？故虽有膏沐，亦无所施，而首如飞蓬之不免焉耳。

三章讲：夫我以伯不在，至于首蓬如此，则岂不望其归哉？然而其归不可必也。

其雨其雨，杲杲出日。

其者，冀其将然之词。杲杲，日出貌。彼旱既太甚，而冀其将雨，乃杲杲出日，而未有雨征矣。然则我望其君子之归而不归，不亦犹是邪？

愿言思伯，甘心首疾。

疾，头痛。夫期望之切而卒不至，是以我也愿言思伯，极其忧思之苦，至于首疾亦其所甘心焉，而首如飞蓬，又安足计也哉？

末章讲：夫我不堪忧思之苦，岂不欲以忘其忧哉？然而于心有不忍也。

焉得谖草，言树之背。

背，北堂。彼谖草可以忘忧者也。今安得谖草，树之北堂以忘吾之忧乎！

愿言思伯，使我心痗。

痗，是病。然伯者我之所赖以终身，何忍以或忘耶？是以宁不求此草，而但愿言思伯，虽至于心痗，亦有所不辞焉。而惟首疾又奚足言哉？吁！妇人以夫不在而极其忧思之至，亦可谓有得其性情之正矣。

有狐 三章，章四句

首章讲：此寡妇欲嫁鳏夫，故托为之喻。曰：

有狐绥绥，在彼淇梁。

有狐绥绥独行而求匹，在彼淇水之上矣。

心之忧矣，之子无裳。

之子，指鳏夫。裳，是下服。人在梁则无衣茹之患，而不以裳矣。奈子之无裳，何是以我也。深忧子之无裳，而一感触之下，盖不能恝于为情矣。

二章讲同。

有狐绥绥，在彼淇厉。心之忧矣，之子无带。

厉，水可涉之处。带，束身。

末章讲同。

有狐绥绥，在彼淇侧。心之忧矣，之子无服。

讲俱同上。夫寡妇非言狐之求匹也，为鳏夫之求匹也；非忧狐之无裳也，为鳏夫之无裳也。见鳏夫而忧其无裳，则其情可知矣。然先王之世，内无怨女，外无旷夫，安有如此诗之所言乎？可以观世矣。

木瓜 三章，章四句

首章讲：疑亦男女相赠答之词。言人交际之礼，施而不报则情中辍，报而不厚则情不坚。

投我以木瓜，报之琼琚。

故人之好我者，或投我以木瓜，其物至微也。我必报之以琼琚，即重宝有所不计焉。

匪报也，永以为好也。

永，长也。夫彼以微来，我以厚往，若足以言报矣。然此犹未足以尽吾心，匪以为报也。特欲假此以达夫缱绻之怀，庶几彼见其物，犹见其人。而和好之情永固而不忘耳，岂为报哉？

二章：

投我以木桃，报之以琼瑶。匪报也，永以为好也。

讲同上。

末章：

投我以木李，报之以琼玖。匪报也，永以为好也。

讲同上。

是人之交际如此，故能相与有终也。然则男女之际，其物之厚往薄来者，岂有他哉？亦欲其情好之有永耳！

王 一之六

不称周而称王，所以存王号也。凡十篇。

黍离 三章，章十句

首章讲：此大夫悯周室作也。若曰：昔周盛时，建宗庙以妥先灵，万国之骏奔在是焉；营宫室以奉至尊，万国之拱极在是焉。乃今则有不胜其异感之悲矣。

彼黍离离，彼稷之苗。

但见宗社丘墟，而黍之生于其中者，离离然而垂矣。稷之生于其中者，厌厌然其苗矣。此其时事之变何如耶？

行迈靡靡，中心摇摇。

夫彼黍则离离矣，彼稷则为苗矣。况我睹此大变，则行迈靡靡而不进矣，中心摇摇而不定矣。盖悯周室之沦没，而其情之不能自已如此也。

知我者，谓我心忧。

然此时之知我者，不过谓我心有忧而已，忧周一念固不知也。

不知我者，谓我何求。

不知我者，则又谓我有所求而然，忧周一念愈不知也。然则靡靡摇摇之忧，我自知之耳。

悠悠苍天，此何人哉！

夫事必有始。悠悠苍天，是周家也。创之者，吾知其为文、武矣。

守之者，吾知其为成、康矣。今所以致此宗庙宫室，尽变为禾黍之区者，果何人哉？举累世之成业，而败坏之一旦，是必有任其咎者矣！

二章讲：

彼黍离离，彼稷之穗。

睹此宗庙宫室之中，彼黍则离离矣，彼稷则成穗矣。

行迈靡靡，中心如醉。

如醉，是心内昏沉。我也愤周室之颠覆，则行迈靡靡，而中心之如醉矣。

知我者，谓我心忧。不知我者，谓我何求。

此时之知我者，不过谓我心忧而已。不知我者，则又谓我何所求而然。是我忧周之心，其谁知之耶？

悠悠苍天，此何人哉！

夫祸必有所始。悠悠苍天，所以致此宗国之地，鞠为禾黍者，果何人哉？诚有令人痛恨者矣！

末章：

彼黍离离，彼稷之实。行迈靡靡，中心如噎。知我者，谓我心忧。不知我者，谓我何求。悠悠苍天，此何人哉！

噎，是咽喉闭塞之名。讲同上。吁！行役大夫，可谓有忠君爱国之心矣！

君子于役二章，章八句

首章讲：大夫久役于外，其室家思之。曰：乐相保而恶相离，人情也。乃今君子不在，我将何如以为情哉？

君子于役，不知其期。曷至哉？

君子，指其夫。曷至，至所止之处。我君子以王事而从役于外，吾不知其返还之期矣。且今亦何所至哉？而其所履之地，吾亦不得而知也。

鸡栖于埘，日之夕矣，牛羊下来。

凿垣而栖曰埘。下来，下于山而来归。夫既莫卜其至家之期，又莫得其攸阻之地，则君子果有一日之休息乎？夫鸡栖于埘，则日夕矣，日夕则牛羊下来矣。是畜产出入，尚有旦暮之节。

君子于役，如之何勿思？

而君子行役，乃无休息之期，使我如何而不思哉？触物动念而悠悠我思，诚有不容以自已矣。

末章讲：

君子于役，不日不月。曷其有佸？

佸，是会。不日不月，言出之久不可以日月数也。佸，是会。君子之于役也，盖不可计以日月矣。今不知其果何时可以来会哉？

鸡栖于桀，日之夕矣，牛羊下括。

桀，是杙也。括，是至。夫更阅岁月之多，又莫必其会晤之日，则君子果有一日之休息乎？夫鸡栖于桀，则日夕矣，日夕则牛羊下括矣。是畜产出入，尚有旦暮之节。

君子于役，苟无饥渴？

而君子行役，乃无休息之期，则今之归，何可必哉？惟庶几饮食以充，苟无饥渴之患，诚为吾之所深幸矣。不然，君子之归既不可必，而饥渴之患又所不免，则我之情又当何如耶？是则望其来归者，忧思之情也；冀其免于饥渴者，忧思之切也。若室家者，可谓专一之至矣！

君子阳阳 二章，章四句

首章讲：此疑亦前篇妇人所作。言：人情劳于久役者，易致独贤之叹；而困于贫贱者，每兴终窭之嗟，求其能乐者鲜矣。

君子阳阳，左执簧，右招我由房。

君子，指其夫。我，妇人自我。惟我君子归自行役，而所遭贫贱，虽恒情所难堪也。彼则胸次悠然，物感无累，劳苦之顿休也，贫贱之不知也。此心之中真有造物与游，而阳阳其自得者矣。但见乐器有簧，而乐之位有房也．左手则执簧，右手则招我以由房焉。

其乐只且！

适情于声音之间，盖不知此外更有何物，足以累其心，惟觉其阳阳而已，其乐为何如哉！

末章讲：

君子陶陶，左执翿，右招我由敖。

惟我君子归自行役，而所值困穷，虽恒情所易戚也。彼则志意舒展，世态无拘，劳苦而能安也，贫贱而能忘也。此心之中真有俯仰之皆适，而陶陶其安乐矣。但见乐舞有翿，而舞之位有敖也。左手则执翿，右手则招我以由敖焉。

其乐只且！

优游缀兆之间，盖不知此外更有何物，足以介其怀，惟觉其陶陶而已，其乐为何如哉！吁！大夫能乐其乐，室家能知其乐，均可谓贤矣，抑岂非先王之泽哉？

扬之水 三章，章六句

首章讲：此戍申者怨思，故言曰：

扬之水，不流束薪。

悠扬之水，其势微缓，则不流束薪矣。

彼其之子，不与我戍申。

戍人指其室家。屯兵以守曰戍。彼其之子，天各一方，则不与我同戍申矣。

怀哉怀哉，曷月予还归哉？

斯时也，室家在念，契阔莫伸，怀哉怀哉，其情有不能以自已矣。今不知王家戍事何月可毕，得以言旋言归，而慰我室家之怀乎！

二章：

扬之水，不流束楚。彼其之子，不与我戍甫。怀哉怀哉，曷月予还归哉？

楚，木名。讲同上。

末章：

扬之水，不流束蒲。彼其之子，不与我戍许。怀哉怀哉，曷月予还归哉？

蒲，柳也。申、甫、许，皆国名。讲同上。吁！观戍人之怨思，而时王之不道甚矣，人民之离散极矣。周辙之终于东，宜哉！

中谷有蓷 三章，章六句

首章讲：被弃妇人自述其悲叹之词。曰：

中谷有蓷，暵其干矣。

蓷，鵻草。暵，燥也。中谷有蓷，旱既太甚，则暵然而干矣！

有女仳离，嘅其叹矣。

仳，别也。嘅，叹言。况我有女仳离，室家之情背于一旦，则忧愤之怀不能自已，嘅然而叹息矣。

慨其叹矣，遇人之艰难矣。

夫我之慨然而叹也，固为深伤其仳离，然岂斯人情义之薄哉？盖饥馑荐臻，周身不给，而遇斯人之艰难也。是彼且不能自为谋，而能为我谋哉？仳离之变，盖不得已而然焉耳！

二章讲：

中谷有蓷，暵其修矣。

中谷有蓷，旱既太甚。则修然而长者，今亦暵矣。

有女仳离，条其歗矣。

况我有女仳离，室家之好弃于一朝，则忧伤之情不能自遏。于是条然蹙口出声，以舒愤闷之气矣。

条其歗矣，遇人之不淑矣。

淑，善也。夫其条然而歗也，固为深悲其仳离，然岂君子恩意之薄哉？盖饥馑荐臻，变生意外，而遇斯人之不淑矣。彼且不能自全，而能为我全哉？仳离之事，盖不获已而然焉耳！

末章讲：

中谷有蓷，暵其湿矣。

中谷有蓷，旱既太甚，则生于湿者，今亦暵矣。

有女仳离，啜其泣矣。

啜，泣貌。况此有女仳离，偕老之约，遽尔暌违，则悲怨之极，不能自禁，而至于潸焉出涕，啜然而泣矣。

啜其泣矣，何嗟及矣！

夫啜然其泣也，虽为仳离之故。然艰难之遇，非人力之所能为；不淑之遭，非人力之所能挽。事已至此，虽嗟叹以泣而无及矣。吾惟安之而已，其将奈之何哉？夫以饥馑而遽相弃背，盖衰薄之甚也。而妇人乃无怨怼过甚之词，可谓厚矣。然为人上者而使民至此，则王政之恶，不从可知哉！

兔爰 三章，章七句

首章讲：君子不乐其生作也。若曰：

有兔爰爰，雉离于罗。

爰爰，行舒缓意。罗，是网。张罗本以取兔也，今兔性阴狡，其行爰爰而反得脱，雉以耿介则反罹于罗焉。然则小人致乱，而以巧计幸免；君子无辜，而以忠直受祸，岂异是哉？

我生之初，尚无为。

无为，即无事。若然，则乱于是乎日甚矣。忆昔我生之初，文、武、成、康之盛，虽不及见也。然直道未泯，赏罚犹明，君子小人不至于紊乱，尚无事之可为也。

我生之后，逢此百罹。

逢，遇也。罹，忧也。夫何我生之后，刑加于君子，福及于小人，赏罚既紊，祸乱日滋，乃逢百罹之如是也。

尚寐无吪！

吪，动也。然则将如之何哉？则庶几寐而不动以死耳。不然，祸生不测，动辄得咎，安能以自免耶？

二章讲：

有兔爰爰，雉离于罦。

罞，掩兔者。夫罞本以取兔也，今有兔爰爰而得脱，雉以耿介反罹于罞焉。然则小人致乱，而以巧计幸免；君子无辜，而以忠直受祸，何异是哉？

我生之初，尚无造。

无造，即无为。若然，则世之可忧甚矣。迨我生之初，刑罚不僭，世道清明，天下尚无造也。

我生之后，逢此百忧。

岂知我生之后，邪正混淆，善者不能自必，恶者得以肆志，祸乱日增，而逢百忧之若是也。

尚寐无觉！

觉，醒也。然则我将如之何哉？则但庶几寐而无觉以死耳。不然，祸患之及，不能自免，有觉不益深其忧耶？

末章讲：

有兔爰爰，雉离于罿。

罿，即罞。夫罿本以取兔也，今有兔爰爰而得脱，雉以耿介反罹于罿焉。然则小人致乱，而以巧计幸免；君子无辜，而以忠直受祸，何异是哉？

我生之初，尚无庸。

若然，则世之凶甚矣。迨我生之初，刑罚适中，民生优游，天下尚无庸也。

我生之后，逢此百凶。

岂知我生之后，忠佞不分，善者日以丧气，恶者日以恣横，祸乱益进，而逢百凶之如是也。

尚寐无聪!

聪,闻也。然则我将如之何哉?则但庶几寐而无闻以死耳。不然,祸变之来,不能自全,有聪不益重其惧耶?夫使君子至于不乐其生,则世道从可知矣。

葛藟 三章,章六句

首章讲:流离之民作此以自叹。曰:

绵绵葛藟,在河之浒。

绵绵,长而不绝。岸上曰浒。绵绵葛藟,则在河之浒,物固有所托矣。

终远兄弟,谓他人父。

况我也去其乡里家族,而终远兄弟,至谓他人为己父。

谓他人父,亦莫我顾。

此固欲望其我顾也。然我虽谓彼为父,彼乃视我流离,恬不动念,而曾莫我顾焉。夫以他人之疏,至称之以父之尊,乃亦不足为吾怙,而竟失所托焉。是葛藟之不如矣,其穷不亦甚乎!

二章讲:

绵绵葛藟,在河之涘。

水涯曰涘。绵绵葛藟,则在河之涘,物固有所托者矣。

终远兄弟,谓他人母。

况我也去其乡里家族,而终远兄弟,至谓他人为己母。

谓他人母,亦莫我有。

此固欲望其我有也。然我虽以彼为母,彼乃视我困苦,漠然若无,而曾莫我有矣。夫以他人之疏，至呼之以母之亲，乃亦不足为吾恃，而竟失所托焉。是葛藟之不如矣，其穷不益甚乎！

末章讲：

绵绵葛藟，在河之漘。

夷上洒下曰漘。绵绵葛藟，则在河之漘，物固有所托者矣。

终远兄弟，谓他人昆。

况我也去其乡里家族，而终远兄弟，至谓他人为己兄。

谓他人昆，亦莫我闻。

此固欲望其我闻也。然我虽以彼为昆，彼乃视我忧戚，褎如充耳，而曾莫我闻矣。夫以他人之疏，至视之以兄弟之爱，乃亦不足以相须，而竟失所托焉。是葛藟之不如矣，其穷不益甚乎！噫，君民者睹此，可以畅然省矣。

采葛二章，章三句

首章讲：淫奔者歌此。曰：

彼采葛兮，一日不见，如三月兮！

彼之有事于采葛也，非重一葛也，盖托之以行，而欲与我一会晤耳。斯人也，我所欲常常见之，而日相亲者也。故一日不见，则思念之切，有如三月之久矣。夫以一日之近，而视之以三月之久，则我之于尔，岂忍一日相违也乎？

二章：

彼采萧兮，一日不见，如三秋兮！

萧，荻草。讲同上，只换字面耳。

末章：

彼采艾兮，一日不见，如三岁兮！

艾，可炙之草。讲同上，只换字面耳。

大车 三章，章四句

首章讲：大夫有以刑政，治其私邑，淫奔者畏而歌之。曰：

大车槛槛，毳衣如菼。

大车，大夫之车。槛槛，车行声。菼，芦始生色。大车之行，槛槛
其有声矣。毳衣之服，如菼而青色矣。

岂不尔思？畏子不敢。

尔，指淫奔者。子，指大夫。我也闻其车声，睹其服色，真有凛然
令人畏者。故我岂不尔思哉？特以畏子之政刑，森不可犯，虽欲奔而有所
不敢耳。伊人固可怀也，法度亦可畏也，乌得不顾而冒为之耶？

二章讲：

大车啍啍，毳衣如璊。

大车之行，啍啍而重迟矣。毳衣之服，如璊而赤色矣。

岂不尔思？畏子不奔。

我也闻其车声，睹其服色，真有凛然令人恐者。故我岂不尔思哉？
特以畏子之刑政，严不可越，而有不敢以相奔耳。伊人固可念，法禁亦可
惧也，乌得不顾而冒行之耶？

末章讲：然大夫之刑政，岂特禁我于一时而已哉？

穀则异室，死则同穴。

穀，是生也。穴，圹也。吾知终身不如其志，生不得相奔以同室矣。
惟庶几死得合葬以同穴，于以遂生前未遂之志也。

谓予不信，有如皦日！

皦日，白日也。若谓予同穴之言为不信，则有如皦日在焉，足以鉴我之衷，而永不渝盟者矣，岂徒为一时感激之言哉！吁！观淫奔者，畏大夫之刑政而不敢奔，是特苟免刑罚耳，而相奔之心未尝忘也。其去《二南》之化远矣哉，是可以观世变矣。

丘中有麻 三章，章四句

首章讲：妇人望所与私者而不来，故言曰：

丘中有麻，彼留子嗟。

彼子嗟也，我之所期而来会者也。今者不来，意者丘中有麻之处，复有与之私，而留子嗟者乎？

彼留子嗟，将其来施施。

顾安得所留之子嗟，将其施施而来，以慰我之思耶？

二章：

丘中有麦，彼留子国。彼留子国，将其来食。

讲同。

末章：

丘中有李，彼留之子。彼留之子，贻我佩玖。

讲同。

郑 一之七

郑，伯爵，姬姓，周厉王之后。凡二十一篇。

缁衣 三章，章四句

首章讲：此周人爱司徒作也。言人情之不能忘者德，而尤不能忘者继世之德。吾人被我公世德深矣，将何以为情哉？

缁衣之宜兮，敝予又改为兮。

缁，黑色。宜，称也。敝，破坏。改，更也。彼卿大夫居私，朝而服缁衣，制也。但德有不称，而能宜之者鲜矣。惟之子也继先公，而为政敬，敷五教，无忝前人。其服缁衣也甚宜，而无不衷之诮者矣。使其敝也，吾将为子改为之。是非子之不足于衣也，吾人欲报德无由，聊于改衣，以寄吾情耳。

适子之馆兮，还予授子之粲兮。

子，指司徒。米之精者曰粲。然改衣未足以尽吾情也。吾子有馆，且将适子之馆焉。虽吾侪小人，不可以履君子之堂，而欲亲其德，自不容不于馆乎一适也已。然适馆犹未足以馨吾情之无已也。吾人有粲，既还，又将授子以粲焉。虽吾侪藿食，不可以为君子之奉，而欲酬其德，自不容不于粲乎一授也已。

二章讲：

缁衣之好兮，敝予又改造兮。

造，即为也。子以盛德而服缁衣也，允协而无愧，盖甚好矣。敝，则予将为子改造之，使其常新也。

适子之馆兮，还予授子之粲兮。

犹未已也，且将适子之馆焉。既还，而又授子以粲焉。盖庶几吾一念仰德之私，于改衣而一伸，又于适馆授粲，而重伸其情耳。

末章讲：

缁衣之席兮，敝予又改作兮。

子以盛德而服缁衣，宽广而自如，盖甚席矣。敝，则予将为子改作之，使其常美也。

适子之馆兮，还予授子之粲兮。

犹未已也，且将适子之馆焉。既还，又将授子以粲焉。盖庶几吾一念觊德之情，于改予而一致，又于适馆授粲，而重致其情耳。夫周人于武公改衣也，而继以适馆；适馆也，而继以授粲，可谓好之无已矣。使非善于其职，而无忝于先公之德，何以得此于民哉？

将仲子 三章，章八句

首章讲：此淫奔者有所畏而歌。曰：

将仲子兮，无逾我里，无折我树杞。

将，是请。仲子，男子之字。逾，越也。我，女子自我。将仲子兮，我里有树杞焉。夫固有内外之限矣，汝慎无逾我之里，无折我树杞可也。

岂敢爱之？畏我父母。

之，指杞。然我岂敢爱一树杞，而不结仲子之欢哉？特以畏我父母有所制而不敢焉耳。

仲可怀也，父母之言，亦可畏也。

盖仲子固可怀也，而父母之言亦可畏也。焉得肆然不顾，而纵一己之私情乎？

二章：讲同。

将仲子兮，无逾我墙，无折我树桑。岂敢爱之？畏我诸兄。仲可怀也，诸兄之言，亦可畏也。

之，指桑。

末章：讲同。

将仲子兮，无逾我园，无折我树檀。岂敢爱之？畏人之多言。仲可怀也，人之多言，亦可畏也。

之，指檀。

叔于田 三章，章五句

首章讲：国人爱段而作此。

叔于田，巷无居人。

叔，庄公弟，名段。我叔出而于田，则所居之巷若无居人矣。

岂无居人？不如叔也，洵美且仁。

仁，自爱人言。然非实无居人也，但不如叔之多才多艺，信美矣。且与人之际，又皆恩意之浃洽而仁焉。夫以所居之巷，无一美且仁如我叔，则人虽多而若无耳！谓之无居人，不亦可乎？

二章讲：

叔于狩，巷无饮酒。

我叔出而于狩，则所居之巷若无饮酒矣。

岂无饮酒？不如叔也，洵美且好。

好，自饮酒言。然非实无饮酒也，但不如叔之多才多艺，信美矣。且饮酒之时，又有饮多而不乱而好焉。夫以所居之巷，无一美且好如我叔，则饮酒虽多而若无耳！谓之无饮酒，不亦可乎？

末章讲：

叔适野，巷无服马。

适，往也。服，乘也。我叔出而适野，则所居之巷若无服马矣。

岂无服马？不如叔也，洵美且武。

武，自服马言。然非实无服马也，但不如叔之多才多艺，信美矣。且御马之间，又能磬控之得宜而武焉。夫以所居之巷，无一美且武如我叔，则服马虽多亦若无耳！谓之无服马，不亦可乎？吁！观国人夸美之词，则知国人之爱段也。以非义，段之得众也；以非义，卒之于鄢之克，则夸之者乃以祸之也。虽有美、仁、武、好，奚足贵哉？是可以观衰世之民情矣！

大叔于田 三章，章十句

加以大者，所以别首章也，非有大叔之号也。

首章讲：此亦美叔段作也。言：夫人而挟一技者固难，有技而能兼备者尤难，何幸于我叔兄之乎！

叔于田，乘乘马。

乘，是驾马。四匹曰乘。我叔出而于田，则驾田车而乘四马焉。

执辔如组，两骖如舞。

以言其执辔也，御能使马，而辔有如组之柔。以言其两骖也，谐和中节，而马有如舞之善。是方往田之际，而其善御足称矣。

叔在薮，火烈具举。

薮，是兽所居之处。具，俱也。迫叔在薮也，火焚而射，则火烈俱举，而田事以行焉。

袒裼暴虎，献于公所。

袒裼，肉袒。空手搏兽曰暴。公，即庄公。斯时也，我叔袒裼暴虎，以献于公所，何其勇耶！

将叔无狃，戒其伤女。

狃，习也。然以叔之勇，固无难于暴虎之事。而常习之下，容或有不测之虞。请叔无习此事，恐其有时或伤女矣，可不知戒哉？

二章讲：

叔于田，乘乘黄。

乘黄，四马皆黄色。我叔出而于田，则所乘之四马而皆色之黄矣。

两服上襄，两骖雁行。

衡下夹辕两马曰服。以言其中之两服也，则闲习调良，而为上驾之选。其外之两骖也，则少次服后，有如雁行之序。是方往田之际，而其驷马为甚美矣。

叔在薮，火烈具扬。

扬，火起也。迫叔在薮也，火焚而射，则火烈俱扬，而田事以行焉。

叔善射忌，又良御忌。

良，亦善也。斯时也，我叔既善射忌，又良御忌，何全材耶！

抑磬控忌，抑纵送忌。

磬，骋马。控，止马。纵，舍拔。送，覆箫。夫御而不磬，控非善也。今叔之御，骋马以行而曲折适宜，止马以射而节制不逸。能磬而又能控，是其御之善何如耶！射而不能纵，送非善也。今叔之射，勇于舍拔而四矢急直，力于挽弰而弓弰外反。能纵而又能送，是其射之善何如耶！叔之全才诚不多得矣。

末章讲：

叔于田，乘乘鸨。

骊白杂毛曰鸨。我叔出而于田，则所乘之四马而皆色之鸨矣。

两服齐首，两骖如手。

如手，如人两手。以言其中之两服也，则并首在前而齐首。以言其外之两骖也，则稍次服后而如手。是方往田之际，而其四马为甚良矣。

叔在薮，火烈具阜。

阜，盛也。迨叔在薮也，火焚而射，则火烈以久而甚盛，田事盖将终者矣。

叔马慢忌，叔发罕忌。

慢，马行迟也。罕，发矢少也。斯时也，马无事于磬控，叔马则慢忌。矢无事于纵送，叔发则罕忌。

抑释掤忌，抑鬯弓忌。

掤，矢筒。鬯，弓囊。矢不复用，则释掤以纳矢矣。弓不复张，则以韔而韬弓矣。是一田事之终，而从容整暇如此，伤女之虞可无虑矣，不亦深可喜哉！

清人 三章，章四句

首章讲：此郑人恶文公之弃其师也。若曰：先王之世，有事则命将出征，屯兵守御；无事则将还于朝，卒休于国。久而不召，坐视其离散，如今日乎！

清人在彭，驷介旁旁。

清，邑名。彭，河上地。介，甲也。清邑之人，承命出师，在彼河上之彭，固将以御狄矣。然其师在彭日久，但见四马被甲，旁旁然驰驱不息。

二矛重英，河上乎翱翔。

二矛，酋矛、夷矛。英，矛饰。二矛并建，其英重叠而见。惟在河上翱翔而已，果何所为哉？马之旁旁者，非以攻敌；矛之重英者，非以击刺，只以供三军游戏之资也。师久不召，怠玩人心如此，其势乌得而不溃散乎？

二章讲：

清人在消，驷介麃麃。

清邑之人，承命出师，在彼河上之消，固将以御敌矣。然其师在消日久，但见四马披甲，麃麃然有武健之才。

二矛重乔，河上乎逍遥。

乔，悬英者。逍遥，即翱翔。二矛之饰英，尽有重乔之象。惟在乎河上逍遥而已，是果何所为哉？马之麃麃者，不以御侮；矛之重乔者，不以攻取，只以为三军游乐之具也。师久不召，人心废弛如此，其势乌得而不溃散乎？

末章讲：

清人在轴，驷介陶陶。

清人在轴，以御狄也。然师久屯于河上，而实无所事于折冲之举，但见驷介陶陶，而有自适之乐矣。

左旋右抽，中军作好。

旋，旋车也。抽，拔刃。中军，是主将。好，是修容好。其执辔在左者，则旋车以优游。执兵在右者，则抽刃以为戏，士卒何有锋镝之忧乎？其任膺长子者，仅修饰于威仪；礼隆推毂者，徒致美于容服，中军何有运筹之劳乎？

夫车马四卒之众，日为河上之游，师久不召，人有怠心，宁无必溃之势哉？要之，当时清邑之兵已散而归矣。诗人不言已溃，而言将溃，其词深，其情危也。《春秋》书郑弃其师，固以深罪文公也欤！

羔裘三章，章四句

首章讲：此美大夫作也。言：吾人之德，以循理则称顺，以忠直则称刚，以华国则称文。三者备，然后于身服为无忝也，我今于之子见之。

羔裘如濡，洵直且侯。

直，顺也。侯，美也。羔羊之裘，如濡而润泽，其毛信顺，而且美者矣。

彼其之子，舍命不渝。

之子，指大夫。舍，是处。命，是天理。渝，是变。然服此者，岂无顺德以称之哉？但见彼其之子，当死生之际，以身居其所受之理而不逾。身可杀也，而不求生以害仁；生可舍也，而不避患以害义。有此顺德，而服顺美之裘，夫安有不称者乎？

二章讲：

羔裘豹饰，孔武有力。

力，气力。羔羊之裘，以豹皮为饰，毅然甚武勇而有力矣。

彼其之子，邦之司直。

司，是主。然其服此者，岂无刚德以称之哉？但见彼其之子，其在邦也，任直道之司而不诡随以从人。有举世所不敢言者，彼独言之；有举世所不敢为者，彼独为之。有此刚德，而服孔武之裘，夫岂有不称者乎？

末章讲：

羔裘晏兮，三英粲兮。

三英，裘饰。羔羊之裘，晏然其盛，以三英为饰，烂然其光明矣。

彼其之子，邦之彦兮。

彦，士之美称。然其服此者，岂无美德以称之哉？但见彼其之子，其在邦也，备盛德于躬，莫非文明之显。设在朝，则可黼黻乎皇猷，而邦家以光；在位，则可辉煌乎治道，而民俗以美。有此美德，而服三英之裘，夫岂有不称者乎？

遵大路 二章，章四句

首章讲：被弃妇人作也。若曰：

遵大路兮，掺执子之祛兮。

遵，循行也。掺，牵也。子，指所私。祛，衣袂。我也被弃，遵大路以攸行。然其情有难于去也，故掺执子之祛，望其能我留也。

无我恶兮，不寁故也！

寁，是绝。子幸其无恶我，而不留乎！故旧之情不可以遽绝也。
末章讲同。

遵大路兮，掺执子之手兮。无我丑兮，不寁好也。

好，情好也。

女曰鸡鸣 三章，章六句

首章讲：此诗人述贤夫妇相儆戒之词。言：人情莫不耽于逸乐而忽于忧勤，惟我贤夫妇则不然。

女曰鸡鸣，士曰昧旦。

女，是妇。士，是夫。昧旦，天将旦之时。吾观女语于夫曰：鸡鸣而起，人事之常。以吾所闻，则鸡既鸣矣，尚可以安寝乎？夫答于女曰：昧旦载兴，人道之常。以吾所见，殆已昧旦矣，岂止于鸡鸣而已乎！

子兴视夜，明星有烂。

子，妇指其夫。明星，先日而出者。烂，光明。于是女又语其夫曰：夫既昧旦而不止于鸡鸣，则决非安寝时也。子可起而视夜之何如？意者启明之星已出而烂然乎。

将翱将翔，弋凫与雁。

弋，射也。则当翱翔而往，弋取凫雁而归，以修其职业可也。若宴昵情胜而犹安寝焉，岂吾二人相与有成之道乎？

二章讲：射者男子之事，而中馈乃妇人之职。

弋言加之，与子宜之。

加，中也。宜，和其滋味。子苟弋言加之，既得凫雁以归，则我当烹而调之，以和其滋味之所宜。盖子既服事乎外，而治内固吾职也，吾亦安敢以自怠乎？

宜言饮酒，与子偕老。

由是以其所宜之凫雁，相与饮酒焉，而协献酬之欢；以期偕老焉，而结百年之爱。

琴瑟在御，莫不静好。

若是则为夫妇唱随而不相忤，欢慕而不相乖，既安静而和好矣。吾见以和召和，而琴瑟在御者，一搏一拊之间，自将节奏成文而不乱，声音和乐而不乖，亦莫不安静而和好矣。使子不服勤其业，则我虽欲与子宜言饮酒以相乐，不可得矣，又何琴瑟之静好哉？

末章讲：然不特勤其职业已也，而亲贤友善，以助成其德业，又我之所期于子者。

知子之来之，杂佩以赠之。

故有以风声感召而至者，子所来之友也。我苟知子之来之，则解此杂佩以赠之，使有以结来者之心，而永为来也。吾何吝一佩耶？

知子之顺之，杂佩以问之。

在意气相孚而无间者，子所顺之友也。我苟知子之顺之，则解此杂佩以问之，使有以固顺者之心，而永为顺焉。吾又何爱一佩耶？

知子之好之，杂佩以报之。

有志意向慕而不已者，子所好之友也。我苟知子之好之，则解此杂佩以报之，使有以得好者之欢，而永为好焉。吾又何靳一佩耶？

盖丽泽之益成之于子，则衣被之光归之于我矣。即无杂佩，奚损于章身之文乎？当此鸡鸣昧旦之际，尤其所惓惓者，岂特弋凫与雁为足，以毕吾事哉？信当夙夜以兴，而不可狃于宴安矣。吁！以郑风淫靡而有贤夫妇如此，可谓不溺于流俗者矣。

有女同车三章，章六句

首章讲：疑亦淫奔之诗。意曰：

有女同车，颜如舜华。

女，是淫女。舜华，舜木之华。有女同车，其颜色之美，有如舜华矣。

将翱将翔，佩玉琼琚。

且其翱翔之间，而有佩玉琼琚之饰焉。

彼美孟姜，洵美且都。

都，就闲雅讲。夫以舜华之颜，加以琼琚之佩，而其美如此。则此彼美色之孟姜，信美矣。且动容闲雅如是，其甚都焉。纡徐不迫之度，蔼然可挹，不益见其为美耶？

末章讲：

有女同行，颜如舜英。

英，犹华也。有女同行，其颜色之美，有如舜英矣。

将翱将翔，佩玉将将。

且其翱翔之间，而有佩玉将将之声者焉。

彼美孟姜，德音不忘。

夫以舜英之颜，加将将之佩，则此彼美色之孟姜，信美矣。且令闻之昭彰，永久而不忘焉。贤淑素称于外，油然可慕，不益见其为美耶？

山有扶苏 二章，章四句

首章讲：淫女戏其所私者。曰：

山有扶苏，隰有荷华。

山则有扶苏矣，隰则有荷华矣。

不见子都，乃见狂且。

子都，男子颜色之美者。狂，以流荡言。且我之所欲见者，子都之美也。今乃不见子都，而见此狂人。何哉？虽得以谐一时之情，而子何以适吾愿也？

末章讲：

山有桥松，隰有游龙。不见子充，乃见狡童。

子充，男子颜色之充盛者。狡童，言变诈。吁！观其戏玩之词，若有不足于彼，而其悦慕之意，则有难已于心。所谓其词若憾，而实深喜之意也。

萚兮 二章，章四句

首章讲：此淫女之词。言：

萚兮萚兮，风其吹女。

女，指萚。萚兮萚兮，已有槁而将落之渐，则风其吹女而落之不难矣。

叔兮伯兮，倡予和女。

叔伯，男子之字。叔兮伯兮，汝有欢然相爱之情，而倡之于先。予将和汝，而从之于后矣。盖男女之欲，虽我心之所愿，然不有倡者，亦有难于言也。故愿叔伯之有所倡，使我不难于和耳。

末章讲同。

莩兮莩兮，风其漂女。叔兮伯兮，倡予要女。

要，是成就。

狡童二章，章四句

首章讲：见绝淫女而戏其人。曰：

彼狡童兮，不与我言兮。

彼狡童兮，昔者相亲之时，尝与我言而款款不置矣。今也情暌于一旦，乃不与我言，何其亲于昔而遽疏于今耶？

维子之故，使我不能餐兮。

子，指所私之人。然子虽不与我言，而悦我者众，与言者岂谓无人。维子之故，遂至使我不能餐乎？盖据子绝我之意，则以使我能餐者惟一子也。然以我见悦之众，则可与我言者不独一子也，亦何必于绝我者哉？

末章：讲同。

彼狡童兮，不与我食兮。维子之故，使我不能息兮。

褰裳二章，章五句

首章讲：淫女语其所私者。曰：

子惠思我，褰裳涉溱。

惠，爱也。溱，郑水名。子惠然而思我，则我褰裳涉溱以从子矣。盖子既有意于我，我自不能忘情于子也。

子不我思，岂无他人？狂童之狂也且！

他人，别人也。狂童，即所私之人。若子不我思，则岂无他人之可从，而必狂童之狂也哉？子其我思以无负我，涉溱之意可乎！

末章讲同。

子惠思我，褰裳涉洧。子不我思，岂无他士？狂童之狂也且！

丰四章，二章章三句，二章章四句

首章讲：妇人绝所期之男子，既而悔之，故作此。曰：

子之丰兮，俟我乎巷兮。悔予不送兮！

子之容貌丰满可观，尝俟我于门外之巷，固有心于予矣。何予乃有异志而不之送也？自今思之，欲亲子之丰而不可得矣，甚悔予昔之不送兮！

二章讲同。

子之昌兮，俟我乎堂兮。悔予不将兮！

盛壮也。将，即送也。

三章讲：然要之何必于悔哉？

衣锦褧衣，裳锦褧裳。

以予之衣锦而加之褧衣，裳锦而加之褧裳，其服饰盛备如此。

叔兮伯兮，驾予与行。

吾知叔兮伯兮，睹我之服饰，必有慕悦于我者。岂无驾车以迎我，而偕行者乎？我虽失子之丰也，而未尝无丰者矣。

四章讲同。

裳锦褧裳，衣锦褧衣。叔兮伯兮，驾予与归。

夫既悔其不送之人，又冀其驾予之人。若此妇人，可谓淫纵无极矣，何无羞恶之心若是哉？

东门之墠 二章，章四句

首章讲：此淫奔者思其人。曰：

东门之墠，茹藘在阪。

东门之旁有墠，墠之外有阪，而茹藘之草生于其上焉。

其室则迩，其人甚远。

我所思之人，其居固在于是也，则其室为甚迩者矣。但其人我思之而不得见，何其远哉？是其室之迩，若可幸也。而其人之远，则深有动我之念矣。

末章讲：

东门之栗，有践家室。

家室，乃彼人所居。东门之旁有栗，栗之下有成行列之家室，而族党之众胥聚以居焉。

岂不尔思？子不我即！

即，是就也。我所思之人，其居亦在于是也，则我岂不尔思。但我思之，而子乃不我即，何可以得见哉？是其人之思固甚切也，而其人莫即，则深有劳我之心矣。

风雨 三章，章四句

首章讲：此淫奔者见所期之人而喜。曰：

风雨凄凄，鸡鸣喈喈。

风雨凄凄而寒凉，鸡鸣喈喈而可闻，此非夜未央之时乎！

既见君子，云胡不夷！

君子，指所期男子。斯时也，得以既见君子，而积忧之心于是乎平矣，云何而不夷哉！

二章讲同。

风雨潇潇，鸡鸣胶胶。既见君子，云何不瘳！

瘳者积忧之病，于是乎愈也。

末章讲同。

风雨如晦，鸡鸣不已。既见君子，云胡不喜！

子衿 三章，章四句

首章讲：淫奔者歌此。曰：

青青子衿，悠悠我心。

青青，纯绿之色。子，指男子。我之子其服青上之衿，乃我所愿见之人也。故我心思之悠悠其长，而不容自已矣。

纵我不往，子宁不嗣音？

我，女子自我。纵我或有故而不得往，子宁可不继续其声问，而信息之相通，于以慰我悠悠之思耶？

二章讲：

青青子佩,悠悠我思。

我之子其服青青之佩,乃我所愿见之人也。故我心思之悠悠其长,
而不容或忘矣。

纵我不往,子宁不来?

纵我或有故而不往,子宁可不来会于我,而彼此之相亲,于以宽我
悠悠之思耶?

末章讲:

挑兮达兮,在城阙兮。

夫我青青之子衿也,跳跃之轻儇,举动之放恣,在彼城阙之间,诚
系吾之思者也!

一日不见,如三月兮。

故我也一日不见,有如三月之久,而不能以为情者矣。使其见不止
于一日也,又当何如哉? 子之嗣音而来也,乌得不惓惓于望耶?

扬之水 二章,章六句

首章讲: 淫者相谓。曰:

扬之水,不流束楚。

束楚,一束错杂之木。扬之水,其势微缓,则不流束楚矣。

终鲜兄弟,维予与女。

予、女,男女自相谓也。况我终鲜兄弟,相亲者少,则维予与女
者矣。

无信人之言,人实迋女。

言,谗间之言。如是而予女之情,其绸缪当何如者,岂可信他人离

间之言而疑之也哉？彼人之言，实以诳女，欲我二人之好不终耳。信之夫何为耶？

末章：讲同。

扬之水，不流束薪。终鲜兄弟，维予二人。无信人之言，人实不信。

不信，虚伪不可信也。

出其东门 二章，章六句

首章讲：人见淫奔之女而作。言：目之于色，固有同美，而非礼之色，则不可慕者也。

出其东门，有女如云。

今夫东门者，非男女聚会之所乎。我也出其东门，见其聚会之女，有如云焉，美而且众矣。

虽则如云，匪我思存。

然虽则如云，而非我思之所存也。

缟衣綦巾，聊乐我员。

缟，白色。綦，苍色。员，语词。若我之室家所服者，乃缟衣綦巾，固云贫陋也，而亦聊可以自乐焉。盖既为我之定配，则闺门好合所乐，自在于是矣。如云之女，我何思之哉？

末章讲：

出其闉阇，有女如荼。

闉阇，曲城城台。今夫闉阇，非男女聚会之处乎。我也出其闉阇，见其聚会之女，有如荼焉，而轻白可爱矣。

虽则如荼，匪我思且。

然虽则如荼，而非我心之所思也。

缟衣茹藘，聊可与娱。

茹藘，可以染绛之物。娱，是乐。若我之室家所服者，缟衣茹藘，固云贫陋也，而亦聊可以共乐焉。盖既为我之佳耦，则闺门唱随，吾之同乐自在于是矣。如荼之女，我又何思哉？

夫是时淫风大行，而其间乃有如是之人，亦可谓自好而不为习俗所移矣。羞恶之心，人皆有之，岂不信哉？

野有蔓草二章，章六句

首章讲：男女相遇作。曰：

野有蔓草，零露漙兮。

野有蔓草，则零露漙于其上矣。

有美一人，清扬婉兮。

况有美一人，则视之清眉之扬，而眉目之间皆婉然其美矣。

邂逅相遇，适我愿兮。

不期而遇曰邂逅。今乃邂逅相遇于斯焉，则会出不期，喜生望外，而得以适我之愿矣。

末章讲同。

野有蔓草，零露瀼瀼。有美一人，婉如清扬。邂逅相遇，与子偕臧。

臧者彼此各慰其所欲也。

溱洧二章，章十二句

首章讲：三月上巳，男女采兰水上，相与赠戏。其词曰：

溱与洧，方涣涣兮。

三月之际，乃冰解、冰散之时也。维溱与洧，则方涣涣兮而水之盛矣。

士与女，方秉蕑兮。

秉，采也。上巳之辰，正被除游玩之日也。维我士与女，则方秉蕑兮，而薄采于上矣。

女曰观乎？士曰既且。

值暮春之芳辰，适溱、洧之可观，故其女问于士曰："盍往观之乎？"士答之曰："吾既往矣。"

且往观乎？洧之外，洵訏且乐。

女复要之曰："且往观乎？盖洧水之外，其地信宽大而可乐也。以如是可乐之地，而又何吝于再往哉？"

维士与女，伊其相谑，赠之以芍药。

于是士女相与戏谑于洧水之上，而其情洽矣。且不欲其遽忘也，乃以芍药为赠，而结其恩情之厚焉。此其采兰之行，而何幸其遂我两人之愿也耶！

末章讲：

溱与洧，浏其清矣。

三月之际，正春水方盛之时也，溱与洧则浏然其流之清矣。

士与女，殷其盈矣。

上巳之辰，正被除游玩之日也，士与女则殷然其人之盈矣。

女曰观乎？士曰既且。

值暮春之佳景，适溱、洧之可观，故其女问于士曰："盍往观之乎？"

士答之曰:"吾既往矣。"

且往观乎! 洧之外,洵讦且乐。

女复要之曰:"且往观乎? 盖洧水之外,其地信宽大而可乐也。以如是可乐之地,而何靳于再往也哉?"

维士与女,伊其将谑,赠之以芍药。

于是士女相与戏谑于洧水之上,而其情亲矣。且不欲其鲜终也,乃以芍药为赠,而结其亲爱之厚焉。此其一时游戏之雅,而何幸其谐我两人之心耶!

齐一之八

姜姓,侯爵,太公之后。凡十一篇。

鸡鸣三章,章四句

首章讲:此诗述贤妃告君之事而美之也。言:天下理乱之原,本于君心。而君心勤怠之原,关于内助。后妃之裨于君德大矣,吾于齐之贤妃深有取焉。

鸡既鸣矣,朝既盈矣。

贤妃之进御君所也,当将旦之时,初告于君曰:鸡鸣视朝,人君之度也。今也鸡急鸣矣,吾意会朝之臣,以俟君之出者,亦既盈矣。则载兴以慰朝者之望,此其时也。尚可以安于寝乎哉?

匪鸡则鸣,苍蝇之声。

即妃之言,固以为鸡果鸣矣。然其实则非鸡之鸣,乃苍蝇之声也。盖苍蝇之声,有似于鸡鸣。贤妃心常恐晚,故声感于耳,遂以为鸡之鸣,而不暇辨其声之非真矣。则夫朝之盈者,亦惑于蝇声而度之耳。

二章讲：

东方明矣，朝既昌矣。

明，日将出时。昌，盛也。既而再告于君曰：昧爽临朝，人君之常也。今也东方明矣，吾意会朝之臣，以俟君之出者，亦既昌矣。则载起以答朝者之望，此其候也。尚可以安于寝哉？

匪东方则明，月出之光。

即妃之言，固以东方果明矣。然其实非东方之明，乃月出之光也。盖月出之光，有似于日明。贤妃心常恐晚，故色触于目，遂以为东方之果明，而不暇辨其光之非真。则夫朝之昌者，亦眩于月光而度之耳。

末章讲：

虫飞薨薨，甘与子同梦。

甘，乐也。梦，寝也。既而三告于君曰：夜将旦则百虫作，今也虫飞之声，吾已闻其薨薨矣。斯时也，吾岂不欲与子同梦哉？

会且归矣，无庶予子憎。

予，妃自谓。子，指君。憎，怨也。但会朝之臣，俟君不出，将散而归，则以君为荒色怠政，而有憎于子矣。然实为予一人也，毋乃以予之故，而并以子为憎乎！是同寝而梦，虽予之所欲，而贻君于憎，实予之所惧。君其思之，而毋安于寝可也。

夫不溺于一梦之甘，而惓惓于三告之切，非心存敬畏而不留于逸欲者，何以能此？若后妃者，可谓贤矣。而齐之盛也，宁无赖于此乎？

还 三章，章四句

首章讲：猎者相称誉。曰：

子之还兮，遭我乎峱之间兮。并驱从两肩兮，揖我谓我儇兮。

从，逐也。兽三岁曰肩。子也发纵指示，历险从禽，盖极其便捷之能矣。一旦遭我乎猄之间，并驱以从两肩之兽。夫此两肩之得，惟子之儇也。顾乃不自居其能，揖我谓我儇兮，而以轻利归之于我焉，岂非溢美乎？

二章：讲同。

子之茂兮，遭我乎猄之道兮。并驱从两牡兮，揖我谓我好兮。

茂，即儇。遭，遇也。牡，兽之公者。好，亦儇也。

三章：讲同。

子之昌兮，遭我乎猄之阳兮。并驱从两狼兮，揖我谓我臧兮。

昌，即儇。狼，兽名。臧，亦儇也。

著三章，章三句

首章讲：齐女见婿俟己作也。言：礼莫重于大婚，敬莫严于揖入。

俟我于著乎而，充耳以素乎而，尚之以琼华乎而。

俟，是待。我，是嫁者自我。充耳，以纩悬瑱当耳。素，白色之丝。尚，加也。琼华，美石似玉者。方我始至君子之门，则见其俟我于门屏之间，而揖入之礼于是乎举矣。斯时也，但见其充耳之纩，则以素丝为之；充耳之瑱，则以琼华为之。是其俨然修饰之容，得于始见如此。

二章讲：

俟我于庭乎而，充耳以青乎而，尚之以琼莹乎而。

青，青色之丝。由是而进之，则有门内之庭。吾见其俟我于庭，而行揖入之礼焉。斯时也，见其充耳则以青丝也，其尚之则以琼莹也。是其至庭所睹，不宛然有雍容之风乎！

末章讲：

俟我于堂乎而，充耳以黄乎而，尚之以琼英乎而。

黄，黄丝。由是而进之，则有庭内之堂矣。吾见其俟我于堂，而行揖入之礼焉。斯时也，见其充耳则以黄丝也，其尚之则以琼英也。是其升堂所接，不宛然有委蛇之度乎！夫不行于亲迎之礼，而徒举乎揖入之仪，固可以见当时礼节之废，而俗之不美有自来矣。

东方之日 二章，章五句

首章讲：此亦淫奔之词。若曰：

东方之日兮，彼姝者子，在我室兮。

东方之日兮，则初旦之时矣。况夫彼姝者子，当此之旦，则在我所居之室矣。

在我室兮，履我即兮。

履，蹑也。即，就也。夫在我之室，则履我之迹而相就矣。有美一人，我之欲亲而不可得者，今一旦而我即也，不有以慰我之思耶？

末章讲：

东方之月兮，彼姝者子，在我闼兮。

东方之月兮，则初昏之时矣。况夫彼姝者子，当此之夜，则在我门内之闼矣。

在我闼兮，履我发兮。

发，行去也。在我之闼，则履我之迹而行去矣。有美一人，我之所欲亲而不忍违者，今方即而遽发也，不有以伤予之怀耶？

东方未明 三章，章四句

首章讲：此刺其君兴居无节，号令不时。若曰：

东方未明，颠倒衣裳。

人臣会朝，别色始入。今我也于东方未明之时，而颠倒其衣裳，固将以为入朝之举。

颠之倒之，自公召之。

召，以君命来召。夫颠之倒之于东方之未明，则既早矣。而当此之时，已有从公所而来召之者，盖犹以为晚也。吾将何所据哉？

二章：讲同。

东方未晞，颠倒裳衣。倒之颠之，自公令之。

末章讲：夫以无节之兴，君行不时之号令，岂以晨夜之限为难知乎？

折柳樊圃，狂夫瞿瞿。

樊，藩也。瞿瞿，惊顾也。今夫折柳樊圃，若无足恃也。然狂夫见之，犹瞿瞿然而不敢越焉者，以内外之限甚明。虽狂夫犹知之也，然则晨夜之限甚明，人所易知，岂异是哉？

不能晨夜，不夙则莫。

夙，是早。莫，是晚。今乃昧爽，兴之节不失之早，则失之暮焉。反狂夫之不若矣。夫兴居无节，则人无所遵以为常；号令不时，则人无所据以为信，吾知国事将日非矣。诗人之言，非深有所忧乎？

南山四章，章六句

首章讲：此刺齐襄、鲁桓之诗。言：天下之莫丑者，渎伦之行；天下之莫鄙者，失夫之纲。何意齐有如侯，而鲁有如公者耶？

南山崔崔，雄狐绥绥。

彼崔崔高大之南山，雄狐在其上者，绥绥而求匹。妖媚之物，邪淫之性，盖若是。然则公居高位，而行邪行，是即南山之雄狐者也。

鲁道有荡，齐子由归。

鲁道，适鲁之道。荡，平易也。齐子，指文姜。岂知鲁道有荡，齐子既由此以归于鲁，则非公之可求也。

既曰归止，曷又怀止？

怀，思也。公何为而复思之，以纵其邪行乎？

二章讲：

葛屦五两，冠绥双止。

两，二屦也。绥，冠上饰。以葛为屦则有五两，冠上之绥则必有双。物各有偶一定，不可乱，盖若是矣。然则男女之有定偶，是即葛屦、冠绥也。

鲁道有荡，齐子庸止。既曰庸止，曷又从止？

庸，用此道。今鲁道有荡，齐子既用此以归于鲁，则固有定偶矣。公曷又从之以乱其偶乎？

三章讲：夫齐侯之行，无足道矣。然所以防闲之者，宁非鲁侯责哉？

蓺麻如之何？衡从其亩。

蓺，种也。彼蓺麻如之何？必也纵衡耕治其田亩矣。

取妻如之何？必告父母。

娶妻如之何？必先告于父母以成其昏礼矣。

既曰告止，曷又鞠止？

止，穷其欲也。今公既告父母而以礼娶之矣，则制义夫之道也。公独不可以礼闲之，又曷为使之得穷其欲而至此哉？

末章讲：

析薪如之何？匪斧不克。

斧，析薪之器。克，能也。析薪如之何？匪斧则薪不可得而析矣。

取妻如之何？匪媒不得。

媒，通二姓之言者。得，得妻也。娶妻如之何？匪媒则妻不可得而娶矣。

既曰得止，曷又极止？

极，亦是穷极其所欲。今公既有媒而得妻矣，则刑于夫之事也。公独不可以礼御之，又曷为使之得穷其欲而至此哉？吁！在齐侯则渎男女之伦，在鲁侯则失夫纲之义，均难以在上矣。诗人两刺之，其亦羞恶之心所不容已者欤？

甫田三章，章四句

首章讲：此戒躐等作也。言：天下之事，躐等者无功，惟循序者有成。吾尝譬之物而知其然矣。

无田甫田，维莠骄骄。

田，即耕治。莠，害苗之草。彼田之大者，则其力必多人，其无田甫田乎！田甫田而力不给，则维莠骄骄而张王矣。甫田其可田耶？

无思远人，劳心忉忉。

忉忉，忧此也。人之远者，则其至必难，人其无思远人乎？思远人而人不至，则劳心忉忉而徒劳矣。远人其可思耶？

二章讲：

无田甫田，维莠桀桀。

甫田不可田也，田甫田而力不给，则莠之桀桀所不免矣。何为不量力而欲田之乎？

无思远人，劳心忉忉。

远人不可思也，思远人而人不至，则心之忉忉所不免矣。何为不度势而妄思之耶？然则人之于事，厌小而务大，而大终不成；忽进而图远，而远终不就。何以异是哉？

末章讲：夫躐等固鲜益矣，而能循序，岂无有成哉？

婉兮娈兮，总角丱兮。

婉、娈，少好也。角，两角貌。彼婉娈之童子，总角为饰。而有丱然之容，夫固为幼者之仪也。

未几见兮，突而弁兮。

突，是忽然高出貌。弁，冠名。然我见之未几，则突然戴弁，而有高出之象矣。固已为成人之饰也，此岂躐等而强求之哉？盖童子为成人之渐，而总角有戴弁之期，循其序而势有必至耳。然则天下之事，小之可大也，迩之可远也。人能循其序而修之，可以忽然而至其极者，其理亦无异是矣。又何为躐等，以取欲速不达之弊哉？

卢令 三章，章二句

首章讲：此诗与《还》略同。

卢令令，其人美且仁。

卢，田猎之犬。其人，田猎之人。田猎必资于犬。而田犬之卢，有颔下之环，则其声令令而可闻者矣。然发纵指示者人也，其人则何如哉？但见其便捷轻利，有以擅一时之能，洵美矣。且其与人相亲，为能忘忌刻之念，又何其仁耶！美而且仁，则一并驱之间，诚有令人慕者矣。

二章讲：

卢重环，其人美且鬈。

然卢不但有环也，又有子母之重环矣。其人之驱是犬者，则儇利可称信美矣。且有须鬓之好，而若是其鬈也，岂特美而仁已哉？

末章讲：

卢重锊，其人美且偲。

然卢不但有重环也，又有一环贯二之锊矣。而人之驱是犬者，则儇利可钦信美矣。且着多须之容，而若是其偲也，岂惟美而鬈已哉？夫猎者所称不过轻利捷给而已，所贤不过美须长大而已。美非所美，此可见民俗之衰，而其来亦有自矣。导民者可不审所趋哉？

敝笱三章，章四句

首章讲：诗人刺庄公不能防闲其母，故作此诗。曰：

敝笱在梁，其鱼鲂鳏。

笱，乘梁之空以取鱼之物。鲂、鳏，二鱼名。笱，所以取鱼也。今敝笱在梁，非制鱼之具矣。而其鱼乃鲂鳏之大，将何以制之也。然则鲁侯微弱，不能以礼防闲其母，夫岂异是乎？

齐子归止，其从如云。

齐子，文姜。归止，匆于齐也。从，随行。如云，言多也。是以齐子归止，其从有如云之众，而无所忌惮矣。使有以防闲之，则车马仆从莫不俟命，何其从之若是众哉？

二章讲同。

敝笱在梁，其鱼鲂鲗。齐子归止，其从如雨。

如雨，亦多也。

末章讲：

敝笱在梁，其鱼唯唯。

唯唯，行出入之貌。敝笱在梁，无以闲鱼之出入，故其鱼唯唯而出入之莫禁矣。以下讲同上。

齐子归止，其从如水。

如水，亦多也。吁！哀痛思父，诚敬事母，以感动母心之道，庄公既有所不能矣。而又威令不行，无以御下，使归齐而从之者众，真可谓柔懦不振，而无以齐家矣。又何以治国乎哉？

载驱四章，章四句

首章讲：此诗刺文姜也。意曰：

载驱薄薄，簟茀朱鞹。

载驱，驾车以行。薄薄，车行声。簟，方文席。茀，车蔽。朱，朱色。鞹，去毛之皮。齐子乘车以行，将以会齐侯也。但见载驱之声薄薄，其急疾矣。簟茀朱鞹，仪卫其可观矣。

鲁道有荡，齐子发夕。

发夕，即起行。鲁道有荡之上，齐子由之发夕而离其所宿之舍，夫何为哉？不过为淫纵之行耳。

二章讲：

四骊济济，垂辔沵沵。

骊，马色。齐子驾马以行，将以会齐侯也。但见四骊之马，济济然其美矣，下辔之垂，沵沵然其柔矣。

鲁道有荡，齐子岂弟。

齐子，文姜。岂弟，乐易之容。鲁道有荡之上，齐子岂弟以行，而无忌惮羞愧之意，亦独何哉？盖不复知有人间可耻之事者矣。

三章讲：

汶水汤汤，行人彭彭。

行人，行道之人。汶水汤汤而盛矣，行人彭彭而多矣。

鲁道有荡，齐子翱翔。

齐子，文姜也。翱翔，游适之意。鲁道有荡，固行人属目之地也。齐子乃翱翔于斯而来齐焉，盖腼然无所用耻矣，宁知有行人之多之足畏哉？

末章讲：

汶水滔滔，行人儦儦。

汶水滔滔而流矣，行人儦儦而众矣。

鲁道有荡，齐子游敖。

齐子，文姜也。游敖，自恣之意。鲁道有荡，固行人共由之地也。齐子乃游敖于斯而来齐焉，盖恬然不以为耻矣，宁知有行人之众之足惮哉？

猗嗟 三章，章六句

首章讲：此齐人刺庄公之意。若曰：

猗嗟昌兮，颀而长兮，抑若扬兮。美目扬兮，巧趋跄兮。射则臧兮。

猗嗟，叹词。长，长貌。抑，掩不使露。扬兮，美盛可见也。扬，目之动。巧，善也。跄，张拱端好。臧，善也。猗嗟！鲁公威仪技艺，盖无一不昌然而盛者也。自其威仪言之：体貌颀然而长矣，而容止之不可掩，虽抑之而若扬也；美目扬然而动矣，而趋走之极其善，跄跄然趋翼如也。自其技艺言之：时乎大射则中鹄，而大射臧也；时乎宾射则中正，而宾射臧也。然则公之威仪技艺，信乎无一不昌矣，人孰得而议之哉？

二章讲：

猗嗟名兮，美目清兮，仪既成兮。终日射侯，不出正兮。展我甥兮！

名，称名也。正，是侯中之的。甥，姊妹之子曰甥。猗嗟！鲁公威仪技艺，盖无一而不可名也。自其威仪言之，美目则清明而不蔽也，仪容则终事而礼无失也。自其技艺言之，终日射侯，其为射非不久也；一皆不出于正，其为射则甚巧也。然则鲁公之威仪技艺，信乎无一之不可名矣。以如是之威仪技艺，不惟有重于鲁国，而且有光于齐邦。不展为我齐之甥，而无愧也哉？

末章讲：

猗嗟娈兮，清扬婉兮。舞则选兮，射则贯兮。四矢反兮，以御乱兮！

清，目美。扬，眉美。婉，好也。选，异于众人。贯，中而贯皮。反，中得故处。御，止也。猗嗟！鲁公威仪技艺，无一不娈然而好也。自其威仪而言之，以目则清，而目婉然美也；以眉则扬，而眉婉然美也。自其技艺而言之，以舞则文用羽籥也，武用干戚也；其屈伸缀兆之间，皆拔出于众而若选焉。以射则力能中革也，四矢皆得其故处也。其射艺兼巧力之全，诚足以制人而御乱焉。然则鲁公之威仪技艺，信乎无一不娈矣，人亦孰得而议之哉？

要之，人若于家庭伦理之际，其大本也；威仪技艺之美，其末节也。诗感于庄公之威仪技艺，嗟叹再三，则其所大阙者可知矣。盖曰惜乎不能以礼防闲其母耳。家法不修，大本已失，虽有他美，何足贵哉？

魏一之九

本舜、禹故都，周初以封同姓，后为晋献公所灭。诗凡七篇。

葛屦二章，一章六句，一章五句

首章讲：此诗疑即缝裳之女所作。若曰：

纠纠葛屦，可以履霜。

纠纠，寒凉之意。纠纠葛屦，本不可以履霜也。今则可以履霜，而用之非其时矣。

掺掺女手，可以缝裳。

掺掺，尖细也。女，妇未庙见之称。掺掺女手，本不可以缝裳也。今则可以缝裳，而使之非其礼矣。

要之襋之，好人服之。

要，裳要。襋，衣领。好人，犹言大人。又不但缝裳已也。凡裳皆统于要也，又使之治其要。凡衣皆统于襋也，又使之治其襋焉。而要襋之方已，好人遂从而服之，若有不待其功之毕矣，何其褊急之若是耶？

末章讲：夫我之致刺于好人者，岂以其有歉于容服之美哉？

好人提提，宛然左辟，佩其象揥。

宛然，让之貌。左辟，让而避之于左。但见是好人也，提提然安舒，而进退之有度也。宛然而左辟，其退让之有节也。且佩其象揥，而服饰之贵盛也。

维是褊心，是以为刺。

褊，急促。刺，讥刺。以仪容如是，服饰如是，若无有可刺矣。惟是心之急褊焉，缝裳责于女子，要襋服于方成，殊无宽宏之度。是以为刺，而《葛屦》之咏作焉。不然吾何以刺之耶？盖俭虽美德，然不中礼而至于褊急之甚，则亦为可鄙矣。魏俗之不美，一至此哉。

汾沮洳三章，章六句

首章讲：此亦刺俭不中礼之诗。其言曰：

彼汾沮洳，言采其莫。

汾，水名。沮洳，下湿之地。莫，菜名。汾水沮洳之地，有莫生焉，则言采其莫矣。

彼其之子，美无度。

彼其之子，则仪容之修整，礼节之舒徐，其美不可以尺寸量矣。

美无度，殊异乎公路。

公路，是掌公路车之官。然虽美无度，而其俭啬褊急之态，每计较于毫忽之间，殊异乎公路之所为也。盖贵人者，自当持乎大体，岂宜若是之琐琐哉？

二章讲：

彼汾一方，言采其桑。

彼，一方也。汾水一方之地，有桑生焉，则言采其桑矣。

彼其之子，美如英。

英，草木之华。彼其之子，自其威仪言之，则轻逸俊雅之可爱，美如英矣。

美如英，殊异乎公行。

王兵车之行列曰公行。然虽美如英，而其俭啬褊急之态，每计较于分毫之际，殊异乎公行之所为也。盖贵人者，自当崇乎雅度，岂宜若是之屑屑哉？

末章讲：

彼汾一曲，言采其薂。

曲，水之曲流处。薂，水草。彼汾一曲之地，有薂生焉，则言采其薂矣。

彼其之子，美如玉。

彼其之子，自其威仪言之，则温润缜密之可贵，美如玉矣。

美如玉，殊异乎公族。

公族，是掌公宗族之官。虽其美如玉，而其俭啬褊急之态，每计较于锱铢之间，殊异乎公族之所为也。盖贵人者，自当恢乎雅量，岂宜若是之切切哉？盖俭可也，俭而不中礼则吝啬，迫隘之病其所必至者矣。此汾沮洳之所为刺也欤！

园有桃 二章，章十二句

首章讲：诗人忧国小无政，故言曰：事有可忧之形者，众人方以为忧；不知有其渐而未及发者，乃为深可忧者也。吾有感于魏矣。

园有桃，其实之殽。

今夫园而有桃，则其实可以为殽矣。

心之忧矣，我歌且谣。

合曲曰歌，徒歌曰谣，况我也慨国小无政，而纲纪废弛，中心有忧，抑郁而不伸，则我歌且谣以泄其忧矣。

不知我者，谓我士也骄。

然不知我之心者，见我之歌谣，而反以为骄焉。

彼人是哉，子曰何其？

人，指主政之君。子，是自他人而指诗人言。且曰纷更非小国之利，彼其不致详于政事，正以戒纷更之弊。其所为已是矣，而子之言独何为哉？

心之忧矣，其谁知之？其谁知之？盖亦勿思。

是人情狃于故常，而不能灼于未然，则我之忧，其谁知之乎？其谁知之乎？然此之可忧，初不难知。彼之非我，盖亦未之思耳。一或思之，则知纪纲不张，国乃灭亡，将自忧之不暇矣。奚暇非我而以为骄也哉？

二章讲：

园有棘，其实之食。

棘，枣之短者。园有棘，则其实可以为食者矣。

心之忧矣，聊以行国。

行国，出游于国中。我也慨国小无政，而法度废坠。中心有忧，歌谣之不足，则聊以行国以泄其忧者矣。

不知我者，谓我士也罔极。

罔极，心之恣肆无止极也。然不知我之心者，见我之行国，而反以我为纵恣罔极焉。

彼人是哉，子曰何其？

且曰安静为小国之福，彼其不致详于政事，正以求安静之利。其所为已是矣，而子之言独何为哉？

心之忧矣，其谁知之？其谁知之？盖亦勿思。

是人情溺于故常，而不能察于隐微，则我之忧，其谁知之乎？其谁知之乎？然此之可忧，初不难知。彼之非我，盖亦未之思耳。一或思之，则知法度不立，国步斯频，将自忧之不暇矣。奚暇非我而以为罔极哉？

夫感国政之日非而忧之切，叹众人之不察而启之思，若诗人者，诚忧深而思远矣。彼当时乃有狃积薪之安，忘栋焚之祸而不知戒焉，亦独何哉？此魏之所以不免于晋也。

陟岵 三章，章六句

首章讲：行役孝子思亲作也。意曰：

陟彼岵兮，瞻望父兮。

山无草木曰岵。我也行役在外，违亲一方，欲睹吾父之颜而不可得者。故陟彼岵兮，以瞻望吾父之所在，聊以寄吾不忘父之心耳。

父曰："嗟！予子行役，夙夜无已。上慎旃哉！犹来无止。"

父曰，想父之言。已，止息也。上，庶几。慎，谨慎。来，归于家。止，不来。夫为父者，爱子之心无所不至。吾父宁不念我而祝之乎？吾想吾父必曰：嗟乎！我子之行役，夙夜勤劳，不得止息，良可深悯矣。然尽瘁于国，固尔之职，而保身亦所当然，庶几其慎之哉！饮食起居必得其节，立身行己必有其方。则善处得全，犹可以来归，无止于彼而不来矣。陟岵瞻望之余，想像吾父念我、祝我之言，意必出于此者。一思及此，盖有益动吾靡瞻之情者，将何如以为心哉？

二章讲同。

陟彼屺兮，瞻望母兮。母曰："嗟！予季行役，夙夜无寐。上慎旃哉，犹来无弃！"

山有草木曰屺。弃，是死而弃其尸。

末章：讲同。

陟彼冈兮，瞻望兄兮。兄曰：嗟！予弟行役，夙夜必偕。上慎旃哉，犹来无死！"

夙夜之间，与其侪同作同止，而不得自如。吁！孝子既登高以望亲之所在，又想像以拟亲之念己，其不忘亲有如是者。则必能以亲之心为心，而善守其身，以无贻父母之忧矣。

十亩之间 二章，章三句

首章讲：贤者去国作也。言：君子处世，乐则行之，忧则违之而已。今何时乎，而犹可以仕者乎？

十亩之间兮，桑者闲闲兮，行与子还兮。

桑者，种桑之人。行，呼也。子，指同仕者。还，归。十亩之间，郊外所受之圃者也。桑者往来于此，理乱不知，祸福无所关于其心，何其闲闲而自得如此也。今吾与子共仕于爵位之荣，视诸桑者代食之贱，固不侔矣。然与其荣于身，孰若无忧于心哉！我将行与子还兮，与桑者闲闲于十亩之间可也。不然见几不早，后悔无及，欲求一日之闲闲，胡可得哉？

末章讲同。

十亩之外兮，桑者泄泄兮，行与子逝兮。

泄泄，即闲闲。十亩之外，邻圃所受之地。

吁！魏之贤者兴言及此，则时事从可知矣。

伐檀 三章，章九句

首章讲：此诗美贤者励志作也。言：恒人苟且之心，多起于困穷之日；而怨尤之念，易生于失望之余。惟魏之贤者，则不然矣。

坎坎伐檀兮，寘之河之干兮，河水清且涟猗。

坎坎，用力之声。檀，木可为车者。干，水涯也。涟，风吹水成文也。猗，语词。彼其坎坎然用力伐檀，将以为车行陆，而食力于车也。今乃寘之河干，而河水清涟，则车无所用。其食力之志不遂矣。

不稼不穑，胡取禾三百廛兮？不狩不猎，胡瞻尔庭有县貆兮？

一夫所居曰廛。他人处此，鲜有不悔其伐檀之非计者。彼其志，则以我之伐檀以为车，犹之稼穑以得禾，狩猎以得兽也。若不稼不穑，胡取禾有三百廛之多？不狩不猎，胡瞻尔庭有县貆之兽？是伐檀之事，在我所当为者如是耳。至于河干之寘，则适然之遇，惟安之而已矣，我何悔其事之非计也耶？

彼君子兮，不素餐兮。

君子，指贤者。素，空也。夫不以食力不遂者自悔，而益以事之当为者自励。则是君子之心，宁劳而无功，必不肯无功而食人之食。此先难后获之志，敬事后食之心也。彼君子者真能不素餐兮，夫岂有非分之求哉？

二章讲同。

坎坎伐辐兮，寘之河之侧兮，河水清且直猗。不稼不穑，胡取禾三百亿兮？不狩不猎，胡瞻尔庭有县特兮？彼君子兮，不素食兮。

伐辐，代木以为车辐。侧，水边。直，是波文之直。十万曰亿，是禾秉之数。兽三岁曰特。

末章讲同。

坎坎伐轮兮，寘之河之漘兮，河水清且沦猗。不稼不穑，胡取禾三百囷兮？不狩不猎，胡瞻尔庭有县鹑兮？彼君子兮，不素飧兮。

伐轮，伐木以为车轮。沦，是小风水木文转如沦。囷，圆仓。

吁！以魏风颓靡之日，而有励志之贤者，可谓不溺于流俗矣。诗人述而美之，其亦秉彝好德之心也欤！

硕鼠 三章，章八句

首章讲：民困于贪残，故托言曰：

硕鼠硕鼠，无食我黍！

硕鼠硕鼠，黍者民之所资以为生者也。汝毋食我之黍，以戕吾民之生可也。

三岁贯女，莫我肯顾。

贯，常也。且汝之肆虐于我者，岂一朝夕之故哉？盖已三岁贯习汝之苦。今亦宜少动念而我顾也，而犹莫肯顾，肆虐之不已焉，我愈以不堪矣。

逝将去女，适彼乐土。

乌能郁郁久居此乎？我也逝将去汝，而适彼可乐之土焉。

乐土乐土，爰得我所！

盖乐土乐土，黍我得而享之，无复有争我之食者矣，岂不爰得我所也哉？

二章讲同。

硕鼠硕鼠，无食我麦！三岁贯女，莫我肯德。逝将去女，适彼乐国。乐国乐国，爰得我直！

德，恩德。直，宜也，与彼相宜也。

末章讲同。

硕鼠硕鼠，无食我苗！三岁贯女，莫我肯劳。逝将去女，适彼乐郊。乐郊乐郊，谁之永号！

劳，勤劳。谁之永号，言无有害己者，当复为谁而永号乎？

诗人之意，盖欲在位者无贪残以竭民之财，而伤民之命可也。且尔之贪残已久，若今不知改焉，则我将去之，以望救于他人矣。其托言于硕鼠，不忍于遽去，而犹望其改图。若然则民之去故乡而适异国，岂其得已哉？毋亦在上之不仁殴之耳，为人上者可以扬然思矣。

唐一之十

姬姓侯爵，周成王弟叔虞之后。其地本帝尧旧都。

蟋蟀三章，章八句

首章讲：唐人乘岁晚以为乐。其言曰：民生劳而不休，则力难给，是故相乐不可无也。乐而不节，则忧随至，是故思虑不可疏也。今日吾人之相乐，当知所以戒矣。

蟋蟀在堂，岁聿其莫。

莫，晚也。吾向者农事方殷，固不得以为乐矣。今也蟋蟀在堂，而岁忽已暮矣。是固务闲之际，可以乐之时也。

今我不乐，日月其除。

除，去也。及今不乐，则此务闲之日月，将舍我而去。而农桑之务又作矣，虽欲为乐，岂可得哉？

无已太康，职思其居。

太，过也。康，乐也。职，主也。思，念也。居，事也。然乐可也，过于乐不可也。今日得无已过于乐也乎！夫人情过于乐，则不暇为思；勤于事，则不废所事。此良士所以虽为乐，每长虑而却顾也。盍亦顾念其职之所居，如田里农桑之务，皆一一为之图维焉。

好乐无荒，良士瞿瞿。

瞿瞿，却顾貌。使其虽好乐而无荒，若彼良士瞿瞿然长虑而却顾，斯亦可矣。不然，所居以太康而废，能免于危亡乎哉？

二章讲：不特此也。

蟋蟀在堂，岁聿其逝。

逝，去也。蟋蟀在堂，岁聿其逝，是固可以为乐者也。

今我不乐，日月其迈。

迈，亦是去。及今不乐，则日月其迈，虽欲为乐，而不可得矣。

无已太康，职思其外。

外，是意外之事。然乐而不节，则得无已过于乐，而失之太康乎！夫太康则不知有思，能思则不至废事。此良士所以虽为乐，而亦动敏于事也。故不惟所治之事当思之，至于所治之外，出于平常思虑所不及者，亦当过而计之。

好乐无荒，良士蹶蹶。

使其虽好乐而无荒，若彼良士蹶蹶然动而敏于事，斯可矣。不然，即有意外之变，其何以防之耶？

末章讲：又不特此已也。

蟋蟀在堂，役车其休。

役车，是方箱纳禾稼者。蟋蟀在堂，役车其休，是因可以为乐者也。

今我不乐，日月其慆。

慆，过也。今若不乐，则日月其慆，虽欲为乐，不可得者矣。

无已太康，职思其忧。

忧，忧患之事。然乐而不节，则得无已过于乐，而失之太康乎！夫太康则不知有思，能思则不至废事。此良士所以乐不至于淫，而常得所安也。故不惟所职之外当思之，凡其所职之忧，而为吾人终身之所困苦者，亦必预而防之。

好乐无荒，良士休休。

使其虽好乐而无荒，若彼良士之休休然安闲而无患，斯已矣。不然，即有终身之忧，其何以弭之耶？

夫必岁晚而后敢于为乐，方乐而遂切于相戒，此唐俗之所以为勤俭也。先圣遗风之远，不可见哉！

山有枢 三章，章八句

首章讲：此诗盖亦答前篇之意，而解其忧也。言：子也当岁晚务闲之际，方燕饮为乐，而遽切职思之忧也。岂知乐固不可纵，而忧亦不可过也乎！

山有枢，隰有榆。

彼山则有枢矣，隰则有榆矣。

子有衣裳，弗曳弗娄。

曳，衣长而曳也。娄，即曳。况子有衣裳可服之以为乐者也，而弗曳弗娄焉。

子有车马，弗驰弗驱。

子有车马可乘之以为乐者也，而弗驰弗驱焉。

宛其死矣，他人是愉。

宛，忽然也。愉，乐也。吾恐日月易除，一旦宛然以死，他人取之以为己乐，而服子之衣裳，乘子之车马矣。是身后之物，适为他人之乐耳。子不及时为乐，果何为哉？

二章讲：

山有栲，隰有杻。

山则有栲矣，隰则有杻矣。

子有廷内，弗洒弗扫。

子有廷内，可洁以为乐也，而弗洒弗扫焉。

子有钟鼓，弗鼓弗考。

子有钟鼓，可鸣以为乐也，而弗鼓弗考焉。

宛其死矣，他人是保。

保，居而有之也。吾恐日月易逝，一旦宛然以死，他人保之以为己有，而洁子之廷内，鸣子之钟鼓矣。是身后之物，适为他人之有耳。子不及时为乐，又何为哉？

末章讲：

山有漆，隰有栗。

山则有漆矣，隰则有栗矣。

子有酒食，何不日鼓瑟？

子有酒食，可燕饮以为乐也。何不日鼓瑟，以共享此酒食？

且以喜乐，且以永日。

且以喜乐，而畅岁晚之欢；且以永日，而庆易尽之年也乎！

宛其死矣，他人入室。

使其不然，吾恐日月易惛，一旦宛然以死，他人入室，而鼓子之琴瑟，乐子之酒食矣。是物非吾有，而乐属他人。子不及时为乐，不亦徒哉？

然则乐方兴而忧遂继者，殆未思及相见之无几，而不可不乐者乎。夫唐人之为是诗，本以解前篇之忧也。然方欲乐于生前，而即虑及于身后，则其忧愈深，而意愈蹙矣。

扬之水 三章，二章章六句，一章四句

首章讲：此晋衰沃盛，国人将叛而归之，故作此。曰：

扬之水，白石凿凿。

凿凿，巉岩貌。扬之水，其势微缓，而其中白石凿凿，巉岩而可仰也。是水之势不胜于石，而石之势反胜于水矣。然则晋微弱，而沃盛强，不犹是耶？

素衣朱襮，从子于沃。

襮，衣领也。子，指桓叔。沃，曲沃。夫微弱者不足倚，而惟盛强者有足赖。故素衣朱襮，诸侯之服也，吾愿以是从子于沃，而戴子为一国之主矣。

既见君子，云何不乐？

君子，指桓叔。今得以既见君子，则从沃之愿以慰，云何而不乐哉？

二章讲：

扬之水，白石皓皓。

扬之水，其势微缓，而其中白石皓皓，而高洁之可观也。是水之势不胜于石，而石之势反胜于水矣。然则沃本出于晋，今晋微弱，而沃盛强，不犹于是耶？

素衣朱绣，从子于鹄。

鹄，曲沃邑。夫微弱者不足依，而惟盛强者有足恃。故素衣朱绣，诸侯之服也，吾愿以此从子于鹄，而尊之为一国之君矣。

既见君子，云何其忧？

今得以既见君子，则从鹄之愿以遂，云何其有忧哉？

末章讲：夫既欲遂其愿，则凡所以为沃谋者，又何可不密乎？

扬之水，白石粼粼。

粼粼，水清石见也。扬之水，其势微缓，而其中之白石粼粼而著见。是水弱而石强矣。然则晋微弱，而沃盛强，不犹是耶？

我闻有命，不敢以告人。

命，是顾晋之谋也。夫积强之沃，而乘积弱之晋。我叔愿晋之谋起矣，然谋不可以轻泄也。故我闻有是谋，不敢以告人焉。盖或一告人，则事不成，即欲以绣襦而相从于沃，其可得乎？

夫沃，晋之沃也；民，晋之民也。昭侯又非大无道之君也，特以微弱不振，不足恃赖，国人遂欲为沃之从，然则民心亦大可畏矣。然则为人君者，诚当自强为治哉！

椒聊 二章，章六句

首章讲：此诗序亦以为沃也。言：天下之势，始于大而极于盛。我观曲沃，其进宁可量乎？

椒聊之实，蕃衍盈升。

实，是子。蕃，盛也。彼椒聊之实，其生也蕃衍，则采之盈升矣。

彼其之子，硕大无朋。

其，指桓叔。朋，比也。况彼其之子也，人心之归日众，而其威莫敌；土地之辟日广，而其势莫京，盖硕大而无朋者矣。

椒聊且，远条且。

远条，长枝也。然岂止如斯而已乎？椒聊且，今固蕃衍盈升也。然其枝益远，则其实益蕃，采之固不啻盈升已也。然则之子之硕大无朋者，将日益昌大也，宁异是哉？

末章讲：

椒聊之实，蕃衍盈匊。

两手曰匊。椒聊之实，其生也蕃衍，则采之盈匊。

彼其之子，硕大且笃。

笃，是厚。况彼其之子也，人心日附，而有不摇之固；土地日辟，而有不拔之基，盖硕大而且笃者矣。

椒聊且，远条且。

然岂止如此而已乎？椒聊且，今固蕃衍盈匊矣。然其枝益远，则其实益蕃，采之固不啻盈匊已也。然则之子之硕大且笃者，将日益盛强也，不犹是哉？噫！曲沃之势至此，将极重而不可反矣。君子宁不伤晋之失驭乎！

绸缪 三章，章六句

首章讲：此诗述夫妇庆幸之词。曰：夫人而得遂其婚姻，固可幸；以过时而得遂，尤可幸，若今日是已。

绸缪束薪，三星在天。

三星，东方之心星。观其妇语夫之词，曰：方绸缪以束薪也，则仰见三星之在天矣。

今夕何夕？见此良人。

良人，妇人称夫之词。今夕不知其何夕也，则忽见良人之在此矣。夫向值贫乱，吾意良人之不得见也，岂意其得见于今夕耶！

子兮子兮，如此良人何！

子，妇人自谓之词。子兮子兮，当过时之余，得望外之幸，有家之乐，殆非言语之所能尽者矣。其如此良人何哉？

二章讲：

绸缪束刍，三星在隅。

隅，东南隅。观其夫妇相语之词，曰：方绸缪以束刍也，则仰见三星之在隅矣。

今夕何夕？见此邂逅。

邂逅，遇也。今夕不知其何夕也，则忽见夫妇邂逅之在此矣。盖向值贫乱，吾意邂逅之不得遂也，岂意其得遂于今夕耶！

子兮子兮，如此邂逅何！

子，夫妇相谓。子兮子兮，男得女以为室，固为意外之欢；女得男以为家，亦为意外之庆。此时此情，相亲相爱，殆非言语之所能尽者矣。其如此邂逅何哉？

末章讲：

绸缪束楚，三星在户。

观其夫语妇之词，曰：方绸缪以束楚也，则仰见三星之在户矣。

今夕何夕？见此粲者。

粲，美也，指妇人。今夕不知其何夕也，则忽见粲者之在此矣。盖向遭贫乱，吾意粲者之不得见也，岂意其得见于今夕耶！

子兮子兮，如此粲者何！

子，夫自谓之词。子兮子兮，当过时之余，得望外之幸，有室之乐，殆非言语之所能尽者矣。其如此粲者何哉？

是则婚姻一也，及其时则为常，失其时则为幸。然则为人上者，将使之常耶？将使之幸耶？

杕杜 二章，章九句

首章讲：此求助于人也。意曰：

有杕之杜，其叶湑湑。

杕然特生之杜，本非有枝干相附也，然其叶犹湑湑然而盛如此矣。

独行踽踽，岂无他人？不如我同父。

踽踽，无所亲之意。同父，指兄弟。何人无兄弟，乃不免独行踽踽，而无所亲乎？曾杕杜之不如矣！夫岂无他人可与同行哉？特以不如我同父之兄弟，一气而分，情相维系，而能相亲相助。是以虽同行有人，而不免于踽踽耳。

嗟行之人，胡不比焉？

比，比附也。嗟哉！行道之人，胡不闵我之独行而见亲？

人无兄弟，胡不佽焉？

佽，助也。怜我之无兄弟而见助，使我不至有不如同父之叹也哉！

末章讲同。

有杕之杜，其叶菁菁。独行睘睘，岂无他人？不如我同姓。嗟行之人，胡不比焉？人无兄弟，胡不佽焉？

菁菁，亦盛也。睘睘，无所依意。同姓，指兄弟。

羔裘二章，章四句

首章讲：此诗不知所谓，不敢妄为之说。恐主司故出此题以难人，则作美其大夫之词。

羔裘豹祛，自我人居居。

祛，衣袂。人，指大夫。我人以羔皮为裘，以豹皮饰祛。我从我人居居，所以亲炙其光辉也。

岂无他人？维子之故。

子，指大夫。是岂无他人之可与居哉？诚以子之闻誉，彰于人也旧矣，故从之居居，而不忍于相违也。

末章讲：

羔裘豹褎，自我人究究。

褎，即祛。我人以羔皮为裘，以豹皮饰褎。我从我人究究，于以穷极其议论也。

岂无他人？维子之好。

是岂无他人佳之可与究哉？诚以子之才猷，备于己也美矣，故从之以究究，而不忍相疏也。

鸨羽 三章，章七句

首章讲：民从征役，而不得养父母，故歌此。曰：

肃肃鸨羽，集于苞栩。

肃肃，羽声。苞，丛生。鸨之性，本不树止，今乃肃肃鸨羽，集于苞栩之上，则非其性矣。然则民之性，本不便于劳苦，而今乃久从征役，不犹鸨之树止也耶！

王事靡盬，不能蓺稷黍，父母何怙？

怙，恃也。夫我惟久从征役，故以王事不可以不坚固。日劳于外，不得蓺稷黍，以供子职焉，则父母其何恃以为命也乎？

悠悠苍天，曷其有所？

若是，我之失所甚矣。悠悠苍天，不知何时得以毕事，使我蓺稷黍，以为父母之怙，而得其所乎？

二章讲：

肃肃鸨翼，集于苞棘。

鸨之性，本不树止，今肃肃鸨翼，集于苞棘之上，则非其性矣。然则民之性，本不便于劳苦，而今乃久从征役，不犹鸨之树止耶！

王事靡盬，不能蓺黍稷，父母何食？

夫我惟久从征役，故以王事不可以不坚固。日劳于外，不得蓺黍稷，以供子职焉，则父母其何资以为食也乎？

悠悠苍天，曷其有极？

若是，我之从役无穷极甚矣。悠悠苍天，不知何时得以早毕事，使我蓺黍稷，以为父母之食，而有所极乎？

末章讲：

肃肃鸨行，集于苞桑。

鸨之性，本不树止，今肃肃鸨行，集于苞桑之上，则非其性矣。然则民之性，本不便于劳苦，而今乃久从征役，不犹鸨之树止耶！

王事靡盬，不能蓺稻粱，父母何尝？

尝，即食。夫我惟久从征役，故以王事不可以不坚固。日劳于外，不得蓺稻粱，以供子职焉，则父母何所出以为尝也乎？

悠悠苍天，曷其有常？

常，子职之常。若是，我之失其常甚矣。悠悠苍天，不知何时得以早毕事，使我蓺稻粱，以为父母之尝，而复其常乎？

夫役民之义，有国者不废。至使民有劳苦失养之悲，而历诉之于天，则上之人必有烦役劳民，而无悯恤之意可知矣。故观王政者，观民风而已矣。

无衣二章，章三句

首章讲：此武公自述请命之意。曰：

岂曰无衣七兮？

七，是侯伯之七命。我也据有晋国，则七章之衣，固吾力之能为矣。岂曰无衣七兮？而必于请命哉。

不如子之衣，安且吉兮！

安，不危。吉，不凶。但以我自为之，而我自服之人，或有议吾后者，是未见有安吉之休也。不如子所命之衣而服之，则策词一颁，人皆帖服，无阽机之危，有尊荣之美，安而且吉矣。此予所以请命于子也。

末章讲同。

岂曰无衣六兮？不如子之衣，安且燠兮！

六，是天子卿之命服。燠乃服之久而无更易者也。嗟吁！武公灭晋，犹必请命者，是畏名分所在，而虑征讨之及也。今釐王乃诛讨不加，贪其宝赂，而爵命行焉，失天讨矣。则虽有方伯仗义而起，欲正其罪，将以主命而不敢发矣。彼篡贼之徒，又何惮哉？吁！礼乐征伐，移于诸侯，移于大夫，又窃于陪臣，是皆周之自失其权也。其后六卿分晋，殆效尤于武公，而威烈之命，三晋其亦绍述于釐王也欤！

有杕之杜二章，章六句

首章讲：此人好贤，而恐不足以致之，故作此曰：贤者曷尝无用世之心哉？顾非值昌盛之势则不就，以不足展其大行之志也。今予何不幸而限于其势耶？

有杕之杜，生于道左。

彼木之茂盛者，其荫可以休息也。若彼特生之杜，生之道左，无茂盛之枝叶，则其荫不足以休息矣。然则我有寡弱之势，不足为贤者之恃赖，不犹是耶？

彼君子兮，噬肯适我。

君子，指贤者。适我，来勉我也。夫广土众民，君子欲之。以我之寡弱如是，彼君子兮，亦安肯顾而适我哉？

中心好之，曷饮食之？

好，慕也。然君子固无意于我也，而我于君子实中心好之，一念尊德之诚，殆非出于声音之伪矣。但势既不足以致之，则虽欲隆大烹之养以饮食之，而无其由耳。中心之好，其将何以自达哉？

末章讲同。

有杕之杜，生于道周。彼君子兮，噬肯来游。中心好之，曷饮食之？

周，是道路之曲正。游，即来适。吁！以诗人好贤之心如此，则贤者安有不至，而何寡弱之足患哉？

葛生<small>五章，章四句</small>

首章讲：此妇人以夫久从征役而不归，故作此曰：夫妇之间，甚乐乎相保，而甚无乐乎相离。倘不幸而相离，则吾人将何以为情也哉？

葛生蒙草，蔹蔓于野。

蒙，被也。蔓，延也。彼葛生则蒙于楚，蔹生则蔓于野，是物固各有所依托矣。

予美亡此，谁与独处？

予美，妇人目其夫。亡此，不在家也。谁与，无与处也。独处，自处于家。况予之所美者，正予之所依托也。今乃久从征役，而独不在是焉。则谁与我处哉？惟睽然独处于此耳，不亦葛与蔹之不如乎！

二章讲同。

葛生蒙棘，蔹蔓于域。予美亡此，谁与独息？

域，坟茔之域。息，止息。

三章讲：

角枕粲兮，锦衾烂兮。

以言乎角枕，则灿然而华美矣。以言乎锦衾，则烂然其鲜明矣。

予美亡此，谁与独旦？

非不可与予之所美者，共此枕衾也。而今乃久从征役，而不在是焉，则谁与共旦哉？惟独处至旦而已。物迩而人远，我抚枕衾，宁不益增予之叹息也耶！

四章讲：夫独居而忧思，吾已不胜睽违之感矣。况冬夏之时，而尤有难于为情者乎！

夏之日，冬之夜。

盖我君子亡此，固靡日而不思矣。但四时之日，莫如夏日之永，则忧思之念，于是独至，殆有日不得夕焉。亦靡夜而不思矣。但四时之夜，莫如冬夜之永，则忧思之念，于是独甚，殆有夜不得旦焉。

百岁之后，归于其居。

居，是坟墓。然思之虽切，其如君子之归无期何？吾意其终不可得而见矣。使百岁之后，同归于其居焉。则虽不得见于生前，而犹得相从于死后也，此心亦庶几其少慰矣乎！

末章讲同。

冬之夜，夏之日，百岁之后，归于其室。

室，墓圹也。吁！居而相离，则思者人情之常也。思之深而无异心者，唐风之厚也。先王风化之远，于此可见矣。

采苓 三章，章八句

首章讲：此刺听谗之诗。意曰：天下最不可信者，惟谗言。而人每为其所惑者，凡以听之轻耳。

采苓采苓，首阳之巅。

彼苓生于下隰，非首阳之巅所有也。子欲采苓，采苓于首阳之巅乎？然则谗人之言虚伪反覆，非理之所有，亦犹首阳之无苓也，子欲听谗人之言也乎？

人之为言，苟亦无信。

故人之为是言以告子者，未可遽以为信也。

舍旃舍旃，苟亦无然。

必姑舍置之。姑舍置之，而无遽以为然，徐察而审听之焉。

人之为言，胡得焉？

则谗者之情伪以见，不得以行其计，而谗自止矣，胡得焉？子何为而遽信之，以长彼之奸也耶？

二章讲同。

采苦采苦，首阳之下。人之为言，苟亦无与。舍旃舍旃，苟亦无然。人之为言，胡得焉？

苦菜，生田泽之中，首阳之下所无者。与，许也。

末章讲同。

采葑采葑，首阳之东。人之为言，苟亦无从。舍旃舍旃，苟亦无然。人之为言，胡得焉？

葑，生卑下之处，首阳之东所无者。从，听也。

此可见轻信为召谗之门，详审乃绝讹之道。彼造谗者，固小人之常态矣。而轻于听信，非子之过哉？

秦一之十一。

嬴姓，伯益之裔后。为犬戎所灭。周平王封襄公为诸侯，兼有岐、丰之地。诗凡十篇。

车邻三章，一章四句，二章章六句

首章讲：是时秦君始有车马，及此寺人之官，国人创见而夸美之。曰：吾君著伐戎之绩，受岐、丰之封。则一时邦家之新造，而其礼仪盛备，岂无可言乎？

有车邻邻，有马白颠。

邻邻，车声。白，白毛。颠，马额。彼吾君向为大夫，虽不徒行，然其车马犹未备也。今也位列侯爵，享有千乘。故以言其车马，则数多而色备。车有邻邻之声，马有白颠之色矣。

未见君子，寺人之令。

君子，指秦君。寺人，内小臣。令，使令。吾君向为大夫，虽有使令，然而寺人则未设也。今也位列邦君，官备内臣。故方未见君子之时，则有寺人以使令，通欲入之意，传许见之命矣。是车马也，寺人也，均非昔所未有，而今有之乎！一创见之余，诚有可夸者矣。

二章讲：夫以国家初兴，而礼仪始备，是固君民之深庆者也，可不及时以为乐哉？

阪有漆，隰有栗。

今夫阪则有漆矣，隰则有栗矣。

既见君子，并坐鼓瑟。

我也假寺人之通，而既见君子，则当并坐一堂之上，而相与鼓瑟，以庆一时之盛矣。

今者不乐，逝者其耋。

耋，八十曰耋。苟失今不乐，则逝者其耋矣，虽欲为乐不可得矣，乐其可后哉？

末章讲同。

阪有桑，隰有杨。既见君子，并坐鼓簧。今者不乐，逝者其亡。

夫始夸车马、寺人之盛，见欢欣鼓舞之情矣；观并坐鼓瑟之习，见简易相亲之意矣。观逝者其耋之言，见悲壮感慨之气矣。秦之强以此，而秦之止于秦亦以此。然则人君于立国之初，而道民之略可不知所审哉？

驷𫘧 三章，章四句

首章讲：此亦夸美其君之词。意曰：吾君膺侯爵之封，而举蒐狩之典。吾人得于创见之下，宁能已于夸美之私乎？

驷𫘧孔阜，六辔在手。

驷𫘧，四马黑如铁色。彼吾君之行狩也，驰驱必资于马，则驷𫘧孔阜而肥大。御马必资于辔，则六辔在手而可观。

公之媚子，从公于狩。

公，指秦君。媚，亲爱也。斯时也，有公所亲爱之人，而从公于狩，以举夫田猎之典焉。是车马盛备，使令有人见于往狩之始有如此者。

二章讲：

奉时辰牡，辰牡孔硕。

时，是也。辰，时也。牡，兽之公者。

及其方狩也，虞人则奉时辰牡，以待我公之狩。辰牡则孔硕而肥大，足供三杀之献。

公曰左之，舍拔则获。

公，即秦君。舍拔，发矢也。获，获兽。斯时也，公命御者使左其车，以射兽之左焉。公舍拔则获，而遂收乎左膘之功矣。是礼仪之备，射御之精，其见于方狩之时有如此者。

末章讲：

游于北园，四马既闲。

迨夫毕狩也，吾君无事于舍拔矣，媚子无事于举柴矣，虞人亦无事于翼兽矣，于是相游北园之中，而优游以休焉。以言乎四马，则因其北园之游，而从禽非所事也，见其有调习之美者矣。

辑车鸾镳，载猃歇骄。

辑，是轻。鸾，是铃。镳，马衔。载，载之于车。猃、歇骄，二犬名。以言乎辑车，则因其北园之游，而驱逆非所用也，闻其有鸾镳之声者矣。至于长喙之猃，与夫短喙之歇骄，亦不烦于追逐走兽，则皆载之于辑车之中，以休其足力矣。是其终事之从容整暇，见于毕狩之时，又如此者。

夫观吾君行狩终始之事，是皆昔所未有也。而今有之，则吾人何幸，而得以创见之耶！诚有不容于夸美者矣。

小戎 三章，章十句

首章讲：襄公征西戎，其从役之家人作此诗。曰：我公承天子之命，为复仇之举，此大义之不容已也，而军容之盛何如？

小戎俴收，五楘梁辀。

小戎，兵车。俴，浅也。收，轸也。楘，皮革上之文。彼攻战必用小戎也。而小戎之收，所以收敛所载者，则杀大车以为度，而其制则甚浅矣。轸前之梁辀，所以钩衡驾马者，则用五皮以为束，而其文则历录矣。

游环胁驱，阴靷鋈续。

游，是游移无定处。靷，掩轨。骖马身不夹辕，虑其出入之靡定也。则有游环以制之，使不得外出；胁驱以驱之，使不得内入，而出入之防周矣。骖马颈不当衡，虑其任载之偏重也。则有阴靷以系骖马之颈，白金以饰续靷之处，而任载之力齐矣。

文茵畅毂，驾我骐馵。

其车中所坐之褥，则以虎皮为之，其文炳也。有持辐受轴之毂，则视大车有加，其制长也。此其车固为天下之完车矣。以是车而驾我青黑色之骐、左足白之馵，虽齐力而不齐色，而要皆极我泾渭之选也，马又岂有不良哉？

言念君子，温其如玉。

君子，指其夫。以是车甲而伐彼西戎，夫固人心之大愤，即我君子亦有不容辞者。其如我之私情何？故我也言念君子，其为人温然有如玉之美。

在其板屋，乱我心曲。

板屋，西俗以板为屋。心曲，心中委曲之处。今乃在彼板屋之地，以伐西戎，虽欲相亲而无由也，不有乱我心曲也哉！

二章讲：然军容之盛，不特此已也。

四牡孔阜，六辔在手。

言其驾车之四牡，则孔阜而肥大矣。言其御车之六辔，则在手而操纵矣。

骐骝是中，騧骊是骖。

四牡有服马者，则青黑之骐，赤马黑鬣之骝，是其中之两服也。四牡有骖马者，则黄马黑喙之騧，黑色之骊，是其外之两骖也。

龙盾之合，鋈以觼軜。

盾，干也。合，合其二而载之。觼，环有舌者。軜，骖内辔。车之中必有为之卫也，于是画龙之盾，载之以二，不患夫破毁之无备矣。骖内辔必有为之饰也，于是系軜之觼，沃以白金，不患夫文采之弗彰矣。

言念君子，温其在邑。

君子，指其夫。邑，乃西鄙之邑也。以此车甲而伐彼西戎，夫固人心之大愤，即我君子亦有不可辞者。其如我之私情何？故我也言念君子，其为人温然有和厚之休，今方在彼西鄙之邑，以讨西戎。

方何为期？胡然我念之。

方，将也。何，何时。期，归期。不知将以何时为归期乎？胡为乎使我思念之极耶？

末章讲：然军容之盛，又不特此也。

伐驷孔群，厹矛鋈镎。

厹矛，三隅矛。矛之下端曰镎。言其驾车之四马，则以浅薄之金为甲，轻而易于旋习，吾见其群然而甚和矣。有厹矛焉，以备击刺也，则销白金以沃矛之镎，浑然其制坚也。

蒙伐有苑，虎韔镂膺。

蒙，杂也。伐，中干。苑，是文。韔，弓室。膺，马胸带。有中干焉，以捍矢石也，则尽杂羽以为伐之色，苑然其文昭也。韔以藏弓，而以虎皮为之，藏弓不既固乎？膺以饰马，而以镂金饰之，物采不既章乎？

交韔二弓，竹闭绲縢。

交韔，颠倒交寘之。闭，弓檠。绲，绳。縢，约。弓不以二，则患取用之不周，于是交置二弓，于虎韔之中，所以备折坏也。弓不以檠，则虑弓体之或邪，于是以竹为闭，而以绳约之，所以正其体也。

言念君子，载寝载兴。

以此车甲，伐彼西戎，则君子之从役者，义也。而吾人之思念者，亦情也。故我也言念君子，至于载寝载兴，而起居为之不宁焉。

厌厌良人，秩秩德音。

盖想及君子之为人，则厌厌然安舒之良人也。想及君子之德音，则秩秩然有序之德音也。其人如是，其德如是，而不得以遂其亲炙之心，则其思念之深，而寝兴之不宁也，乌容已哉？

夫襄公以义兴师，则虽从役之家人，亦知勇于义焉。故先夸车甲之盛，而有感激之心，后及私念之情，而无怨怼之意，则信乎义之足以使人矣。惜乎伐戎之举，不出于周，而出于秦。《小戎》之诗，不出于平王，而出于妇人，则秦安得而不强，周安得而不弱哉？

蒹葭 三章，章八句

首章讲：此思人而不得见之诗。若曰：天下之人，有颓然于流俗之中，则见之恒易也；惟超然于尘寰之表者，则见之恒难也。

蒹葭苍苍，白露为霜。

彼蒹葭苍苍而未败，白露始凝而为霜。吾值斯时，不能不动伊人之思矣。

所谓伊人，在水一方。

伊人，指所思之人。而所谓伊人者，乃逃世自洁，在彼水之一方焉。

溯洄从之，道阻且长。

溯洄，逆流而上。阻，隔越。使其求而得以见也，吾思犹可以自慰也。奈何意其求之于上，而可得欤？固尝溯流而上以从之，则道阻且长，可行而不可至矣。

溯游从之，宛在水中央。

溯游，顺流而下。又意其求之于下，而可得欤？固尝顺流而下以从之，则宛在水央，可望而不可亲矣。夫以上下求之，而皆不可得，则感蒹葭之极，目睹白露之横秋，徒以重忧思之怀耳。其如此，伊人何哉？

二章讲：

蒹葭凄凄，白露未晞。

晞，干也。蒹葭则凄凄而未败矣，白露则方湿而未晞矣。

所谓伊人，在水之湄。

湄，水草相交处。斯时也，所谓伊人，而动我之思者，乃在水之湄焉。

溯洄从之，道阻且跻。

跻，升也。我也仰止伊人之居，固尝溯洄以从之，则道阻且跻，限于势之难至也。

溯游从之，宛在水中坻。

坻，小渚。又尝溯游以从之，则宛在水中坻，邈乎迹之难亲也。上下求之，而皆不可得如此，吾将何以为情哉？

末章讲：

蒹葭采采，白露未已。

蒹葭则方盛而可采矣，白露则方零而未已矣。

所谓伊人，在水之涘。

涘，水涯。斯时也，所谓伊人，而动我之思者，乃在水之涘焉。

溯洄从之，道阻且右。

我之仰止伊人之居，固尝溯洄以从之，则道阻且右，而限于势之不相值也。

溯游从之，宛在水中沚。

又尝溯游以从之，则宛在水中沚，而孑然就之莫即也。上下求之，而皆不可得如此，吾又将何以为情哉？

夫伊人浩然，即水滨以长往，而不轻与人世为群，固可谓贤矣。而诗人思欲见之，深慨其不可得焉，其亦秉彝好德之心也与！

终南二章，章六句

首章讲：此亦美其君之词。言：人君肇有国之封者，则必有君国之气象。今吾君莅政新邦，其容貌佩服之间，岂无有可揄扬者乎？

终南何有？有条有梅。

彼终南之山，吾君所封之镇也，而果何所有乎？则有山楸之条与似杏之梅矣。

君子至止，锦衣狐裘。

君子，指秦君。锦衣狐裘，诸侯之服。况我君子新受岐、丰之命，而至止终南之下也，夫岂无可见乎？但见锦衣以裼狐裘，侈夫七命之荣也。

颜如渥丹，其君也哉！

渥，渍也。丹，赤色。颜色有如渥丹，移于居养之异也。以此容服，而尊临于臣民之上，真无忝于邦君之度矣，不称其为君也哉？

末章讲：

终南何有？有纪有堂。

终南之山，吾君所封之岳也，而果何所有乎？则有廉角之纪与夫宽平之堂矣。

君子至此，黻衣绣裳。

黻衣绣裳，皆诸侯之服。况我君子，新膺畿内之命，而至止终南之下也，夫岂无可见乎？但见黻绣衣裳，有以为身之章也。

佩玉将将，寿考不忘。

将将，玉佩声。玉佩于身，有以为德之比也。以此服饰，而尊居于南面之中，吾愿其不止一时已也。殆将享寿考之隆，而永保于不忘矣，非吾人之情也哉？

黄鸟三章，章十二句

首章讲：秦穆公卒，以子车氏之三子为殉，国人哀之。曰：

交交黄鸟，止于棘。

交交，飞而往来。交交然而飞之黄鸟，则止于棘矣。

谁从穆公？子车奄息。

从，殉葬。子车，是氏。奄息，是名。谁从穆公之死，则子车氏之奄息矣。

维此奄息，百夫之特。

特，才过人也。维此奄息，才德超出于等夷，乃百夫之特也。

临其穴，惴惴其慄。

穴，墓圹也。惴惴，是惧貌。今顾从先君之遗命，迫而生纳之圹中。但见临其穴，惴惴其慄而危惧，诚有令人伤者矣。

彼苍者天，歼我良人。

歼，尽灭也。良人，指奄息。夫奄息乃国之良，天宜保全之，以为国之辅可也。彼苍者天，胡乃歼我良人之若是也哉？

如可赎兮，人百其身。

赎，贸易也。使厉圹之乱命可以无从，奄息之殉葬可以他人代，则人皆愿百其身以易之矣。盖一奄息，足以为百夫之特，则留我百人，不足以增重乎？国而存一奄息，实足以有光于秦，而百其身以易之者，吾人之愿也。然如奄息之不可赎，何哉？

二章讲同。

交交黄鸟，止于桑。谁从穆公？子车仲行。维此仲行，百夫之防。临其穴，惴惴其慄。彼苍者天，歼我良人。如可赎兮，人百其身。

防，当也，言一人可以当百夫也。仲行，亦子车氏之子。

末章讲同。

交交黄鸟，止于楚。谁从穆公？子车铖虎。维此铖虎，百夫之御。临其穴，惴惴其慄。彼苍者天，歼我良人！如可赎兮，人百其身！

铖虎，亦子车氏子。御，即当也。夫穆公以贤人从死，是乱命也。康公从父之乱命，以杀三良，则其罪不特在穆公矣。于三良则不仁，于穆公则不孝，康公乌能逭其罪乎？

晨风 三章，章六句

首章讲：妇人以夫不在而言曰：

鴥彼晨风，郁彼北林。

晨风，鹯鸟。鴥然疾飞之晨风，则归于郁然茂盛之北林矣。

未见君子，忧心钦钦。

君子，指其夫。况我未见君子，不胜其暌违之感，则忧心钦钦，而不忘矣。

如何如何，忘我实多！

夫我不忘君子如此，亦宜君子之不忘我也。彼君子者，如何久而不归，而忘我之多如是乎！

二章讲：

山有苞栎，隰有六驳。

今夫山则有苞栎矣，隰则有六驳矣。

未见君子，忧心靡乐。

况我也未见君子，则忧思之甚，而此心为之靡乐矣。

如何如何，忘我实多！

夫忧而至于靡乐，则我之不忘君子可谓至矣。彼君子者，如何如何而忘我之多乎!

末章讲同。

山有苞棣,隰有树檖。未见君子,忧心如醉。如何如何,忘我实多!

如醉,心之沉迷也。

无衣三章,章五句

首章讲:秦人平居而相谓曰:平民无敢勇之气,则不能以效死;平日无同心之爱,又不可以同事。

岂曰无衣?与子同袍。

是故我以袍而同之子也,岂曰以子无衣之故,而与子同袍哉?

王于兴师,修我戈矛,与子同仇。

王,指秦君。兴师,出军。修,治也。同仇,同以敌为仇。盖恩不共结于平时,则义不共奋于一旦。故我以同袍相固结,倘使主国有难,我公以天子之命而兴师,则将修我之弋矛,而与子同仇,相率以敌王之忾矣。是我之同袍为是故耳,岂曰子之无衣然哉?

二章讲:

岂曰无衣?与子同泽。

泽,里衣。不特与子同袍已也,至于泽亦必同之矣。然岂曰无衣,而欲与子同泽哉?

王于兴师,修我矛戟,与子偕作。

盖我公一旦承天子之命而兴师,则将修我矛戟,而与子偕作焉。我倡于先,子奋于后,相与共赴主国之难者,此今日同泽意也,非诚以无衣之故矣。不然,彼此之情不相孚,安望其能偕作也耶!

末章讲：

岂曰无衣？与子同裳。

又不特与子同泽已也，至于裳亦必同之矣。然岂曰无衣，而与子同裳哉？

王于兴师，修我甲兵，与子偕行。

讲俱同上。

夫秦本周地，故其民犹知尊王者，乃其周泽之未泯。而乐于战斗，则秦之强悍，有以驱而变之耳！使其导之以先王仁义之德，则其俗岂如是而已哉？噫！此秦之所以止于秦也。

渭阳二章，章四句

首章讲：此秦康公送其舅重耳作也。言：人情之感，莫切于别离之际。而况于甥舅之情，尤有不容已者乎！

我送舅氏，曰至渭阳。

我，康公自言。舅氏，指晋重耳。渭阳，秦地。诚以我舅在外十九年，而今始得以复国，顾晋之宗盟有赖，而秦之后会无期。故我送舅氏，曰至渭阳之地，盖有不忍以遽别者矣。

何以赠之？路车乘黄。

路车，诸侯之车。乘黄，四马皆黄。然行必以赆礼也，我果何以赠之乎？则赠之路车与乘马焉。盖舅氏返国，将继统而为诸侯也，以是赠之，庶有以光其行，而表吾甥舅之爱耳！

末章讲：

我送舅氏，悠悠我思。

悠悠，思之长。思，思其母。我舅兄弟十九人，而彼独得以嗣立，顾废者可以复兴，而死者不可复存。故我送舅氏，悠悠我思，盖念吾母，而不得见矣。

何以赠之？琼瑰玉佩。

琼瑰，似玉之石。然行必以赆礼也，我果何以赠之乎？则赠之以琼瑰之玉佩焉。盖舅氏返国，将缵绪而为诸侯也，以是赠之，庶有以备其饰而达吾甥舅之情耳！

夫康公送舅氏，而念母之不见，是固良心也。而卒连兵令狐，视甥舅不啻仇仇，何哉？无乃怨欲不能制欤？噫！此康公之所以止于康公也。

权舆 二章，章五句

首章讲：此人君待贤不继，故贤者作此。曰：人君养贤，固贵于礼意之殷勤，尤贵于终始之如一，自今言之。

於我乎！夏屋渠渠。今也每食无余。

夏，是大。渠渠，深广。君始于我也，处之以渠渠之夏屋。其于饮食之礼，无所不备，可谓能处其始矣。今也乃每食而无余焉。其视夏屋之初，为何如耶？

于嗟乎！不承权舆。

于嗟，叹词。承，是继。权舆，是始。吁嗟乎！终不继于其始，是不承权舆矣。何其始勤终怠之若是殊哉！

末章讲：

於我乎！每食四簋。今也每食不饱。

簋，盛物者。吾君始于我也，养之以每食四簋之多。其于供亿之仪，无一不至，可谓能厚于始矣。今也乃每食之不饱焉。其视四簋之多，为何如耶？

于嗟乎！不承权舆。

吁嗟乎！然不继于其始，是不承权舆矣。何其始厚终薄之若是殊哉！要之，权舆不承，是废礼也；废礼，是忘道也。忘道之人，不可久处。君子可无见几之智乎？吁！此固贤者之意也欤！

陈一之十二

帝舜之胄阏父为周陶正，武王以大姬妻其子蒲，而封于陈。诗凡十篇。

宛丘三章，章四句

首章讲：国人见此人常游荡于宛丘之上，故刺之。曰：

子之汤兮，宛丘之上兮。洵有情兮，而无望兮。

汤，游荡。四方高、中央下曰宛丘。望，威望。子游荡于宛丘之上，快意适观，流连风景，信有情思而可乐矣。然放纵不检，轶于礼法之外，何有威仪可瞻望乎？

二章讲：然使其汤而有节，犹之可也。

坎其击鼓，宛丘之下。无冬无夏，值其鹭羽。

坎，是击鼓声。值，植也，即持其羽以舞。今子也坎坎击鼓于宛丘之下，所以为乐也。然岂特一时为然哉？且无冬无夏而击鼓，于是值其鹭羽以为舞焉，何其荒淫无度之若是耶！

末章讲同。

坎其击缶，宛丘之道。无冬无夏，值其鹭翿。

缶，瓦器。吁！此人游荡，而诗人知刺之，亦可谓不移于流俗矣！

东门之枌 三章，章四句。

首章讲：此男女聚会歌舞，而赋其事以相乐。曰：

东门之枌，宛丘之栩。

枌，人所出入。栩，人所往来。东门则有枌矣，宛丘则有栩矣，夫固为聚会歌舞之地也。

子仲之子，婆娑其下。

子仲之子，指女子言。婆娑，舞之状。但见子仲氏之女，婆娑于其下，依蔽芾之荫，而快歌舞之情，诚有可乐者矣。

二章讲：

榖旦于差，南方之原。

榖，善也。差，择也。原，乃往会之所。是子仲氏之女也，差择善旦，以会于南方之原，将以为歌舞之事也。

不绩其麻，市也婆娑。

市，即南之原。于是不绩其麻，以会于市，而婆娑以舞焉。盖苟得以遂歌舞之乐，则虽弃其荼而不辞矣。

末章讲：

榖旦于逝，越以鬷迈。

逝，往也。鬷，众也。迈，行也。是子仲之子也，以善旦而往，于是挟其众与偕行，所以为歌舞之事。

视尔如荍，贻我握椒。

尔，指子仲之女。椒，芬芳之物。斯时也，我视尔颜色之美，有如芘荍之华。而尔复遗我以一握之椒，而交情好焉。盖彼此相爱之意，实有寓于物，而不尽于物者矣。意男女聚会，而赋其相乐之事如此。俗之不美见矣，夫岂无所自哉？

衡门 三章，章四句

首章讲：此隐居自乐而无求者之词。言：人当知有素位之乐，而不可有愿外之心。盖愿外则随在皆难必也，素位则无往非可适也。

衡门之下，可以栖迟。

栖迟，游息意。故我也横木为门，虽云浅陋也，然居于斯，即乐于斯，固泰然其有余适者，不可以栖迟乎？而衡门之下皆乐地矣。

泌之洋洋，可以乐饥。

泌，泉水。洋洋，水流。乐饥，玩乐而忘饥。泌水洋洋，虽不可饱也，然寓于斯，即玩于斯，固悠然其有余趣者，不可以忘饥乎？而泌水皆乐境矣。夫如是而居，如是而玩，吾心盖无不自足也，而又何求于外哉？

二章讲：是故河鲂、河鲤，鱼之美者也，然必得之则食，不得则已；齐姜、宋女，色之美者也，然必得之则娶，不得则已，而后于心无所累也。

岂其食鱼，必河之鲂？

今也岂其食鱼，必河之鲂乎？盖食惟取适口足矣，苟非河鲂，亦可也。

岂其取妻，必齐之姜？

姜，齐姓。岂其娶妻，必齐之姜乎？盖妻惟取内助足矣，苟非齐姜，亦可也。

末章讲：

岂其食鱼，必河之鲤？

岂其食鱼，必河之鲤乎？盖食惟取属厌已矣，苟非河鲤，亦可也。

岂其取妻，必宋之子。

子，宋姓。岂其取妻，必宋之子乎？盖妻惟取代终已矣，苟非宋子，亦可也。

盖食色之性，虽人所有，而位分之素，亦人当安。若必切切然求其尽美而后为快焉，几何而不驰心于外，而丧吾自得之真哉？夫以隐者之词如此，非有道之君子，其孰能之？

东门之池 三章，章四句

首章讲：此亦男女会遇之词。若曰：

东门之池，可以沤麻。

池，城池。沤，浣也。东门之池，水所聚也，则可以沤麻矣。

彼美淑姬，可与晤歌。

美，自颜色言。维彼淑姬，其色至美者也，则可与晤歌矣。当会遇之顷，相与唱和以怡情，宁不适我愿乎？

二章讲：

东门之池，可以沤纻。

纻，似麻。东门之池，则可以沤纻矣。

彼美淑姬，可与晤语。

彼美色之淑姬，于斯而一邂逅焉，岂不可与晤语乎？彼此答述之际，我其与子偕臧矣。

末章讲同。

东门之池，可以沤菅。彼美淑姬，可与晤言。

莒，草名，可为索者。

东门之杨<small>二章，章四句</small>

首章讲：此男女期会，而有负约不至者，故因所见以起兴。曰：

东门之杨，其叶牂牂。

杨，柳之扬起者也。东门之杨，则其叶牂牂焉而甚盛矣。

昏以为期，明星煌煌。

期，相约。子与我昏以为期，欲于此一相会也。今则见其启明之星，煌煌其大明矣。期于昏，而将旦之不见，我不知其何为负约至此也，宁不孤我之望乎哉！

末章讲同。

东门之杨，其叶肺肺。昏以为期，明星晢晢。

晢晢，亦大明。

墓门<small>二章，章六句</small>

首章讲：此刺人为恶之诗，但不知其何所指也。曰：

墓门有棘，斧以斯之。

墓门，凶僻之地。斯，斩伐也。墓门有棘，不期于斧之斯也。而樵采者不废，则斧以斯之矣。

夫也不良，国人知之。

夫，指所刺之人。不良，所为不善。夫也不良，不欲于人之知也。然恶积而不可掩，则国人皆有以知之者矣。

知而不已，谁昔然矣？

不已，不改也。谁昔，犹言畴昔也。夫为恶于独，而至为国人所知，此其事迹亦暴著矣。使其能速改焉，犹可以自新也。夫何国人知之而犹不改？则自畴昔已然，非适今日而然也。何其肆恶之无忌惮如是哉！

末章讲：

墓门有梅，有鸮萃止。

墓门有梅，不期于鸮之萃也。然招来之有机，则必有鸮以萃之者矣。

夫也不良，歌以讯之。

歌，声其恶也。讯，告也。夫也不良，不欲于人之讯也。然劝善亦人心之公，则必有歌其恶以讯之者矣。

讯予不顾，颠倒思予。

夫为恶不已，而至为予之讯，此其事势亦几殆矣。使其能予顾焉，则庶不至颠倒之患也。苟讯之而不予顾，至于颠倒而后思予，则岂有所及哉？

此可见闻善速改者，固自善之道，亦免祸之道也。诗人既惓惓然望其改，而又惕其不改之祸，此其意良切矣。何此人之不悟哉！

防有鹊巢 二章，章四句

首章讲：此男女之有私，而忧或间之之词。意曰：

防有鹊巢，邛有旨苕。

言防之上，则有鹊之巢；邛丘之中，则有旨之苕矣，物各有所止如此。

谁侜予美？心焉忉忉。

予美，指所私者。忉忉，忧也。况此人也，乃予之所美者也。今何人驾为虚诞之词，以侜张予之所美乎？使我虑谗间之，或人恐情好之不终，而忧之至于忉忉矣。彼何人斯，慎毋使我心切乎哉！

末章讲同。

中唐有甓，邛有旨鷊。谁侜予美？心焉惕惕。

中唐，庙中之路。甓，瓴甋。谁侜予美，是侜张而诳惑。惕惕，亦忧也。

月出 三章，章四句

首章讲：此亦男女相悦而相念之词。曰：

月出皎兮，佼人僚兮。

月出则皎然而光矣。佼人则僚然而好矣。

舒窈纠兮，劳心悄兮！

窈纠，幽远而愁结。是佼人也，我欲见之而不可得，则窈纠之情切矣。今安得施施而来见之，以舒其窈纠之情乎？愿见之心，日切于中，是以为之劳心，悄然有不堪其忧者矣。

二章讲同。

月出皓兮，佼人懰兮。舒忧受兮，劳心慅兮！

懰，清亮。忧受，烦忧生受。慅，慅然心之动。

末章讲同。

月出照兮，佼人燎兮。舒夭绍兮，劳心惨兮。

夭绍，心之急迫。惨，悲怆。

株林 二章，章四句

首章讲：灵公淫于夏徵舒之母，朝夕而往夏氏之邑，故其民相与语曰：

胡为乎株林？从夏南。

株林，夏氏之邑。夏南，徵舒之字。君胡为乎？适株林乎？曰从夏南焉耳。

匪适株林，从夏南。

适，往也。然则君非适株林也，特以从夏南之故耳。使非为夏南之故，则一株林之小，何足以烦吾君之至止耶！

末章讲：

驾我乘马，说于株野。

说，舍止也。夫君惟为从夏南也，是故驾我乘马，而说于株野焉，而岂为无故之行乎？

乘我乘驹，朝食于株。

驾我乘驹，而朝食于株焉，而岂为无故之往乎？盖既无心于夏南，则其说食于株也，固不得不若是其数数矣。

夫灵公淫于夏姬，不可言也，故以从其子言之，诗人之忠厚如此。

泽陂 三章，章六句

首章讲：此亦男女相悦而相念之词。曰：

彼泽之陂，有蒲与荷。

陂，是泽之障。蒲，水草。荷，美渠。彼泽之陂，则有蒲与荷矣。

有美一人，伤如之何？

有美一人，指所悦之人。有美一人，我欲见之而不可得，则虽忧伤，而如之何哉？

寤寐无为，涕泗滂沱。

滂沱，流涕之甚。则寤寐之际，无他所为，惟涕泗滂沱而已。盖忧伤之情，既不得遂于一见，而涕泗之零，自不觉其潸然耳。

二章讲：

彼泽之陂，有蒲与茼。

茼，即兰。彼泽之陂，则有蒲与茼。

有美一人，硕大且卷。

有美一人，则体貌之硕大，而且须鬓之皆美矣。

寤寐无为，中心悁悁。

我也念斯人之不见，而忧相亲之无由。则惟寤寐无为，中心悁悁然，而于悒之不胜矣，其如美人何哉？

末章讲：

彼泽之陂，有蒲菡萏。

菡萏，即荷华。彼泽之陂，则有蒲菡萏矣。

有美一人，硕大且俨。

有美一人，则形体之硕大，而且威仪之矜庄矣。

寤寐无为，辗转伏枕。

我也思斯人之不见，而伤相从之无自。则惟寤寐无为，辗转伏枕，而卧不能寐耳，其如美人何哉？

桧一之十三

妘姓之国，祝融之后也。诗凡四篇。

羔裘 三章，章四句

首章讲：桧君好洁衣服，而不自强政治，故诗人忧之。曰：人君之治国也，功崇惟志，而玩好不与焉；业崇惟德，而文饰不与焉，何吾君之不知此耶？

羔裘逍遥，狐裘以朝。

彼羔裘，居私朝之服也，今则服之以逍遥而已。狐裘，朝天子之服也，今则服之以临朝而已。

岂不尔思？劳心忉忉。

尔，指桧君。忉忉，即劳心也。致洁于服饰之间，至于政事乃置之度外而不理焉，将无以为国矣。我岂不为尔思哉？思之之深，忧心盖为之忉忉也。

二章讲：

羔裘翱翔，狐裘在堂。

堂，私朝之堂。羔裘则服之以翱翔矣，狐裘则服之以在堂矣，此其衣服非不美也。

岂不尔思？我心忧伤。

然问其政事，则若罔闻知焉。如是而我岂不为尔思哉？思之而至于我心忧伤者，盖深虑纪纲之不立，而国家之日乱也已。

末章讲：

羔裘如膏，日出有曜。

膏，脂也。日出有曜，言日照此羔裘，曜然而有光彩。羔裘则如膏而润泽矣，日出则有曜而光明矣，此其衣服非不鲜也。

岂不尔思？中心是悼。

然问其政事，则若罔闻知焉。如是而我岂不为尔思哉？思之而至于中心是悼者，盖深知其不可救，徒悲悯于己而已。

此可见国以政事为先，衣服乃其末节也。君以逸豫为戒，宴游所以致亡也。桧君不知其非，而国人为之忧如此，国欲不亡得乎？

素冠 三章，章三句

首章讲：当时不能行三年之丧，贤者庶几见之，而作此诗曰：

庶见素冠兮，棘人栾栾兮，劳心愽愽兮。

庶，是幸。素冠，缟素之冠。棘人，急也居丧之。素冠者，大祥之后，而禫服之冠也。今人不能行三年之丧，其不见此素冠也久矣。我当此希阔之时，安得见此服素冠之人？其哀遽之状，栾栾然有毁瘠之形乎！我也愿见之切，至于此心愽愽，而忧劳之甚焉。盖三年之丧，人道之纪，而当时不行，我固不能不为人道而深伤之焉耳！

二章讲：

庶见素衣兮，我心伤悲兮，聊与子同归兮。

素衣，亦既祥后之衣。子，指归丧之人。夫冠素，则衣亦素矣，我也冀见素衣之人。其望之之切，我心至于伤悲之愈甚矣。使其苟得见之，是固守礼之君子也。我也聊与子同归兮，而行事之间，必与之相似而不违也。不知今果得以见之否乎？

末章讲：

庶见素韠兮，我心蕴结兮，聊与子如一兮。

韠，蔽膝者。蕴结，思不可解也。夫衣素，则韠亦素矣，我也冀见素韠之人。其望之之切，我心至于蕴结而不伸矣。使其苟得见之，是固秉礼之君子也。我也聊与子如一兮，而意气之间，必与之相孚而罔间也。不知今果得见之否乎？

吁！歌是诗者，其欲复天下之大经乎？其欲挽世道之颓坏乎？思深哉，反古之志也。

隰有苌楚<small>三章，章四句</small>

首章讲：政烦赋重，人不堪其苦而作此诗。曰：

隰有苌楚，猗傩其枝。夭之沃沃，乐子之无知。

子，指苌楚之言。彼下隰之地，有苌楚生焉。但见其枝猗傩而柔顺，少好而光泽矣。盖惟子之无知，故政烦不能为之扰，赋重不能为之困，而生意向荣之如是耳。若我之有知，不免敝于政而困于赋，岂能如子之无知而无忧乎？我其乐子之无知矣。

二章讲同。

隰有苌楚，猗傩其华。夭之沃沃，尔子之无家。

无家，无父母兄弟妻子之累也。

末章讲同。

隰有苌楚，猗傩其实。夭之沃沃，乐子之无室。

室，单指妻子。夫吁天地之间，贵莫贵于人，贱莫贱于物。不至以人之贵，叹不如物之贱，则民之无聊甚矣。为人上者，何乃使之至此极哉！

匪风<small>三章，章四句</small>

首章讲：周室衰微，贤人忧叹而作此诗。曰：文武众建侯王，以蕃屏周。故王室衰微，惟诸伯叔父扶持而尊奖之，毋使失坠。斯无负水木本源之思也，吾今不能无慨矣。

匪风发兮，匪车偈兮。

彼风发则有暴疾之象，车偈则有疾驰之声，皆足以搅乱我心者也。

故常时风发而车偈，则中心怛然矣。今则匪风之发也，匪车之偈也。

顾瞻周道，中心怛兮。

周道，适周之道。特以顾瞻周道，见其西归之无人，而思王室之陵夷。故中心为之怛然，有不胜其伤悲之感者矣，岂曰风发车偈而然哉？

二章讲同。

匪风飘兮，匪车嘌兮。顾瞻周道，中心吊兮。

嘌，漂摇不安。吊，即伤也。

末章讲：夫我之怛而吊者，惟以西归无人故也。苟有西归之人，则我之情，又岂但已哉？

谁能烹鱼？溉之釜鬵。

溉，洗涤也。彼鱼我所欲也，谁能烹鱼，以和其滋味之所宜乎？我愿为之溉其釜鬵焉，所以预其调饪之用，而为先事之助者，固吾心所乐为矣。

谁将西归？怀之好音。

怀，慰也。好音，善之言。况归周我所欲也，谁将西归，以明君臣之义乎？我愿怀之以好音焉，所以扬其忠节之良，而为臣子之倡者，非吾心之不容已哉。

夫切伤周之念，而欲厚归周之人。若诗人，可谓笃于君臣之义矣。

曹一之十四

周武王以封其弟振铎。诗凡四篇。

蜉蝣三章，章四句

首章讲：时人有玩细娱而忘远虑者，故诗人作诗以刺之。曰：人贵有长久之计，而勿偷旦夕之安。盖远虑无患，而狃目前者，近忧可立睹也。

蜉蝣之羽，衣裳楚楚。

彼蜉蝣之为物，其羽翼鲜明，尤衣裳之楚楚可爱矣。但朝生暮死，不能久存，则所谓楚楚者安在哉？然则人之玩细娱而忘远虑，将有目前之近祸，不犹是耶？

心之忧矣，于我归处。

我也虑子近祸之不免，是以心之忧矣。欲其于我归处焉，使我得尽其规诲之益，而知细娱不可玩，远虑不可忘，得庶几无危亡之祸可矣。不然，徒寄蜉蝣于天地，将何以自存而免吾忧耶？

二章讲同。

蜉蝣之翼，采采衣服。必之忧矣，于我归息。

采采，华饰。息，止也。

末章讲同。

蜉蝣掘阅，麻衣如雪。心之忧矣，于我归说。

说，舍止。

候人 四章，章四句

首章讲：此刺其君远君子而近小人之词。言：人君之用舍贵当，设一有不当，则君子小人必有不得其所者矣。

彼候人兮，何戈与祋。

何，揭也。彼候人者，王迎送宾客之官也。故何戈与祋，以执迎送之役宜矣。

彼其之子，三百赤芾。

其，指小人。三百，人之多也。赤芾，大夫之服。彼其之子，其于日宣浚明之德，何有也？乃三百之多，而皆服大夫赤芾之服，何哉？

二章讲：夫不宜服而服之，则于君之宠服，岂其称哉？

维鹈在梁，不濡其翼。

鹈，水鸟。彼鹈必在水，方濡其翼。今维鹈在梁，则不濡其翼矣。

彼其之子，不称其服。

其，指小人。夫人必有大夫之德者，方无愧于赤芾之服。今彼其之子，其德何如也，则岂称其服乎？夫以其服而使不称之人，得之于名器，不亦滥耶！

三章讲：

维鹈在梁，不濡其咮。

咮，鸟喙。鹈必在水，方濡其咮。今维鹈在梁，则不濡其咮矣。

彼其之子，不遂其媾。

其，指小人。遂，称也。媾，宠也。夫人必有大夫之德者，方无忝于赤芾之宠。今彼其子，其德何如也，则岂遂其媾乎？夫以其媾而使不遂之人，得之于爵赏，不亦妄乎！

末章讲：夫小人得志，则君子晦处。其低昂之势，可胜道哉！

荟兮蔚兮，南山朝隮。

彼南山之草木，荟蔚极其盛多，而朝旦之间，云气腾升于其上，益有以动人之观瞻矣。然则小人三百之多，又极贵宠而气焰盛，不尤是乎？

婉兮娈兮，季女斯饥。

彼深闺之季女，婉娈极其少好，而自守之贞，不肯妄于从人，盖不免于饥饿之穷困矣。然则君子以道自守，反至贫贱，而晦处不耀，不犹是乎？

夫亲小人以盛其势，远君子以穷其身，而于举错之间，倒置甚矣，其将何以为国哉？

鸤鸠四章，章六句

首章讲：此诗君子之用心均平专一而作也。若曰：大哉有恒之心乎！是仪之不忒所由征也，服之有度所由验也，天人之感化宠绥所由致也。吾今于君子见之。

鸤鸠在桑，其子七兮。

鸤鸠在桑，其子七兮。子虽不一，而鸤鸠所以饲之者，则至一矣。

淑人君子，其仪一兮。

况我淑人君子，其见于威仪者，则合隐显久暂无异致，何其至一也。

其仪一兮，心如结兮。

夫仪之一如此，而孰非心之如结者为之乎？盖虽其地有隐显也，而心无隐显之间；时有久暂也，而心无久暂之异。诚有如物之固结，而不可解者，是以见之。于仪若此，其至一耳。其用心何均平专一哉！

二章讲：然所谓仪之一者，于何而验之？

鸤鸠在桑，其子在梅。

彼鸤鸠在桑，其子在梅，子自飞去，而母常不移，何其性之一耶？

淑人君子，其带伊丝。

带，大带。况我淑人君子，自其带言之，则为之以素丝，而有杂色之饰，惟其度也。

其带伊丝，其弁伊骐。

弁，皮弁。骐，马之黑色。自其弁言之，则制之以皮，而有如骐之色，惟其称也。即其带弁之有常，而所谓仪之一者，固可以见其一端矣。然何莫而非心之均平专一为之哉？

三章讲：夫惟其仪之一，则岂不足以化人乎？

鸤鸠在桑，其子在棘。

彼鸤鸠在桑，其子在棘，母之性何不易耶？

淑人君子，其仪不忒。

况我淑人君子，其心一，而其度有常。威仪之形，各有其节，盖无有差忒矣。

其仪不忒，正是四国。

夫惟其仪不忒，则民极自我而建，岂不足以正四国，而变其颇僻之习乎？是正国之化，亦莫非心一之征者矣。

末章讲：夫惟仪足化人，则岂不足以得天乎？

鸤鸠在桑，其子在榛。

鸤鸠在桑，其子在榛，母之性何不易耶？

淑人君子，正是国人。

况我淑人君子，其仪一，而其化自神。四国之中，悉协于极，盖足以正是国人矣。

正是国人，胡不万年！

夫能正国人，则天心监于有德，胡不于万斯年，常为吾民之则哉？是格天之应，亦莫非心一之符矣。

夫以君子用心之一，而其仪不忒，至于化人而得天焉，则其贤可知矣。宜诗人托具，而咏歌之也欤！

下泉 四章，章四句

首章讲：王室陵夷，而小国困弊，故诗人作此。曰：小国恒视王室以为安危，故王泽不流，则民生日蹙。君子目击时事，不能不为之感慨矣！

冽彼下泉，浸彼苞稂。

冽，寒也。下泉，下流之泉。苞，丛木。稂，幼草。彼泉水本以润物也，今以寒冽之下泉，而浸彼苞稂，则冱寒之气多，而苞稂为之见伤矣。然则王室本以庇小国也，今也王室陵夷，则威令不行，而小国为之困弊，不犹是耶？

忾我寤叹，念彼周京。

忾，叹声。周京，天子所居者。夫冽彼下泉，则浸彼苞稂矣。我当此陵夷之时，则忾然寤叹，以念彼周京矣。盖以周京之微弱，使小国无庇覆，而坐受其弊，感时触物之际，恶得不忾然以悲哉？

二章讲同。

冽彼下泉，浸彼苞萧。忾我寤叹，念彼京周。

萧，蒿草。

三章讲同。

冽彼下泉，浸彼苞蓍。忾我寤叹，念彼京师。

蓍，筮草。

末章讲：夫今日之困，固有以重吾之忾叹矣，而追思昔日，则何如哉？

芃芃黍苗，阴雨膏之。

膏，润泽也。彼黍苗芃芃然而美，非自美也，由有阴雨以膏之耳。然则小国怡怡然而安，不自安也，由有王室以庇之耳。

四国有王，郇伯劳之。

夫芃芃黍苗既美矣，又有阴雨以膏之，不益美乎？况四国有王以庇之，既安矣，又有郇伯以劳之，宣其德泽，布其威令，使大有所畏，而小有所恃，不益安乎？若在于今，则日益困弊，欲求如昔日之安，而不可得矣。悲伤忾叹之念，乌得不恻然于思古之下也耶？

豳一之十五

公刘所居之国，程元曰："敢问豳风何风也？"文中子曰："变风也。""周公之际，亦有变风乎？"曰："成王终疑，则风遂变矣。非周公之至诚，孰能正之哉？"曰："豳居变风之末，何也？"曰："夷王以下，变风不复正矣！夫子盖伤之也，故终之以豳风，言变之可正也。"诗凡七篇。

七月 八章，章十一句

首章讲：此周公陈稼穑之艰难，以告嗣王也。若曰：衣食者，民生之原也，忠爱所由兴也。顾所以使之遂其民生，而鼓其忠爱者，则君上之化也。王欲知先公之风，盍观之豳俗乎？

七月流火，九月授衣。

流，西流。火，大火，心星。彼御寒必资于衣，豳人岂寒至而后索哉？自其为衣言之，七月大火西流，则暑退而将寒矣；九月霜降始寒，则授衣以御之焉。

一之日觱发，二之日栗烈。

盖以一阳之月，觱发而风寒；二阳之月，栗烈而气寒。

无衣无褐，何以卒岁？

衣，是蚕绩所成。褐，毛布。卒，终也。使无衣无褐以御之，将何以卒岁乎？此衣所以必授于九月也。其为衣之豫有如此。

三之日于耜，四之日举趾。

于，往也。耜，田器。趾，足也。养生必资于食，豳人岂饥至而后索哉？自其为食言之，三阳之月，东作方兴，则往修其田器矣；四阳之月，土膏已动，则举趾而耕焉。

同我妇子，馌彼南亩，田畯至喜。

我，是家长自称。馌，是饷。田畯，劝农之官。壮老既皆出而在田，老者则同妇子以来馌。治田早而用力齐，田畯不至而喜之乎？盖喜其食有所出也。其为食之预有如此。

二章讲：自其为衣之预，而详言之。

七月流火，九月授衣。

七月流火暑退而将寒矣，至九月则授衣以御之焉。

春日载阳，有鸣仓庚。女执懿筐，遵彼微行，爰求柔桑。

载，是始阳温和也。仓庚，黄鹂之鸟。筐，竹器。微行，小径也。柔桑，嫩稚之桑。然衣虽授于九月，而计实始于方春。故当春日载阳，有鸣仓庚之时，而蚕生已齐者，可饲以桑也。于是豳民之女执深美之筐，遵微小之径，爰求柔桑，以饲始生之蚕焉。

春日迟迟，采蘩祁祁。

迟迟，日长而暄。当春日迟迟，阳和暄长之候，蚕生未齐者，宜饲以蘩也。于是豳民之女，合贵贱以偕行，而极祁祁之众，于以采蘩，以饲未齐之蚕焉。夫惟及时而力于蚕桑之务如此，则衣有所出，而九月可以授之矣。

女心伤悲，殆及公子同归。

公子，豳公之子。且此治蚕之女，其连姻公室者，皆感时而伤悲。

盖以春日之时，正婚姻之候，将及公子同归，而不免远其父母，故深以为忧耳。是豳人乘时治蚕，而有爱亲之孝如此。

三章讲：然为衣之预，又不止此也。

七月流火，八月萑苇。

萑苇，蒹葭之属。今夫七月流火，暑退将寒，而是岁御冬之备，亦庶几其成矣。然来岁治蚕之用，又不可以不备。故当八月萑苇既成，于是收而蓄之，将以为曲薄，而使来岁之治蚕有资也。

蚕月条桑，取彼斧斨。以伐远扬，猗彼女桑。

条桑，枝条之桑。斨，斧属。远扬，远枝扬起。取叶存条曰猗。女，是幼小。及至治蚕之月，大桑可以条取也，则执彼斧斨，以伐远扬之枝；小桑不可条取也，则但取其叶，而存其猗猗之条。大小毕取，尤可以见蚕生之盛，而人力之齐者乎！

七月鸣鵙，八月载绩。

蚕事既备矣，又于七月鸣鵙之后，八月麻熟而可绩之时，则绩其麻以为布焉。

载玄载黄，我朱孔阳，为公子裳。

玄，色黑而有赤。黄，中央土之正色。阳，是明。裳，下服也。凡此蚕织之所成者，从而染之，或玄或黄，而我朱之色尤为鲜明。然岂敢以自私哉？皆以献之而为公子裳焉。盖吾人所以得安于蚕绩之务者，实我公姘㜷之赐，而以是奉之，庶有以效其丝缕之忱耳。是豳人备衣御寒，而奉上之忠如此。

四章讲：然岂特为衣之预，而有奉上之忠哉？

四月秀葽，五月鸣蜩。

当夫四月，阳极阴生，葽感之而先秀。迨至五月，一阴成象，蜩感之而始鸣。

八月其获，十月陨萚。

获，刈也。陨，坠也。萚，落也。自一阴以至四阴，则八月而早禾可获矣。自四阴以至纯阴，则十月而草木陨落矣。如是而大寒之候，不将至乎？

一之日于貉，取彼狐狸，为公子裘。

斯时也，虽蚕绩之功，无所不备，然犹恐其不足以御寒也。故于一阳之月，为于貉之举，而取彼狐狸之皮，以为公子之裘焉。

二之日其同，载缵武功。言私其豵，献豜于公。

同，竭作以狩。缵，继也。又于二阳之月，竭作以狩，而载缵于貉之武功。言私其豵之小，而豜之大者，则献之于公焉。是豳人备褐御寒，而奉上之忠又如此。

五章讲：然豳人御寒之周，岂特见于蚕绩狩猎之预已哉？但见夫时以渐，而推移物类，因时而变化。

五月斯螽动股，六月莎鸡振羽。

时维五月，螽斯始跃，而以股鸣。时维六月，莎鸡能飞，而以翅鸣。

七月在野，八月在宇，

宇，檐下。七月阴犹未盛，野尚可安也，则在野矣。自七月而八月，则自野而之宇焉。

九月在户，十月蟋蟀入我床下。

户，门户。九月阴气愈肃，户方可居也，则在户矣。自九月而十月，则化为蟋蟀，而入我床下焉。夫观蟋蟀之依人，而大寒之将至，不可知乎？

穹窒熏鼠，塞向墐户。

穹，是隙。窒，是塞。熏，是去之。向，乃北出之牖。墐，涂也。

斯时也，衣褐虽备，然犹恐不足以御之也。而治室之功，不可缓矣。于是以穸所以生风也，则室而塞之；鼠所以生穸也，则熏而去之。有向焉，塞之以当北风；有户焉，墐之以御寒气。

嗟我妇子，曰为改岁，入此室处。

改岁，改旧岁为新岁。室处，上所治之室。室既治矣，于是老者嗟其妇子，而谓之曰：十月届期，则年岁将改矣。天时既寒，人事亦已，可以舍田庐，而入此室处矣。见治室御寒，而老者之爱又如此。

六章讲：自其为食之预，而详言之。

六月食郁及薁，七月烹葵及菽。

烹，煮也。时乎六月，郁薁熟矣，则食郁及薁。时乎七月，葵菽成矣，则烹葵及菽。

八月剥枣，十月获稻。为此春酒，以介眉寿。

获，刈也。稻，禾也。介，助也。枣熟于八月，则剥之以供笾实。稻熟于十月，则获之以酿春酒。凡此皆物之美者也，岂以之而自养哉？惟以供老疾，奉宾祭，而颐养天和，以介眉寿而已。其丰于待老也如此。

七月食瓜，八月断壶，九月叔苴。

叔，是拾。至若瓜成于七月则食瓜，壶成于八月则断壶，麻子成于九月，则拾彼麻子。

采荼薪樗，食我农夫。

薪，取以为薪。农夫，即圂中之民。荼，苦菜也，则采之以为菹；樗，恶木也，则采之以为薪，凡此皆物之薄者也。岂以之而养老哉？盖自养不可过侈，故惟澹薄自甘，以为农夫之食而已。其俭于自奉也如此。

七章讲：然岂特饮食适丰俭之宜哉？至于农事，又始终极其忧勤之意焉。

九月筑场圃，十月纳禾稼。

纳者，自田而纳之于场也。时乎九月，稼人成功之际也，则筑圃为场，以为敛稼之地。时乎十月，百谷用登之时也，则禾稼既获，悉纳场圃之中。

黍稷重穋，禾麻菽麦。

黍、稷、重、穋、禾、麻、菽、麦，八者皆谷名。其所纳之稼，若黍稷重穋，若禾麻菽麦，盖无一而不咸登者矣。

嗟我农夫，我稼既同，上入执宫功。

同，聚也。执，治也。宫，是二亩半在邑之宫。然农事虽终，而尤不敢忘其始也，于是咨嗟而相谓曰：凡我农夫，我稼悉纳于场，幸既同矣，而宫功之在邑者，可不上入以治之乎？

昼尔于茅，宵尔索绹。

茅，草菅。宵，是夜。索，是绞。绹，是索。必昼往取茅，以为覆盖之资；夜焉绞索，以为束菲之具。

亟其乘屋，其始播百谷。

亟，急也。乘，升也。于以亟升其屋而治之者，非好劳也。盖今岁即来岁之推播谷与治屋相戾，则来春将复始播百谷，即于耜举趾之不暇矣，而何暇为治屋之事乎？是以念及于播谷，则宫功之执，诚不容缓矣。夫既周于农事之终，而又预念乎农事之始，豳民之谋食，又何如其忧勤耶？

八章讲：然岂特己之农圃饮食极其勤俭已哉？至于为君之事，尤致其忠爱焉。

二之日凿冰冲冲，三之日纳于凌阴。

冰，取冰于山。冲冲，凿冰声。纳，藏也。凌阴，藏水之室。时乎二之日，则涸阴冱寒，而冲冲然凿冰于山。及夫三之日，则风未解冻，相与纳于凌阴。

四之日其蚤，献羔祭韭。

蚤，早朝。羔，羊也。韭，菜名。所以然者，盖启冰庙荐，乃吾君调燮之一事也。至于四之日，其蚤将献羔取韭，以祭司寒之神。而开泉颁赐，以节阳气之盛者，在此举矣。则其趋于冰役，奚容以不速哉？是忠君之心，见于劝趋冰役者如此。

九月肃霜，十月涤场。

肃霜，气肃而霜降。涤，扫也。场，场地。时乎九月肃霜，而天时之已寒。迨夫十月，则速毕场功，而人事之不敢缓。

朋酒斯飨，曰杀羔羊。跻彼公堂，称彼兕觥，万寿无疆！

两尊曰朋。跻，升也。公堂，君之堂。称，是举。觥，酒爵。所以然者，盖举酒祝寿，乃吾民报德之一端也。即将朋酒以享上，而羔羊之是杀，于以跻彼公堂，称彼兕觥，而祝君以万寿无疆者，在此举矣。则其毕场功，又乌得不急哉？是爱君之心，见于登堂称觥者如此。是一祭祀燕享之间，豳人为君而极其忠爱，又何如耶？夫豳民于衣食之事，其所自奉者，见勤俭之节焉；其所奉上者，见忠爱之诚焉。而莫不以预得之。此皆先公风化之所及也。吾王有天下之责，则所以为民衣食之计者，其可不绎思哉？

鸱鸮 四章，章五句

首章讲：周公东征，而虑成王之不察其心也，故托为鸟之言。曰：

鸱鸮鸱鸮，既取我子，无毁我室。

鸱鸮，恶鸟搏鸟子而食。我子，鸟之子。室，巢也。子者，吾之所育；室者，吾之所作，皆吾之所钟爱者也。使吾子之不取，而与之相安于无事之天，以共蒙乎有室之处，固甚幸矣。今鸱鸮鸱鸮，尔既取伐之子矣，不可更毁我之室也。

恩斯勤斯，鬻子之闵斯。

鬻，养也。盖以我情爱之深，笃厚之意，育养此子，诚可怜悯。今既取之，其毒已甚矣。况又毁我之室，而益重其毒乎！

二章讲：且尔亦知我所以爱室之心乎！

迨天之未阴雨，彻彼桑土，绸缪牖户。

迨，及也。盖我之爱室也，以天之阴雨不常，而我之为计当预。故迨天未阴雨之时，往取桑根之皮，以缠绵其巢之牖户，使之坚固，有以备阴雨之患焉。

今女下民，或敢侮予？

诚如是，则今此下土之民，谁敢有乘其隙而侮予者乎？盖下民能侮我于牖户未固之先，而不能侮我于牖户既固之后也。有备可以无患，理或然也。然则我之为室，其计不至预乎？

三章讲：夫我之治室，固如此其预矣，而其劳则何如哉？

予手拮据，予所捋茶。予所蓄租，予口卒瘏。曰予未有室家。

凡我字、予字，皆鸟自言。捋，取也。茶，萑草。蓄，积也。租，聚也。卒，尽也。瘏，病也。室家，指巢言。

念我作巢之始，不特彻彼桑土也。手口并作，于以捋茶以为藉巢之资；从而蓄聚，以为后来之计。多方经营，不少休废，而手口至于尽病焉。若此者，以予未有室家也，则托身之无所，虽欲不如是之劳苦，不可得矣。

四章讲：然我之劳苦，岂持手口卒瘏哉？

予羽谯谯，予尾翛翛。

谯谯，羽之杀。翛翛，尾之敝。盖我之作巢，绸缪捋取，一身为之效劳。以予羽言之，则谯谯而杀矣；以予尾言之，则翛然而敝矣。此固予之所拟，以备阴雨之患者，故如此其尽瘁也。

予室翘翘，风雨所漂摇。

室，巢也。翘翘，危也。漂摇，吹折意。然予之室，虽幸得于垂成，而犹翘翘然其未定。斯时，所患者惟风与雨耳，孰知风雨又从而飘摇之。

予维音哓哓！

音，哀鸣。哓哓，急也。是绸缪将取之功，几于尽弃。吾身安居之谋，不得以自遂矣。予之哀鸣，安得不哓哓而急哉？

周公托讽之意，盖以武庚既败，管叔不可更毁我王室也。若己之深爱王室，则为计也预；勤劳王室，则为力也竭。惟以王室之新造，而未安故耳。岂意又有武庚流言煽乱，而多难乘之，则平日勤劳之功，几废于一旦；而平生忠爱之心，亦几于不白矣。则其作诗以贻王，亦乌得不汲汲哉？惜乎成王悟之不早，而疑虑之心，犹有待于风雷之变而后释也。

东山 四章，章十二句

首章讲：周人劳东征之归士，为之述其意而言。曰：

我徂东山，慆慆不归。

徂，往也。东山，所征之地。慆慆，是久也。昔以三监启衅，而我徂东山也。慆慆三年不归，在外亦已久食。

我来自东，零雨其濛。

来，归也。东，即东山。零，落也。濛，雨貌。今以罪人既得，而我来自东也。适遇零雨之濛，归途亦甚劳矣。

我东曰归，我心西悲。

西，指家言。夫以我东曰归之时，虽云可乐，然此心已西，何而悲焉？盖思我室家，犹在西土之远，感触之间，宁不惝然动念乎哉？

制彼裳衣，勿士行枚。

制，是作。裳衣，平居之服。士，事也。行，行阵。枚，所衔者。于是制彼裳衣，以为平居之服。盖大难即夷，自今可以勿事行枚之事矣。在东言归之情如此。

蜎蜎者蠋，烝在桑野。

蜎蜎，动也。蠋，桑虫。烝，语词。桑野，桑木之野。及今而在途也，睹彼蜎蜎者蠋，则烝在桑野，而得动息之宜矣。

敦彼独宿，亦在车下。

敦，独处不移。在车，乘车而归也。况此敦然而独宿者，则亦在此车下，而有生全之庆矣，不亦深可幸哉？

二章讲：

我徂东山，慆慆不归。

我徂东山，慆慆不归，在外亦已久。

我来自东，零雨其濛。

我来自东，零雨其濛，归途又甚劳矣。

果臝之实，亦施于宇。

施，延也。夫惟其在外之久，则吾室庐之荒废，当何如哉？吾想臝之实，亦施于庭宇之下矣。

伊威在室，蟏蛸在户。

伊威，鼠妇也。室焉洒扫无人，则伊威在室矣。户焉出入无人，则蟏蛸在户矣。

町畽鹿场，熠燿宵行。

町畽，舍傍空地。

町畽，隙地也，则鹿以之为场，而熠燿亦且宵行于其中矣。

不可畏也，伊可怀也。

怀，思念。室庐荒废，如如在途，一想像之亦可畏矣。然岂可畏而不归哉？盖室庐，吾之室庐也。虽荒废如斯，而吾人之居处在于是，诚有系吾之念者，亦可怀思而已矣，安得恝然而忘情耶？

三章讲：

我徂东山，慆慆不归。

我徂东山，慆慆不归，在外亦已久矣。

我来自东，零雨其濛。

我来自东，零雨其濛，归途又甚劳矣。

鹳鸣于垤，妇叹于室。

垤，蚁冢。妇，征士之妇。夫雨之将零，则穴处者先知，亦惟行暑为甚苦也。故蚁出而鹳就食之，因鸣于其上。妇有所感，而思行者有遇雨之劳，遂叹于室焉。

洒扫穹窒，我征聿至。

穹，是隙。窒，是塞。我征，征士自言。然妇亦知我之归期甚迩也，于是洒扫穹窒，以待我之归。而我征聿至，适有以慰彼之望矣。

有敦瓜苦，烝在栗薪。

斯时也，不惟喜室家之攸聚，而凡一触物之际，何者而不足以志吾喜耶？但见敦然苦瓜，系于栗薪之上。二者虽皆至微之物，实惟周土之所有也。

自我不见，于今三年。

惟自徂东不归，而此物之不见，已有三年之久矣。其开落荣瘁，吾不知其几。然以三年之不见者，而今见之，宁不喜溢于望外也耶？

四章讲：

我徂东山，慆慆不归。

我徂东山，慆慆不归，在外亦已久矣。

我来自东，零雨其濛。

我来自东，零雨其濛，归途又甚劳矣。

仓庚于飞，熠燿其羽。

然当我征聿至之日，正男女婚姻之期也，故观仓庚于飞，则熠燿其羽而鲜明矣。

之子于归，皇驳其马。

之子，女子也。皇，黄色。驳，骝白。况我之子于归，则皇驳其马而异色矣。

亲结其缡，九十其仪。

缡，是妇人之祎，母戒女而为之施衿结悦。九十，言仪之多也。且亲结其缡，而申敬戒之命焉；九十其仪，而盛送往之礼焉，室家之愿于是乎遂矣。

其新孔嘉，其旧如之何？

新，新娶者。嘉，美也。旧，旧时大妇。夫以东征方归之日，其未有室家者，及时而婚姻，新固甚美矣。其旧有室家者，得伸契阔之约，相见而喜，当何如耶？

盖旧者既离，而复合与新者，无室而有室，诚同一庆幸之至者矣。然此非归士之言也，周公代为之言也。述其在外劳苦之情，伤其在内室庐之废，体其夫妇感慨之怀，慰其男女聚会之乐。此所以能通天下之志，而破斧缺斨之士，皆忘劳也欤！

破斧三章，章六句

首章讲：军士歌此以答周公。曰：人知圣人之用武也，劳天下而不怨。而不知圣人之用心也，公天下而不私。吾人从公三年，而知公之心矣。

既破我斧，又缺我斨。

釜，隋銎。缺，坏也。斨，方銎。彼东征之役，既破我斧，又缺我斨，慆慆然三年于外。此其劳亦云甚矣。

周公东征，四国是皇。

东征，是征武庚。皇，正也。然我公之为此举，岂出于一己之私哉？盖以三监启衅，四国有反侧之心，吾知其渐流于不正矣。故周公使大义以东征，所以使四方之人，由是知反侧之非，而莫敢不一于正焉。

哀我人斯，亦孔之将。

我人，即四国之人。孔，甚也。将，大也。夫悯其陷于邪，而欲挽之于正，此其哀我人也。直将图之于平康之域，而油然天地之为量矣，不亦孔之将哉？夫东征之师，既为哀我人而举，虽有破斧缺斨之劳，亦吾人之自为身计耳，于义奚辞乎？

二章讲：

既破我斧，又缺我锜。

然是役也，不惟缺斨已也，但见既破我斧，又缺我锜，劳云甚矣。

周公东征，四国是吪。

吪，化也。然周公岂固为是以病我哉？特以流言鼓祸，四国之人或因之而邪僻矣。今也东征以致讨，盖将潜消其悖逆之心，而使之化于正已耳。

哀我人斯，亦孔之嘉。

嘉,善也。此其哀我人也,一念恳恻之意,直欲其同归于善,不亦孔之嘉也哉?故虽有破斧缺锜之劳,亦其不得已者矣。

末章讲:

既破我斧,又缺我锜。

然是役也,不惟破锜已也,但见既破我斧,又缺我锜,劳云甚矣。

周公东征,四国是遒。

遒,敛而固之也。然周公岂固为是以苦我哉?特以流言倡乱,四国人心或因之而涣散矣。今也东征以正罪,盖将收敛其携贰之心,使之坚固不摇已耳。

哀我人斯,亦孔之休。

休,美也。此其哀我人也,一念笃厚之意,直欲其同入于善,不亦孔之休也哉?故虽有破斧缺锜之劳,亦其不容辞者矣。

夫管叔、蔡叔流言以谤周公,而公以六军之众往而征之,使其心一有出于自私而不在于天下,则抚之虽勤,劳之虽至,而从征之士乌能不怨哉?今观此诗,固足以见周公之心大公至正,天下信其无有一毫自爱之私;抑又以见当是之时,虽披坚执锐之人,亦皆以周公之心为心,而不自为一身一家之计者矣。

伐柯二章,章四句

首章讲:周公居东之时,东人喜得见之,故托喻而言。曰:

伐柯如何?匪斧不克。

柯,斧柄也。伐柯如何?必有资于斧也。匪斧则无以为取则之具,柯不可得而伐之矣。

取妻如何?匪媒不得。

媒，乃通之二姓之言者。娶妻如何？必有资于媒也。匪媒则无以通二姓之好，妻不可得而取之矣。然则我公向也秉钧天朝，吾人欲见之无由，不犹伐柯之无斧，娶妻之无媒乎？以今思昔，其始时得见之难如此。

二章讲：然在昔如此，而今不然矣。

伐柯伐柯，其则不远。

则，取法。彼伐柯而有斧也，则不过即此旧斧之柯，而得其新柯之法，其则固伊迩而不远矣。

我觏之子，笾豆有践。

之子，指其妻。践，陈列。娶妻而有媒也，则不过即此见之，而成其同牢之礼，笾豆有践而陈列矣。然则我公今日莅止东土，而吾人幸得于亲炙，不犹伐柯之有斧，娶妻之有媒乎？

以昔观今，其得见之易如此。要之，不有昔日之难，不见今日之易为可喜；不有今日之易，不终阻于昔日之难，而其情莫慰哉！吁！若东人者，可谓爱公之至者矣。

九罭四章，一章四句，三章章三句

首章讲：此亦东人喜见周公之诗。言：夫人有愿见之心者，则必深以得见为幸；有得见之喜者，又必以将去为悲，若今日之于公是已。

九罭之鱼，鳟鲂。

彼凡罭之网，用之以取鱼，而丽于其中者，果何有乎？则鳟鲂之鱼者矣。

我觏之子，衮衣绣裳。

我，东人自我。之子，指周公。衮衣，公之服。况我觏之子，以天朝之重臣，而莅止于东者，果何有乎？则有衮衣绣裳之服者矣。自山龙以至黼黻，而上下之辉映。以圣人之德，服上公之服，而我东人一旦得以快睹之，不亦深可幸耶？

二章讲：夫公之来也，吾人固甚喜矣。其如公之不可以久留何哉？

鸿飞遵渚。公归无所，于女信处。

遵，循也。渚，小洲。公，周公。女，乃东人相谓。彼鸿之飞，则遵渚矣。况我公之归也，盖将持衡政府，出入庙堂之上，岂无所乎？今计其在东之日，不过于女信处而已。信处之外，虽爱公之至者，亦不可得而留矣。

三章讲：

鸿飞遵陆。公归不复，于女信宿。

高平曰陆。不复，不后来也。一宿曰宿，再宿曰信。彼鸿之飞，则遵陆矣。况我公之归也，盖将留相王室，永居冢宰之任，岂复来乎？今计其在东之期，不过于女信宿而已。信宿之外，虽爱公之深者，亦不可得而挽矣。

末章讲：

是以有衮衣兮，无以我公归兮，无使我心悲兮。

夫惟我公，信处信宿于此，是以东方有此服衮衣之人，以为吾人之瞻依者矣。然公之留也，吾人以之为喜；公之去也，吾人以之为悲。吾愿其留于此，无遽迎公以归，无使我喜幸之心，转而为伤悲之念也。夫喜幸于始见之时，致留于将归之际，东人惓惓于公，可谓爱慕之至矣。然非周公之忠诚感人，而有是哉？

狼跋二章，章四句

首章讲：诗美周公作也。若曰：安常履顺，常人或能勉之；至于事变之遭，苟非有大圣人之德，未有不失其常度者。予今观德于公，而知其善处变矣。

狼跋其胡，载疐其尾。

彼狼之为物也，进而躐其胡，则退而跆其尾，进退不得以自如矣。

公孙硕肤，赤舄几几。

公，周公。孙，是让。硕肤，是大美。赤舄，冕服之舄。我公岂其然乎？彼勤劳王室，忠贞贯乎日月，其美大矣。公则自处以谦逊之不居，而居于危疑之地。此固事变之冲，若易以失其常度也。然中心无愧，而著于动履之际者，惟见赤舄几几然，安重之自若也，何至失其常哉？

末章讲：

胡疐其尾，载跋其胡。

狼之为物也，退而跆其尾，则进而躐其胡，进退不得以自适矣。

公孙硕肤，德音不瑕。

我公岂其然乎？彼笃棐王家，精诚动乎天地，其美大矣。公则自处以让逊之不居，而居于猜嫌之地。此固变故之会，若易以玷其令名也。然素行无歉，而发之为盛德之音者，但见其中外交孚，无有于瑕疵也，何至失其常乎！盖公道隆德盛，所以虽遭大变，内不失其常度，外不失其令名也。夫公之被毁，以管、蔡之流言也。而诗人以为此非四国之所为，乃公自让其大美而不居耳。盖不使谗邪之口得以加乎公之忠圣，此可见其爱公之深，敬公之至，而其立言亦有法矣。

卷二

小雅二

鹿鸣之什二之一

凡十篇。

鹿鸣三章，章八句

首章讲：此燕享宾客之诗也。言：君臣之间，莫贵于相孚，而莫病于相暌。盖情以分而暌，则言以拘而不尽。虽欲闻乎大道，终无由也。我于嘉宾何如？

呦呦鹿鸣，食野之苹。

苹，草名。彼呦呦鹿鸣，食野之苹，其情适则其声和矣。

我有嘉宾，鼓瑟吹笙。吹笙鼓簧，承筐是将。

笙，乐器。承，奉也。筐，盛币帛者。将，行也。况我有嘉宾，大道素备于身，足以龙光乎国家，而可无宴以通其情，而使之尽言乎？是故其燕之也，鼓瑟于堂上，而工歌之盈耳；吹笙于堂下，而鼓簧以出声乐之，以乐无不备矣。奉筐而行币帛，饮则以酬宾送酒，食则以侑宾劝饱，隆之以礼，无不备矣。

人之好我，示我周行。

人，指嘉宾。我，周王自言。周行，大道也。其礼意之厚如此者，盖以嘉宾素怀忠君爱国之心，其好我有日矣。但君臣之分至严，朝廷之礼主敬，使不有以通之，则言不敢尽。故今日之燕，礼备乐和，旷然相期于形骸之外，庶乎人之好我者，分无所拘，而言语得尽。凡帝王修己治人之方，莫不敷陈无隐，而示我以周行也，岂特为是弥文哉？

二章讲：

呦呦鹿鸣，食野之蒿。

蒿，草名。呦呦鹿鸣，食野之蒿，其情适则其声和矣。

我有嘉宾，德音孔昭。

德音，是名誉。孔，甚也。昭，明也。况我嘉宾，实德之隆，发之而为声闻之美，其焕然湛明者。

视民不恌，君子是则是效。

视，即化也。恌，偷薄也。则，法也。效，亦法。诚足以感化斯民，而使之不偷薄矣。凡我君子，皆有化民之责者，则亦所当则效，而若嘉宾之德音，足以示民可也。

我有旨酒，嘉宾式燕以敖。

燕，燕享。敖，游也。夫佳宾之德如此，则所以示我者有本，殆非空言之教矣。故我有旨酒，与嘉宾以式燕，而尽其遨游之欢，庶几忘分之余，而周行之示自不容隐矣。

三章讲：

呦呦鹿鸣，食野之芩。

呦呦鹿鸣，食野之芩，其情适则其声和矣。

我有嘉宾，鼓瑟鼓琴。鼓瑟鼓琴，和乐且湛。

且,又也。况我有嘉宾,其燕之也,鼓我瑟焉,鼓我琴焉,声音动荡,以尽和乐之情。殷勤无已,又极和乐之久。

我有旨酒,以燕乐嘉宾之心。

若此者,岂徒养其体,娱其外已哉?盖我有旨酒,以燕宾而和乐且湛者,正欲势分两忘,形迹无拘,以安乐嘉宾之心耳。心因燕而什,则言因心而宣,而其周行之示,自将无已矣。吁!周王歌是诗以燕宾,可谓尽乞言之道矣,尚何人臣之不乐于效忠哉

四牡 五章,章五句

首章讲:此劳使臣之诗,而王者代之言曰:人臣一出而奉使也,业已任国事之忧,则不得计及身家。盖义重情轻,而情为义夺也。

四牡骓骓,周道倭迟。

我今奉命出使也,驾彼四牡骓骓而不止。行彼周道,倭迟而回还。

岂不怀归?王事靡盬,我心伤悲。

怀,思也。盬,坚固。斯时也,违亲一方,岂无思归之心乎?特以今日之事王事也,上德当宣,下情当达,而不可以不坚固。是以私为公夺,此心特内顾而伤悲耳,安得以遂吾之思而旋归哉?

二章讲:

四牡骓骓,啴啴骆马。

我之奉命出使也,驾彼四牡骓骓而不止。四牡皆骆,啴啴而众盛。

岂不怀归?王事靡盬,不遑启处。

遑,暇也。启处,居也。斯时也,去亲万里,岂无思归之心乎?特以今日之事王事也,上德当宣,下情当达,而不可以不坚固。是以服劳尽瘁,此身虽启处而不遑耳,安得以遂吾之情而言归哉?

三章讲：夫我之所以怀归者，亦以父母之缺养为可念耳。

翩翩者雏，载飞载下，集于苞栩。

翩翩，飞貌。苞，丛生。栩，木名。今夫翩翩者雏，犹载飞载下，而集于苞栩之上，盖亦得所安矣。

王事靡盬，不遑将父。

将，养也。我也以王事不可以不坚固，劳苦于外，虽有父，不得以遑将焉。朝夕之奉缺，曾雏之不如矣，乌能不动吾之怀乎？

四章讲：

翩翩者雏，载飞载止，集于苞杞。

杞，木名。翩翩者雏，犹载飞载止，而集于苞杞之上，盖亦得所安矣。

王事靡盬，不遑将母。

我也以王事不可以不坚固，劳苦于外，虽有母，不得以遑将焉。甘旨之仪废，曾雏之不如矣，乌能不系吾之怀哉？

五章讲：夫既不得以养父母，得不陈情以告君乎？

驾彼四骆，载骤骎骎。

骎骎，是驰驱意。驾彼四牡，载骤骎骎，所以奔走王事也。

岂不怀归？是用作歌，将母来谂。

歌，四牡之歌。谂，是告。斯时也，念及父母之不遑将，岂无怀归之情乎？是情也，固吾君之所深恤者也，但君门远于万里，而未必知之耳。是以我也作此《四牡》之歌，以不获养父母之情，来告于君。庶几吾君闻言之下，而知夫缺养之情，使我早毕事以旋归，而父母之得以遑将矣。不然，既不得致养于亲，又不以直告于君，其如此情何哉？

要之，非使人作是歌也，乃周王设言其情而劳之耳。臣劳于事而不自言，君探其情而代之言。若使臣者固可谓忠，若周王者亦真能通人之志者矣。上下之道，各尽其道，有如是哉！

皇皇者华 五章，章四句

首章讲：此遣使臣之诗，而讽之以义曰：使职亦难尽哉！顾有歉于心者，即所以无歉于职也；求善于人者，即所以求尽于心也，何则？

皇皇者华，于彼原隰。

彼皇皇草木之华，其生也于彼高原，于彼下隰，盖无地而不有矣。

骎骎征夫，每怀靡及。

征夫，指使臣及其徒。怀靡及，言思于己所不及。况我骎骎然众多疾行之征夫也，以为是行也，上德赖我以宣，下情赖我以达，仰思付托之甚重，而恒惧才力之弗堪。其每怀靡及也，盖无时而不然矣。

二章讲：夫我既怀靡及之心矣，则将何以补其不及，而副其心哉？

我马维驹，六辔如濡。

如濡，柔泽意。是故驾车之马，则维驹矣，御马之六辔，则如濡矣。

载驰载驱，周爰咨诹。

周，是遍。咨诹，是博取意。以是而载驰载驱于天下，岂漫游哉？盖一人之闻见有限，必萃众人之闻见而后广也。用是周于咨诹，而凡民风之利病，吏治之得失，罔不于人乎是究焉！此今驰驱意矣。

三章讲：

我马维骐，六辔如丝。

如丝，调柔。驾车之四马，则维骐矣，御马之六辔，则如丝矣。

载驰载驱，周爰咨谋。

谋，规画意。以是而载驰载驱于四方，岂徒行哉？盖一人之智虑难周，必合众人之智虑而后裕也。用是周于咨谋，而凡闾阎之休戚，政事之因革，罔不于人乎是稽焉！此今日驰驱意矣。

四章讲：

我马维骆，六辔沃若。

沃若，亦柔泽。我马在御，则维骆矣，六辔在手，则沃若矣。

载驰载驱，周爰咨度。

度，商量。其驰驱之不息者，盖将咨度之必周，而集众思以广忠益者，无不用也，固不敢以一咨诹为已足矣。

五章讲：

我马维骃，六辔既均。

均，即调。我马在驾，则维骃矣，六辔之御马，则既均矣。

载驰载驱，周爰咨询。

询，问也。其驰驱之不已者，盖将咨询之必周，而广采择以助聪明者，无不用也，固不敢以一诹谋为已尽矣。凡我征夫，果能若斯，则上德庶乎可宣，下情庶乎可达，而有以尽其职矣。不然，靡及之心，将何以自副哉？吁！周王歌此于临遣之时，可谓讽之以义矣。

常棣八章，章四句

首章讲：此燕兄弟之乐歌也。若曰兄弟之亲，一体而分者也，故无论常变殊遭，而情终不能离也。

常棣之华，鄂不韡韡。

常棣之华，内向而下垂者，未必能韡韡也。彼鄂然而外见者，岂不韡韡而光明乎？

凡今之人，莫如兄弟。

况当今之人，分疏而情薄者，未必能相亲也。求其至亲相须，岂有如我之兄弟者乎？

二章讲：然所谓莫如兄弟者，果何以见之哉？

死丧之威，兄弟孔怀。

威，即畏恶。怀，思也。彼死丧之祸，他人所畏恶也，而唯兄弟为相恤耳。

原隰裒矣，兄弟求矣。

裒，聚其尸也。求，寻其尸也。义不幸至于积尸裒其于原野之间，他人或不恤也，亦唯兄弟为相求耳。兄弟之亲，见于意外之变者，有如此夫。

三章讲：然死丧相收，犹曰变之大耳。兄弟之亲，岂必待此而后见哉？

脊令在原，兄弟急难。

急难，即患难。彼脊令在原，飞鸣而行摇，夫固不得以自适矣。况我兄弟在急难之中，相赒而相救，亦有不容以自安矣。

每有良朋，况也永叹。

良朋，是好友。况，语词。永，长也。叹，叹息。当此之时，虽有同心共济之良朋，亦不过为之长叹息而已，力岂能以相及哉？兄弟之亲，见于急难之时，有如此夫！

四章讲：然相救相助，犹曰情之厚耳。兄弟之亲，岂必情厚而后见哉？

兄弟阋于墙，外御其侮。

阋，相斗。侮，侵陵。彼兄弟设有不幸，而斗狠于内，此其情义亦乖矣。然或有外侮之来，则必共心御之，顿忘其前日之忿，而不觉其真情之如初焉。

每有良朋，烝也无戎。

烝，语词。戎，是助。当此之时，虽有同道相益之良朋，其交孚非不有素也，然岂能有所助哉？

五章讲：夫患难之时，兄弟相救，固非良友之可以矣。

丧乱既平，既安且宁。

然当夫无死丧哀野之事，是丧之既平，而且安宁矣；无急难外侮之事，是乱之既平，而且安宁矣。

虽有兄弟，不如友生。

斯时也，乃有视兄弟之亲，反不如友生者之重焉。天理每形于患难，而人欲易溺于宴安，常情往往如此，亦独何哉？

六章讲：夫人于安宁之后，乃视兄弟不如友生者，意以安宁无须于兄弟也。岂知兄弟之亲，无适而不相须者乎？吾试以室家之燕言之。

傧尔笾豆，饮酒之饫。

傧，是陈。笾，盛果核之器。豆，是盛菹醢之器。饫，足也。今夫傧尔笾豆，而饮酒之饫，若可乐矣。

兄弟既具，和乐且孺。

具，俱在也。孺，小儿慕父母。然使兄弟有不具焉，则无与共享其乐，虽乐不甚笃也。必也兄弟既具，而与夫燕饮之欢，则和乐且孺。樽俎之间，其喜洋洋，有如小儿之慕父母而不能自己矣。

七章讲：又以妻孥之乐言之。

妻子好合，如鼓瑟琴。

好合，相和也。如鼓瑟琴，是状其和。今夫妻子相合，有如琴瑟之和，若可乐矣。

兄弟既翕，和乐且湛。

翕，亦是合。湛，久也。然使兄弟有不合焉，则无以久其乐，虽乐亦易间也。必也兄弟既翕而无有暌离之意，则和乐且湛，闺门之内，其乐泄泄，有不觉其愈久而愈至者矣。

八章讲：

宜尔室家，乐尔妻孥。

夫兄弟具而和乐且孺，是兄弟有以宜尔之室家矣。兄弟翕而和乐且湛，是兄弟有以乐尔之妻孥矣。安宁之后，亦必须于兄弟如此。

是究是图，亶其然乎！

究，穷也。图，谋也。亶，是信。然是理也，苟非究图之，亦未必信其然也。是必究之于良心真切之地矣，之于家庭日用之间。体验既真，实理自见，则室家之宜，诚必由于兄弟之具矣；妻孥之乐，诚必由于兄弟之翕矣，岂不信其然乎？

夫以兄弟之亲，死生苦乐，无适而不相须如此。所谓凡今之人，莫如兄弟者，不可见哉！然则今日之燕，以笃亲亲之恩者，诚不容已矣。

伐木 三章，章十二句

首章讲：此燕朋友故旧之乐歌。若曰朋友之伦，自古重之，岂其惜小礼、废大义，而使和平之福不见于天下哉？必不然矣。

伐木丁丁，鸟鸣嘤嘤。

丁丁，伐木声。嘤嘤，鸟声。彼伐木则丁丁，而声之相应矣。鸟鸣则嘤嘤，而声之和矣。

出自幽谷，迁于乔木。嘤其鸣矣，求其友声。

幽谷，深暗之山谷。乔，高也。友声，求友之声。

是鸟也，出自幽谷之中，迁于乔木之上，所以嘤然其鸣者，非他有所求也，亦肆其求友之声耳。

相彼鸟矣，犹求友声。

相彼鸟矣，乃一物之微也，犹有求友之声。

矧伊人矣，不求友生？

矧，况字同。友生，即朋友。矧伊人矣，为万物之灵，乃不求友生，而鸟之不如乎？

神之听之，终和且平。

听，感格也。终，自始至终也。和，是协和。平，是治平。知人之不可无友，则知友之不可以不笃矣，人诚能笃朋友之好焉。吾知天道人伦，同条共贯，无愧于友者，则亦无愧于神。由是神听之，于漠漠之中，而锡之以终和且平之福矣。盖万国时雍，今固无不和矣，而神笃其庆，必使和者终和焉。四方宁谧，今固无不平矣，而神延其休，必使平者终平焉。岂特一时已哉？夫以笃友之有，其应如此，则信乎友之当笃矣！

二章讲：然则我之于友，当何如哉？

伐木许许，酾酒有藇。既有肥羜，以速诸父。

许许，众人共力之声。藇，美也。羜，小羊。速，是召。诸父，同姓而尊者。彼人之伐木也，许许然同声以相应也。而我之于友，可不同气以相求乎？燕必有酒也，而酾酒之有藇；燕必有殽也，而肥羜之既有。以是而速我之诸父，固欲其来矣。

宁适不来？微我弗顾。

微，是无。顾，念也。然事出于人，不可必诸父之中，岂无有故而不得来者乎？而我之礼，则不可不尽也。故不得已，宁使彼有故而不得来，不可此酒忘设，使我有不顾之愆也。

於粲洒扫，陈馈八簋。既有肥牡，以速诸舅。

诸舅,异姓而尊者。然不特诸父在所当燕也,於粲洒扫,而堂宇之鲜明;陈馈八簋,而肥牡之既有。以是而速我之诸舅,固欲其来矣。

宁适不来?微我有咎。

咎,过也。然事出于人,不可知诸舅之中,岂无有故而不得来者乎?而我之礼则不可不尽也。故不得已,宁使彼有故而不得来。不可此酒忘设,使我有失礼之咎也。

三章讲:然不特尊者在所当燕也。

伐木于阪,酾酒有衍,笾豆有践,兄弟无远。

阪,木所生处。衍,是多。践,陈列。兄弟,朋友之同侪者。彼伐木于阪,则有其地矣。我于兄弟,岂无以尽其情乎?燕资于酒,酾酒则有衍其多者矣。燕资于殽,笾豆则有践而列矣。以是而速我同侪之兄弟,则欲其亲者疏者皆在,而无远焉。此吾今日设宴意也。

民之失德,干糇以愆。

失德,失朋友之义。干糇,至薄者。愆,过也。然是宴之设,夫岂徒哉?正以朋友之义甚重,不可吝微物而失大义也。彼凡民所以失朋友之义者,非必有大故也,特以干糇之薄,不以分人,而至于有愆耳。

有酒湑我,无酒酤我。

酤,是买。故我之于朋友,不敢不用情也。有酒也,而我湑之;无酒也,而我酤之,有与无之不计焉。

坎坎鼓我,蹲蹲舞我。

坎坎,击鼓声。蹲蹲,舞貌。有鼓也,我坎坎鼓之;有舞也,我蹲蹲舞之,声与容之咸备焉。

迨我暇矣,饮此湑矣。

迨,是及。暇,闲暇。然是燕也,岂限于定时哉?惟迨我万几之暇,则与我朋友饮此湑焉，以协笑语之欢，而不至于凡民之失德，斯可矣。我能笃友如是，庶乎无愧于鸟，而或者鬼神之我听乎！吁！迨暇无不举之燕，设燕无不尽之情，若周王者，真可谓能笃友矣，宜太和在成周宇宙间也。

天保 六章，章六句

首章讲：此人臣答君而歌此诗。曰：我臣子受君之赐厚矣，而将何以为报哉？彼君为天之子，吾愿天之福君何如也？

天保定尔，亦孔之固。

保，是安。定，不摇。尔，指君。固，坚固。是必天之于君也，扶持之极其至，抚绥之极其笃，所以保定尔者，亦孔之固乎！

俾尔单厚，何福不除？

单，尽也。厚，深厚。彼福莫难于日新也，则俾尔以单厚之福。往者过矣，来者续之，盖相禅而不穷也，何福之不除旧而生新乎？

俾尔多益，以莫不庶。

益，增加也。庶，众也。福莫难于富有也，则俾尔以多益之福。其来如几，其多如式，盖繁祉之骈臻也，何福之莫不庶乎！天之保定吾君如是，诚哉其为孔固矣。

二章讲：犹未也。

天保定尔，俾尔戬穀。罄无不宜，受天百禄。

戬，作尽字看。穀，善也。罄，亦是尽。天之保定我君也，俾尔以尽善之理，使其见之经纶化裁者，皆协于尔极之中，而无事之不得其宜焉。如是则戬穀罄宜之百禄，君既受之于天矣。

降尔遐福，维日不足。

遐，久也。日不足，言日日而无止足。然天之于君，不但已也。又必可大之庆，延之为可久之休。降尔以遐福，使其戬穀罄宜者，日以继日，盖有无日上足者矣。是天又有以申命乎君也，其保定诚无已矣。

三章讲：

天保定尔，以莫不兴。

尔，指君。兴，盛也。夫天之保定吾君也，单厚多益之咸福，百禄遐福之毕集，夫固以莫不兴矣。

如山如阜，如冈如陵。

自其高大者言之，则峻极莫御，犹山阜冈陵，而巍乎其不可逾也。

如川之方至，以莫不增。

自其盛长者言之，则瑞庆大来，犹之川之方至，而浩乎以莫不增也。夫以吾君之福，其莫不兴之象有如此者，则天之福君，尚有一之不至哉！

四章讲：王之福君如是矣，然君为神之主，吾愿神之福君何如也？

吉蠲为饎，是用孝享。禴祠蒸尝，于公先王。

禴，夏祭。祠，春祭。蒸，冬祭。尝，秋祭。彼吾君承宗庙之祭也，诹日择士，以致其慎焉；斋戒涤濯，以致其洁焉；为之酒食，以备其物焉。由是举孝享之典，以行四时之祭，于彼先公先王，而所以格神者，为有道矣。

君曰卜尔，万寿无疆。

君，指先公先王。尔，指君。但见先君居歆申锡以福，尸为之传其意，以叚之曰，尔之祭祀既诚敬矣。今君卜尔以万寿无疆之福，必使尔常为宗庙鬼神之主也。

五章讲：犹未也。

神之吊矣，诒尔多福。

吊，至也。诒，遗也。尔，指君。祖考之来格也，贻尔以多福之全，则不惟及于一身，而又及于天下焉。

民之质矣，日用饮食。

质，诚实也。盖民俗不淳，治道之累，非福也。神必使尔之民，皆革薄从忠，质实无伪，于日用之间，惟知饥食渴饮而已，而饮食之外无余巧也。

群黎百姓，遍为尔德。

群黎，即百姓。尔，指君。民行不兴，君德之玷，非福也。神必使尔之群黎百姓，皆则君之德而象其休，使一人之德，日光昭于天下，而若为之多助也。民俗淳而民行兴，多福之贻孰加焉？

六章讲：夫神之锡君也，万寿之福在一身，而治道之福在天下。夫固无不备矣，又将何以拟之哉？

如月之恒，如日之升。

恒，月弦。自其进盛言之，但见多福之善，方享而未艾，有如月之上弦，骎骎乎就盈；有如日之始出，骎骎乎就明，其进盛不可御矣。若夫既望之月则易亏，既中之日则易昃，其何以象君福之进盛耶？

如南山之寿，不骞不崩。如松柏之茂，无不尔或承。

骞，亏也。不崩，坠也。承，继也，旧华将落而新华即生。自其悠久言之，但见多福之萃，长远而不息，有如南山之寿，而无骞崩之虞；有如松柏之茂，而有相继之机，其悠久不可量矣。若非南山之寿则易倾，非松柏之茂则易衰，其何以象君福之悠久耶？夫以吾君之福，其进盛悠久之象如此，则神之福君，又何有一之不至哉？

采薇 六章，章八句

首章讲：此遣戍役之诗，王者代为之。言曰：吾人有不容已之私情，天下有不容逃之公义。义为重，则情为轻矣。

采薇采薇，薇亦作止。

作，是始生出地。我之出戍也，采薇以食，则薇生而出地，今岁之暮春也。

曰归曰归，岁亦莫止。

莫，晚也。念我归期，则岁亦莫止，而为来岁之仲冬矣。

靡室靡家，猃狁之故。不遑启居，猃狁之故。

若是，则我当舍其室家，而不遑启居矣。然所以使我靡室靡家者，岂上之人故为是以若我哉？盖以猃狁内侵之故，君之忧，亦我之忧也。则虽舍其室家，义固不容辞矣。所以使我不遑启居者，亦岂上之人故为是若我哉？盖以猃狁入寇之故，君之忾，亦我之忾也。则虽启居不遑，义固不容已矣。

二章讲：夫我之出戍，既由于义，则岂可以顾其家乎？

采薇采薇，薇亦柔止。

柔，始生而弱。彼采薇采薇，则薇始生而柔矣。

曰归曰归，心亦忧止。

念我归期，载离寒暑，则心亦忧止矣。

忧心烈烈，载饥载渴。

忧心烈烈，忧之甚也。载饥载渴，劳之甚也。

我戍未定，靡使归聘。

以兵守还，曰戍定止也。聘，问也。是行也，宁无问及室家之情乎？但疆圉之务方殷，而我戍未定，将何人可使归，以问我室家之安否乎！何也？国为重，则家为轻，自不得不为国而忘其家矣！

三章讲：夫我之出戍，既由于义，则岂可以自爱其身乎？

采薇采薇，薇亦刚止。

刚，既生而壮大。彼采薇采薇，则薇亦既成而刚止矣。

曰归曰归，岁亦阳止。

阳，来岁之十月。念我归期，载越寒暑，则在来岁之阳矣。

王事靡盬，不遑启处。

若此者，以王事不可以不坚固，故虽启处，有所不遑，而如是其久耳。

忧心孔疚，我行不来。

疚，病也。不来，即不归也。是行也，可无来归之愿哉？但我愤国耻之未雪，而忧心之孔疚，盖必灭此丑虏，以归报吾君而后已焉。不然，我行其不来乎！何也？盖君为重，身为轻，自不得不为君而忘其身也！

四章讲：夫我既有忘其身家之心矣，然不勇于立功，则将何以副其心乎！

彼尔维何？维常之华。

尔，是华盛。彼尔然而盛者，乃常棣之华也。

彼路斯何？君子之车。

路，戎车。君子，指将帅。彼戎路之车者，非君子之车乎？

戎车既驾，四牡业业。

业业，是壮也。由是以戎车则既驾，以四牡则盛壮，而所以制敌者，有其具矣。

岂敢定居，一月三捷。

定居，安处也。捷，是胜。然岂敢恃此而遂怠惰以定居乎？是必励死绥焉，倡勇敢焉。庶乎一月之间，三战三捷，而有以收常胜之功矣。不然，我之忘其身家，谓何而顾定居，以隳厥功哉！

五章讲：夫我固当奋勇以立功矣，然使无敬戒之心，宁保其无虞乎！

驾彼四牡，四牡骙骙。

是故以戎车而驾四牡，四牡骙骙而强壮。

君子所依，小人所腓。

君子，将帅也。所依，依即乘也。小人，士卒。所腓，腓随车而动。君子依之以运筹决策者，恒于斯也。小人随之以动静进退者，恒于斯也。车之为用，何大乎！

四牡翼翼，象弭鱼服。

弭，弓稍也，以象骨为之。鱼服，服，箭袋也。且四牡翼翼，而行列之整治，象弭与鱼服，而器械之精好，则所以备敌者，为甚预矣。

岂不日戒，猃狁孔棘。

戒，是警。棘，是急。然岂敢恃此而遂轻忽而不戒哉？是必谨烽燧焉，严斥候焉。盖以猃狁之难甚急，一不戒则恐其捣吾之虚，诚不可以忘备矣。不然，我之忘其身家，又谓何而顾不戒，以启虏衅哉！

六章讲：夫战必胜，守必固，则吾事已毕，而旋归有日矣。自其归时之事言之。

昔我往矣，杨柳依依。今我来思，雨雪霏霏。

往，是往戍。依依，茂密也。来，是归来。霏霏，雪盛也。昔我之承命以往也，适杨柳之依依，去岁之暮春也。今我毕戍而来也，乃雨雪之霏霏，今岁之仲冬也。往来殊遭，诚有令人感者。

行道迟迟，载渴载饥。

迟，是长貌。且当此雨雪之候，行道迟迟而跋涉之难尽，载饥载渴而饮食之不充。

我心伤悲，莫知我哀。

哀，即伤悲。其勤劳之甚，实非人所能堪也，我心不伤悲乎？然是伤悲也，不过我自知之，亦我同行知之耳。君门远于万里，恐未必知也。孰有能知我之哀乎？

吁！周王遣戍，其往也讽之以义，其来也体之以情。义则足以使人效忠，情则足以使人忘劳，此其所以能成天下之务也钦！

出车六章，章八句

首章讲：此劳还率之诗也。若曰：

我出我车，于彼牧矣。

牧，郊外之地。我也任分阃之寄，而为朔方之行。尝我出我车，于彼郊外之牧矣。

自天子所，谓我来矣。

自，是从。天子，是周王。谓，即命字。然我之出，岂无自哉？盖自天子之所，谓我以来，其付托何甚重也！

召彼仆夫，谓之载矣。

召，呼召也。仆夫，御车之夫。载，是载车以行。如是则其趋事，诚不可不敏矣。于是召彼仆夫，使之载其车以行。

王事多难，维其棘矣。

多难，指狁内侵。棘，急也。而谓之曰狁陆梁王事，盖多难矣。是行也，正宜急以靖其难者，岂可以或缓哉？是其始出，而承命以伤乎下如此。

二章讲:

我出我车,于彼郊矣。

郊,牧之内地。夫前军固至牧,而后军犹在郊也。是故我出我车,于彼牧内之郊矣。

误此旒矣,建彼旄矣。

旒,是建之车后以统后军者。旄,是注旄于旐干之首。前军之在牧者,既有旐以统之,而后军不可无统也,则充彼旒矣,以为进退之司。而旒不可以无饰也,则建彼旄矣,以为表章之文。

彼旟旐斯,胡不旆旆?

旟,是建于前车以统前军者。但见其旟旐也,前后掩映,披拂于郊牧之间,胡不旆旆而飞扬乎?

忧心悄悄,仆夫况瘁。

悄悄,是忧貌。瘁,憔悴也。以此师律之有纪,非不足以制胜也。然将帅方以任大责重,惧其不堪,而怀悄悄之忧。彼仆夫者,亦有所感而为之憔悴焉。盖将帅以天子之忧为忧,而仆夫则以将帅之忧为忧矣。是其在道而戒惧,以感乎下如此。

三章讲:夫行师,固以戒惧为本,而尤以奋扬为先也。

王命南仲,往城于方。

南仲,是大将名。城,守之。方,朔方。王命南仲,往城于方,所以峻夷夏之防,而明荒服之制者,一以委之矣。

出车彭彭,旂旐央央。

此二句并下二句俱是奋扬。南仲承命而往也,出车彭彭而众盛,旂旐央央而鲜明,车马旌旂之间,有以壮三军之精神矣。

天子命我，城彼朔方。

我，大将自我。且传命以令军众，曰：天子命我城彼朔方，凡尔有众，所当掠力以固守者也。发号施令之下，有以鼓三军之锐气矣。其奋扬之威又如此者。

赫赫南仲，狁猃于襄。

赫赫，是威名光显。襄，除也。此赫赫之南仲也，以戒惧之念，发之为奋扬之威。但见昼郊北固封守，屹乎为一方之重镇。由是威灵气焰，先声夺人，狁猃皆知中国之不可犯矣，不于是而于襄乎？

四章讲：夫狁猃既平，班师而归，南仲在途有感而言。曰：

昔我往矣，黍稷方华。今我来思，雨雪载涂。

涂，雪冻释而泥涂。昔我往矣，黍稷方华，非往岁之季夏乎？今我来思，雨雪载途，非今岁之孟春乎？往来殊遭，所行亦云久矣。

王事多难，不遑启居。

多难，即狁猃内侵之难。所以然者，盖以狁猃内侵，而王事之多难。故载离寒暑之久，虽启处有所不遑也。

岂不怀归？畏此简书。

简书，策命之词。当此之时，岂无怀归之心乎？但以临遣之时，常承简书之重，一或不副如此王命，何乌何以言归哉？

五章讲：将帅之归，未至室家，感时物之变而思之。曰：

喓喓草虫，趯趯阜螽。

向也草虫未闻其有声也，今草虫则喓喓其鸣耳，得之而成声矣。向也，阜螽未见其成形也，今也阜螽则趯趯其跃目，得之而成色矣。

未见君子，忧心忡忡。

君子，室家指其夫。忡忡，忧不定。仲春届期，时物皆变，正君子至家之日也，而今犹未得以见之，忧心盖忡忡矣。

既见君子，我心则降。

我，室家自我。降，即忧解也。是必既见君子，而后忡忡之心始降耳。

赫赫南仲，薄伐西戎。

西戎，即昆夷也。然我赫赫南仲，今之未归，果何在乎？意者猃狁既平，方还师以薄伐西戎，故未得归也。不然两期之制，固有定期，何为不归哉？

六章讲：然室家固于此时而兴思，而将帅亦于此时而奏凯。

春日迟迟，卉木萋萋。

但见仰而观之，春日则迟迟而暄妍矣。俯而察之，卉木则萋萋而茂盛矣。

仓庚喈喈，采蘩祁祁。

耳之所闻，仓庚则喈喈而和鸣矣。目之所接，采蘩则祁祁而众多矣。

执讯获丑，薄言还归。

讯，渠魁当讯问者。丑，徒众也。归，班师而归。当此之时，执讯获丑而薄言旋归焉。以大功之成，适际太和之景，其可乐为何如哉？

赫赫南仲，猃狁于夷。

夷，平也。然是功也，伊谁之功乎？盖赫赫南仲，朔方之城守有道，故猃狁奏于夷之绩耳。使非南仲，何以成是功，而春日亦何见其可乐哉？

夫详叙其出师之事而归其功，复叙其凯还之乐而庆其功。周王之劳，还率以之，可谓得劝臣之道矣。

杕杜四章，章七句

首章讲：此劳还役之诗，以追述其未还之时，室家感于时物之变而思之。曰：

有杕之杜，有睆其实。

特生之杜，有睆其实，则时物已变，而为秋冬之交矣。

王事靡盬，继嗣我日。

继，续也。我征夫以王事不可以不坚固，乃以日继日而无休息之期，何哉？

日月阳止，女心伤止，征夫遑止。

阳，是十月。征夫，指戍卒。遑，暇也。夫杕杜睆实，正日月阳止之候，而毕戍之期也。今犹不归，故我女心伤止，而曰：征夫亦可以暇矣，曷为而不归哉？

二章讲：然十月不归，犹其为毕戍时也。自今言之：

有杕之杜，其叶萋萋。

有杕之杜，其叶萋萋，则时物已变，而为春将暮之时矣。

王事靡盬，我心伤悲。

我征夫以王事不可以不坚固，而未得归。我心其能以无伤悲哉！

卉木萋止，女心悲止，征夫归止。

夫卉木萋止，正仲春之候，而至家之期也。今犹不至，故我女心悲止，而曰征夫亦可以归矣，曷为而不至哉？

三章讲：然卉木萋止，犹曰至家之时而未过期也。自今言之：

陟彼北山，言采其杞。

陟彼北山，以望其君子之归，则杞生可食，而言采其杞矣。是春已暮，而期已过矣。

王事靡盬，忧我父母。

君子以王事靡盬，犹不得归焉，则不惟动吾室家之念，而且以贻我父母之忧也。

檀车幝幝，四牡痯痯，征夫不远。

檀车，以檀木为车。痯痯，罢也。不远，将至也。

然征夫今虽未归，而以物理度之，其归有可必谅者。吾想檀车之坚者，已幝幝而敝矣，四牡之壮者，也已痯痯而罢矣。是前番之戍事已毕，而所以慎守强围者，在后番之人，则征夫之归，可指日而待也，夫岂远哉？

四章讲：夫我以物理度之，固知征夫之不远矣，然此心犹不敢以自信也。

匪载匪来，忧心孔疚。

载，是装。来，归也。疚，是病。念我征夫，当至家之期，不装载而来归，固已使我忧心孔疚矣。

期逝不至，而多为恤。

期，归期。逝，是过。至，至家也。恤，忧恤。况当采杞之时，归期已过，而犹不至，则使我多为忧恤，宜何如哉？盖有感念，益切而不能，为心之甚矣。

卜筮偕止，会言近止，征夫迩止。

卜，龟卜。筮，揲筮。偕，俱作。言，是卜筮之爻词。迩，至家之近也。夫因车马而度征夫之不远，特在我之见则然耳。然人见不如神见之为真，于是且卜且筮，相袭俱作，惟欲前知其事，而不厌其为烦也。但见卜之与筮，合言于爻，而皆曰近止，筮龟无异辞矣。吾知神不我欺，非若我亿度之未审，则征夫其亦迩而将至矣，岂不可即此而见之哉？

夫期而不至则忧，疑而不决则卜，室家之情大抵然也。而王者体悉至此，真能以己之心，度人之心矣。民亦安得不忘其劳，以忠于上哉？

白华之什_{二之二}

凡五篇。

鱼丽_{六章，三章章四句，三章章二句}

首章讲：此燕享通用之乐歌也。

鱼丽于罶，鲿鲨。

罶，以曲薄为笱，承梁之空以取鱼者。罶以取鱼，而丽其中者，既有鲿矣，又有鲨焉。

君子有酒，旨且多。

君子，指主人。旨，是美。且多，丰盛。况君子之有酒以燕宾也，其所荐之羞，品物芳洁，而极一时之盛，其旨而且多也乎。

二章讲：

鱼丽于罶，鲂鳢。

罶以取鱼，而丽其中者，既有鲂矣，又有鳢焉。

君子有酒，多且旨。

况君子之有酒以燕宾也，其所荐之羞，品物并陈，而极一时之选，其多而且旨也乎。

三章讲：

鱼丽于罶，鰋鲤。

罶以取鱼，而丽其中者，既有鳢矣，又有鲤焉。

君子有酒，旨且有。

有，亦多。况君子之有酒以燕宾也，其所荐之羞，品物珍奇，而兼乎天下之味，其旨而且有也乎？

四章讲：若是，则今日之燕，不其曲全哉？

物其多矣，维其嘉矣。

嘉，亦是美。彼物之多者，恒患其不嘉。多而不嘉，何取于多也？今君子所荐之物，惟其旨且多也，则不徒侈蕃衍，而又有以昭其异焉，其多而能嘉矣。

五章讲：

物其旨矣，维其偕矣。

偕矣，齐备也。物之旨者，恒患其不偕。旨而不偕，何取于旨也？今君子所荐之物，惟其旨且多也，则非徒示间有，而又有以昭其备焉，其旨而能偕矣。

六章讲：

物其有矣，维其时矣。

时，新鲜也。物之有者，恒患其不时。有而不时，何取于有也？今君子所荐之物，惟其旨且有也，则非徒昭其侈，而又莫非新美之味焉，其有而能时矣。

君子之燕，其曲全有如是哉？主人优宾之意，可谓至矣。宜工歌之，以鸣其盛欤！

南有嘉鱼 四章，章四句

首章讲：此燕享通用之乐也。

南有嘉鱼，烝然罩罩。

烝，语词。罩，是漏细竹以罩鱼者。江汉之间有嘉鱼焉，则必烝然罩罩以取之矣。

君子有酒，嘉宾式燕以乐。

君子，指主人。乐，是欢洽。况君子之有酒也，则必与嘉宾共之，而式燕以乐，忘形迹之拘，于以协一时笑语之情矣。

二章讲：

南有嘉鱼，烝然汕汕。

汕汕，以薄汕鱼者。江汉之间嘉鱼生焉，则必烝然汕汕以取之矣。

君子有酒，嘉宾式燕以衎。

衎，亦是乐。况君子之有酒也，则必与嘉宾共之，而式燕以衎，脱势分之拘，于以尽一时欢爱之情者矣。

三章讲：

南有樛木，甘瓠累之。

樛，木之下垂者。累，系于其上。南山有下垂之木，则其瓠得以累之，而固结之不可解矣。

君子有酒，嘉宾式燕绥之。

况君子有酒，则与嘉宾以式燕也，情通于分之外，心孚于意之适。嘉宾之心，殆与君子相孚契而无或间矣，与甘瓠之累樛木何异哉？

四章讲：

翩翩者鵻，烝然来思。

翩翩者鵻，则烝然来思矣。

君子有酒，嘉宾式燕又思。

燕又思，是献酬无已意。况君子有酒，则与嘉宾以式燕也，殷勤之意无已，献酬之礼屡更。盖有既燕而又燕矣，岂以一燕而遂足哉？

南山有台 五章，章六句

首章讲：此亦燕享通用之乐也。

南山有台，北山有莱。

南山有台，北山有莱，是南山之生物，台与莱之无不有矣。

乐只君子，邦家之基。

君子，指佳宾。基，即基本也。

况此乐只君子，但见内外恃以无恐，宗庙赖以久安，而为邦家之基矣，德何盛耶！

乐只君子，万寿无期。

无期，即无限量。乐只君子，殆必永难老之，锡获胡考之休，而万寿之无期矣，寿何永耶！君子一身德与寿，岂有一之不备乎？

二章讲：

南山有桑，北山有杨。

南山有桑，北山有杨，是南山之生物，桑与杨之无不有矣。

乐只君子，邦家之光。

君子，指宾客。邦家之光，言其光显乎邦家。况此乐只君子，但见在朝则黼黻皇猷，在国则辉煌治道，而为邦家之光矣，德何盛耶！

乐只君子，万寿无疆。

君子，指所燕之宾。乐只君子，殆必永难老之，锡获胡考之休，而万寿之无疆矣，寿何永耶！君子一身德与寿岂有一之不备乎？

三章讲：

南山有杞，北山有李。
南山则有杞矣，北山则有李矣。

乐只君子，民之父母。
父母，言德足为民之瞻依。况此乐只之君子也，好恶同于斯民，而民皆有瞻而有依矣，不为民之父母乎！

乐只君子，德音不已。
君子，指所燕之宾。德音，有德之誉。不已，长久意。乐只之君子也，令闻垂于有永，而无一时之或间矣，德音其不已乎！有令德而有令闻，何幸我邦家而获睹此君子也哉！

四章讲：

南山有栲，北山有杻。
南山则有栲矣，北山则有杻矣。

乐只君子，遐不眉寿。
遐，是何。眉寿，秀眉之寿。况此乐只之君子也，遐不天锡，以寿祥征于眉，而享年之未艾乎！

乐只君子，德音是茂。
君子，指所燕之宾。茂，盛茂。乐只之君子也，殆必声名洋溢及于无外，而德音之是茂乎！有盛德而又有遐寿，何幸我邦家而获睹此君子也哉！

末章讲：

南山有枸，北山有楰。
南山则有枸矣，北山则有楰矣。

乐只君子，遐不黄耇。

黄，是发白复黄。耇，老人面冻黎若垢。况此乐只之君子也，遐不发白复黄，面冻浮垢，寿考之征，以身享之者乎！

乐只君子，保艾尔后。

君子，指宾客。保，言安也。艾，养也。后，君子本身之后。乐只之君子也，殆必精气日固，元神日滋，保艾之休终身而不替者乎！有其寿矣，而又寿而康宁焉。我邦家何幸，而得此元老之君子乎！夫德之与齿，天下之达尊也。诗人与君子美其德而祝其寿，其尊宾不亦至哉！

蓼萧 四章，章六句

首章讲：此天子燕诸侯。曰：诸侯有时觐之礼，所以尽臣职业也。天子有燕享之恩，所以隆眷宠也。要其眷注深，而天休锡者，尤在列辟道德之隆也。吾今于来朝君子有感矣。

蓼彼萧斯，零露湑兮。

萧之生也，蓼然而长大，有以为受露之地，则露之零于其上者湑然矣。

既见君子，我心写兮。

君子，指诸侯。况我君子，各处藩封，愿见而不可得，于心不无留恨也。今也来朝，而得以既见之，则凤昔之愿于是而慰，我心不输写而无留恨乎！

燕笑语兮，是以有誉处兮。

燕，燕饮。笑，喜也。语，言说。誉，令闻。处，安其位。夫惟我心之写，则乐且有仪，是以燕礼攸行，而笑语以合，一堂之上再见喜起之风矣。夫君臣相得，自古以为难。得君者，则其名必著。君臣之好，每患不终。得君者，则其位必固。岂不有誉处也哉？

二章讲：

蓼彼萧斯，零露瀼瀼。

蓼然长大之萧也，则露之零于其上者，瀼瀼而蕃矣。

既见君子，为龙为光。

君子，指诸侯。龙，宠重。光，光显。况我既见君子，则其道德之隆，能为龙也，而王国为之增重；能为光也，而王国为之增显。

其德不爽，寿考不忘。

爽，差也。不忘，即长久意。且此龙光之德，终犹夫始，而不见其或爽焉。夫惟德动天，德有常者，寿亦有常，岂不永锡难老，而寿考不忘者乎？使其德有或爽，何以有是不忘之寿哉？

三章讲：

蓼彼萧斯，零露泥泥。

蓼然长大之萧也，则露之零于其上也，泥泥而濡矣。

既见君子，孔燕岂弟。

君子，诸侯。孔，甚也。燕，宴饮。岂弟，是乐是易。况我既见君子，厚为燕饮，以彰一时之喜，而晋接之余，吾见其人之岂而乐也，弟而易也。

宜兄宜弟，令德寿岂。

宜，是协和之意。德，即上德。寿岂，寿而且乐。有此岂弟之德，则必上有以宜兄，下有以宜弟，而无相尤之隙矣。君子之令德如此。夫惟天眷德，德之善者，寿亦至善，退算优游，岂不寿而且乐者乎？使其德有不令，何以有是岂乐之寿哉？

末章讲：

蓼彼萧斯，零露浓浓。

蓼然萧之长大也，则露之零于其上也，浓浓而厚矣。

既见君子，倏革冲冲。和鸾雍雍，万福攸同。

君子，指诸侯。倏，马辔。革，匕首。冲冲，辔垂。和，是铃。同，是聚。况我君子来朝，而我得以见之，而其舆卫之闲何如哉？但见御马之辔，匕首之革，冲冲而下垂，在轼之和，在镳之鸾，雍雍而和鸣，修此以入觐，而侯度谨矣。夫侯度既谨，则获福有机，由是沐九重之眷，而福禄申之矣，岂不为万福之所聚哉？

吁！周王之燕诸侯，而其恩意之厚，劝戒之至如此，所以示之慈惠者深矣，其怀诸侯诚有道哉！

湛露 四章，章四句

首章讲：此亦天子燕诸侯之诗。言：堂陛之分虽严，而燕饮之际，其情不可不通也。吾今日之燕，君子当何如？

湛湛露斯，匪阳不晞。

阳，是日。露之零也，湛湛其盛，则必待阳而后晞，苟匪阳则不晞矣。

厌厌夜饮，不醉无归。

厌厌，安而久意。夜饮，私宴也。况我厌厌之夜饮也，历时之久，安于势分之两忘；欢洽之深，充然情意之各足。是必既醉而后归，苟不醉则无归焉。凡我君子，要当乐酒，今夕以馨吾笃厚之心可也。

二章讲：

湛湛露斯，在彼丰草。

丰，是茂。露之零也，湛湛其盛，果何在耶？则在彼丰草矣。

厌厌夜饮，在宗载考。

宗，宗室。考，成也。况我厌厌夜饮也，朝廷之上，或拘于分之严；君臣之间，或至于情之隔，非所以成燕矣。则必在彼宗室，而成此夜饮之礼焉。庶我今日之燕，情意交孚，而不阻于势分之疏已也。

三章讲：夫我之设燕，固欲以尽其情矣，而诸臣之与燕，亦岂无以善其礼哉？

湛湛露斯，在彼杞棘。

棘，木名。彼湛湛露斯，在彼杞棘，固无一物之不被矣。

显允君子，莫不令德。

显，是明。允，是信。君子，指诸侯。令德，就饮多不乱言。况此光明信实之君子，厌厌夜饮，其饮非不多也，然敬谨自持，而心志不乱，何有一人之不令德哉？

末章讲：

其桐其椅，其实离离。

离离，下垂意。其桐其椅，其实离离，固无一物之不实矣。

岂弟君子，莫不令仪。

君子，指诸侯。令仪，醉不丧其仪。况此和乐平易之君子，厌厌夜饮，其饮非不多也，然温恭自持，而容止不怨，何有一人之不令仪乎哉？吁！君燕其臣，而臣善其燕，此可以见明良交孚之盛矣。

彤弓之什二之三

凡十篇。

彤弓 三章，章六句

首章讲：此天子燕诸侯，而锡以弓矢之乐歌也。言：赏有功者，国家之大典也。虽忠臣不藉是后劝，而在人君则不可不自尽其报功之道也，今我于嘉宾何如？

彤弓弨弓，受言藏之。

彤，朱色。弨，是弛。受，是受于弓人。藏，是藏于府库。朱色之弓，弛而不张。弓人献之，我受而藏之。其慎重不敢轻与人，所以待有功也。

我有嘉宾，中心贶之。

嘉宾，即诸侯有功者。贶，是与也。今我有嘉宾，敌王所忾，其功大矣。弓之藏，正以待斯人耳。故我也中心实欲贶之以是弓焉，殆非出于利诱势迫之私矣。

钟鼓既设，一朝飨之。

大饮宾曰飨。然非燕无以成礼，非乐无以成燕。由是钟鼓既设，于以达乎欢爱之情。一朝飨之，于以行吾报功之礼。而向也所藏之重弓，即于是锡之矣，宁复有迟留顾惜之意乎？

二章讲：

彤弓弨弓，受言载之。

载，是以弓载之弓檠，抗弓体使正也。彤弓弨弓，受言载之，使其体之常正焉，将以待有功之人也。

我有嘉宾，中心喜之。

嘉宾，即诸侯有功者。喜，乐也。今我有嘉宾，其功当报也，故我也中心则喜，而欲锡之以是弓焉。

钟鼓既设，一朝右之。

右，是奖劝，亦是尊崇。由是钟鼓既设，一朝右之，举崇劝之典，以宾尊之而不敢慢，而其弓之锡也，岂后时也哉？

末章讲：

彤弓弨弓，受言櫜之。

櫜，即藏也。彤弓弨弓，受言櫜之，使其色之常新焉，将以待有功之人也。

我有嘉宾，中心好之。

嘉宾，指诸侯有功者。今我有嘉宾，其功当报也，故我也中心好之，而欲畀之以是弓焉。

钟鼓既设，一朝酬之。

酬，更爵献酬也。由是钟鼓既设，一朝酬之，致亲厚之意，以崇劝之而不敢忘，而其弓之畀也，亦后时也哉？

夫周王重报功之器，则人得之必以为难尽报功之道，则人得之必以为惠。吁！此所以鼓舞人臣，而益奋于立功也钦。

菁菁者莪 四章，章四句

首章讲：此燕饮宾客之诗。若曰：国家之所倚赖者，惟贤才；则吾心之所愿见者，亦惟贤才。今我于君子可知。

菁菁者莪，在彼中阿。

菁菁，盛也。中阿，山阿之中。菁菁者莪，则在彼中阿矣。

既见君子，乐且有仪。

君子，指宾客。乐，是悦。仪，是享。况此君子，而我得以既见之，则以其德之写我心也，而有悦乐之念；以其情之无由适也，而有多仪之享：不乐且有仪乎？是我今日之喜，固如此矣。

二章讲：然是喜也，非出于矫也。

菁菁者莪，在彼中沚。

菁菁者莪，则在彼中沚矣。

既见君子，我心则喜。

况我既见君子，慕其嘉乐之德。其喜也，盖根于中心之诚矣，夫岂笑貌也哉？

三章讲：然是喜也，不可以轻拟也。

菁菁者莪，在彼中陵。

菁菁者莪，则在彼中陵矣。

既见君子，锡我百朋。

况我既见君子，慕其金玉之德，其喜之至也。盖有如百朋之锡矣，夫岂寻常乎哉？

末章讲：若此者，惟其昔有愿见之思，而今幸得以自慰焉耳。

泛泛杨舟，载沉载浮。

彼泛泛杨舟，载沉载浮，而未有所定也。然则我也向未见君子，而往来于怀，其不定也，不犹之杨舟耶？

既见君子，我心则休。

君子，指宾客。休，安定也。夫我之未见而思如此，今也幸既见止，则夙昔之怀慰，此心休休而安定矣。则其喜之若是也，固其宜哉。然则今日之燕，固以志喜也，而不容以不燕设矣。

六月 六章，章八句

首章讲：诗美吉甫北伐而成功。言：征伐之命，虽自天子出之；而安攘之勋，则自人臣建之。我吉甫奉命以北伐，何如？

六月栖栖，戎车既饬。

戎车，兵车也。饬，整饬。冬夏不兴师，《司马》之法也。今乃当此六月之中，仓卒兴师，师出非时，人心盖栖栖而不安矣。彼车以攻取，而戎车之既饬。

四牡骙骙，载是常服。

常服，戎事之服。马以驾车，而四牡之骙骙。凡所谓常弁常衣、素裳白舄之戎服，莫不载之以行焉。

狎狁孔炽，我是用急。

狎狁，即北狄。炽，是盛。夫今日之兴师，所以若是其急者，何哉？盖以狎狁内侵，其难孔炽，夷夏之防以紊，荒服之制不明，则王国不正甚矣。所以御之者，诚不容不急也。

王于出征，以匡王国。

王，周王。正人之罪曰征。匡，正也。故不得已，王命吉甫于此时而出征，于以攘夷安夏，而匡王国焉耳，夫岂得已而不已哉？

二章讲：

比物四骊，闲之维则。

比物，是齐其力。闲，习也。则，法则也。是行也，以武事尚强，物马而颁之，所以齐力也。但见四马皆骊，而其色又齐，马何有余耶？以马贵服习，从而闲之，所以验驯也。但见驰驱之下，皆中法则，教何有素耶！

维此六月，既成我服。

服，即戎服。于是当此六月之中，既成我戎事服，应变之速也。

我服既成，于三十里。

三十里，是一舍之地。我服既成，即日引道，不疾不徐，尽三十里而止焉。从事之亟，而亦不失其常度也。此其车马之具，行师之法，无不兼得矣。

王于出征，以佐天子。

佐，辅助。天子，周王。然所以有今日之师者，何哉？盖以猃狁内侵，天子所忾也。故不得已，王命吉甫出征，以敌王之忾，而佐天子焉耳。夫岂得已而不已哉？

三章讲：然行师固以车马为善，而尤以严敬为本，自今言之。

四牡修广，其大有颙。

颙，亦是大。四牡修焉而长，广焉而大，足以任驰驱之劳，而中国之长技得矣。

薄伐猃狁，以奏肤公。

肤，大也。公，即功也。以之薄伐猃狁，吾知猃狁之马弗能当也，岂不足以奏肤功乎？

有严有翼，共武之服。

严，是威。翼，是敬。共，是供。服，是事。然使严敬之不足，亦未敢决肤功之必奏也。吉甫则号令严肃，有严以共武事，敬戒不忘，有翼以共武事。

共武之服，以定王国。

吾知严则士皆用命，翼则内谋必臧，而猃狁无所投其间矣，则所以底定王国而奏肤功也，不益可必哉。

四章讲：夫车马严敬之兼得，既足以胜敌矣，于是遂至猃狁所侵之地，而声罪以致讨焉。

猃狁匪茹，整居焦穫，侵镐及方，至于泾阳。

茹，量度也。整，集众也。居，盘据也。焦、穫、镐、方、泾阳，皆地名。夫中国居内，以制夷狄；夷狄居外，以奉中国，此常分也。今猃狁不自度量，整集其众，盘据于焦、穫之区，侵镐及方，以至于泾阳之地。深入为寇如此，夫固不容以不讨矣！

织文鸟章，白旆央央。

织，旗帜。白旆，以帛接旆之末。于是旌旗以统众也，则旗帜有文，而画鸟隼之章；继旒有旆，而着鲜明之色。其正正之旗，有如此者。

元戎十乘，以先启行。

元戎，是大戎车。启行，是发程。迨夫选锋以锐进也，则驾元戎之十乘，以备夫前驱之用；以大众而启行，以鼓乎三军之勇。其堂堂之阵有如此者。以此而计，猃狁深入之罪，则直而壮，律而臧，有不战，战必胜矣！

五章讲：元戎既发，大众斯行。

戎车既安，如轾如轩。

安，适调也。但见继元戎者有戎车也，以戎车则既安焉。故从后视之，如轾覆而前也；从前视之，如轩却而后也。车何善乎！

四牡既佶，既佶且闲。

以四牡则既佶，骙骙然其壮健也；以既佶而且闲于法则，而皆中也。马何良乎！

薄伐猃狁，至于太原。

以是车马，非不足以歼猃狁而尽灭之也。我吉甫则以太原以内，帝王之所自立也，不驱出之，则其威玩；太原以外，猃狁之所自居也，穷而治之，则其仁伤，非所以尊中国而抚四夷也。故于猃狁示薄伐之威，惟至于太原之地而止焉。盖焦、穫无盘据之众，泾阳无侵扰之虞，斯亦已矣。至此则王国以匡，而天子可佐，吉甫之功亦成矣。

文武吉甫，万邦为宪。

然其成功，夫岂无本哉？但见吉甫于附众也，则抚绥有恩而能文焉；于威敌也，则制胜有道而能武焉。能文能武，此天公之所由成，而万邦有不以之为宪乎！盖万邦诸侯，莫不有众之当附，则必法吉甫之文矣；莫不有敌之当威，则必法吉甫之武矣。岂徒足以匡王国而佐天子哉？若吉甫者，可谓有能之将矣。

末章讲：

吉甫燕喜，既多受祉。

迨夫班师而归，遂举燕饮之礼，但见分阃之寄，无负上为天子庆底定，下为人心庆靡争，此心固油然而喜矣。然王国定，则天下之福皆其福；四方平，则天下之福皆其福，其受祉不既多乎？

来归自镐，我行永久。

来归自镐，所谓从镐而归也。行，是北伐之行。然所以举是燕者，何哉？盖吉甫以六月出师至镐，今来归自镐，其行已永久，而朋友之情疏矣。

饮御诸友，炰鳖脍鲤。

御，进也。诸友，众友也。于是进酒以饮诸友，而炰鳖脍鲤之咸备，所以敦其好也。

侯谁在矣？张仲孝友。

在，宴也。张仲，吉甫之友。而当时之与是燕者，果谁在乎？则有孝友之张仲在焉。以文武之人主是燕，以孝友之人与是燕，人文攸萃，宾主皆贤，不有以彰一时之雅乎？吁！宣王外有吉甫之将，内有张仲之相，将相和调，则致中兴之盛宜矣。

采芑 四章，章十二句

首章讲：此诗美方叔南征也。言：行师之道，非义无以植有名之纪，非律无以昭有制之兵。我方叔承命而伐蛮荆，固为义矣，而师之有律何如？

薄言采芑，于彼新田，于此菑亩。

芑，苦菜。二岁田曰新。一岁田曰菑。吾人之南征也，采芑以食，则于彼新田，于此菑亩矣。

方叔莅止，其车三千，师干之试。

方叔，是宣王卿士，受命为将。师，是众。干，扞御也。试，肄习。我方叔承天子之命，莅南征之师。其载行之车，则有三千之众矣。扞御之众，则有练习之能矣。

方叔率止，乘其四骐，四骐翼翼。

骐，青色之马。由是方叔率之以行也，但见乘其四骐翼翼，而顺序行列，则整治也。

路车有奭，簟茀鱼服，钩膺鞗革。

路车，即戎车。簟，竹也。茀，蔽也。鱼，鱼皮。服，矢袋。驾其路车，奭然而有赤，戎车则既好也。然车不惟有奭也，竹簟以为车之蔽，鱼皮以为矢之服。车之卫，何有不备也？马不徒翼翼也，马领有钩，而膺有樊缨之饰；御马有鞗，而鞗有下垂之革。马之饰，何有不具也？南征之师，如此军容，何其盛哉！

二章讲：不特此也。

薄言采芑，于彼新田，于此中乡。

吾人之南征也，采芑以食，则于者新田矣，于此中乡矣。

方叔莅止，其车三千，旂旐央央。

我方叔承天子之命，莅百征之师。其载行之车，则有三千之众矣。而其统众之旗旐，则央央而鲜明矣。

方叔率止，约軧错衡，八鸾玱玱。

约，是束。軧错，车毂文。衡，车横木。一马二铃，故四马八铃。由是方叔率之以行也，其所乘之车，则皮以束其毂，错以文其衡，既固而且文矣；其所服之马，则四马八鸾，玱玱而有声矣。

服其命服，朱芾斯皇，有玱葱珩。

命服，天子所命之服。葱珩，珩色如葱。其所服之命服，则有黄朱之芾，而皇然其鲜明；有葱珩之佩，玱然其有声。盖其应变从容，故服其命服之盛如此，望之者莫不动色矣，军容何其盛哉！

三章讲：然不特军容之盛也。

鴥彼飞隼，其飞戾天，亦集爰止。

今夫鴥彼飞隼，其飞戾天，势何扬也，然亦有时集而止者矣。

方叔莅止，其车三千，师干之试。

我方叔莅南征之师也，其车三千，师干之试，势何盛也。

方叔率止，钲人伐鼓，陈师鞠旅。

陈，于列。鞠，告之也。然岂进退之无节乎？方叔率是车以行也，以为临敌而战，莫先进退；苟不严其纪，临敌鲜有不乱者。故有钲人以伐钲，鼓人以伐鼓。使示之进退而知止者，司之钲人也；使示之进退而知行者，司之鼓人也。陈其师而告之，陈其旅而告之，使闻钲声，而进退知所止也；使闻鼓声，而进退知所行也。未战而严之以进退之节如此。

显允方叔，伐鼓渊渊，振旅阗阗。

振，止也。旅，是众。阗阗，亦鼓声。及夫方战之时，何如哉？但见显允方叔其进战也，则伐鼓渊渊然，平和而不暴怒，使众闻鼓声而知进者，无躁动也，而不得钲声则弗止矣。其罢战也，则振旅亦阗阗然，不暴怒，使众闻鼓声而知退者，无争先也，而不得钲声则弗止矣。进退之节，严之未战，而又严之于方战如此，师律何其严哉！

末章讲：夫军容之盛，而师律之严，方叔可谓得行师之道矣。然其成功，则以威望之隆也。

蠢尔蛮荆，大邦为仇。

大邦，是中国。仇，怨仇。蠢尔蛮荆，一小丑耳，而敢与大邦为仇者！

方叔元老，克壮其犹。

壮，壮健。犹，是谋。意以方叔既老，中国无人也。不知方叔齿高百辟，虽称元老，然运决策，动出万全其谋猷，盖甚壮也。

方叔率止，执讯获丑。

况今日以分阃之命，而率南征之师，其徒御无斁，而执讯获丑之有人。

戎车啴啴，啴啴焞焞，如雷如霆。

戎车孔恀，而啴啴焞焞之众盛。是以威灵赫耀，有如雷霆之奋，而其威不可犯矣。

显允方叔，征伐玁狁，蛮荆来威。

伐玁狁，尝同吉甫北伐。威，畏服也。然方叔之成功，岂专恃此哉？盖显允方叔，常参北伐之任而征伐玁狁，咸有太原之功。是以功在朝廷，名驰四海，蛮荆闻之，莫不曰：斯人也，乃玁狁不能屈其谋者也，我之谋何如玁狁也；亦玁狁不能挫其威者也，我之威何如玁狁也，乌敢与之抗哉？于是皆来畏服，固不待战而自平矣。

　　夫方叔南征，以军容则既盛矣，以师律则既严矣，而其成功，则由于声望之隆焉，其可谓中兴良将矣。宣王能任之，此所以能复文、武之业也与！

车攻八章，章四句

　　首章讲：此美宣王中兴复古之诗。言：吾王慨周室之中衰，而乘舆不至东都久矣。今欲为东都之行，而车马其不可以饰乎？

　　我车既攻，我马既同。

　　同，马足齐。彼有田则有车，向焉田赋废坏，无攻车矣。今也舆人献技术，我车则既攻而坚致焉。有车则有马，向焉马政不修，无同马矣。今也围人供职，我马则既同而齐足焉。

　　四牡庞庞，驾言徂东。

　　庞庞，肥壮意。驾，以马驾车。徂，往也。东，东都。以是车而驾是马，四牡皆庞庞而充实。若此者将何所往乎？盖东都为天下之中，而先王行礼之处也。驾此车马将往东都，以久旷之典，而复先王之旧而已矣，夫岂为徒行也哉？

　　二章讲：然天子之往东都，必有事于田猎，而车马其可以不备乎？

　　田车既好，四牡孔阜。

　　田车，田猎之车。好，是善。阜，壮大。是故以简其车，田车则既好矣；以择其马，四牡则孔阜矣。

　　东有甫草，驾言行狩。

　　甫，甫田之间。狩，是田猎。以车马之盛，而往东都也，将何为乎？盖东都有甫草之地，乃天子田猎之所也。驾此车马，将以行狩于斯，而复大蒐之旷典也，夫岂为无事也哉？

三章讲：夫天子之备车马，既将往东都而行狩矣。迨至东都，则何如哉？

之子于苗，选徒嚣嚣。

之子，指有司。苗，指狩猎名。选，是数。徒，车徒。嚣嚣，数车徒声。但见之子为于苗之举，以徒所以从禽也。于焉选徒嚣嚣而声之众盛，且车徒不哗，而惟选者有声，则车徒之众，而又未尝不静治矣！

建旐设旄，搏兽于敖。

敖，山名。以旐所以统众也，于焉建车蛇之旐，为后车之耳目；设旗竿之旄，以为旐上之表章，则车徒之众，而亦未尝失之涣矣！若此者，盖以敖山之下，平旷可以屯兵，紧秽可以设伏。将于此而搏兽焉，而复夫田猎之旷典也！

四章讲：天子既至，诸侯毕朝。

驾彼四牡，四牡奕奕。

但见驾彼四牡，四牡奕奕然，连络布散于东都矣。

赤芾金舄，会同有绎。

金舄，赤舄而加金饰。由是而入觐也，服彼赤芾，与夫金舄，皆遵周官之仪，以行会同之礼。而朝阶之间，绎绎然陈列之联属，盖无一人之不至矣。一会同之间，其人心之齐何如哉！

五章讲：会同既毕，田猎斯举。

决拾既佽，弓矢既调。

决，以象骨为之。拾，以皮为之。既调，适均。但见决拾者，射之具也。决着于手，拾着于臂，皆佽佽而整齐矣。弓矢者，射之器也。弓之强弱，矢之轻重，皆相得而均调矣。

射夫既同，助我举柴。

射夫，即来朝者。同，协力。柴，是积禽之多。斯时也，会同之射夫，莫不同心协力，助天子以举其所获之禽兽焉。一田猎之间，其人心之齐，又何如哉！

六章讲：夫既田猎矣，而其射御之善，又何如哉？

四黄既驾，两骖不猗。

黄，马之色。骖，骖马。猗，偏倚。田猎之马，惟取齐足也。今四马皆黄，而其色又齐，可以见马之有余矣。四马之中，惟骖难御也。今两骖不猗，而适由轨道，可以见教之有素矣。

不失其驰，舍矢如破。

驰，是驰驱之法。舍，发也。斯时也，御者不失其驰驱之法，过君表也，逐禽左也，未尝诡遇以徇乎，射御何善耶！射者舍矢，有如破之能中乎微也，制乎大也，不待御者诡遇而后获，射何善耶！一田猎而射与御之善皆如此者。

七章讲：迨夫田猎既毕，而其终事颁禽，果何如哉？

萧萧马鸣，悠悠旆旌。

但见马无事于驰我，其鸣也，萧萧焉耳矣。旌无事于指麾，其扬也，悠悠焉耳矣。

徒御不惊，大庖不盈。

徒，步卒。御，车御。大庖，是君厨。盈，满也。斯时也，号令严肃，不以田事告终而或弛，徒御静治无有哗欢，殆无异于选徒嚣嚣之时矣，终事何其严耶！颁赐有法，不以田禽之获而自私。君庖所充，惟取下杀之下，其余悉以散诸习射者取之，而大庖不盈矣，颁禽何其均耶！一田猎而惠与威之并行有如此者。

末章讲：吾又即其始终之事言之，不可以见其德业之美乎？

之子于征，有闻无声。

之子，指天子。征，即往狩。之子于征，而田猎也始焉。闻师之行，惟选徒嚣嚣而已。嚣嚣之外，不闻有声也。终焉闻师之行，惟马鸣萧萧而已。萧萧之外，不闻有声也。其始终严肃如此。

允矣君子，展也大成。

允，信也。君子，自德言。展，诚也。大成，自业言。吾即是而观王之德，真有纯亦不已，而无一毫怠荒之累，不允矣其君子乎？盖虽吾王之德，不尽于田猎，此亦可以信其为日新之德矣。吾即是而观王之业，真有纪纲毕张，而无一事废弛之弊，不诚哉其大成乎！盖虽吾王之业，不尽于田猎，此亦可以信其富有之业矣。吁！宣王有如是之德业，则其复文、武、成、康之盛，而致中兴之美宜矣哉。

吉日<small>四章，章六句</small>

首章讲：此亦美宣王之诗。言：会同田猎，既举旷典于东都，而大蒐示礼，复缵武事于西镐。

吉日维戊，既伯既祷。

伯，马祖。祷，祈也。以田猎将用马力也，而马祖则主是马也。于是择戊辰之吉日，祭马祖而祷之，以祈车之善也。

田车既好，四牡孔阜。

但见既祭之后，以田车则既好而坚，以田牡则孔阜则健矣。

升彼大阜，从其群丑。

从，追逐。车马若是，信可以升大阜之险，而从禽兽之多矣。是未猎而预其具如此。

二章讲：然猎地不可以不择也。

吉日庚午，既差我马。

差，是择，齐其足也。于是越三日，而为庚午之吉，遂择其马而乘之。

兽之所同，麀鹿麌麌。
同，是聚。麌麌，是众多。以视彼兽之所聚，麀鹿最多之处而从之。

漆沮之从，天子之所。
惟此漆沮之旁为盛，宜为天子田猎之所也。凡所以奉宗庙宾客而充君之庖者，无不取足于斯矣。
三章讲：猎地既降，而田猎遂举矣。

瞻彼中原，其祁孔有。
瞻彼漆沮之中，原其祁而甚大，视彼所聚之禽兽，孔有而众多。

儦儦俟俟，或群或友。
但见趋而儦儦、行而俟俟者有之，或三而群、或二而友者有之，于此可以见王化行而品物蕃，亦异于昔日之凋耗矣。

悉率左右，以燕天子。
左右，同狩之人。燕，乐也。天子，即周王。斯时也，下之人岂不乐于趋事哉？于是从王之人，莫不悉率左右，同心协力，以为于狩之举，而乐天子之心焉。不假命令，而自无一人不竭媚，兹之诚矣。下之忠于上如此。
末章讲：田猎既举，则必有所获矣。

既张我弓，既挟我矢。
张，开也。挟，持之于腋。彼猎必资于弓也，我弓则既张矣。弓必资于矢也，我矢则既挟矣。

发彼小豝，殪此大兕。

发，发矢。殪，中矢而死。发彼小豝，巧足以中微也；殪此大兕，力足以制大也。此可以见军容盛而技艺精，异于昔日之废弛矣。

以御宾客，且以酌醴。

御，进也。宾客，同狩之。酌醴，即饮酒也。斯时也，上之人岂徒私其有于己哉？于是即其所获之禽，以为俎实，进之宾客，而相与酌醴焉。盖以示慈惠，而彰乎一时明良之会矣。王之惠乎下如此。夫一田猎之间，而综理之周，上下之情如此，此宣王之所以能复古，而成中兴之盛欤！

鸿雁 三章，章六句

首章讲：流民被宣王安集之惠而作也。言：今幸值中兴之盛，而获安集之庆矣。忆昔流离之苦，今不获有可言者乎！

鸿雁于飞，肃肃其羽。

肃肃，羽声。彼鸿雁于飞，则肃肃其羽，而未得所上矣。

之子于征，劬劳于野。

之子，流民自相谓。征，往也。劬劳，则病苦。况此之子不幸，而遇王室之中衰也，则流离以于征，而劬劳于野，未有所定矣。

爰及矜人，哀此鳏寡。

矜，是怜。哀，即矜。鳏，无妻。寡，无夫。然使有王家以其患难，犹可以自慰也。夫何此劬劳者，又皆可哀怜之鳏寡，而为无告之人焉。斯时也，吾意其载胥及溺矣，安望其有今日之乐哉？

二章讲：夫我昔日流离如此，而今还定之居，则何如哉？

鸿雁于飞，集于中泽。

彼鸿雁于飞，集于中泽，得其所止矣。

之子于垣，百堵皆作。

垣，是筑垣墙以居。五板为堵。况此之子，幸遇王室之中兴也，则相率以于垣，百堵皆作，而筑室以居矣。

虽则劬劳，其究安宅。

劬劳，筑室之劳。究，终也。安宅，安居。夫今日筑室，虽不免于劬劳也，然一劳以求永逸，而其终获安定之休，实可深幸焉。斯时也，固可以室家胥庆矣，宁复有昔日之苦哉！

末章讲：夫我既因乐而思苦，则此鸿雁之歌，岂可以不作哉？

鸿雁于飞，哀鸣嗷嗷。

彼鸿雁于飞，感肃肃之劳，而哀鸣于翔集之际，其声嗷嗷焉，不容自已矣。然则我幸有今日之乐，而思昔日之劳，而作乐以寄其感慨之情，不犹是乎？

维此哲人，谓我劬劳。

若然，则是歌之作，乃出于劬劳而非以宣骄也。但人心不同，智愚相远，维彼哲人，能体民情之休戚，则谓我此歌之作，乃乐不忘忧，感昔日劬劳而然也。

维彼愚人，谓我宣骄。

宣，是示。骄，矜肆。维彼愚人，则谓我此歌之作，乃闲暇而宣骄焉。是我休戚之情，固无望于愚人之我体矣，犹何幸有此哲人之见谅哉！

夫宣王能还定劳，来安集流民如此，而流民喜之，且以哲人诵之，则其庆幸之意何如耶？吁！吾以是知困苦之民易为仁也。

庭燎三章，章五句

首章讲：

夜如何其？夜未央，庭燎之光。

其，语词。央，是中。燎，是火烛。王将起视朝，不安于寝，而问夜之早晚。曰：人君之勤怠，政事之张弛系之。则视朝诚不可不早矣，今夜何如哉？夜果未央矣乎？吾意庭燎之设，以待君子之朝者，已灿然其有光矣。

君子至止，鸾声将将。

君子，指人臣。至止，至于朝。鸾声，鸾声之和。君子感此时而至止者，八鸾之声已将将然可远闻矣。以此度之，殆非未央时也，而可以安寝哉？

二章讲：然恐晚之心愈惕也。

夜如何其？夜未艾，庭燎晰晰。

艾，尽也。晰晰，明也。既而再问，曰：今夜何如哉？夜果未艾矣乎？吾意庭燎之设，以待君子之朝者，已灿然其有光矣。

君子至止，鸾声哕哕。

君子感此时而至止者，八鸾之声已哕哕然，徐行而有节矣。以此度之，殆非未艾时也，而可以安寝哉？

三章讲：然恐晚之心愈甚也。

夜如何其？夜乡晨，庭燎有辉。

乡晨，天近晓时。辉，是火气。既而三问曰：今夜何如哉？夜其向晨矣乎？吾知庭燎之光而晰者，今则烟光相杂而有辉矣。

君子至止，言观其旂。

君子之至止者，不特鸾声之可闻也。今则辨色而言观其旂矣。五等各以其物，盖有杂然而不紊也。于此向晨之时，而犹不兴，吾恐会且归矣，其何以答群臣之望哉？夫王者忧勤之心常存于中，而恐晚之意屡形于言如此，则其致中兴之盛宜矣。说者以为宣王感姜后脱簪之谏，而有是诗，理或然与？吾于是知后妃之助，良不偶也。

沔水 三章，二章八句，一章六句

首章讲：此忧乱之诗，言君子不幸而遭乱，不可有玩愒之心也。盖玩愒而不知忧，乱从自及也；忧乱而不知所止，徒忧无益也。何则？

沔彼流水，朝宗于海。鴥彼飞隼，载飞载止。

沔，水满。沔彼流水，犹朝宗于海矣。鴥彼飞隼，且犹载飞而载止矣。物各有所止如此。

嗟我兄弟，邦人诸友。莫肯念乱，谁无父母？

兄弟，是亲者。邦人，是疏者。念，即忧也。可以人而无所念乎？嗟我兄弟、邦人、诸友，乃莫肯念乱，而思以止之者。谁独无父母乎？乱则忧或及之，纵不为一身计，亦当为父母计也。是岂可以不念哉？

二章讲：夫以乱之当念如此，而我之念乱乌容已哉？

沔彼流水，其流汤汤。鴥彼飞隼，载飞载扬。

沔彼流水，则其流汤汤矣。鴥彼飞隼，则载飞而载扬矣。

念彼不迹，载起载行。心之忧矣，不可弭忘。

迹，道也。弭，是止。况我念彼不循道理之事，乖谬错乱，惧其忧及父母也。至于不遑宁处，而载起载行。此心之忧，盖有不能弭忘者矣。

末章讲：夫人固当有忧乱之心，尤贵有止乱之道。然乱起于讹言也。讹言不止，乱何由而止乎？

鴥彼飞隼，率彼中陵。民之讹言，宁莫不惩。

讹，伪也。惩，止也。今夫鴥彼飞隼，犹循于中陵矣。而民之讹言，变乱是非，今日之乱实始于此矣。乃无有惩止之者，亦独何哉？

我友敬矣，谗言其兴？

敬，戒惧也。谗言，即訧言。兴，起也。然止谗之道，无他术，惟在于一敬；而谗言之兴，无亦因人之不敬而乘其隙也？我友是必敬以自持，使反身无缺，则彼虽巧于为谗，亦乌能毁无疵之行，谗言何自而兴乎？谗言不兴，则乱不作，而可以无贻父母之忧矣。凡我诸友果能此焉，庶几哉其能念乱乎！

鹤鸣 二章，章九句

首章：此臣子纳诲之诗。言：以物视物，则物为陈迹；以道观物，则物为箴规。吾以物理言之，而王试绎之，可乎？

鹤鸣于九皋，声闻于野。

今夫鹤鸣于九皋之中，至深远也，而其声则闻于野矣。声伏于幽潜，其机之不可掩如此乎！

鱼潜在渊，或在于渚。

渊，深水。渚，浅水。鱼潜于深水之中，若可执也，而有时或在于渚。妙两在于不拘，其性之无一定如是乎！

乐彼之园，爰有树檀，其下维萚。

檀，香木。萚，落叶。园有树檀，洵可乐矣，而其下维萚，则亦无全美也。爱檀而忘其萚，可乎？

他山之石，可以为错。

错，砺石。他山之石，虽可恶矣，而可以为错，则亦无全恶也。恶石而忘其错，可乎？

末章讲：

鹤鸣于九皋，声闻于天。

然鹤鸣于九皋，不惟声闻于野也，而上闻于天矣。则信乎幽潜无可掩之机也。

鱼在于渚，或潜在渊。

与水相忘，不惟鱼在于渚也，而或潜于渊矣。则信乎游泳无一定之拘也。

乐彼之园，爰有树檀，其下维榖。

乐彼之园，爰有树檀，而其下有维榖之杂。则信乎人之于檀，不可偏有所爱矣。

他山之石，可以攻玉。

他山之石，而亦有攻玉之用。则信乎人之于石，不可偏有所恶矣。

王也玩一物，能知有一物之理，则庶乎善观物矣。又能以观物之知，观身心性情之理，则庶乎善触类矣。此今日微臣纳诲意也，王其鉴之于言意之外哉？盖诗人之意，以王知鹤鸣之旨，则知诚之不可掩，而诚身之功不可无也。知鱼潜之旨，则知理之无定，而明善之功不可无也。知树檀之旨，则知爱当知其恶，而亲爱之不可辞矣。知山石之旨，则知憎当知其善，而贱恶之不可僻矣。人君能得是说，而推之天下之理，其庶几乎！

祈父之什 二之四

凡十篇。

祈父 三章，章四句

首章讲：军士怨于久役，故呼祈父而告之。曰：

祈父，予王之爪牙。

予，军士自言。爪牙，即手足之说。祈父，汝掌封圻之甲兵者也。

以掌兵为职者，则必以恤兵为心。今予乃王之爪牙，其藩卫王室，而止居于辇毂之下，固其职也。

胡转予于恤，靡所止居？

胡，是何。转，是移。恤，忧也，即久役之事。止，定也。尔胡乃转我于忧恤之地，使我久役于外，无所止居乎？

二章讲：

祈父，予王之爪士。

祈父，汝掌封圻之甲兵者也。以掌兵为职者，则必以恤兵为心。今予乃王之爪士，其藩卫王室，而底止于邦圻之内，固其分也。

胡转予于恤，靡所底止？

尔胡乃转我于忧恤之地，使我久役于外，而无所底止乎？

三章讲：然岂特役我之非其职哉？

祈父，亶不聪！

祈父，尔诚不聪矣。

胡转予于恤，有母之尸饔。

尸，主也。饔，熟食。胡乃转我于忧恤之地，不得服劳以养其母，使吾母反主饔飧之事乎？役王之爪牙，已非吾之所职，而况乎役及于人之孤子，真有令人不堪者矣。尔祈父之不聪，固如此哉？

夫使军士久役，乃王者之不能体悉，非祈父之所得自专也。诗人惟致怨于祈父，而不敢斥王者，盖亦忠厚之至也。然人君使人至此，其视先王悦以使民，民忘其劳者，相去何如耶？

白驹 四章，章六句

首章讲：为此诗者，以贤者之去不可留也。言：贤者国之桢也，故其来也，乃吾之所喜；其去也，实吾之所忧。吾今伊人行矣，将何以为情哉？

皎皎白驹，食我场苗。絷之维之，以永今朝。

皎皎，洁白也。絷，绊其足。维，系其颈。永，久也。彼皎皎白驹，贤者之所乘也。今其将去矣，斯时安得食我场苗。我也絷而维之，以永今朝。

所谓伊人，于焉逍遥。

伊人，指贤者。逍遥，游息也。则所谓伊人者，亦将以驹之故，而不得去，而逍遥于今朝矣。一朝之逍遥，固不足以慰吾无已之怀，然不犹愈于遽去乎！

二章讲：

皎皎白驹，食我场藿。絷之维之，以永今夕。

今夕，即今朝。皎皎白驹，贤者之所乘也。今其将去矣，斯时安得食我场藿。我也絷而维之，以永今夕。

所谓伊人，于焉嘉客。

则所谓伊人者，亦将以驹之故，而不得行，而嘉客于今夕矣。夫一夕之嘉宾，固不足以慰我无穷之意，然不犹愈遽处去乎！

三章讲：虽然贤者之决于去，不过欲优游自适而已。

皎皎白驹，贲然来思。尔公尔侯，逸豫无期。

皎皎，光彩貌。尔，指美者。逸，是安。豫，是乐。期，限量。若此乘皎皎白驹者，易其丘园之志，以为邦家之光，而贲然肯来，则我所以待尔者，当何如哉？大则以尔为公，小则以尔为侯。凤昔怀抱，悉显于大行之日，而逸乐不无期乎？

慎尔优游，勉尔遁思。

慎，勿过也。勉，是勿决。遁，隐遁。夫以行道之乐如此，尔乃欲遂优游之乐，而决于去也，殆亦未之思耳。幸勿过于优游，毋决于遁思，而终不我顾焉，斯非我之所望于尔哉！

末章讲：夫我留之虽切，孰知其必去而不可留乎？

皎皎白驹，在于空谷。生刍一束，其人如玉。

人，即贤者。玉，指德言。但见乘皎皎白驹，入彼空谷之中，而自束生刍以秣之，则苗蕽不能维，公侯不能挽矣。然想其人之德，精纯粹美，有如玉焉，诚有系吾之思者。

毋金玉尔音，而有遐心。

金玉，借作贵重说。音，是信问。遐，远弃也。今已遐乎，其不可观矣，使声音常以相闻，而无远我之心，亦我之愿也。尔今以往，有谋有猷，悉以入告，慎无贵重尔之声音，而有远我之心亦可矣。盖声音常相闻，则心犹不忘于我。使声音杳不相闻，则弃我甚矣。如玉之德，既不得亲，而金玉之音，又重自珍秘，其如我之情何哉？

夫挽留之切，莫遂于愿去之时；而冀望之情，尤殷于已去之后。诗人之留贤，亦可谓诚矣！而贤者卒不为之留焉，岂故别有见与？

黄鸟三章，章七句

首章讲：民适异国，不得其所，故作此诗。其意盖欲避国而戒故乡之人，无居己之处，而食己之食也，于是托为呼黄鸟而告之，曰：

黄鸟黄鸟，无集于榖，无啄我粟。

榖，木名。啄，食也。黄鸟黄鸟，榖者吾之故处，粟者吾之故物，尔无集于榖，无啄我粟也。

此邦之人，不我肯榖。

此邦之人，指异国之人。榖，善道。夫我之所以至此邦者，意其能以善道相与，而此邦之为可居耳。今此邦之人，无赒恤保爱之意，不以善道相与。

言旋言归，复我邦族。

复，是返。邦族，即故乡。则我岂久于是哉？盖将言旋言归，而复我邦族矣。

二章讲：

黄鸟黄鸟，无集于桑，无啄我粱。

黄鸟黄鸟，尔无集于桑，无啄我粱也。

此邦之人，不可与明。

困苦相知曰明。夫我之所以至此邦者，意其明足以相照也。今此邦之人，视我之缓急休戚若罔闻知，而不可与明矣。

言旋言归，复我诸兄。

以不可与明之人，而犹恋恋不去，何为乎哉？将言旋言归，而复我诸兄矣。

末章讲：

黄鸟黄鸟，无集于栩，无啄我黍。

黄鸟黄鸟，尔无集于栩，无喙我黍也。

此邦之人，不可与处。

处，是缓急相救。夫我之所以至此邦者，意其情足以相处也。今此邦之人，视人之困穷拂郁不以相恤，而不可与处矣。

言旋言归，复我诸父。

以不可与处之地，而犹依依不去，何为乎哉？我将言旋言归，而复我诸父矣。夫我既欲归如此，尔黄鸟若居吾之故处，食吾之故物，吾将何所恃哉？吁！使民流离失所，而又欲归其故乡，焉亦异于还定安集之时矣！

我行其野 三章，章六句

首章讲：民适其国，依其婚姻而不见恤恤，故作此诗。言：夫人不幸而处困，介其侧者犹无不哀其穷而收之，况情属亲戚者乎？吾今无望于婚姻矣。

我行其野，蔽芾其樗。

我之行于野中也，依彼蔽芾之樗，以为荫庇之资，此其穷亦甚矣。

昏姻之故，言就尔居。

我于斯时，以为休戚不相关者难以恃赖，于是思婚姻之故，言就尔居。

尔不我畜，复我邦家。

畜，是养。固望其我畜，可暂安于兹土矣。今尔曾不我畜，则将复我之邦家矣，岂可复以亲故望之哉？

二章讲：

我行其野，言采其蓫。

我之行于野中也，求彼恶菜之蓫，以为饮食之需，此其困亦极矣。

昏姻之故，言就尔宿。

我于斯时，以为情义不相维者，不足依倚，于是思婚姻之故，言就尔宿。

尔不我畜，言归思复。

复，返国。意固望其我畜，而可以暂安于此邦矣。今尔曾不我畜，则将言归思复矣，岂可复以亲故怀之哉？

末章讲：

我行其野，言采其葍。

我之行于野中也，言采其葍以为食，不得已亦可见矣。

不思旧姻，求我新特。

特，匹也。而尔乃不思旧姻，顿忘昔日之好。惟求尔新匹，遂笃今日之亲。

成不以富，亦祇以异。

异，作旧字。若此者，尔诚不以彼之富，而厌我之贫，然亦只以彼之新，而异于我之故耳。盖趋富而厌贫，乃人情之薄，尔固有所不为。但厌常而喜新，亦人情之恒，而尔容或有不先矣。然则我今日之就尔居宿，而尔不我畜老，宁非此之故哉？人情改易，不足恃赖，亦良可慨矣夫！

斯干 九章，四章章七句，五章章五句

首章讲：此筑室既成，而燕饮以落之，诗人歌颂祷之。辞曰：吾王继先筑室，而举落成之燕矣。然是宫室之美，与夫居室之庆，何如哉？

秩秩斯干，幽幽南山。

干，水厓。吾以是室之形势言之，但见斯干绕其侧，秩秩然其有常；南山峙其前，幽幽然其镇重，形势何其美耶！

如竹苞矣，如松茂矣。

苞，丛生而固。茂，茂密。以是室之制度言之，但见下焉盘基巩固，而如竹之苞；上焉结构牢密，而如松之茂，制度又何其美耶！

兄及弟矣，式相好矣，无相犹矣。

好，爱也。犹，怨也。然使居室者，有不和焉，则亦非吉祥善事矣。吾愿兄及弟矣，笃相好之情，而无相犹之隙，则此室之山水若增而胜，而竹道松茂，永为不拔之基矣，不将益见其美也哉？

二章讲：然吾王之筑室，岂侈土木以为壮丽之观哉？

似续妣祖，筑室百堵，西南其户。

续，即继嗣也。户，是门。盖我官室，创自妣祖，以贻后人。兹经中衰，而圮坏甚矣。是以吾王似续妣祖而继其业，筑室百堵，以新其旧。在东者则西其户也，在北者则南其户也，而筑室之务举矣。

爰居爰处，爰笑爰语。

爰，即于字。是以其用无有不周，于是居焉以建外王之业，于是处焉以顾内圣之躬，于是笑焉以协明良之交，于是语焉以集众思之益，而是室乌有不备哉？

三章讲：吾以筑室言之。

约之阁阁，椓之橐橐。

但见束版以筑，阁阁然上下之相承；投土以筑，橐橐然杵声之相应。

风雨攸除，鸟鼠攸去，君子攸芋。

君子，即周王。上下四旁极其牢密，于是天不能为之灾，以风雨则攸除；物不能为之害，以鸟鼠则攸去矣。而君子之居于是也，万邦起具瞻之思，四海属范围之内，不亦尊而且大乎？

四章讲：吾又以其堂之美言之。

如跂斯翼，如矢斯棘，如鸟斯革，如翚斯飞，君子攸跻。

棘，急。革，是变。翚，是山雉。跻，升也。但见大势严正，有如人之竦立，而其恭翼翼也。其廉隅整饬，有如矢之急而直也。其栋宇峻起，有如鸟之警而革也。其簷何华采而轩翔，有如翚之飞，而矫其翼也。其堂之美如此，不为君子攸济之所孚。凡其施政教、颁礼乐以纲纪四方者，而是堂皆得以议之矣。

五章讲：吾又以其室之美言之。

殖殖其庭，有觉其楹。

宁，安身。但见宫寝之庭，殖殖而平正矣；宫寝之柱，有觉而直大矣。

哙哙其正，哕哕其冥，君子攸宁。

宫室有向明之处，则哙哙其光明矣；室有奥突之间，则哕哕其深广矣。其室之美如此，不为君子攸宁之所乎？凡其节劳逸、固元神以保养圣躬者，而是室皆有以贻之矣。

六章讲：夫以吾王宫室之美，既有以光姚祖之业矣，而其居室之庆，岂特兄弟之和已？

下莞上簟，乃安斯寝。

莞，蒲席。簟，竹席。但见万机之暇，而为宴息之休，下莞上簟，乃安斯寝，而梦兆之异，已感于斯矣。

乃寝乃兴，乃占我梦。

兴，寝而起也。占，作说字看。于是乃寝乃兴，而占其梦焉。

吉梦维何？维熊维罴，维虺维蛇。

而所占之吉梦，则维熊、维罴、维虺、维蛇也。夫此四物者，皆吾王心思之所不及，而今形之梦焉。此必有关于国家运祚之重者，而岂徒为寻常矣乎？

七章讲：

大人占之，维熊维罴，男子之祥。

大人，占梦大官。占，推测也。于是召彼大人以占之焉。其占以为熊罴，阳物也；男子，阳质也。今梦及熊罴也，吾知阳感则阳应，其诸乾道成男，而为男子之祥乎！

维虺维蛇，女子之祥。

虺蛇，阴物也；女子，阴质也。今梦及虺蛇，吾知阴感则阴应，其诸坤道成女，而为女子之祥乎！是梦殆非偶然之故矣。

八章讲：

乃生男子，载寝之床，载衣之裳，载弄之璋。

半圭曰璋。夫熊罴之梦既占，其为男子之祥矣，于是乃生男子。然是男子之生而岂徒哉？载寝之床，以示尊荣之礼；载衣之裳，以昭服饰之盛；载弄之璋，以象德器之美。

其泣喤喤，朱芾斯皇，室家君王。

喤喤，泣声之大。且其气质不凡，而其泣喤喤，诚哉为帝王之休矣！故此男子有生而为支庶者，则服黄朱之芾，皇然其鲜明，乃以一国为室家，而为之君矣。有生而为本宗者，则服纯朱之芾，皇然其鲜明，乃以天下为室家，而为之王矣。以男子则宜君宜王如此，可愿之庆，孰大于是哉？

末章讲：

乃生女子，载寝之地，载衣之裼，载弄之瓦。无非无仪，唯酒食是议，无父母诒罹。

裼，即是裸。瓦，是纺砖也，纺绩所用者。诒，遗也。罹，忧也。夫虺蛇之梦既占，其为女子之祥矣，于是乃生女子焉。然是女子之生，亦岂徒哉？载寝之地，以示卑顺之义；载衣之裼，即其所用之常；载弄之瓦，习其纺绩之事。有非，非妇人也，则不出傲言，不由邪行，而无非焉。有善，亦非归人也，则家不干蛊，国不与政，而无仪焉。惟幂酒浆、精五饭，而酒食之是议，以无诒父母之忧焉，斯可矣。以女子则柔顺居贞如此，可愿之庆，孰大于是乎？

夫是宫室之成也，上有以敦兄弟之雅，下有以开男女之祥，人情之所愿，莫过于此者。诗人歌于落成之祭，直可谓善颂祷矣！

无羊四章，章八句

首章讲：此诗为牧事有成，故歌之。曰：畜产之多寡，关国家之盛衰。自今观之，我周之盛，盖于牧事有征矣。

谁谓尔无羊？三百维群。

相萃曰群。彼向当中衰雕耗之余，尝患其无羊矣。今也谁谓尔无羊乎？但见三百为群，而其群不可数也。羊何盛也！

谁谓尔无牛？九十其犉。

黄牛黑唇曰犉。亦尝患其无牛矣。今也谁谓尔无牛乎？但见九十皆犉，而其非犉则尚多。牛何盛也！

尔羊来思，其角濈濈。

且尔羊之来也，聚而息，其角濈濈然而和顺焉。即此聚而和顺也，而羊之盛益可见矣。

尔牛来思，其耳湿湿。

尔牛之来也，呞而动，其耳湿湿然而润泽焉。即此安而润泽也，而牛之盛益可见矣。

二章讲：然不特此也。

或降于阿，或饮于池，或寝或讹。

山之偏高处曰阿。彼食息动静，物性之常也。今以言乎牛羊，则或降于阿者有之，或饮于池者有之，或寝而息者有之，或讹而动者有之，是牛羊之无惊畏又如此。

尔牧来思，何蓑何笠，或负其餱。

牧，向乃以肩担物。蓑，是棕衣。笠，是斗篷。餱，是干粮。然岂无自而然哉？盖由牧人能顺其性故耳。但见尔牧之来思也，何蓑何笠，以为暑雨之备；或负其糇，以为饮食之资，是以能顺乎物性，而无所惊畏如是也。

三十维物，尔牲则具。

三十，三十样也。物，乃色也。具，备也。夫惟性无不顺，故其生无不蕃，齐其色而别之，三十维物，而色无不备矣。或有事而用之，尔牲则具，而用无不周矣。使非人顺物性，而牛羊何以若是其盛哉？

三章讲：夫牛羊既盛，是牧人不亦因之以自适乎？

尔牧来思，以薪以蒸，以雌以雄。

以，是取。薪，大木。蒸，细衣。雌，牝者。雄，牡者。但见牧人之来也，以薪以蒸，而预燎爨之用也；以雌以雄，而为饮食之供也。盖无事乎求牧与刍，故以其余力而从事于樵猎之所矣。

尔羊来思，矜矜兢兢，不骞不崩。

而尔羊之来也，则矜矜兢兢，有坚强之美焉；且不骞不崩，无能败之虞焉。

麾之以肱，毕来既升。

麾，是招。肱，手臂。毕，是尽。既，亦尽。升，入牢。然不特生之蕃息如是也，抑且驯扰从人，不假箠楚，但麾之以肱，使来则毕来，使升则既升矣。苟非物顺人意，而牧人乌有余力以及他事哉？

末章讲：夫以牧事有成如此，则国家富庶之征，不可卜乎？

牧人乃梦，众维鱼矣，旐维旟矣。

众，指人言。彼牧人当无事安息之时，而有梦兆之感。其始之形于梦者，众也，既而非众，而实维鱼矣。始之著于梦者，旐屯也，既而非旐，而实维旟矣。夫司牛羊者，不梦牛羊，而梦夫众，固已异矣，而况众而为鱼乎？荷蓑笠者不梦蓑笠，而梦夫旐，固已异矣，而况旐而为旟乎？此其梦诚非人情之可测者。

大人占之，众维鱼矣，实维丰年。

于是牧人献之，大人占之，以为人不如鱼之多。众维鱼，乃以少致多之象也。其必自今以始，雨旸时若，百谷咸登，而丰年穰穰矣乎。

旐维旟矣，室家溱溱。

旐所统，不如旟所统之众。梦旐维旟，乃以寡变众之象也。其必自今以始，离者以合，涣者以萃，而室家溱溱矣乎。

夫年丰则国用足，民富则国本固。而于牧人一梦兆征之，则是梦也，实有关于国家之大数，而岂徒哉！

节南山 十章，六章章八句，四章章四句

首章讲：此家父刺王用尹氏作也。言：天下治乱系君相一心。君纯心以任相，相纯心以辅治，则天下蒙其福矣。何今之不然耶？

节彼南山，维石岩岩。

节，高峻。岩岩，积石也。节彼南山，维石岩岩之可仰矣。

赫赫师尹，民具尔瞻。

赫赫，显盛也。师，是官。尹，是氏。具，俱也。瞻，仰也。况赫赫师尹，世族尊官，天下所系以休戚者，岂不为民之具瞻乎？

忧心如惔，不敢戏谈。

惔，火燔也。谈，言也。夫为民之瞻，则必慰民之望也。今乃所为不善，使民忧心之甚，而如火之燔灼，又畏暴虐之畏，而不敢戏谈，是负斯民具瞻之心矣。

国既卒斩，何用不监？

卒，终也。斩，绝也。监，监我。夫国以民为本也，民心既离，则国亦既终绝矣，亦何用而不察哉？

二章讲：然尹氏所为之不善者，以其存心之不平也。

节彼南山，有实其猗。

节彼南山，草木之实，皆猗而长，山之生物无不平矣。

赫赫师尹，不平谓何？

平，公平。况赫赫师尹，顾乃不平，其心谓之何哉？

天方荐瘥，丧乱弘多。民言无嘉，憯莫惩嗟。

荐，是重。瘥，是病。弘，是大。憯，曾也。惩，创也。嗟，咨。夫为政者不平其心，则下之荣辱劳逸有大相绝矣。是以天怒于上，重之以病，而丧乱之弘多；民亦怨于下，谤讟并兴，而出言之无嘉。为尹氏首宜速改图可也。顾乃以天变不足畏，人言不足恤，曾不惩创其失，咨嗟自治而求以自改其不平焉，其如天人何哉？

三章讲：夫尹氏固不平，其心如此，然岂知其责之所在，而不可不平者乎？

尹氏大师，维周之氐。

氐，是本。彼尹氏以世臣而官大师，王朝恃之以安危，实维周之根本也。

秉国之均，四方是维。

秉，是执。均，是平。维，扶持。身操国家之柄，而政事皆其调剂，非秉国之均乎？任大责重如此，固宜举行善政，于以维持乎四方。

天子是毗，俾民不迷。

毗，辅佐。俾，使字。迷，昏乱。赞襄治道，于以毗辅乎天子。使民心有所攸系，归往而不至于迷乱，乃其职也。

不吊昊天，不宜空我师。

吊，愍恤。空，穷也。师，众也。今乃不平其心，无致君泽民之术，既不悯恤于昊天，则宜卑自引退，以谢天谴可也。岂可久居其位，使天降祸乱，而我众并及空穷乎？

四章讲：然尹氏之不平其心者，何哉？

弗躬弗亲，庶民弗信。

躬，乃身也。信，服也。彼王委政于尹氏，固以天下治乱责宰相，使政本有所归也。尹氏乃复委政于姻娅之小人，而弗躬弗亲。则群小用事，政以弗臧。吾见无以服民之心，而庶民已弗信矣。

弗问弗任，勿罔君子。

问，询问。任，作事。罔，是欺。君子，指王。且理必问而后明，事必更而后熟。使此姻娅尝问而尝事，犹之可也。今所委用者，皆未尝学问更事之人焉。以此人而事君，是欺其君也。夫大臣以人事君，当广求贤以充之，岂可以未尝问、未尝事者欺其君哉？

式夷式已，无小人殆。

夷，平其心。已，止火。殆，危其国。故尔当平其心，视所任之人，有不当者从而已之，下以服斯民之心，上以尽事君之义。尔无以小人之故，而至于危殆其国也。

琐琐姻娅，则无膴仕。

琐琐，细小貌。婿之父曰姻。两婿相谓曰娅。膴，厚也。举凡所谓琐琐姻娅者，则无厚而仕之，庶乎小人其屏迹矣。不然，几何而不至于殆哉？

五章讲：夫尹氏惟不平其心，而委政于小人如此，是故：

昊天不佣，降此鞠讻。

佣，是均。鞠，是穷。讻，是乱。昊天以至公为心，本无不均也。今反其常，而降此穷极之乱。

昊天不惠，降此大戾。

惠，是顺。戾，乖异。昊天以仁爱为德，本无不惠也。今反其常，而降此乖戾之变。

君子如届，俾民心阕。

如字，作诚能看。届，至也。阕，息也。若此者，惟尹氏之不平致之也，则今所以靖之者，岂有他哉？彼弗躬弗亲，民心已叛乱矣。君子诚能无所苟，而用其至于政事，必躬必亲，而不委之于小人焉，则民皆悦。其上有善政，而乱心息矣。

君子如夷，恶怒是违。

夷，平其心。违，远去也。姻娅肕仕，民心已恶怒矣。君子诚能平其心而无所偏于小人，不以肕仕，而式已之焉，则民皆喜。其任政得人，而恶怒远矣。夫民心悦，则天意可得，尚何鞠凶大戾之不回哉？惜乎，尹氏之不能也已！

六章讲：夫尹氏既不能自反，以靖天变如此。

不吊昊天，乱靡有定。式月斯生，俾民不宁。

定，止息。是以不见悯恤于昊天，其乱未有所止。而祸患与岁月增长，俾民不得以安宁焉。

忧心如酲，谁秉国成？

酒病曰酲。国成，即上国之均。故君子重有所感，忧心如酲。而曰乱不虚生，必有所召，今谁秉国成者？

不自为政，卒劳百姓。

不自，即弗意。卒，终也。劳，劳敝。乃不自为政，而以付之姻娅之小人，致上天悔祸无期，卒使民受其劳弊以至此耶！

七章讲：夫当世之乱如此，君子宁无去乱之心？

驾彼四牡，四牡项领。

项，是大。领，是颈。是故驾彼四牡，四牡项领可以骋矣。

我瞻四方，蹙蹙靡所骋。

蹙蹙，狭小之意。骋，驰驱。然观今日之域中，无一而非昏乱之处，虽欲致身以避其祸，固蹙蹙然无可往之所也，亦将何所骋哉？

八章讲：然君子所以无可往之所者，以小人之性无常故也。

方茂尔恶，相尔矛矣。

茂，盛也。恶，怒也。相，视也。盖小人方盛其恶以相加也，则不胜忿怒，视其矛戟如欲战斗。

既夷既怿，如相酬矣。

夷，怒息。怿，是悦。酬，是饮酒献酬。及既夷平悦怿，则相与欢然，如宾主相酬酢，恬不以为怪焉。夫喜怒之不可期如此，人固难于趋避矣，君子将何所适而可哉？

九章讲：然小人之习乱如此者，盖由尹氏之不平，而委用小人之故耳。

昊天不平，我王不宁。

然尹氏之不平，天实使之也，昊天其不平乎？则祸乱之生，不独俾民不宁，我王亦不得优游无事而载宁矣。

不惩其心，覆怨其正。

惩，是自艾。覆，是反。正，是以言谏己者。夫王委政尹氏，固以治安之庆责之也。而至使王不得宁焉，是宜自惩，以受尽言可也。顾乃曾不惩创其心，而反怨人之正己者，饰非忘谏，则其恶当何时已哉？

末章讲：然致乱虽尹氏，而用尹氏则王心之蔽也。

家父作诵，以究王讻。

家，乃氏；父，乃字。诵，即南山之诵。究，穷也。讻，昏乱。但今尹氏之威方厉，孰敢正言之者？惟我家父，周之世臣，与国同休戚者，义固不可以或默矣，故作此《南山》之诵，以穷究王政昏乱之所由来。惟王心之不平，而私一尹氏故也。

式讹尔心，以畜万邦。

讹，变化。尔，指王。畜，乃养也。王尚听吾之言，改心易虑，以考慎其相，使宰相得人，众正在位。则丰政日加于下，而百姓无卒劳之弊，庶可以畜养万邦矣乎。若然，则民怨何不可止，天变何不可回哉！吁！家父自以其身，当尹氏之忿怒，指斥其非，以感悟王心，真可谓忠臣矣。惜乎，时王之不悟也！

正月 十三章，八章章八句，五章章六句

首章讲：此大夫所作。言：天下之致乱者，莫甚于讹言；而可以遏乱者，莫过于贤臣。倘人君不用贤臣，而听讹言，则天变作，而下蒙其祸矣。吾于今之时事，大有慨焉。

正月繁霜，我心忧伤。

正月，夏四月。繁，是多。繁霜乃肃杀之气也，今乃正月而繁霜，则霜降失节。天道变于上，既使我心忧伤矣。

民之讹言，亦孔之将。

讹，伪。孔，甚也。将，乃大也。苟人事善于下，天变犹可弭也。今造为伪言，以惑群听者，又方甚大，是人道又变于下矣。

念我独兮，忧心京京。

独，惟我。京京，亦大。但众人不以为忧，而我虑讹言之召乱，独京京然大以为忧。

哀我小心，癙忧以痒。

瘨忧，隐痛意。瘅，病也。哀哉，我之小心也！其忧之深，盖至于病矣，岂徒天变之足忧哉？

二章讲：

父母生我，胡俾我瘉。

瘉，病也。夫瘨忧以瘅，则我之见病甚矣。父母生我，胡俾我以瘉乎？

不自我先，不自我后。

使乱自我先，则不及见乱；自我后，则不及闻。今乃不先不后，适于其时，则病将何时已哉？

好言自口，莠言自口。

好言，相夸之言。莠言，相讥之言。夫人之言，必本于心，惟此讹言之人，虚伪反复，其好言也出自口焉，其莠言也亦出自口焉。初不根于此心，是非变易，此其言诚足以惑群听而孔将也。

忧心愈愈，是以有侮。

愈愈，忧之甚。侮，侵凌意。是以我也忧之益甚，痛此祸乱之所由始，而不容自已者。彼讹言之人，方且躁怒，而反见侵侮焉，亦独何哉？

三章讲：

忧心茕茕，念我无禄。

茕茕，忧心意。无禄，言不幸也。夫讹言繁兴，则国将亡矣。故我忧心茕茕，念我不幸而遭国之将亡。

民之无辜，并其臣仆。

辜，是罪字。并，是同也。仆，服役于人。与此无罪之人，将俱被囚虏，而亲为臣仆矣。

哀我人斯，于何从禄？

人斯，指民言。禄，食禄之禄。夫忠臣不事二君，在我固知所以自处。惟哀我人斯，不知将复从何人而受禄。

瞻乌爰止，于谁之屋？

如瞻乌之飞，不知其将止于谁之屋也，我之忧奚容已哉！

四章讲：夫讹言之人，召乱得志；无辜之人，并为臣仆。则善恶不明甚矣，民将何所控告哉？

瞻彼中林，侯薪侯蒸。

瞻彼中林，大者为薪，小者为蒸，分明可见矣。

民今方殆，视天梦梦。

殆，危也。梦梦，不明善恶。民方今危殆，疼痛号诉于天，固望其福善、祸不善者，而视天反梦梦然，不亦中林之不如哉？

既克有定，靡人弗胜。

克，能也。定，即善恶分明。胜，为天所胜。然此特其未定之天耳。迨夫气数自衰而复盛，自否而复大，天之既克有定也。则善者必降之祥，不善者必受其祸，恶者必降之灾，不恶反蒙其福，未有不为天所胜矣。

有皇上帝，伊谁云憎？

憎，私恶也。然有皇上帝，其初恶者岂所憎而祸之乎？福善祸淫，亦必然之圣也。今不知何时能使民得以有瘳哉！

五章讲：夫天无意于分别善恶矣，而讹言之止，吾犹不能无望于人也。

谓山盖卑，为冈为陵。

谓，讹言所谓。当今讹言之人，尝谓山盖卑矣，而其实则冈陵之崇焉。

民之讹言，宁莫之惩？

民之讹言，虚诞不实，大率盖如此矣。此诚召乱之阶也，而王乃安然，莫之惩止，何哉？

召彼故老，讯之占梦。

召，呼召。故老，乃旧臣。讯，穷问。占梦，太卜之属。然使在下有辨讹之人，彼犹不敢以肆其恶也。故我以故老练于臧否，以占梦明于吉凶者也。于是召彼故老讯之占梦，盖欲其辨讹言之是非耳。

具曰予圣，谁如乌之雌雄？

具，俱也。予，乃故老占梦自言。乌之雌雄，相似而难辨。而故老也、占梦也具曰：予虽圣人也，亦孰能知乌之雌雄哉？是讹言之是非，在下又诿之而不敢辨矣。上无止讹之君，下无辨讹之臣，则讹言之具何时而已耶？

六章讲：夫讹言无惩，则祸乱宁有极乎？

谓天盖高，不敢不局。

局，曲身。今天盖高矣，而我亦不敢不屈身以求容。

谓地盖厚，不敢不蹐。

蹐，累足。地盖厚矣，而我亦不敢不累足以求载。

维号斯言，有伦有脊。

号，呼号。斯言，即上四句。伦，是序。脊，是理。夫我之号呼为此言者，非诞妄不经也。盖以讹言惑听，祸起不测，而置身之无所，则其不敢不局蹐者，其言诚有伦理而可考矣。

哀今之人，胡为虺蜴？

虺、蜴，俱毒螫之虫。夫使人惧祸至于如此，则今之四毒甚矣。哀今之人，胡为虺蜴以害人，而至于此极乎？

七章讲：然我之遭乱无所容，何莫而非出于天哉？

瞻彼阪田，有菀其特。

菀，茂也。特，生。瞻彼崎岖嵝嵃之田，宜若无所容矣，而其中犹有菀然特生之苗，而有所容焉。

天之扤我，如不我克。

扤，沮抑意。克，胜也。今上天广大，遍覆于人，何所不容？顾乃投我于艰难之中，而龃龉顿挫之，如恐其不我克，何哉？此其不能有容，视之阪田不如矣。

彼求我则，如不我得。执我仇仇，亦不我力。

则，是法。执，拘执。仇仇，如怨雠也。力，是用力。天之扤我何如？彼王始而求我，以为法则也，惟恐其不我得矣。及其既得之也，则又动相制御絷束之，使不能有所为；求其一言一行之我用，亦不可得也。求之甚艰，而弃之甚易，其无常如此，非天之扤我而何哉？

八章讲：夫讹言固致乱，而要其致祸之由，岂无人哉？

心之忧矣，如或结之。

我也心之忧矣，有如物之固结，而不可解者。

今兹之正，胡为厉矣？

正，即政字。厉，暴恶。岂独为吾身忧哉？以今兹国政之暴恶也。

燎之方扬，宁或灭之？

火焚曰燎。扬，盛也。灭，乃扑灭也。夫国政之暴恶，虽曰讹言之人为之，而其听讹言，则王心之惑耳。今夫燎之方盛之时，宁或有扑而灭之者乎？

赫赫宗周，褒姒灭之。

赫赫，昌盛也。宗周，指镐京言。褒，国名。姒，姓也。而此赫赫宗周，其威灵气焰犹然盛矣，而惟褒姒足以灭之焉。盖褒姒淫妒谗谄，而王惑之，则聪明日蔽，正邪不分。故谗言乘其惑，而恣其乱，则其灭宗周也必矣。乱之所由，岂独谗言能为力哉？

九章讲：夫王惑于女色，而因以蔽于谗言，使其国之将亡如此。为今之计，其惟一意求贤以自助乎！请借车而喻之。

终其永怀，又窘阴雨。

终，思其终。永，长也。怀，虑也。窘，陷也。彼驾车以行险而不知止。君子永思其终，知其必窘于阴雨之患，而车之泥泞败陷，不能免也。

其车既载，乃弃尔辅。

斯时也，宜无弃尔辅，庶几载之不输也。何其及车既载，乃弃尔辅焉？是失其持危之具，而速其倾覆之道矣。

载输尔载，将伯助予。

输，堕也。及其既输尔载之时，而后号伯以助予，岂能及哉？

十章讲：夫求助于已危，既无及矣，则求助于未危，而危不可免乎！

无弃尔辅，员于尔辐。

员，乃益。诚能无弃尔辅以益辐。

屡顾尔仆，不输尔载。终逾绝险，曾是不意。

屡，数也。顾，视也。仆，将军之人。逾，过也。绝，急也。不意，即不介意之说。而又屡顾尔仆以将军。吾知先事而防，可以无患，则不隳尔所载，而终逾绝险之地。若初不以为意矣，岂有颠覆之患哉？然则贤臣乃王之辅也，乃王之仆也，今王于国家危乱将至，而弃贤臣，及其既危，然后求贤以自助，而计将无及也。孰若求贤于未危，而乱终不作之为愈乎！盖辅治有人，则国家之治安永保，患难之衅隙自消。王而通于车仆之当，亟于求贤矣。

十一章讲：夫用贤固可以已乱，今王不能然也，则祸乱之及，其可逃乎？

鱼在于沼，亦匪克乐。

沼，乃池。今夫鱼相忘于江海者也，而在于沼，则其生已蹙，亦匪克乐矣。

潜虽伏矣，亦孔之炤。

伏，是隐。孔，甚也。炤，明也。故其潜虽深，而亦炤然而易见，固难逃于网罟之患矣。然则君子生在乱世，虽深自韬晦，亦难免于患，何以异是哉？

忧心惨惨，念国为虐。

虐，暴乱。故我忧心惨惨，念国之为虐，而虑其祸患之不免矣。

十二章讲：然我固深以为忧矣，若夫小人，则不知其为可忧也。

彼有旨酒，又有嘉殽。洽比其邻，昏姻孔云。

彼，指小人。洽、比，皆合也。邻，邻里。姻，亲戚。彼有旨酒，又有嘉殽，以洽比其邻里，怡怿其婚姻，优游自适，无异平时，诚所谓安危利灾，而乐其亡者也。

念我独兮，忧心殷殷。

殷殷，痛意。惟我独念乱亡之祸，近在旦夕，忧心殷殷，而至于疾痛焉。以为当此之时，尚虑其家之不保，而何及于邻里之洽；尚惧其身之不保，而何及于婚姻之怡哉！

末章讲：然乱亡之时，岂特病及君子，而天下俱受其病矣。

佌佌彼有屋，蓰蓰方有穀。

佌佌，是小也。蓰蓰，窭陋也。穀，禄也。

彼佌佌然之小人，不宜有屋也，今皆有屋席尊大之势矣。彼蓌蓌之小人，不宜有榖也，今皆有榖，借富厚之资矣。

民今之无禄，天天是椓。

无禄，不幸也。天，乃祸也。椓，害也。民今遭乱，而若是其不幸者，是乃天祸椓丧之耳。

哿矣富人，哀此茕独。

哿，即可字。富人，有财力者。哀，是怜。茕独，无告之人。夫天祸椓丧，则贫富均弊。然就而较之，富者优于财而裕于力，犹或可胜。至于茕独，则财尽不能胜其求，力罢不能胜其役，终于无以自存矣，不尤可哀之甚哉？吁！若大夫者，其忧时感事之言，可谓切矣。而幽王不能用此，周辙所以东也欤！

十月之交 八章，章八句

首章讲：此亦忧乱之诗。

十月之交，朔日辛卯。

交，是晦朔之间。朔，乃每月初一日。十月日月交会之际，其朔之日，则辛卯焉。夫辛为阴金，而卯为阴水也，当此纯阴之月，而值群阴之辰，则阴之盛可知矣。

日有食之，亦孔之丑。

食，无光也。于此之时，日有食之，是阳衰不足胜阴，阴胜反以亢阳，不亦可丑之甚哉？

彼月而微，此日而微。

微，亏也，即食也。夫月为阴精，彼月而微，乃阴为阳所胜，固其宜也。至于日为阳精，所以制阴，本不宜亏也，而今亦亏焉，则是天变之大而乱亡兆矣。

今此下民，亦孔之哀。

今此下民，固将受其殃者，不亦可哀之甚乎？

二章讲：然日食之变，岂无自而致哉？

日月告凶，不用其行。

凶，即日食。行，常道。诚以日月之食，皆有常度。使月常避日，则有当食而不食者矣。今日月告凶，而有相食之变，乃月不避日，失其道也。

四国无政，不用其良。

政，纪纲。良，善人。所以然者，良以四国无善政，而又不用贤人故也。

彼月而食，则维其常。

如此，则日月之食，为僭忒之应，皆非常矣。然就而较之，彼月而食，乃阴亢阳而不胜，犹可言也，则维其常矣。

此日而食，于何不臧？

臧，善也。此日而食，则阴胜阳，而掩之不可言也，果何如其不臧耶？

三章讲：然不但有日食之变已也。

烨烨震电，不宁不令。

烨烨，电光也。震，雷声。宁，是安。令，是善。当此十月，乃阳伏之候，不宜有雷电也。乃今烨烨然震雷而电，违时失序，盖有震惊下土而不宁矣，愆戾流行而不令矣，是天道变于上也。

百川沸腾，山冢崒崩。高岸为谷，深谷为陵。

沸腾，水不定意。冢，山顶。崒，崔嵬。高岸，防水之堤。谷，山坑。且百川沸腾，而失其润下之性；山冢崒崩，而易其艮止之常。高岸崩陷，而为谷矣；深谷填塞，而为陵矣。是地道又变于下也。

哀今之人，胡憯莫惩？

灾异叠见，乃天心仁爱人君，而欲其修省也。哀今之人，胡乃以天变不足畏，曾不恐惧修省，而莫之惩乎？

四章讲：夫日食之变，固以行政用人之不善。而所以行政用人不善，而致日食山崩水溢之变者，则有故也。

皇父卿士，番维司徒，

皇父，是字。番，姓也。彼兼总六官者，卿士之职也，而皇父实为之。司徒掌邦教，以训兆民也，而番实为之。

家伯冢宰，仲允膳夫。

家，是字。仲，字也。冢宰掌邦治，以均四海也，而家伯实为之。掌王之饮食膳羞者，膳夫也，而仲允实为之。

棸子内史，蹶维趣马，

棸，是姓。蹶，姓也。掌王之废置八法者，内史也，而以付之棸子。趣马掌王之马政，而维蹶氏则任之焉。

楀维师氏，艳妻煽方处，

楀，是姓。艳，美色。煽，炽也。方处，未变徙意。师氏掌司朝之得失，而维楀氏则任之焉。群邪缔结，布在左右，小人之党盛矣。以至后妃正位乎内，深宫警戒恒赖之，宜求淑女，以为之配也。今则美艳之妻，其宠方盛，方居其所，而未之变迁焉，嬖妾之权盛矣。夫有小人用事于外，又有嬖妾蛊惑居心于内，此用人行政之所以不善，而灾异之所以繁兴也与！

五章讲：然小人用事，而皇父实为之魁也。吾以皇父之恶言之。

抑此皇父，岂曰不时？

不时，农隙之时。彼兴作必以其时，抑此皇父受畿内之封，其作不目，以为不时。

胡为我作，不即我谋？

作，即迁徙。即，就也。谋，相议。迁徙贵谋于众也。皇父欲动我以徙，乃不即我谋。

彻我墙屋，田卒污莱。

彻，折毁也。污，贮水。莱，生草。而逃彻我之墙屋，使我田不获沼，卑者污，而高者莱。

曰予不戕，礼则然矣。

曰，皇父之言。戕，害也。夫墙屋彻则无所安息，田屋业则不得衣食，如是则其戕我甚矣。而独曰：非我戕女，乃女下供上役之礼当然耳。夫下供上役，固礼之当然，然岂有欲作大事、动大众而不通众志者哉？其不仁于下，有如此者。

六章讲：然不特不仁于下也，抑且不忠于上焉。

皇父孔圣，作都于向。择三有事，亶侯多藏。

圣，通明之称。作，经营。都，邑邦。择，拣选。三事，即三卿。亶，信也。侯，惟也。多藏，富而多蓄。彼人惟不自圣，则必求贤以自助，而择人以事君也。今皇父乃自以为圣人矣，而以他人莫己若矣。故其作都于向也，其择三卿，惟取多藏之富人焉。

不慭遗一老，俾守我王。

慭，勉强意。老，老成之人。守，辅佐。又不强留一老成之臣以卫天子。

择有车马，以居徂向。

有车马，即是富人。徂，往也。惟择有车马者，则悉与之徂向焉。自便身图，使人主孤立于朝，其不忠于上，而但知贪利以自私又如此者。

七章讲：然皇父虽虐，而吾职则当尽也。

黾勉从事，不敢告劳。

黾勉，勤意。从事，供皇父之役。告，即言也。劳，苦也。故虽作向而兴非时之役，我必黾勉以从事，而不敢以告劳焉。

无罪无辜，谗口嚣嚣。

辜，即罪字。嚣，众多。宜可以免咎也，抑且无罪无辜，而遭谗口之嚣嚣，饰成其罪，而祸有所不免矣。

下民之孽，匪降自天。

孽，灾害也。若然，则下民之孽，岂真自天降哉？

噂沓背憎，职竞由人。

噂，众也。沓，重复。背，背后。憎，疾恶。职，是主。竞，是力。人，谗口之人。盖噂噂沓沓，而多言以相悦，退有后言，而背则相憎。专力为此，以交构乱祸者皆由谗口之人耳。乌可归咎于天耶？

末章讲：夫乱之不能避者时也，而我之所当安者命也。

悠悠我里，亦孔之痗。

悠悠，忧也。里，居也。痗，是病。当此之时，小人构乱天下，均受其病矣。然我心悠悠，独忧我里之甚病焉。

四方有羡，我独居忧。民莫不逸，我独不敢休。

羡，余也。居忧，即受病也。逸，暇也。休，休息。盖我居皇父之邑，而犹为切近之灾。故四方虽困于财也，然犹得以居室耕田，而有余财矣。我则墙屋以彻，田皆污莱，而独居忧焉。百姓虽疲于力也，然犹得间有休息，而有间暇之力矣。我则黾勉从事，不敢于告劳，而独不敢休焉。

我里之甚病，为何如耶？

天命不彻，我不敢效我友自逸。

彻，均平。效，法也。

然要之人有余而我独居忧，人皆逸而我独劳者，是皆莫之为而为，莫之致而至，乃天命之不均也。我亦安之于命而已矣，岂敢效我友之自逸哉？

<h2 style="text-align:center">雨无正七章，二章章十句，二章章八句，三章章六句</h2>

首章讲：此饥馑之后，群臣离散，其不去者作诗以责去者。曰：

浩浩昊天，不骏其德。降丧饥馑，斩伐四国。

浩浩，广大貌。骏，大也。德，惠也。饥，谷不熟。馑，菜不熟。浩浩昊天，以遍覆为德者也。今何乃不大其德，而降此饥馑之灾，以斩伐四国之人乎！

旻天疾威，弗虑弗图。

旻天，仁覆闵下。疾威，即暴虐。虑，思也。图，谋也。夫天不能以无罚于人，然罚不善以保全善人可也。今如何旻天四其暴虐之威，曾不思念图谋，而遽为此乎！

舍彼有罪，既伏其辜。

舍，置也。伏其辜，言罚当罪也。彼有罪之人，降以饥馑而置之于死，则是既伏其辜矣。

若此无罪，沦胥以铺。

沦，陷也。胥，是相。铺，是遍。若此无罪者，今亦使之被饥馑之祸，相与遍陷于死亡，则如之何哉？非弗虑弗图，以至是乎！

二章讲：然不特天变已也，而人心亦因以离矣。

周宗既灭，靡所止戾。

周宗，族姓也。戾，定也。彼饥馑荐臻，危亡日近，则宗周既灭，将有易姓之祸，其兆已见矣。所不可知者，惟天之所命，民之所归，终定于何人耳！

正大夫离居，莫知我勋。

正，长也。离居，散去也。勋，旁也。是以正大夫者，亦官之长也。今皆饥馑散去，因以避谗谄之祸，而莫有知我之劳焉。

三事大夫，莫肯夙夜。

三事大夫，有官守者也，则莫肯夙夜于王。

邦君诸侯，莫肯朝夕。

邦君诸侯，有民社者也，则莫肯朝夕于王。何有一人不忍离王，而周旋于左右者乎？

庶曰式臧，覆出为恶。

庶曰，冀望之词。臧，乃善也。覆，反也。夫天变既如彼，人离又如此，庶几王监于天人之际，改而为善可也。顾乃复出为恶而不悛，将何以回天意，而悦人心哉？

三章讲：然王虽不善，而臣之忠敬不可忘也。

如何昊天，辟言不信？

辟，法度。如何昊天乎？王于法度之言而不听信。

如彼行迈，则靡所臻。

迈，往也。臻，至也。则无所畏惮而恣行不返，如彼行迈而无所底止矣。

凡百君子，各敬尔身。

凡百君子，指群臣。各敬尔身，不可暇逸意。然王之为恶，虽王之过，而人臣之义，则不可因王之善恶，而敬怠其心者也。百凡君子，各有当尽之职者，是必靖共尔位，而各敬其身可也。

胡不相畏，不畏于天？

盖人己一心，苟不敬其身，是以人为不足畏矣。君子行事，当合人心，胡可不相畏乎？天人一理，不畏于人，是以天为不足畏矣。君子行事，可与天知，胡可不畏天乎？知天人之当畏，则知吾身之当敬矣。

四章讲：然不特当尽其忠敬，而人臣之忠亦不可忘也。

戎成不退，饥成不遂。

戎，兵戎。不退，犹不止也。饥，荒年。遂，成也。今夫寇已成，而王之为恶不退，则人离而寇乱将益进也。饥馑已成，而王之迁善不遂则天怒，而饥馑将益甚也。

曾我暬御，憯憯日瘁。

暬御，近侍之臣。憯憯，忧也。日瘁，病也。使我暬御之臣，朝夕夙夜于此，慨君德之日非，忧心之甚，惨惨而日瘁焉。

百凡君子，莫肯用讯。

百凡君子，即上群臣。讯，告也。然此不特我一人之忧，亦尔君子之忧也。百凡君子，乃莫肯以兵寇饥馑之事告王，而使之去恶迁善，何哉？

听言则答，谮言则退。

答，对也。谮言，毁谤之言。退，离散。虽王有问，而欲听其言，则亦随问以答之而已，不敢以尽言也。一有谮言及己，则皆退而离，皆莫肯夙夜朝夕于王矣。夫王虽不善也，而君臣之义，岂可以若是恝乎？

五章讲：夫尔群臣之离散而去，吾推其意，不过以忠言之不售于时，而其道之难容于世耳。

哀哉不能言，匪舌是出，维躬是瘁。

哀哉，伤叹之词。能言，指忠言说。瘁，病也。当此之时，言之忠者，皆世之所谓不能言者也。哀哉不能言，非但出诸其口也，言出祸随，适以瘁其躬而已。

哿矣能言，巧言如流，俾躬处休。

能言，指佞言。如流，言之便捷也。躬，是身。休，安乐。佞人之言，当世之所谓能言者也。哿矣言巧好，其言如水之流，而无所疑滞。则谀佞易合，而俾其身处于安乐之地矣。忠言贾祸，佞言获宠如此，则凡有忠言，而不能为佞言者，皆思所以自远矣。尔今之离散而去也，非以言之难哉？

六章讲：然不惟言之难也，而仕亦难。

维曰于仕，孔棘且殆。

于，是往。孔，甚。棘，急也。殆，危也。今之人皆曰往仕矣，而不知仕之急而且危也。

云不可使，得罪于天子。

云，即王之所谓者。得罪，被祸也。何也？当此之时，直道者，王之所谓不可使者也，云不可使，则直道见忤，谴责必加，而得罪于天子矣。

亦云可使，怨及朋友。

怨，即贻讥之意。枉道者，王之所谓可使者也，亦云可使，则枉道徇人，公论不容，而见怨于朋友矣。从道则违时，徇时则背道。如此，则凡有直道而不能为枉道者，皆思所以远避矣。尔之离散而去也，又非以仕之难哉？

末章讲：然言与仕之难，而吾亦知之矣。而君臣之义，终不可以此而遂忘也。

谓尔迁于王都，曰予未有室家。

尔，指离居者。曰，是离居者之应词。故我不忍王之无臣，而我之无徒也。告尔以复还于王都，欲以夙夜朝夕于王焉。而尔乃托词以拒我，曰我王都之未有室家也。

鼠思泣血，无言不疾。

鼠思，是言其畏惧之形状。其辞之至切，至于鼠思泣血，无有言而不疾痛者。

昔尔出居，谁从作尔室？

出居，指初去时离居于外也。然尔之辞，我谓之惧祸则可，谓之无家则非矣。何也？向尔自王都而出居于外，在外之室，谁从为尔作之乎？盖尔有心于去，则去时之室，尔自作之也。今特患尔无还都之心耳。苟有还都之心，则还时之室，尔亦自作之可也。而今以无家辞我，岂其情哉？

小旻之什二之五

凡十篇。

小旻六章，三章章八句，三章章七句

首章讲：大夫以王惑于邪谋，不能断以从善，故作此诗。曰：

旻天疾威，敷于下土。谋犹回遹，何日斯沮？

敷，布也。回，是邪。遹，是僻。何日，无时也。沮，止也。天地者，吾人父母；大君，父母宗子。君之所为，天宜有以相之也。今此旻天绝悯下之仁，肆暴虐之威，以布于下土，而乃使王之谋猷邪僻，无日而止乎！

谋臧不从，不臧复用。

复，反也。谋之邪辟何如？盖人于谋猷，从其善而舍其不善，则谋猷皆正矣。今王于人谋之善者则不从，而于人谋之不善者反用之。舍其善而用其不善，谋猷如之何其不邪僻耶？

我视谋犹，亦孔之邛。

孔，甚。邛，病也。夫谋猷既邪，则国是不定，其究必至于纪纲日紊，而乱亦不免矣。故我视谋猷为之深忧，而甚病也。

二章讲：夫王之惑于邪谋也，岂以小人有可从之谋哉？

潝潝訿訿，亦孔之哀。

潝潝，相和。訿，相诋。不知此小人也，徇私而灭公，外亲而内忌。其有所喜也，则潝潝然雷同以相和；其有所怒也，则訿訿然谤讪以相诋：同而不和如此。夫当其同也，则相比以为奸；及其不和也，又相激以为乱：必有以贻国家之祸者。吾为国家虑，亦甚可哀矣。如此之人，何望其有善谋之可从哉？

谋之其臧，则具是违。

违，不用也。夫何王于谋之善者，则违之而不从。

谋之不臧，则具是依。

依，从之也。于谋之不善者，则依之而不拂。

我视谋犹，伊于胡厎？

其昏惑淆乱如此，故我视谋猷，亦何能有所定乎？

三章讲：夫谋之无定如此，安望其谋之善成乎？

我龟既厌，不我告犹。

犹，即所谋于神者。今夫卜筮，所以决吉凶也。而再三之渎，则龟厌之，而不告以所图之吉凶。

谋夫孔多，是用不集。

谋夫，谋事之人。集，成也。亦犹谋夫，所以讯是非也。然谋夫众，则是非相夺，莫适所从，而谋终亦不成矣。

发言盈庭，谁敢执其咎？

发言，出谋也。执，仕也。咎，罪也。何也？盖谋贵众，而断之贵专。今王无专断之明，使人发言盈庭，各是其是，无有任其成败之责，而决其是非之归者，是以其相夺靡定，而谋终于不成也。

如匪行迈谋，是用不得于道。

迈，往也。谋，谋所往之处。不得，犹不能行也。道，路也。譬如不行不迈，而坐谋所适，谋之虽审，而亦何得于道路哉？

四章讲：然谋之所以不成者，岂徒以其无断而已哉？

哀哉为犹，匪先民是程，匪大犹是经。

哀哉，悲叹词。先民，古圣贤。程，法也。犹，是道。是经，当行也。大凡人之谋犹，当鉴于成宪，而本之以当然之道，则邪正有所决，而谋之所以能成也。哀哉！令之为猷也，自是已见，不以先民为程；自徇私意，不以大道为经。

维迩言是听，维迩言是争。

争，争办也。而维于浅末之言是听而是争焉，以是相转而不决，将何以成其谋乎？

如彼筑室于道谋，是用不溃于成。

道，路也。道谋，谓谋于道路之间。溃，遂也。如将筑室，而与行道之人谋，则人人得为异端，其能有成也哉？

五章讲：夫王惑于邪谋，不能从善如此，则善者其能以自存乎？

国虽靡止，或圣或否。

止，定也。圣，通明。今夫发言盈庭，国谕虽不定也，然亦有思之德睿而作圣者焉，亦有未至于圣而否者焉。

民虽靡膴，或哲或谋，或肃或艾。

哲，明也。谋，聪谋。肃，恭也。艾，治也。饥馑离散，人民虽不多也，然有视之德明而作哲者焉，听之德聪而作谋者焉，亦有貌之德恭而作肃者焉，亦有言之德从而作艾者焉，其犹人可用之善人如此。

如彼泉流，无沦胥以败。

今王乃弃之而不用，则虽有善者，不能以自存，将如泉流之不返，而沦溃以至于败者矣，亦独何哉？

末章讲：夫王不用善，则丧亡之祸必矣，吾能以无忧哉？

不敢暴虎，不敢冯河。人知其一，莫知其他。

暴，是徒手以搏。冯，是空手以涉。其一，指暴虎、冯河。他，指丧亡之祸。今夫虎之不可徒搏，河之不可徒涉者，以其祸之近而易见也。此一事也，人皆知之矣。至于他如丧国亡家之祸，隐于谋犹相僻之中而无形者，则不知以为忧也。盖众人之见，狃于目前，而不能反远，大率若此而已矣。

战战兢兢，如临深渊，如履薄冰。

我惧祸乱之将及，是以战战而恐，兢兢而戒，有如临深渊之恐堕，如履薄冰之恐陷。盖迹虽未形，几则已见，安得而不恐惧哉？

小宛 六章，章六句

首章讲：此大夫遭时之乱，而兄弟相戒以免祸。曰：降乱者天也，而免乱者人也。我兄弟生今之世，可无保身之道乎？

宛彼鸣鸠，翰飞戾天。

宛，小貌。翰，是羽。戾，至也。彼宛彼鸣鸠之小鸟，犹翰飞以至于天矣。

我心忧伤，念昔先人。

先人，指父母言。况我兄弟遭危乱之时，此心忧伤，宁不念昔之先人哉？

明发不寐，有怀二人。

明发，将旦而光明开发。怀，思也。二人，正是父母。是以当明发不寐之明，而深有怀于父母焉。盖惟恐乱则辱及其亲，诚有不容以不念者矣。

二章讲：夫既念及父母，则所以修身免祸，以无贻父母之辱者，岂可缓哉？

人之齐圣，饮酒温克。

齐，是肃。温，是和。克，胜也。诚以貌之德恭、思之德睿而为斋圣之人者，其特身无所不用其敬，饮酒虽醉，犹温恭自持以胜，而不至于丧仪而败德焉。

彼昏不知，壹醉日富。

昏，冥也。壹，作一说。富，犹甚也。彼昏而不知者，则一于醉而日甚矣。

各敬尔仪，天命不又。

敬，戒谨。仪，威仪。又，复来也。智愚之际，法戒攸寓，我兄弟尚当以斋圣为法，以彼昏为戒，各敬威仪，凡一动一静，无所不至，而于饮酒之间，尤加之之意焉，可也。所以然者，何也？盖今天命已去，将不复来，此正国家危乱之时也。使一有不敬，何以修身而免祸乎？

三章讲：然不特我兄弟当谨仪以修身也，亦当教其子以修身也。

中原有菽，庶民采之。

菽，大豆。采，取也。彼中原有菽，则庶民皆得以采之，而适于用矣。

螟蛉有子，蜾蠃负之。

螟蛉，桑上青虫。蜾蠃，土蜂也。负之，取桑虫以母。螟蛉有子，则蜾蠃得以负之，而化为己子矣，在物尚有然者。

教诲尔子，式穀似之。

尔子，兄弟相□。式，是用。穀，是善。似，是相肖。况父之于子，可不教之以善道，而用似者乎？盖天下无不可行道之人，而亦无不可变化之子，是必教诲尔子，使之共由于大道之公，而成其克肖之美，用善而似之可矣。不然，身虽为善，而置其子之不善，使其陷于祸焉，亦岂所以善其后哉？

四章讲：然是谨仪，尤不可不及时而勉力也。

题彼脊令，载飞载鸣。

题，是视。题彼脊令，犹载飞载鸣，而不得以休息矣。

我日斯迈，而月斯征。

迈，向往也。而，汝也。征，作为也。况我之谨仪教子也，既日有所迈矣，而尔之谨仪教子也，亦必月有所焉，要当各务努力，不可暇逸取祸，恐不及相救恤也。

夙兴夜寐，无忝尔所生。

忝，是辱。所生，即父母。故日有一日之夙夜，月有一月之夙夜也，是必夙焉而兴，夜焉而寐，不替其迈往之功。使善其身，因以善其子，庶几祸患可免，以无忝尔所生之父母也。不然，有怀二人之谓，何而竟玩愒取祸以贻其辱哉！

五章讲：夫我兄弟，欲求无忝于父母固矣，然当此之时，犹未敢必其能，无忝与否也。

交交桑扈，率场啄粟。

交交，飞往来见。啄，食也。彼夫桑扈，本不食粟也，今交交桑扈，则啄场率粟矣。

哀我填寡，宜岸宜狱。

填，是病。岸，亦是狱。填寡本不宜岸狱也，今哀我填寡，则宜岸宜狱矣。

握粟出卜，自何能穀？

握，执特。卜，是龟卜。穀，是善。刑罚不中，难于趋避，是岂可不求所以自善之道哉？于是握持其粟，出而卜之，曰谨仪教子，我固以此为自善之道矣。但刑罚过情，恐非此二者可即免也。不知自此之外，复有何道，可以自善于以免祸，而无贻父母之辱也？神其为我告乎！

末章讲：夫我惧祸之不免，而至于握粟出卜者，岂为私忧过计哉？

温温恭人，如集于木。

温温，和柔。木，乔木。正以当此危乱之时，如温温恭人，自善之道已尽，宜若可以免祸矣。然犹怀恐堕之心，有如集于木者焉。

惴惴小心，如临于谷。

惴惴，畏惧之意。谷，深坑。又如惴惴小心自善之道已尽，宜若可以免祸矣。然犹怀恐陨之心，有如临于谷者焉。

战战兢兢，如履薄冰。

今我兄弟，其去恭人，小心远矣，得不战战兢兢，如履薄冰之恐陷哉！不然自治既疏，而祸患难免，欲其无辱父母得乎？

吁！小宛兄弟，可谓得处乱世之道，而善于保身以事亲哉！

小弁 八章，章八句

首章讲：此宜臼被废，而作此诗。曰：人伦之大变，莫甚于父子之相弃。顾其所以致此者，则秉心之残忍也，残邪之蔽明也，言语之轻泄也。今予不幸而遭此变矣。

弁彼鸒斯，归飞提提。

弁彼鸒斯，犹归飞提提而安闲矣，物固得以自适者。

民莫不穀，我独于罹。

穀，善也，就父子相亲言。罹，忧也，就被弃言。况今之民，皆得父子相亲，而莫不善也。我独父子相弃，而不免于忧，不亦鸒斯之不如耶？

何辜于天，我罪伊何？

辜，亦是罪。然亲之不我爱，未必皆亲之过，而或者子有以致之也。於乎天乎，我其何辜！而果何罪以致之乎？

心之忧矣，云如之何？

云如之何，无可奈何之词。负罪引慝，而不知其由，则此心之忧，亦安之而已矣，其将如之何哉？

二章讲：

踧踧周道，鞫为茂草。

周，大也。鞫，穷也。彼踧踧平易之道路，失于践履，则将鞫为茂草矣。

我心如伤，惄焉如捣。

惄，是思。捣，是臼。况我心以被弃之故，悬于忧伤，则惄焉如捣不宁。

假寐永叹，维忧用老。

假寐，不脱衣冠而寐。永叹，长以为叹也。维忧用老，忧则容瘁而如老也。故精神愦眊，至于假寐之中不忘叹息。忧之之深，未老而用老。

心之忧矣，疢如疾首。

疢，是疾首意。心之忧矣，疢如疾首，忧之之甚，真有所不堪也。我何不幸，以至此哉！

三章讲：

维桑与梓，必恭敬止。

今夫维桑与梓，父母所植，以遗子孙，犹且必加恭敬矣。

靡瞻匪父，靡依匪母。

瞻，是尊而仰之。依，是亲而倚之。况父焉至尊，人所瞻也，何瞻而匪父乎？母焉至亲，人之所依也，何依而匪母乎？

不属于毛，不离于里。

属，是连。毛，是肤。离，丽也。里，腹也。子莫不瞻依父母，宜乎父母无不爱其子矣。今我不见爱于父母，岂我不本父母之余气，而不属于毛乎？不出父母之腹抱，而不离于里乎？

天之生我，我辰安在？

辰，生时，是言不善也。我固属毛而离里矣，而犹若此者，必我之生时不善也。天之生我，我辰其安在哉？何其不祥至是耶？

四章讲：

菀彼柳斯，鸣蜩嘒嘒。

嘒嘒，蜩声。菀然而盛之柳，则鸣蜩嘒嘒于其上矣。是蜩之鸣也，柳之菀容之也。

有漼者渊，萑苇淠淠。

淠淠，众多。有漼然而深之渊，则萑苇淠淠于其中矣。是苇之众也，渊之深容之也。物其有所容如此。

譬彼舟流，不知所届。

届，至也。今我何乃不容于亲，而独见弃逐，辟如舟之流于水中，而不知其何所至乎？

心之忧矣，不遑假寐。

是以忧之之深，昔犹假寐，而今有所不暇矣。

五章讲：

鹿斯之奔，维足伎伎。

伎伎，行舒迟。鹿之奔宜疾也，今其足伎伎留其群矣。

雉之朝雊，尚求其雌。

雊，是雉之鸣。雉之雊于朝也，亦尚求其雌，而不忘其匹矣。物尚有所顾如此。

譬彼坏木，疾用无枝。

疾，憔悴。今我何乃不顾于亲，而独见弃逐，辟如伤病之木，憔悴而无枝乎？

心之忧矣，宁莫之知。

是以我自伤之心自忧之，而人莫之知也。

六章讲：

相彼投兔，尚或先之。

投，依于。先，放脱。相彼被逐而投人之兔，尚或有哀其穷而先脱之者。

行有死人，尚或墐之。

行，道路。墐，是埋。行有死人，尚有哀其暴露而埋藏之者。是皆有不忍之心，故虽物之与人，犹用情如此。

君子秉心，维其忍之。

君子，指王。秉，操心。况父子之至爱，其视投兔何如也，视路人何如也？今君子乃信谗弃逐其子，使我如舟流也，如坏木也，曾视投兔死人之真不如矣，其秉心不亦忍乎？

心之忧矣，涕既陨之。

陨，坠也。是以我也伤父子之道废，痛骨肉之恩薄，不觉心忧而涕陨也。

七章讲：

君子信谗，如或酬之。

夫人惟有所不忍也，则于子必加惠爱之心，而于谗间之言，必徐察之也。今君子信谗言，无不行如受酬爵，得即行之。

君子不惠，不舒究之。

惠，是爱。舒，是缓。究，是察。曾不少加惠爱于子，而于谗人之言，初不舒缓而究察之，则谗人之情得矣，而我岂至于被弄乎？

伐木掎矣，析薪杝矣。

掎，作倚说，即依也。杝，随其理。再观之物矣，今夫伐木者，尚以物而掎其巅，析薪者尚随其条理，皆不妄挫折之也。

舍彼有罪，予之佗矣。

舍，寘而不问。有罪，指谗人。佗，加罪也。今王何乃舍彼有罪之谮人，而加我以非其罪，曾伐木析薪之不如。夫父子之间，至亲也，顾乃轻信谗言，遽逐无罪之子，其秉心诚忍矣哉！

末章讲：夫我之被弃，其祸固起于谗言，然要亦王言语不慎启之也。

莫高匪山，莫浚匪泉。

浚，是深。今夫莫高匪山也，尚或有陟其颠矣；莫浚匪泉也，尚或有入其底矣。

君子无易由言，耳属于垣。

易，轻发。属，即附也。垣，是墙。今宫闱之内，非山之高也，非泉之深也。君子于此，不可轻易其心，而以意向之所迁移者，而轻泄于言语之间也。一易其言，恐耳属于垣之外者，有所观望，而左右之人，由是誉其所欲立，毁其所欲废，而乱本成矣。然则我今日之见逐，岂非王不慎言语，以为之阶乎？

无逝我梁，无发我笱。

然我虽也逐，犹不能遽忘情也。故梁，我之所以通鱼也，尔无逝我之梁焉；笱，我之所以取鱼也，尔无发我之笱焉。然则彼谮人者，慎无居我之宫，而行我之事乎！

我躬不阅，遑恤我后。

阅，容也。虽然游梁发笱，去后事也。今我身且不见容，而舟流有靡届之忧，坏木有无枝之苦，何假恤我已去之后哉？其逝其发，我固无如之何矣。

噫！太子，国之贰也，无故轻废之，而使国家随之以亡，此天下之大变也。《小弁》之诗，盖恶伤父之志，其言之悲伤，惨怛而不免于怨，固其宜哉！

巧言 六章，章八句

首章讲：大夫伤于谗，无所控告，而诉之于天。曰：世祸不自生，往往起于谗谮之交构；而谗言不自至，往往起于辩察之不也。今予何不幸而遭乱乎!

悠悠昊天,曰父母且。

悠悠,远大之意。且,语词。凡人之生,皆本于天,故此悠悠之昊天,宁非人之父母乎?

无罪无辜,乱如此怃。

怃,大也。夫为人之父母,则无罪者宜有以保佑之也。胡为使我之无罪无辜,遭乱如此其大乎?

昊天已威,予慎无罪。

已,甚也。夫乱之怃也,是昊天之威已甚矣。然我反而审诸己,则无罪也。

昊天泰怃,予慎无辜。

泰,亦是甚。乱之怃也,昊天之威甚大矣。然我反而审诸己,则无辜也。我无自致之罪,而泰怃之威所不免,天之父母,斯民谓何而使之至此哉?

二章讲:然乱起于谮人,而谮言致乱,则王有以言之耳。

乱之初生,僭始既涵。

涵,容也。盖乱之所以初生者,由谮人以不信之言始入,固将以尝王之□向何如也。而王乃涵容不察其真伪,则谮人之心无所忌矣。

乱之又生,君子信谗。

君子,指王。故乱之又生者,则以谗言复进,王遂信其谗言而用之耳。夫始以狐疑,来谗邪之口;继以轻信,遂罔极之奸。此乱之所以成也。

君子如怒,乱庶遄沮。

君子,王。怒,忿怒也。遄,疾也。沮,止也。使君子见谮人之言,若怒而责之，则谗言不敢肆乱，不庶几遄沮乎？

君子如祉，乱庶遄已。

君子，指王。祉，是喜。已，亦止也。见贤者之言，若善而纳之，则忠言日闻于上，乱不庶几遄已乎？今王顾乃涵容不断，谗信不分，是以谗者益胜，而君子益病也。乱之生也，尚又何怪哉？

三章讲：

君子屡盟，乱是用长。

君子，指王。屡，数也。盟，是誓。长，益盛也。夫君子如祉，则乱庶几遄已矣。今王不能用贤已乱，至于屡盟以相要，则疑贰之心，无以固贤者之志，而君子道消矣，乱不是用长乎？

君子信盗，乱是用暴。

君子，指王。盗，即谗人。暴，亦长也。君子如怒，则乱庶几遄沮矣。今王不能去谗，但涵容不断，信盗以为虐，而小人道长矣，乱不是用暴乎？

盗言孔甘，乱是用餤。

餤，进也。且谗言之美，如食之甘，使人嗜之而不厌焉。则以可谗之言，投轻信之心，而乱本成矣，乱不是用进乎？

匪其止共，维王之邛。

共，供其职也。邛，病也。夫谗言足以致乱，则此谗人者，实不能共其职事，惟以为王之病而已。盖忠言逆耳而利于行，今惟其言之甘而悦焉，则其国殆矣，非王之病而何哉？

四章讲：夫王之信谗以致乱也，岂以谗人之心未易知哉！

奕奕寝庙，君子作之。

奕奕，弘大也。作，是逆也。彼奕奕之寝庙，神之所栖也。而惟仁孝之君子，为能作之，以崇爱敬矣。

秩秩大猷，圣人莫之。

大猷，即大伦也。莫，定也。秩秩之大猷，人之大伦也。而惟修道之圣人，为能莫之，以垂世教矣。

他人有心，予忖度之。

他人，指谗者。忖度，即量度也。况此他人有心，其藏奸虽深也，然惟我为能忖度，而肺肝之如见矣。

跃跃毚兔，遇犬获之。

且彼毚兔其跃跃而跳疾也，自以为物不得而制矣。不知一遇田犬则获之，而何能自脱乎？然则谗人之奸，而莫逃吾之鉴，何以异于是哉？

五章讲：然非惟谗人之心不难知，而谗人之言亦不难辨也。

荏染柔木，君子树之。

荏染，柔貌。彼荏染之柔木，可备器用者也，则惟君子为能树之矣。

往来行言，心焉数之。

行言，乃浮浪不根之言。数，辨其非。此往来之行言，似是而非者也，则惟吾心能辨之矣。

蛇蛇硕言，出自口矣。

蛇蛇，安舒。硕，是大。是故安舒顺理之硕言，可以为程，可以为经，其出诸口宜也。

巧言如簧，颜之厚矣。

巧言，巧好之言。如簧，如笙音可听。颜之厚矣，是腆面不知耻意。若乃巧言如簧，变态百出，所以鼓惑人心者至矣，则岂可以出诸口哉？言之徒可羞愧而已。而彼为是言者，反不知耻，不亦颜之厚乎？夫彼方以如簧之言为得计，而我识其颜厚之足鄙，则深察谗言，又何难辨之有哉？

末章讲：然非惟谗言不难辨，而谗人亦未难除也。

彼何人斯，居河之麋。

何人斯，斥谗人之词。麋，水草之交。彼何人斯，其姓名吾不得而知之也。观其所处，则居河之地，而为水草之麋矣。

无拳无勇，职为乱阶。

拳，亦是力。勇，是力。斯人也，其致乱若是者，岂其有拳勇而然哉？自今言之，实无拳无勇，足以为乱，惟以谗口交斗，专为乱之阶梯耳。

既微且尰，尔勇伊何？

微，肝肠之疾。尰，肿足之病。尔勇伊何，此言无力可为乱。何也？彼既有微尰之疾，平日已不能屈伸，则亦何能勇哉？

为犹将多，尔居徒几何？

犹将多，指谗谋言将大也。徒，是小人之党。夫既无勇，足以为乱，而其为谗谋，又如此其大且多者，意必有居徒以为之助矣。然究尔之居徒，其同恶相济者，亦几何人哉？

夫其勇不足恃，而其徒又不多，则谗人岂难除哉？为谗人之言不难知，不难辨，又不难除如此，而顾使之构乱至此，岂非王之不悟耶？吁！此大夫之所以伤于谗，而莫之往告也与！

何人斯 八章，章六句

首章讲：暴公为卿士而谮苏公，苏公作此诗以绝之。托为指其从行者而言曰：君子置身天地，内必存公平之心，外必昭正直之行；若中怀倾险，而使人莫测其踪迹，则非所以待同寅之义也。吾今有惑于斯人者矣。

彼何人斯？其心孔艰。

何人斯，阳为不知其姓名。孔，是甚。艰，是险。彼何人斯，其姓名吾不得而知也。其立心则甚险，而肆其倾人之计矣。

胡逝我梁，不入我门？

我，苏公自我。我门，苏公之家。使其不逝我梁，无望其入我门也。今胡为逝我之梁，而不入我之门乎？

伊谁云从？维暴之云。

从，是从行。暴，是暴公。夫逝梁而不入门，则其人谅必有故，但我未知其为何人耳。既而问其云从，则惟从暴公之云也。以从暴公而不入我门，则我今日被谮之祸，不能无所疑矣。

二章讲：

二人从行，谁为此祸？

二人，暴公与其徒。祸，谮己之祸。故此暴公也，暴公之徒也，二人相从而行，不知谁谮己而祸之乎？

胡逝我梁，不入唁我？

吊失位曰唁。夫既使我失位矣，苟入而唁我，犹不失故人恋恋之意，而我亦不深伤其薄也。今胡乃逝我之梁，而不入而唁我乎？

始者不如今，云不我可。

始者，是相与之初。今，乃谮己之时。可，乃可与。原子之意，不过以我为不可与耳，然岂其始则然哉？尔始者与我亲厚之时，固尝以我为可，不如今日之云不我可也。可于昔而不可于今，何为其然耶？意者谁为之祸，有难于入言者乎？

三章讲：

彼何人斯？胡逝我陈？

陈，是堂下至门之途。彼何人斯，何为逝我之陈乎？则视适梁又近矣。

我闻其声，不见其身。

声，行之声。顾乃不入唁我，使我徒闻其声，而不见其身踪迹，何诡秘耶？

不愧于人，不畏于天。

夫尔之踪迹诡秘，固以人为可欺，而不愧于人矣。然人可欺，而天不可欺。尔虽不愧于人，独不思天之临下有赫，无隐弗彰，而不畏于天乎，奈何其谮我也？

四章讲：夫人而不畏天，则何事不可为，我亦奚乐有斯人哉？

彼何人斯？其为飘风。

飘，暴也。彼何人斯，其往来之疾若飘风然。

胡不自北？胡不自南？

"胡不自北，胡不自南"，二句言不他适而与己遇也。使其自北自南，则与我不相值，心无所触，犹可忘情于斯人也。今胡不自北？胡不自南？

胡逝我梁？祇搅我心。

搅，扰乱也。而又胡逝我之梁，使我闻声之下，反惑于不见之故。而感念之间，深伤乎情义之薄，只以搅乱我之心而已矣。然则何有于尔之适梁为耶？

五章讲：夫尔之逝我梁，而不入见我，则必有故矣，而岂其亟行则然哉？

尔之安行，亦不遑舍。

安，是徐。遑，暇也。舍，止也。盖尔之于平时安行，犹不遑息。

尔之亟行，遑脂尔车。

亟，急也。脂，是车涩而以膏涂之也。况今亟行，则何暇脂其车乎？今脂其车，则非亟也。

壹者之来，云何其盱？

壹，作一字。盱，是张目而望之。何不一来见我，如何使我望汝之切乎？

六章讲：

尔还而入，我心易也。

还，往而返也。易，悦也。然尔之往也，既不入我门矣，倘还而入，则我心犹庶乎其悦也。

还而不入，否难知也。

还而不入，则尔之心，我不可得而知也。

壹者之来，俾我祇也。

祇，是安。何不还而一来见，使我望尔之心，由之以安乎？一往一返，竟不得尔之一见，得非我今日之谮，自尔为之，而有难于见乎！

七章讲：然尔之所以谮我者，岂我与女无相知之素哉？

伯氏吹埙，仲氏吹篪。

伯，是兄。土者曰埙，乐器。仲，是弟。竹曰篪，乐器。不知我与尔同为王朝之官，则有兄弟之义焉。但见心相亲爱，而声相应和，亦犹伯氏吹埙以唱之，而仲氏吹篪以和之矣。

及尔如贯，谅不我知。

尔，言此暴公。贯，如绳串物。谅，是诚。夫义为兄弟，情若埙篪，则在我与尔势相联属，有如物之在贯也，岂诚不我知而谮我哉。

出此三物，以诅尔斯。

三物，犬、豕、鸡。诅，是盟誓。若曰诚不我知，则当出此三物，以诅之可也，则其相知之素，盖有不可得而掩者矣。

末章讲：夫以相知之人，而为相谮之行，则尔之反侧甚矣。我之作歌，岂容已乎？

为鬼为蜮，则不可得。

彼天下之至不可测者，莫鬼蜮若也。使尔为鬼为蜮，则不可得而测矣。

有靦面目，视人罔极。

面见为靦。今尔乃人也，靦然有面目与人相视，无穷极之时，岂其情终不可得而测哉？

作此好歌，以极反侧。

歌，即《何人》之诗。极，穷也。反侧，反覆不止。是以我也作此好歌，叙其平日之情，与夫今日之谮，以究极尔反侧之心焉。使尔能悔悟前非，而回其心之孔艰，更以善意从我，则是歌之作为不徒矣。

吁！苏公与暴公，既作诗以绝之，又有不终绝之意焉。可谓厚以处己，而恕以待人者矣。

巷伯 七章，四章章四句，一章五句，一章八句，一章六句

首章讲：时有遭谗而被宫刑为巷伯者作此诗。曰：天下之可畏者，莫甚于谗谄之口。倘君子而不知以敬自防，则未有不受其祸者也。若我今日可鉴矣。

萋兮斐兮，成是贝锦。

贝，水虫介。彼萋斐，文之小者也；贝锦，则文之大矣。今也因萋斐之形，而文致之以成贝锦之美。然则谗人因人之小过，而饰成大罪，不犹

是乎？

彼谮人者，亦已太甚。

太甚，过甚也。夫人之小过，本不足深责，而至饰成大罪，以重其祸焉。彼谮人者懻忮，深中其所为，不亦已甚也耶？

二章讲：不特此也。

哆兮侈兮，成是南箕。

南箕，星名。彼哆侈张之，微者也；南箕，则张之大矣。今也因哆侈之形，而虚张以成南箕之势。然则谗人因人之疑似，而构实成罪，不犹是乎？

彼谮人者，谁适与谋？

适，主也。夫人之疑似其过，犹未甚明，而乃构成实罪，此其谋诡矣。彼谮人者，果谁适与谋，而何其谋之诡秘耶？

三章讲：虽然，尔岂可徒谮人而不知畏哉？

缉缉翩翩，谋欲谮人。

缉缉，口舌声。今尔之口舌，则缉缉而不厌其渎；尔之往来，则翩翩而不病其烦。其处心积虑，惟谋欲以谮人耳。

慎尔言也，谓尔不信。

慎，戒谨意。尔，俱指谮人者言。自今言之，言听计从，固自以为得意矣，然亦当慎尔言也。苟不慎尔言，而缉缉翩翩者如此，吾恐听者有时而悟，且将以尔之言虚伪反复而为不信矣。欲求如今之信，从何可得哉？

四章讲：然不特不信已也。

捷捷幡幡，谋欲谮言。

今尔之口舌，则楗莲而儇利；尔之言语，则幡幡而反复。其处心积虑，惟谋欲为谮人之言耳。

岂不尔受? 既其女迁。

受, 听从。既, 是终。迁, 即移字。今王好谗, 则固将受汝矣。然好谮不已, 则告密之门一启, 而文致之词日兴。王将以人之谗尔而罪尔, 遇谮之祸亦且迁而及女矣, 岂特我有遭谗之祸哉?

五章讲: 夫以谗人之恶如此, 而我之受病甚矣, 今将何所诉乎?

骄人好好, 劳人草草。

好好, 骄之状。草草, 劳之状。彼谮人者骄人也, 骄人谮行得意, 何好好也! 彼谮人者劳人也, 劳人遇谮而失度, 何草草也!

苍天苍天, 视彼骄人, 矜此劳人。

视, 鉴视。矜, 哀怜。天骄劳殊状, 忧乐异情如此, 今固无望于人之能察于斯矣。苍天苍天, 夫固临下有赫者也。尚其视此骄人之得意, 而有以抑遏沮止之, 毋使为善类之害矣乎? 其矜此劳人之失度, 而有以扶持全安之, 毋令为小人之虐矣乎? 此固吾之所望于天者, 如此也已。

六章讲: 然我之望于天者, 不特有以视之而已, 尚当有以制其罪矣。

彼谮人者, 谁适与谋?

彼谮人者, 不知谁适与谋, 其为谋之诡秘至于如此也。

取彼谮人, 投畀豺虎; 豺虎不食, 投畀有北; 有北不受, 投畀有昊!

畀, 是与。豺虎, 恶兽食人者。北, 北方寒凉不毛之地。受, 容也。昊, 昊天。夫以为谋之秘, 岂可使之久存于世, 而肆毒以害人哉。是故豺虎以杀为性也, 吾取彼谮人以投畀豺虎, 豺虎亦恶之而不食矣。有北所以处罪人也, 吾取彼谮人以投畀有北, 有北亦恶而不受矣。然则我将如之何哉? 彼昊天至大, 其神灵莫测者也。吾惟投之有昊, 使制其罪, 加之以速死之刑, 庶善类得以保全, 而人心于是乎用慰矣!

末章讲: 夫以谗人之可恶如此, 其祸将有不可胜言者, 岂特及于我已哉！吾知其渐，必及于贵矣。

杨园之道，猗于亩丘。

猗，倚赖也。今夫杨园，地之下者也；亩丘，地之高者也。然陟亩丘者，必自杨园始。是杨园之道，尚有益于亩丘矣。

寺人孟子，作为此诗。

寺人，内小臣。孟子，是巷伯之字。诗，萋斐之诗。夫物且然，况于人乎？盖谮始于微者，而其渐将及于大臣，势有所必至也。故我寺人孟子作为此诗，伤萋斐之交构，慨劳人之无辜，固为贱者之言矣。

凡百君子，敬而听之。

百君子，指诸大臣言。然百凡君子，亦必敬而听之，预有以防其渐，则祸庶乎可免矣。贱者之言，岂无补于君子乎？不然，今日之巷伯，诚有令人伤者，可不戒哉？

谷风 三章，章六句。

首章讲：此朋友相怨之诗。若曰：

习习谷风，维风及雨。

习习和调之东风，风和而雨降，则维风及雨而相持之不舍矣。

将恐将惧，惟予与女。

恐、惧，是危难之时。予，诗人自谓。女，指其友。况女当将恐将惧之时，他人不能相及也，则维予与汝，而同心以共济矣。

将安将乐，女转弃予。

夫患难相救，汝宜德我以终身也。奈何将安将乐，汝转弃予而不复动念，何哉？

二章讲：

习习谷风，维风及颓。

颓，是风之旋回。言习习和调之东风，有风斯有颓，则维风及颓而焚轮之无间矣。

将恐将惧，寘予于怀。

况女当将恐将惧之时，他人不肯相亲也，则维寘予于怀，而惟恐有一时之或离矣。

将安将乐，弃予如遗。

夫怨难相恤，固宜德我以没世也。奈何将安将乐，弃予如遗，而不复存省，何哉？

三章讲：夫亲我于患难，而弃我于安乐，是忘我大德，而思我小怨矣。然为友者，岂能无怨；而处友者，岂宜念怨哉？

习习谷风，维山崔嵬。

崔嵬，是山巅。

今夫习习和调之东风，长养万物者也。披拂于崔嵬之山，则风所被者广，宜无物之不遂其生矣。

无草不死，无木不萎。

然其中无不死之草，无不萎之木，是风亦有遗恩也。然则朋友有大德之恩，而不能无小怨之失，不犹是乎？

忘我大德，思我小怨。

大德，患难相恤之恩。小怨，细微之失。所贵乎朋友者，在于大德思之，而小怨忘之可也。今女乃忘我患难相救之大德，而思我一时之小怨，乃于安乐而弃予焉，岂朋友之道者哉？吁！为朋友者宜试思之，而顾可处以其薄也耶？

蓼莪 六章，四章章四句，二章章八句

首章讲：孝子不得终养作也。若曰：为人子者，幸而其亲常在，则承欢左右，以终其余天，而相忘乎不报之恩者，此生人之大乐也。我今不可得矣，其如此情何哉！

蓼蓼者莪，匪莪伊蒿。

彼蓼蓼长大之莪，昔固谓之莪矣。而今非莪也，特蒿之贱草而已。岂人望于莪之初心哉？然则父母生我，以为美材，可赖以终其身也。而今乃不得其养以死，是亦蒿焉而已。父母望我之初心，岂愿至此耶？

哀哀父母，生我劬劳。

劳，劳苦也。哀哀父母，生我何劬劳也。而不得一养之报，曷胜其终天之恨也乎！

二章讲同。

蓼蓼者莪，匪莪伊蔚。哀哀父母，生我劳瘁。

蔚，亦贱草。瘁，疾也。

三章讲：

瓶之罄矣，维罍之耻。

瓶，酒器之小者。罄，尽也。罍，酒器之大者。今夫瓶之与罍，本相资为用者也。故瓶之罄矣，而取用之不继，实维罍之耻，而储蓄之不充也。然则父母与子，相依为命，而父母之不得其所，岂非子之责哉？

鲜民之生，不如死之久矣。

鲜民，穷独之民。夫以为子而负父母失养之罪，则何以自立于天地之间？所以穷独之民，生不如死，古以为叹，其来久矣。

无父何怙？无母何恃？

怙、恃，俱是倚赖意。何也？盖无父则无所怙，无母则无所恃。

出则衔恤，入则靡至。

恤，是忧。靡，无也。至，归止也。是以出则中心涵恤，徒抱无已之忧；入则怅怅失望，为无所归之人也。生若此，岂如死之为安哉？

四章讲：我以父母之劬劳、劳瘁者言之。

父兮生我，母兮鞠我。

生，是本其气。彼受气于父，父则生我矣；成形于母，母则鞠我矣。

拊我畜我，长我育我。

拊我而拊摩之，以安其身体。畜我而衣食之，以恤其饥寒也。长我而维持调护之，以冀其长大也。育之而涵养薰陶之，以望其成德也。

顾我复我，出入腹我。

顾，是反顾。腹，怀抱。亲行而我不随，则常内而顾我。我行而亲不俱，则常进而复我。其出入之间，又常腹我而不忍舍。

欲报之德，昊天罔极。

罔极，无穷极也。父母之恩如此，为人子者，欲报之以德，则其恩之大，有如天之罔极，不知所以为报也。藉使我得以尽其终养之孝，犹虑其报之难，况今终养之不能焉！其于罔极，乌能报其万一也哉！

五章讲：

南山烈烈，飘风发发。

彼南山烈烈而高大，则飘风发发而急疾。

民莫不穀，我独何害？

穀，善也，就得终养言。害，指不得终养言。方今之民，皆有父母，天性之乐而得以伸其终养之志，固莫不穀也。而我亦民也，何独遭此不终养之害哉？在人何幸，而我何不幸至此也？

末章讲：

南山律律，飘风弗弗。

彼南山律律而高大，则飘风弗弗而急疾。

民莫不穀，我独不卒。

不卒，养亲不终也。方今之民，皆有父母天亲之庆，而得以致其终养之诚，固莫不穀也。而我亦民也，何独不得以终养其父母哉？在人何顺，而我何不顺若是也？

吁！以不获终养之情，而屡致忧伤之意。若《蓼莪》诗人，真可谓孝子矣！

大车 七章，章八句

首章讲：《序》以为东国困于役而伤于财，谭大夫作此以告病。曰：盛世之民其情乐，哀世之民其情哀，此非民心殊也，所遭之世变也。予今不幸而遇斯世，盖不能以无言矣。

有饛簋飧，有捄棘匕。

饛，满簋。飧，熟食。捄棘，捄曲见棘。匕，载牲体者。彼有饛簋飧，则有捄然之棘，匕以升之矣。

周道如砥，其直如矢。

道，周之路。砥，砺石也，至平。如矢，言其直。况此适周之道，其平如砥而不险，则其直如矢而不偏矣。

君子所履，小人所视。

君子，是在位者。履，是行。小人，是下民。所视，视以归往。夫此一周道也，在昔盛时，君子履之以朝周，而入觐禀法者由之也；小人视之以归周，而孔迩攸同者由之也。当时非无力役之征，而实未尝困于役矣；非无赋税之供，而实未尝伤于财矣。

睠言顾之，潸焉出涕。

睠，是反顾。潸，涕下貌。今也睠言顾之，不见周官之威仪，惟见东方之转输。追古而伤今，不觉感极而悲，至于潸然而出涕焉。

二章讲：以东方之困而言之。

小东大东，杼柚其空。

小东大东，东方小大之国。杼，是梭。柚，受经之物。空，是尽。彼国于东方者，小大非一国也，而殚于财力者，亦无国不然也。故自其供于赋也，则杼柚其空，而无复经纬之存矣。

纠纠葛屦，可以履霜。

纠纠，寒凉之意。纠纠葛屦，而可为履霜之用矣。

佻佻公子，行彼周行。

佻佻，轻薄，不堪劳苦也。公子，诸侯的贵臣。自其供于役也，则佻佻公子而奔赤于道路之间。

既往既来，使我心疚。

既往既来，言往来于道路。疚，病也。仆仆往来，而不胜其烦劳之苦矣。财日就竭而敛不休，力日就疲而役不息，东国之困极矣。是以使我忧心之深，而至于甚疚焉。

三章讲：夫东国之困如此，为人上者，亦宜少加恤也。

有冽汜泉，无浸获薪。

冽，是寒。获，是斩艾。彼薪已获矣，而复渍之则腐，故有冽之汜泉，尚其无浸获薪焉。

契契寤叹，哀我惮人。

契契，是忧苦。寤叹，睡醒而叹。惮，是劳。民已劳矣，而复事之则病，故契契寤叹，实念我惮人之可哀焉。

薪是获薪，尚可载也。

载，是载以归也。夫薪是获薪，既不可复渍，则尚其载之，而置之高亢之地可也。

哀我惮人，亦可息也？

息，是休息。哀我惮人，既不可复事，则尚其息之，而措之小康之域可也。今乃征役不息，赋敛不休，则我东人之困，当何时而廖乎？

四章讲：夫我东人之困如是矣，试观于西人，岂其然哉？

东人之子，职劳不来。

东人之子，是诸侯之人。职，专主。劳，劳苦。来，慰抚。但见东人之子困于役，而伤于财，惟专主劳苦之事，而不见慰抚焉。

西人之子，粲粲衣服。

西人之子，京师之人。西人之子，则裕于力，而优于财，俱享有衣服之奉，而粲粲其鲜盛矣。

舟人之子，熊罴是裘。

舟人之子，舟楫之人。熊罴是裘，熊罴为裘，见其富。以至西人有舟人也，舟人之子，则熊罴是裘，而服用之华侈，其视葛屦履霜者，殆不同矣。

私人之子，百僚是试。

私人之子，私家皂隶之属。百僚，庶位也。试，用也。西人有私人也，私人之子，则百僚是试，而致身之通显，其视行彼周道者，殆不同矣。赋役不均，而群小之得志，有如是夫。

五章讲：夫西人既得志之如是，视我东人不益轻也。

或以其酒，不以其浆。

但见正赋之供，有粟米也。今则粟米之不继，而且馈之以酒矣。乃西人视之，曾不以为浆。

鞙鞙佩璲，不以其长。

鞙鞙，长貌。佩璲，以瑞玉为佩。正赋之供，有布缕也。今则布缕之不继，而且馈之以鞙鞙之佩璲矣。乃西人视之，曾不以为长。是在东人则出之甚艰，而在西人则视之甚贱，岂复有顾惜于东人之意也乎？

维天有汉，监亦有光。

汉，是天河。监，是下视。光，明也。如是，则我东人之困，固无望于人之恤矣，而宁无望于天之助乎？故维天有汉，尚其随下照之光，而有以监我也乎！

跂彼织女，终日七襄。

跂，隅貌。织女，星名。终日，自卯至酉。七襄，是更七次舍。跂彼织女，尚其日更七次而成文章，以报我也乎？庶乎我之不见恤于人，犹幸得以见助于天矣。

六章讲：夫我之永助于天，固如此矣，抑孰知天亦不吾助也乎？

虽则七襄，不成报章。

章，是文章。彼跂然织女，虽以织名也，而日更七次，亦不成报我之章，而给其杼柚之困。

睆彼牵牛，不以服箱。

睆，是明。牵牛，星名。服，是加焉。箱，车箱。睆彼牵牛，虽以牛名也，然亦有其名，不可以服我之箱，而代其转输之劳。

- 321 -

东有启明，西有长庚。有捄天毕，载施之行。

先日而出曰启明。后日而入曰长庚。其状如掩兔之毕，故曰天毕。行，行列。以至东有启明，西有长庚，不能助日为昼，以资我之营作。天毕之星，捄然而曲，而不能掩捕禽兽，以充吾之饮食。但皆施之行列，而可观已矣。岂真有所助哉？

末章讲：不特此也。

维南有箕，不可簸扬。

箕，星名，六七月昏见于南方。维南有箕，然徒有箕之形而已，不可以簸扬糠秕也。

维北有斗，不可以挹酒浆。

斗，星名，在箕之北。挹，是取。维北有斗，然徒有斗之形而已，不可以挹酒浆也。我东人之望助于天，何切也，而竟无以副其望乎！

维南有箕，载翕其舌。

翕，引也。舌，是箕下二星，引长如舌。然天不惟无助于我已也，维南有箕，载翕其舌，反若有所吞噬于我矣。

维北有斗，西柄之揭。

斗柄指西，亦是七月之时。维北有斗，西揭其柄，反若有所挹取于东矣。是天非徒无若我何，又且助西人而见困也。我之所望于天，岂意其至此哉？

吁！君不能恤人，而使人望乎天；人不敢怨乎君，而使人咎乎天，则当时东国之困极矣。谭大夫作此以告病，岂得已也乎？

四月八章，章四句

首章讲：此遭乱而自伤也。若曰：夫人际平康之时者，多有可乐；而遇衰乱之世者，恒见可忧。今予何所遭之不幸也。

四月维夏，六月徂暑。

四月，建巳之月。六月，建未之月。徂，往。彼时当四月，而纯阳用事，则维夏矣。至于六月而阳极阴生，则暑往矣。

先祖匪人，胡宁忍予？

先祖，自父母以上皆是。况我先祖，固吾身之所自出，宜有以庇我也。今独非人乎，何不爱其子孙，而忍使我遭此祸乎？

二章讲：

秋日凄凄，百卉具腓。

卉，是草。腓，病也。不但夏之暑也，由夏而秋，秋日则凄凄然，而凉风之至矣；百卉则俱腓然，而凋零之尽矣。

乱离瘼矣，奚其适归？

瘼，亦是病。适，是往。况此之时，乱离之变，民受其病。固有欲去无所者，奚其适归哉？

三章讲：

冬日烈烈，飘风发发。

不但秋之病也，由是而冬，冬日则烈烈然，而栗烈之气矣；飘风则发发然，而急疾之声矣。

民莫不穀，我独何害？

穀，善也，此就安乐言。害，是遭乱。况此之时，祸乱之来，民虽受病，然犹得以少安，而莫不穀。我何独为遭此祸乱也哉？

四章讲：夫祸乱日进如此，要必有以致之者。

山有嘉卉，侯栗侯梅。

栗、梅，皆山之嘉卉。今夫山有嘉卉，则维栗与梅，分明可见矣。

废为残贼，莫知其尤。

废，变也。残贼，构害善人。尤，过也。况此在位者，皆变为残贼，而致祸乱之日进，果谁之过哉？我固不得而知之矣，然岂无任其咎者乎？

五章讲：夫祸乱既无时或息，则我乌能以自安也？

相彼泉水，载清载浊。

今夫相彼泉水，犹有时而清，有时而浊，固未尝一于浊也。

我日构祸，曷云能毂？

况我乃日日遭祸，无一时之或息，则曷云而能善乎？曾泉水之不如矣。

六章讲：然我之遭乱如此，使其事君有不忠，犹可诿也。

滔滔江汉，南国之纪。

滔滔，水盛貌。纪者，二水包带乎南国也。今夫滔滔江、汉，犹为南国之纪，而经带包络之矣。是水乃物也，且有以纪乎国。

尽瘁以仕，宁莫我有。

瘁，病也。仕，事君也。有，识有也。而况于王乎？今我鞠躬尽瘁，以事一人。王宜有以恤我也，而王何为其不我有哉？曾江、汉之不如矣。

七章讲：夫我之遭乱如此，岂无思避之心哉？

匪鹑匪鸢，翰飞戾天。

顾惟鹑鸢，则能翰飞戾天矣。我非鹑也，非鸢也，其能以翰飞戾天乎？

匪鳣匪鲔，潜逃于渊。

惟鳣鲔，则能潜逃于渊矣。我非鳣也，非鲔也，其能以潜逃于渊乎？夫既不能高飞，深藏祸乱之及我，且奈之何哉？则亦安之而已矣。

末章讲：若然，则诚可哀矣。而作歌以陈吾哀者，又奚容已哉？

山有蕨薇，隰有杞桋。

彼山则有蕨薇矣，隰则有杞桋矣。

君子作歌，维以告哀。

君子，诗人自谓。歌，《四月》之歌。告哀，达悲哀之情。况我君子之作歌，则维以告哀而已。盖悲哀之情，郁于中者不能自禁，故托之歌以鸣其哀。若告哀之外，而敢有他及哉？

北山之什二之六

凡十篇。

北山六章，三章章六句，三章章四句

首章讲：此大夫行役而作。若曰：人臣以身事君，则当竭力奉公，顾所以使人感激而忘其劳者，则以朝廷有公道存焉。何今日之异是乎？

陟彼北山，言采其杞。

彼今日之陟彼北山，而言采其杞以食者。

偕偕士子，朝夕从事。

士子，诗人自谓。事，行役之事。乃强壮之士子，而朝夕奔走，以从王之事者也。

王事靡盬，忧我父母。

所以然者，盖以王事不可以不坚固，故朝夕不暇如是耳。夫忠于事君者，必不得孝于事亲。是以馈养废而饔飧缺，不有以贻父母之忧乎！

二章讲：夫我之贻忧父母也，固以王事之故矣。然彼命我者，岂尽出于公哉？

普天之下，莫非王土。

普，遍也。彼普天之下，皆一统之山河也，宁有尺地而非王土者乎？

率土之滨，莫非王臣。

率，循也。滨，水涯。率土之滨，皆一王之臣妾，有一民而非王臣乎？

大夫不均，我从事独贤。

大夫，暗说王。均，公平。从事，即行役也。夫既同居王土而为王臣，则宜均服王事也。何大夫不均，使我朝夕从事，其独贤如此也耶？

三章讲：然我之所以独贤者，何也？

四牡彭彭，王事傍傍。

我也驾役四牡，彭彭然而不息；服此王事，傍傍然而不已。是其独贤，亦云甚矣。

嘉我未老，鲜我方将。

嘉，称美。鲜，少也，以少而难得。方，始也。将，壮大也。而大夫之任我，岂无故哉？盖以土虽广，臣虽众，未必其人之皆可用也。独嘉我之年则未老，鲜我之年则方壮。

旅力方刚，经营四方。

力，即气力。经营，即是行役之事。其膂力则方刚之势，可以经营四方之事也，则其彭彭傍傍，而若是独贤也。其以此也欤？

四章讲：夫我之独贤，固不敢自爱其身矣。而其不均若是，则安能已于言哉？

或燕燕居息，或尽瘁事国。

燕燕，安息貌。瘁，病也。事国，服役于国。彼人情莫不好逸而恶劳。今也或燕燕居息，何有于国事之及！或尽瘁事国，欲求一时之安息，其可得耶？

或息偃在床，或不已于行。

偃，乃仰卧。或息偃在床，何有于行役之烦！或不已于行，欲求一时之在床，其可得耶？

五章讲：

或不知叫号，或惨惨劬劳。

不知叫号，深居安逸不闻人声。或不知叫号，而人声之不闻，何其安逸之至！而惨惨劬劳者，奔走从事，其能如彼之安逸也？

或栖迟偃仰，或王事鞅掌。

栖迟，优游之意。鞅掌，失容也。或栖迟偃仰，而起居之尽适，何其家食之安！而王事鞅掌者，即仪容不暇修，其能如彼之栖迟耶？

末章讲：

或湛乐饮酒，或惨惨畏咎。

咎，是罪过。或耽乐饮酒，而几席有笑语之欢。而惨惨畏咎者，惟恐王命不副，而罪罟或加其亲。彼饮酒者，情何相悬耶？

或出入风议，或靡事不为。

出入风议，亲信于君。或出入讽议，而亲信有从容之休。而靡事不为者，惟见众贤攸萃，而朝夕之不暇。其视彼讽议者，事何相远耶？

夫同一王臣而劳逸殊状，大夫之不均如此。则我之不得以养其父母，正坐此故也。焉能使人无不平之叹也哉？

无将大车 三章，章四句

首章讲：此亦行役劳苦作也。意曰：人情当劳苦之际，不能释然而无思，顾情有难以自伸，则多思不如无思之为愈也。

无将大车，祇自尘兮。

将，扶进。祇，是适。彼平地任载者，是之谓大车也。人其无将大车乎？将大车而力不能进，只为力所污而已，大车其可将耶？

无思百忧，祇自疧兮。

疧，病也。况我行役也，进有王事期程之虑，退有家事多端之虞，是之谓百忧也。我其无思百忧乎？思百忧而忧不能却，将不胜此心之劳瘁，祇以自病而已。百思其可思耶？

二章讲：

无将大车，维尘冥冥。

无将百车，将大车则维尘冥冥而昏晦矣。

无思百忧，不出于颖。

无思百忧，思百忧则其忧愈多。吾见日在忧心耿耿之中，而不能出者矣。

末章讲：

无将大车，维尘雍兮。

无将大车，将大车则维尘雍雍而蒙蔽矣。

无思百忧，祇自重兮。

重，犹累也。无思百忧，思百忧则为忧所窘，而不得以少适，祇以自累而已矣。

夫以忧思之故而作之诗，又至于不敢忧而欲其无思焉，则其忧必有不可言者矣。吁！此可以观衰世矣。

小明 五章，三章章十二句，二章章六句

首章讲：大夫久役而不得归，故呼天而诉之。曰：人臣固有往役之义，而至于困于役焉，将有不胜其自悼者。

明明上天，照临下土。

彼明明上天，照临下土久矣，固宜有以察人之隐，恤人之忧也。

我征徂西，至于艽野。二月初吉，载离寒暑。

征，行也。徂，往也。艽野，地名。二月，建卯之月。朔日曰吉。离，经历。奈何使我西征，至于艽野之地。二月初吉，载离寒暑之久，而犹未得归乎！

心之忧矣，其毒太苦。

是以我也忧心之甚，有如药毒之大苦也。

念彼共人，涕零如雨。

共人，僚友也。涕，泪也。零，陨也。夫我既出之久，则僚友之情疏矣。故我念彼共人，感旧兴嗟，而不觉涕零之如雨焉。

岂不怀归？畏此罪罟。

罪罟，法网也。若然，则我岂无怀归之心也哉？但以王事未毕，而遽言归，或有罪罟之加，故畏之而不敢耳。怀哉怀哉，虽有涕零之伤，其如共人何！

二章讲：

昔我往矣，日月方除。

往，往役。除，是除旧生新。昔我往矣，日月方除，正二月初吉之候也。

曷云其还？岁聿云莫。

还，归家。莫，晚也。今不知何时可还，而岁忽已暮矣，而犹不得少暇焉。

念我独兮，我事孔庶。

独，即单身。庶，是众。若此者岂无故乎？盖念我一身之独，而当事之甚众。

心之忧矣，惮我不暇。

惮，劳苦。不暇，即不得息。是以心之忧矣，勤劳而不暇也。

念彼共人，睠睠怀顾。

睠睠，勤厚之意。顾，顾念。斯时也，适动共人之念，至于睠睠怀顾，而不能以或忘焉。

岂不怀归？畏此谴怒。

怒，是罪责。是岂无怀归之心哉？但以王事不副，有谴怒之责，故畏之而不敢言归耳。则此睠睠之怀，其将何以自慰也耶？

三章讲：

昔我往矣，日月方奥。

奥，暖也，正月春温之时。昔我往矣，日月方燠，正二月方吉之时也。

曷云其还？政事愈蹙。岁聿云莫，采萧获菽。

政事，即行役政事。蹙，急也。采萧获菽，此正是岁暮之时。今不知何时可还，则以政事愈急之故。至于岁暮，采萧获菽之时，而犹不得以归焉。

心之忧矣，自诒伊戚。

诒，是迂。戚，是忧。若此者将谁咎乎？盖不能见几远去，是以我心之忧，要惟自诒之焉耳矣。

念彼共人，兴言出宿。

兴，是起。出宿，出居于外。斯时也，适动共人之念，至于不能安寝，而兴言出宿焉。

岂不怀归？畏此反覆。

反覆，法不可测度。是岂无怀归之心哉？但以王事未共，有反覆之祸，畏之而不敢归耳。出宿之怀，其将何以自宽也耶？

四章讲：夫远行念反，在我固为难已之情，而居官服劳在友，亦有当尽之义。

嗟尔君子，无恒安处。

君子，亦指僚友。恒，常也。安处，逸豫意。嗟尔君子，今日之安处，其视我之勤劳固不同矣.然尔无以安寝为常，要当有劳时也。

靖共尔位，正直是与。

靖共尔位，敬重以供其事。正直，正大忠直之人。与，助也。是必靖共尔位，而自尽其当为之分。又正直是与，而愈广其忠益之助。

神之听之，式穀以女。

穀，是禄。以，是与。女，即僚友。夫能勤职亲贤如此，则无愧于伦理者，亦无愧于鬼神矣。吾知神必听之于幽冥之中，而以穀禄与女，富贵于是长守矣。岂特今日之安处而已哉？

末章讲：

嗟尔君子，无恒安息。

息，亦是处。嗟尔君子，今日之安息，其视我之劳瘁固有间矣。然尔无以安息为常，要当有劳时也。

靖共尔位，好是正直。

好，爱也。是必靖共尔位，而自尽其当为之责。又好是正直，而愈弘其协恭之美。

神之听之，介尔景福。

景，是大。福，亦不外禄位。夫能勤职亲贤如此，则无愧于人道者，亦无愧于神理矣。吾知神必听之于冲漠之表，而以景福介尔，禄位于是永保矣，岂特今日之安息而已哉？

鼓钟 四章，章五句

首章讲：此幽王为流连之乐，时人忧之而作此。曰：

鼓钟将将，淮水汤汤，忧心且伤。

将将，鼓钟声。汤汤，水流貌。伤，忧之甚。吾王鼓钟以为乐，其声将将于淮上，但见淮水之流而汤汤矣。寓斯地也，而畅斯音也，其自为乐得矣，如天下何？是以我也闻音之下，慨荒淫之无度，而忧心且伤焉。

淑人君子，怀允不忘。

淑，善也。君子，此暗指文、武、成、康。怀，是思。允，是信。因仰追昔之淑人君子也，常切忧勤之戒，不事声音之乐，诚有令人慕者怀思之情，信有不能忘者矣。

二章讲：

鼓钟喈喈，淮水湝湝，忧心且悲。

喈喈，亦鼓钟声。湝湝，亦水流貌。悲，即伤也。鼓钟声以为乐，其声喈喈于淮上，但见淮水之流而湝湝矣。寓斯地也，而作斯乐也，其自为乐得矣，如生民何？是以我也闻音之余，慨为乐之无节，而忧心且悲焉。

淑人君子，其德不回。

德，在乐上看。回，邪也。因仰追昔之淑人君子也，常守嗜音之徵，而绝邪僻之娱，其德无有于回邪者矣。

三章讲：

鼓钟伐鼛，淮有三洲，忧心且妯。

鼛，大鼓。三洲，淮上之地。妯，动也。王鼓钟伐鼛于淮上也，始见水之汤汤矣，继见水之湝湝矣。今则水落洲见，而见淮之有三洲焉。此其为时已久，何其流连忘返若是耶？是以我也日闻钟鼓之音，弥切伤悲之感，而忧心且妯之不宁者焉。

淑人君子，其德不犹。

不犹，即不若之说。因仰追昔之淑人君子也，于乐辟雍，非不有作乐之事，然亦先忧后乐，乐而有节也。岂若今王之荒乱至此哉？

末章讲：若然，则我之所忧者，正以王之不德德耳，非以乐之不古也，若以乐论之。

鼓钟钦钦，鼓瑟鼓琴，笙磬同音。

钦钦，亦鼓钟声。同音，其音不乱。但见鼓钟于淮上者，固钦钦而有声矣。以至琴瑟，堂上之乐也；笙磬，堂下之乐也，若难于其克谐矣。今则琴瑟与笙磬而上下之同音，何如其克谐哉！

以《雅》以《南》，以籥不僭。

《雅》，是二《雅》。以《南》，是二《南》。籥，籥舞。僭，差也。《雅》《南》，乐之章也；籥舞，乐之容也，似难乎其有序矣。今则《雅》《南》与籥舞而从律之不奸，何有于僭乱哉？是则其乐则古也，而其德独不若昔之淑人君子。此吾之所以忧伤悲动，而于古人之允怀，有不能忘欤！

楚茨 六章，章十二句

首章讲：此美公卿力田奉祭作也。若曰：秩天下之报者存乎祭，而修天下之祭者存乎农。我公卿之力农奉祭何如哉？

楚楚者茨，言抽其棘。自昔何为？我蓺黍稷。

楚楚，盛密也。茨，蒺藜。抽，除也。棘，荆棘也。昔，古时。蓺，布种。彼楚楚蒺藜之地，皆荆棘之区者也。昔人有抽除其棘，而加恳辟之功者，果何所为哉？盖将为我蓺黍稷之地也。

我黍与与，我稷翼翼。

与与，蕃盛也。翼翼，亦是蕃盛。是以我也乘此原隰之畇畇，而言蓺之黍，则我黍与与矣；言蓺之稷，则我稷翼翼矣。

我仓既盈，我庾维亿。

仓，贮黍稷者。露积曰庾。十万曰亿。由是收成之富，储之以仓，则我仓既盈矣；积之以庾，则我庾维亿矣，而所以为奉祭之礼者，不既有贤哉！

以为酒食，以飨以祀。

飨，献也。以祀，祭祀也。但见以之为酒，而三酌之既备也；以之为食，而粢盛之既洁也。于是以行享祀于祖考焉。

以妥以侑，以介景福。

妥，是安尸之坐。侑，劝尸之食。景，是大。而享祀莫先于迎尸也，则以是酒妥尸，而安之坐也；以是食侑尸，而劝之食也，所以格神获福者有本矣。故神明感通之下，凡为公卿莫大之福者，于是乎锡，使之受禄于天，宜稼于田也，不有以介景福乎？

二章讲：不特此也，礼有始于迎牲求神者。

济济跄跄，絜尔牛羊，以往烝尝。或剥或烹，或肆或将。

济济跄跄，就容仪可观言。絜，是度其色。冬祭曰烝。秋祭曰尝。剥，是剥皮。烹，煮熟。肆，陈也。将，奉而进也。我公卿王之于上，其容仪则济济而齐一，跄跄而趋翼。其迎牲也，则洁尔牛羊，以行烝尝之祭；而剥烹肆，将以尽孝享之诚，而迎牲之事，无一不尽矣。

祝祭于祊，祀事孔明。

祝，祝官。祊，是庙门内待宾客之处。孔，甚也。明，备也。其求神也，则不徒灌鬯以求诸阴，复使祝博求于庙门之内；不徒炳萧以求诸阳，复使祝博求于待宾客之处，而求神之事，无一不周矣。夫主以济跄之容，而迎牲求神之咸举，则祀事不孔明哉？

先祖是皇，神保是飨，孝孙有庆。

皇，乃大也。神保，尸之佳号。飨，享其祭。孝孙，是主祭人。庆，即福也。由是一敬所通，先祖俨君临之象，神保享莫飨之礼，而莫大之庆，皆于孝孙乎锡焉。

报以介福，万寿无疆。

介，是大。其庆果何如乎？但见报尔以介福，使之万寿无疆，而所以受禄于天，宜稼于田者，悠悠乎其未有艾矣。

三章讲：不特此也，礼有所谓初献、亚献、三献之事者，而执事之人，何有一人之不敬乎？

执爨踏踏，为俎孔硕，或燔或炙。君妇莫莫，为豆孔庶。

爨，是灶。踏踏，是敬。俎，载牲体者。硕，大也。燔，烧肉。炙，炙肝。君妇，主妇也。豆，盛羞者。庶，多也。但见贱而执爨者，其心踏踏而敬也。为俎以载牲体，而牲体之孔硕，肝肉以备从献，而燔炙之必谨，何者非踏踏所形乎？尊而为君妇者，其心莫莫然，清而敬至也。为豆以盛内羞，而内羞之甚具，为豆以盛庶羞，而庶羞之甚多，何者非莫莫所行乎？

为宾为客，献酬交错。

主人酌宾曰献。主人自饮而复酌宾曰酬。疏而为宾客者，当三献既毕之后，而主人与之行献酬交错之礼。

礼仪卒度，笑语卒获。

卒，尽。度，法度。获，得宜也。以礼仪则卒度，无有于傲慢也。以笑语则卒获，无有于欢哗也。夫人虽有亲疏贵贱之不同，然何者不异人而合敬也乎？

神保是格，报以介福，万寿攸酢！

格，来享也。酢，是报。是以一敬所孚，神保是格。而报之以介福者，惟其万寿之是报焉耳。而所以受禄于天，宜稼于田者，悠悠乎其未有穷矣。

四章讲：

我孔熯矣，式礼莫愆。

熯，竭也。愆，过也。夫自迎尸以至三献之终，则礼行既久，筋力竭矣。若易至于失礼也，然犹终无间于其始，而式礼之莫愆。若然，则凡所为饮食之荐，非虚文矣，礼容之庄，非勉强矣。

工祝致告，徂赉孝孙。

善其事曰工。致告，致神意以敬矣。赉，予也。斯时也，神歆其诚，工祝则传神意以致告，而往赉于孝孙，曰：

苾芬孝祀，神嗜饮食。

苾芬，香也。尔之孝祀，于饮食则苾苾芬芬，无不芬洁之物也。

卜尔百福，如几如式。

卜，予也。几，是期。式，是法。故神之嗜之，卜尔以百福之备，使其来如几，与心之所欲，悉相符也；其多如式，与法纪之森密，悉相似也，而饮食之报，其福如是矣。

既齐既稷，既匡既敕。

齐，整齐。稷，敏疾。匡，正直。敕，戒惧。尔之奉祭，于礼容则齐稷匡敕，无不庄敬之仪也。

永锡尔极，时万时亿。

锡，赐也。极，至也。故神之鉴之，永锡以众善之极，使其事有万也，而万事皆协于极之中；事有亿也，而亿事皆会于极之内，而礼容之报，其福如是矣。夫随事而报之以其类，则所谓惟贤者之祭，为能受福者非耶？

五章讲：及其祭毕之时，何如乎？

礼仪既备，钟鼓既戒。

备，全备。戒，告成也。但见礼仪则既备，而无不行之礼矣；钟鼓则既戒，而无不奏之乐矣。

孝孙徂位，工祝致告。

致告，传尸意以告主人。由是孝孙无事，往之阼阶下西向之位立；而工祝致尸意以告，曰"尔之利养"，于是乎毕矣。

神具醉止，皇尸载起。鼓钟送尸，神保聿归。

皇，乃尊称之词。夫神以尸为依，尸以神为节者也。工祝既告成矣，但见神具醉止，皇尸于是而载起，鼓钟送尸神保，于是而聿归矣。

诸宰君妇，废彻不迟。

诸，非一人之称。宰，冢宰也。君妇，主人之妇也。彻，收也。神归之后，馔在所必彻也，则诸宰君妇废彻笾豆，要皆敏疾以从事，而不失之迟焉。

诸父兄弟,备言燕私。

诸父兄弟,是孝孙之伯叔及同侪者。燕,燕饮。私,私情。废彻之后,燕在所必举也,则宾客归之以俎,诸父兄弟留之与燕,以尽私恩,而笃其亲亲之情焉。既敬其所尊,而又爱其所亲,若公卿者,可谓仁孝之至者矣。

末章讲:然燕私获福何如哉?

乐具入奏,以绥后禄。

具,俱也。入奏,奏于寝也。绥,安也。公卿当奉神之时,乐固奏于庙矣。今焉于寝而燕私,祭时之乐则皆入奏于寝,以乐吾诸父兄弟之心焉。但见人心欢洽之下,皆愿致福于其君,我公卿又有受后禄而绥之也。

尔殽既将,莫怨具庆。既醉既饱,小大稽首。

将,进也。怨,怨恨。具,俱也。庆,是欢。小、大,是族之卑者、族之尊者。后禄何如?吾有见于与燕之庆词矣。盖尔殽既将所以燕之也,而与燕之人莫有怨者,皆尽醉饱之欢,于是小大稽首而言曰:

神嗜饮食,使君寿考。

向者之祭,神既嗜君之饮食,使君寿考矣。

孔惠孔时,维其尽之。

孔,是甚也。惠,是顺而不越分。时,是合封而不愆期。然君之祭不止于饮食,而君之福不止于寿考也。吾观尔之祭也,礼仪品物皆协于典,则何甚顺耶!禴祠烝尝,各举之以时,何甚时耶!而祭祀之礼,诚无有不尽矣。

子子孙孙,勿替引之。

替,间断。引,延之久。然岂特自吾君行之已哉?但见一人之祀典,既秩万世之法守,遂定继君而子,子而又子,继子而孙,孙而又孙,皆不替此惠时之典,而日引长之。有此国家之抚,则有此宗庙之祭也,宁非吾人之愿乎?

夫观与燕者之庆词,则宗祧世享血食,此诚人君莫大之福也。后禄之绥,孰有过于此哉?吁!楚茨公卿事神,获福之节如此。盖惟其致力于民者尽,故其致力于神者详也。也非德盛政修,何以能此哉!

信南山六章,章六句

首章讲:此亦美力田、奉祭作也。意曰:

信彼南山,维禹甸之。

禹,夏王。甸,是治。黍稷之生,本于地利,而地利则辟于古也。信彼南山,维禹治水,敷甸治之功。

畇畇原隰,曾孙田之。

畇畇,开辟也。曾孙,主祭之称。故其高原下隰,有垦辟之势,我曾孙因得而田之也。

我疆我理,南东其亩。

疆,为其大界。理,定其沟洫。亩,田亩。于是为之画其大界,一里为井也,十里为通也,百里为成也,而外有以极其规模之大矣。为之别其条理,一夫有遂也,十夫有沟也,百夫有涂也,而内有以尽其节目之详矣。然治田以水泉灌溉之利为先,而地势水势不可不顺也。是故地势每下于东南,而水势趋之也。如地势东下,而水必趋于东矣,则横其沟于东,纵其遂于西,使水自西而东入于沟,而为之南其亩以捍之焉,度水不得溢而南矣。如地势南下,而水必趋于南矣,则横其沟于南,纵其遂于北,使水自北而南入于沟,而为之东其亩以捍之焉,庶水不得溢而东矣。由是而涝也,则决田之水以入遂,决遂之水以入沟,而涝有所泄矣;由是而旱也,则引沟之水以入遂,引遂之水以入田,而旱有所备矣。其疆理之详为何如耶?

二章意:黍稷之生,本于天泽,而天泽则贵于盛也。

上天同云，雨雪雰雰。

同云，同色之云。雰雰，雪盛貌。彼冬欲雪，而雪欲盛也。今则上天同云，而雨雪雰雰，雪何盛耶！

益之以霡霂，既优既渥，既沾既足，生我百谷。

益，是加。霡霂，是小雨。春欲雨，而雨欲徐也。今则益之以霡霂之小雨，而不失之暴雨，又何徐耶！夫冬有积雪，而春有小雨，则天时与地利相资，吾见其既优而不骤矣，抑且厚渍而既渥焉；吾见其既沾而润泽矣，抑且既足而充满焉。其地利之饶洽如是，不有以生我之百谷也乎？

三章讲：

疆场翼翼，黍稷彧彧。

场，田畔也。夫惟乘禹甸而尽疆理之功矣，是以疆场之间，翼翼而整饬也。惟承天泽，而致饶洽之休矣。是以黍稷之生，彧彧然而茂盛也。

曾孙之稿，以为酒食。

禾，在田曰稿。若此者惟我曾孙，因地之利，顺天之时，于以艺此黍稷，非曾孙之稿，而谁稿哉？于是因收入之富，而备为酒食之需。

畀我尸宾，寿孝万年。

畀，予也。我尸，象神者。宾，助祭。祭必有象神之尸，则以此而畀我之尸，而妥侑以致孝也。亦必有助祭之宾，则以此而畀我之宾，而献酬以致敬也。由是先祖居歆，而报以介福，使我曾孙寿考，获万年之永，而为宗庙鬼神之生者，宁一日已乎？

四章讲：不特此也。

中田有庐，疆场有瓜。

中田，田之中也。庐，草舍也。彼中田有庐，所以便农事者也。于疆场种瓜，所以尽天地利也。

是剥是菹，献之皇祖。

剥，削也。菹，酢菜。皇祖，先社之神。瓜既熟矣，则剥削淹渍以为菹，献之皇祖以告虔。贵四时之异物，而顺孝子之诚心者在是矣。

曾孙寿考，受天之祜。

祜，是福。是以皇祖来格，使我曾孙寿考，于以受天之祜，而膺夫爵禄富贵之休者，宁有可量也耶？

五章讲：不特此也。

祭以清酒，从以骍牡，享于祖考。

清酒，清洁之酒。骍，赤色也。享，献也。祭必始于求神也，则以郁鬯之酒灌地，而求神于阴也。祭次于迎牲也，则以骍色之牡，而享于祖考之前也。

执其鸾刀，以启其毛，取其血膋。

执，主人亲执。鸾刀，有铃之刀。启，告也。膋，脂膏。迎牲而杀，不敢以委之于人，亲执鸾刀，而示其必躬之敬。牡非纯色，不敢以祭，则启其毛以告纯也。牲非特杀，不敢以祭，则取其血，以告杀也。神无不之难，必其定在，则取其膋，将合黍稷而燔之，以求神于阳也。其求神迎牲，又何其周耶！

末章讲：

是烝是享，苾苾芬芬，祀事孔明。

烝，进也。由是公卿以其奉祭之物，进于宗庙之中，献于祖考之前。但见饮食芳洁，苾苾芬芬之旁达也。是一祀事之间，物无不具，礼无不周，何其孔明也哉！

先祖是皇，报以介福，万寿无疆。

皇，大也。由是先祖监其诚意，而俨君临于上，报曾孙以介福，使之万寿无疆。所以抚南山之土田，承天泽之厚利，而修宗庙之祀典者，岂特今日为然哉？要之，福不自致，致以祭典之修也；祭不徒举，举以农事之力也。然则有国家者，乌可不重民事哉？

甫田<small>四章，章十句</small>

首章讲：此述公卿力农，以奉方社田祖之祭。意曰：农事之勤在人力，而丰登之庆由神功。吾观今日丰年之获，而知其有所自矣。

倬彼甫田，岁取十千。

倬，界限之明。甫，大也。十千，是成田九万亩之税。我公卿有田一成，田何大也；中公外私，制何详也。顾征敛无蓺，则民困矣，于是取岁万亩之入，以为禄食之供。其取之不有制乎？

我取其陈，食我农人。

我，主祭者。陈，旧粟。补助不行，则民病矣，于是取其所积之陈，以为农人之食，其散之不甚厚乎？

自古有年。

有年，丰年。夫取之甚薄，而散之顾甚厚者，果何自而能然哉？盖以自古以来，有此甫田，则有此丰年，是以陈陈相因，而兴发有资耳！

今适南亩，或耘或籽，黍稷薿薿。

适，往也。耘，除草。籽，雍本。夫既自古有年矣，今适南亩以省耘，固将以验人力之勤惰，而黍稷之盛与否也。但见农人皆勤劳以从事，或耘以去草也，或籽以雍本也，而黍稷之生，皆薿薿而茂盛焉，则将复有年矣。

攸介攸止，烝我髦士。

介、止，是山间美大之地可止息者。髦士，民之俊秀者。于是即其所大所止之处，进我髦士而劳之，使知南亩之勤劳，皆上人所悯恤，而告语一人，所以遍示乎众人也。

二章讲：夫我公卿力农，而丰年之屡获如此，是皆田祖方社之功也，而公卿之奉祭何如哉？

以我齐明，与我牺羊，以社以方。

齐，"粢"同。明，是絜。牺羊，纯色之羊。社，后土神。方，四方神。但见秋而报也，必有祀以备物也。则以我明洁之粢盛，与我纯色之牺羊，以社焉而报其生物之功，以方焉而报其成物之功。

我田既臧，农夫之庆。

臧，善也。庆，福也。且曰：我田之所以臧者，皆方社之神，监农夫之勤劳，而锡以屡丰之庆，我因利赖之耳。岂曰我一人之力也！是其报也，为吾民而报者也。

琴瑟击鼓，以御田祖，以祈甘雨，以介我稷黍，以穀我士女。

御，迎也。田祖，即神农。祈，求也。介，大也。穀，养也。士女，即民之男女。春而祈也，必有乐以导和也。则奏彼丝属之琴瑟，击夫革属之土鼓，以迓夫田祖之神焉。盖士女以黍稷而穀，黍稷以甘雨而介也。吾祈田祖之神，默运其化工，使甘雨以时而降，于以大我之黍稷，而养我之士女耳。岂曰为一己之利也！是其祈也，为吾民而祈者也。

三章讲：夫我公卿之为民祈报如此，又以力农之事而详言之。

曾孙来止，以其妇子，馌彼南亩，田畯至喜。

来，是来省耘。馌，送饭。田畯，劝农之官。但见其省耘也，曾孙之来，适见农夫之妇子来馌耘者，曾孙与之偕至于南亩焉。是其人力之齐，既有以致田畯之喜矣。

攘其左右，尝其旨否。

攘，取也。左右，在田之馌者。旨否，美者不美。我曾孙也，又念农夫之艰难不可不知，于是攘其左右之馈，而尝其味之旨否焉。君民之间，宛然如家人之相亲也。

禾易长亩，终善且有。

易，治也。长，竟也。善，苗美。有，多也。夫曾孙之来，本将以观其禾之何如者，而卜其终之善有。今也黍稷薿薿，而禾之易治，竟亩如一，则其终之，实颖实栗，而皆善也，既庶既繁，而且有也，可于今日卜之矣。

曾孙不怒，农夫克敏。

敏，是疾于趋事也。是以曾孙协其有年之望，欣欣然而不怒。彼农夫者亦因其曾孙不怒，益以克敏于事，盖虽未烝髦士而劳之，而所以或耘或耔者，无一人之或怠矣。曾孙之亲民感下有如此者。

末章讲：迨夫收成也，而其善有之庆，何如哉？

曾孙之稼，如茨如梁。

野未刈者曰稼。茨，屋盖。梁，车梁。曾孙之稼，其未获而在野也，则如茨如梁，密比而穹窿也。

曾孙之庾，如坻如京。

禾既刈，露积于场曰庾。坻，水中高地。京，高丘。曾孙之庾，其露积而在庾也，则如坻如京，崇高而盛大也。

乃求千斯仓，乃求万斯箱。

仓，贮禾者。箱，车箱。求仓以处之，乃求千斯仓；求箱以载之，乃求万斯箱，即其收入之富如此。则所谓终善且有者，于是可征，而自古有年者，于今方可继矣。

黍稷稻粱，农夫之庆。

黍、稷、稻、粱，四者皆谷名。若此者，是皆我曾孙省方之勤，祈报之周，有以致之也。而且不自有其庆，而曰凡此黍稷稻粱，而所在盈溢者，皆我农夫之勤劳，上通于神贶，故田祖方社因以丰年锡之。是我今日之庆，皆我农夫之庆也。

报以介福，万寿无疆。

是必神于其冥冥之中，报以介福，使之万寿无疆，于以常享有年之祥。我亦因之而永赖其庆也。曾孙于农事之成，又必欲归报于下如此。

夫惟致力于民者尽，而获丰年之庆，则致力于神者详，而极礼乐之备。此田祖方社之祭所由举也，非公卿之德盛政修，果何以得此哉？

大田四章，二章章八句，二章章九句

首章讲：此农夫颂美其上，以答前篇之意也。若曰：君以民为本，民以君为心。我农夫被曾孙之德深矣，安敢忘所自哉？

大田多稼，既种既戒，既备乃事。

种，择其种。戒，治其器。备，完备。事，治田也。我曾孙有田一成，田则大也；种而为稼，稼则多也。夫稼多则为种亦多，故于今岁之冬，具来岁之种，盖凡百谷之异，罔不择矣。田大则为事亦大，故于今岁之冬，戒来岁之事，盖凡覃耜之器，罔不饬矣。凡既备矣，然后后而事之。

以我覃耜，俶载南亩。

覃，是利。耜，是田器。俶载，始事。于是以其所戒之覃耜，而始事于南亩之中，其耕之何甚时也。

播厥百谷，既庭且硕，曾孙是若。

播，是布。庭，直也。硕，大也。若，顺也。以其所择之百谷，而播之于南亩之中，其播之何甚时也。人力既尽，而地利遂兴，但见百谷之生，既庭然而直，且硕然而大。盖虽未及于有秋，可以卜其终之善有，我曾孙所以毂士女、充国用者，皆将有赖矣。不有以顺其心之所欲乎？

二章讲：夫庭硕之苗，固有以顺曾孙之心矣，然不自庭硕而已矣。

既方既皁，既坚既好，不稂不莠。

但见日至之时，有孚甲始生而成房者，则既方矣；又有孚甲既合而成实者，则既皁矣。由是成实，日益完固，而既坚也；由是形味颓然充美，而既好也。以至童粱之苗，似苗之莠，无不悉去；苗而秀，秀而实，竟亩如一，其生可谓盛矣。

去其螟螣，及其蟊贼，无害我田稚。

使四虫之害不去，何以遂其盛乎？是必去其食心之螟，食叶之螣，及其食指之蟊，食节之贼，然后可以无害我田中之幼禾。而今日方皁坚好之苗，固其所自盛也已。

田祖有神，秉畀炎火。

秉，是执。畀，是畀。然此岂我农夫之力所能及哉？惟赖田祖有神，素监曾孙爱民之德，为我持此四虫，而付之炎火之中，不得以肆其害耳。是苗害之除，固赖神之庇也，而亦君之德有以感乎神者也。

三章讲：夫苗害除矣，使云雨之降不时，亦何以遂其盛哉？然云雨之降自天，非我农夫所可必也，惟愿天监曾孙爱民之德。

有渰萋萋，兴雨祁祁。

渰，云兴。而云之渰也，萋萋其盛乎；雨之兴也，祁祁其徐乎！

雨我公田，遂及我私。

公田，乃井田，中百亩者。私，乃私田，外八百亩者。公田，十千之禄所自出也，其先雨之，既溥乎优渥之泽。私田，士女之谷所由资也，徙而遂及之，亦蒙乎沾足之休。盖吾君爱民之心，甚于爱己，故天眷君之德，因以眷及于民。而今日方皁坚好之苗，固其所自盛也。

彼有不获稚，此有不敛穧。

获，是刈。稚，幼禾。穧，束也。是以及其收成之际，彼有不及获之稚禾，此有不及获之稚禾。

彼有遗秉，此有滞穗。伊寡妇之利。

遗，弃也。秉，是把。寡妇，乃无田之穷民。利，得赖以养。彼有迁弃之禾把，此有滞漏之禾穗。使寡妇之无产可恃者，亦得取之，以给朝夕之养也。夫以收成富而利及寡妇，固天之泽也，而亦吾君之德，有以盛乎天者也。若然，则我农夫之利赖，于曾孙岂其征哉？

末章讲：夫农夫之利赖，于曾孙岂无图报之心乎？然而力不能报尔，惟有赖于方社之神耳。

曾孙来止，以其妇子，馌彼南亩，田畯至喜。

来止，是来省敛。故曾孙之省敛也，农夫相戒而言，曰：曾孙来矣。载获之事，固农夫所当效力，而馌饷之责，又在我妇子也。于是曾孙与妇子之来馌者，偕至于南亩焉。是其人力之齐，有以惬君之愿，田畯之劝农者，亦至而喜之也。

来方禋祀，以其骍黑，与其黍稷。

来，是曾孙来。精意以享曰禋。骍，赤色。黑，黑色。然而曾孙之来，非徒以省敛为也，盖将举禋祀之典，以报四方之神。由是以其骍黑，而牺牲之必成也；与其黍稷，而粢盛之必洁也。

以享以祀，以介景福。

于以享祀四方之神，而报其成物之功焉。若此者，曾孙似续古人，固无心徼福于神者也。然一诚所通，而神之格之，不有以介景福乎？而受禄于天，宜稼于田者，自以身而膺其眷矣。此固感通必然之理也，宁非吾人之所深顾于曾孙乎？

吁！上之人以我田既臧，为农夫之庆，而欲报之以介福。农夫以雨我公田，遂及我公，而欲其享祀，以介景福。上下之情，相赖而相报之如此，然要非公卿之盛德，其孰能有是哉？

瞻彼洛矣 三章，章六句

首章讲：天子会东都以讲武事，而诸侯美之。曰：惟天下有道之君，能谨无虞之戒，故时虽在盛，而不忘武备焉。非过虑也，持盈保泰之上策，固如是也，我周王有以识此矣。

瞻彼洛矣，维水泱泱。

洛，水名。瞻彼洛矣，维水泱泱而深广，盖处天下之中，而万国之所宗也。

君子至止，福禄如茨。

君子，即天子也。至止，至东都。我君子会诸侯以讲武，而至止洛水之上也。乘舆甫临，冠裳毕集，而人心之不改，即单厚之尔俾也，福禄之积，不如茨乎？

韎韐有奭，以作六师。

韎，茅蒐所染之绛色。韐，是蔽膝之韨。奭，赤色。于是释其衮冕之华，而服彼韎色有赤之韨，于以严纪律，新号令，而振作六师之气，使久安之人心，因之而益奋也已。

二章讲：夫惟会朝以讲武也，而久安长治之策，不有赖于是者哉？

瞻彼洛矣，维水泱泱。

瞻彼洛水，泱泱其深广，所以起万国之朝宗也。

君子至止，鞸琫有珌。

鞸，即今之刀鞘。琫，鞸上饰。珌，鞸下饰。

我君子至止以讲武也，则佩乎容刀之鞸，而饰以琫珌之文矣。

君子万年，保其家室。

家室，即四海也。夫君子以四海为家室者也，今也安不忘危，则有以消危于未形，而安可久矣。宁不于万斯年，而保其家室于不堕乎？

末章讲：

瞻彼洛矣，维水泱泱。

瞻彼洛水，泱泱其深广，所以示万方之拱极也。

君子至止，福禄既同。

同，聚也。我君子至止以讲武也，则萃乎群后之心，而为福禄之攸同矣。

君子万年，保其家邦。

家邦，亦是四海。夫君子以四海为家邦者也，今也治不忘乱，则有以弭乱于不作，而治可久矣。宁不于万斯年，而保其家邦于无虞乎？

吁！当极盛之时，而预为保泰之虑，周王可谓善于持盈矣。诗人美之宜哉！

裳裳者华 四章，章六句

首章讲：此天子美诸侯，以答《瞻彼洛矣》也。若曰：臣之福，惟君锡之，而君之锡，惟臣致之。今观之子来朝，而深有足嘉矣。

裳裳者华，其叶湑兮。

彼裳裳者华，则其叶湑然茂盛而可喜矣。

我觏之子，我心写兮。

觏，见也。之，指诸侯。写，输写无恨也。况我君子，不有以动我心之喜乎？盖我君子，吾之所愿见而不可得，此心常以为恨者也。今也至止洛水之上，而我得以既觏之，则愿见之怀以慰，此心倾写而悦乐之矣。

我心写兮，是以有誉处兮。

誉，是名。处，是安。夫惟其心之写，则得君深矣。由是声闻日以隆，禄位日以固，不其有誉处者乎？

二章讲：夫我于君子之见而此心之写，何哉？盖以君子之可美者，有以悦我心耳。

裳裳者华，芸其黄矣。

芸，乃黄之盛。裳裳者华，芸然而黄，若是其有文矣。

我觏之子，维其有章矣。

之子，指诸侯。章，文章。况于君子，而无文章之可以获福乎？但见我觏之子，和顺积中，英华发外，交畅于四肢，发挥于事业，而若是其有文章矣。

维其有章矣，是以有庆矣。

庆，福也。夫文德之光，所以为致福之本也。维其有章矣，则岂不有福庆乎？而凡夫可致之祥，无不于之子而申锡之矣。是我心之写也，乃写以君子之文章也已。

三章讲：不特此也。

裳裳者华，或黄或白。

或黄或白，大意是盛貌。裳裳者华，或黄或白，无一之不盛矣。

我觏之子，乘其四骆。乘其四骆，六辔沃若。

之子，指诸侯。骆，四马皆黑色。沃若，柔也。况于君子，而无威仪之盛之可观乎？但见我觏之子，马以驾车，则乘其四骆，而骖服之齐色，辔以御马也，则六辔在手，而沃若之和柔。乘是车马以来会，夫固恪守周官之威仪矣。是我心之写也，乃写以君子之威仪也已。

末章讲：又不特此已也。

左之左之，君子宜之。

君子，即诸侯。宜，利用也。彼人之应世酬物，固有宜于此，而不宜于彼者。惟我君子，以左之则左无不宜，而经权常变，泛应之曲当矣，然左不得而限之也。

右之右之，君子有之。

有，即宜也。亦有有于此，而不有于彼者。惟我君子，以右之则右无不有，而经纬文武，资深之不穷矣，然右亦不得而拘之也。

维其有之，是以似之。

此"有"字，以蓄积言。似，乃外与中相符也。若此者，岂袭取于外所可能哉？盖君子也，才极天下之全，而德极天下之备，左宜右有之理，已有之于中矣。是以形之于外，悉露其在中之藏，而左之宜者，与其中之宜者，悉相似也；右之有者，与其中之有者，适相似也。使中无涵养之素，则未有不因事而阻龉者，何以左宜右有若是哉？则夫文章之庆，乃此才德之发，其祥而威仪之盛，亦此才德之处其度耳。是我心之写也，写以君子之才德也。

桑扈之什 二之七

凡十篇。

桑扈 四章，章四句

首章讲：此天子燕诸侯作也。若曰：臣子之福泽何常，惟视其和顺与谦恭，以为之聚耳。今观来朝君子，而知其获福不偶矣。

交交桑扈，有莺其羽。

交交，飞往来貌。莺，有文貌。彼交交桑扈，飞而往来，则其羽莺然有文章矣。

君子乐胥，受天之祜。

君子，指诸侯。胥，语词。祜，是福。况君子和顺，焕英华之美，其德何可乐也！则惟德动天，惟天眷德，而繁祉为之并臻矣，岂不受天之祜乎？

二章讲：

交交桑扈，有莺其领。

领，颈也。交交桑扈，飞而往来，则其领莺然有文章矣。

君子乐胥，万邦之屏。

藩蔽中外为屏。况君子易简，备天下之善，其德何可乐也！则德之所施者博，威之所制者广，而中外恃之以为安矣，不为万邦之屏乎？

三章讲：不特此也。

之屏之翰，百辟为宪。

翰，干也。百辟，即所统之诸侯。宪，是法。尔之在国也，捍外而卫内，既为之屏矣；居中而为干，又为之翰焉。则表仪所建有，以为百辟之宪，若是而其功大矣。

不戢不难，受福不那。

不，岂不。戢，是敛。难，是慎。那，多也。功大者易以骄也。尔且守之以谦，岂不戢乎收敛，而不失之肆也？岂不难乎戒慎，而不失之忽也？吾知天道所益者谦，而盛大之福，莫不毕集于其躬，则其受福，岂不那然而多也乎？

末章讲：又不特此已也。

兕觥其觩，旨酒思柔。

觥，酒爵也，以野牛角为之，故曰兕觥。尔之在燕也，兕觥以酬酒，觩然其曲矣；旨酒以成燕，思柔而和顺焉。君臣上下相与，敦明良之交若是，而其情以洽矣。

彼交匪敖，万福来求。

交，交际。敖，怠慢。情洽者易以肆也。尔且居之以敬，交际之间，见其温恭以自持也，而不其傲慢以自怠也。吾知天道所亲者敬，虽无事于求福，而盛大之祉矣，不于是而自至，则万福不来求乎？

吁！天子燕诸侯，而以是美之，其颂祷之者至矣。然必有是德，而后有是福，则颂祷之中，默寓乎劝勉之意。此周之御臣下所以为有道也。

鸳鸯四章，章四句

首章讲：此诸侯答《桑扈》也。若曰：福非难，福而长享为难。况身为天子，福其所自有者，而非延之永久，何以开万世之洪休乎？吾今承君恩之渥，而知所以为愿矣。

鸳鸯于飞，毕之罗之。

毕，是长柄者之小网。罗，是大网。彼鸳鸯于飞，则毕罗以取之矣。

君子万年，福禄宜之。

君子，指天子。况我君子，上为天心所眷顾，下为人心所系属，今日之福禄固宜矣。其必厚之以万年之寿，而以颐圣躬福禄之宜，于九重者未可量也；以昌圣治福禄之宜，于四海者未有期也，岂不万年而为福禄之所宜乎？

二章讲：

鸳鸯在梁，戢其左翼。

戢，是敛。鸳鸯在梁，则戢其左翼，以相依者矣。

君子万年，宜其遐福。

君子，指天子。遐，远久也。况我君子，深仁恒当乎民心，令德永膺乎帝眷，今日之遐福固宜矣。其必延之以万年之寿，而宜此遐福于一身，纯嘏之缉续者，又绵以远也；宜此遐福于天下，皇图之永固者，又恒以久也，岂不万年而有以宜其遐福者乎？

三章讲：

乘马在厩，摧之秣之。

厩，马房。摧，是斩其刍以饲马。乘马在厩，则摧之秣之而养之者，尽其才矣。

君子万年，福禄艾之。

艾，是养。况我君子，将有此万年之寿也，则万邦玉食，永为一人之供，四海方物，永为一人之奉。今日之养之者，盖将与之以终身矣，不万年而福禄艾之乎？

末章讲：

乘马在厩，秣之摧之。

乘马在厩，则秣之摧之而抚之者，尽其道矣。

君子万年，福禄绥之。

绥，是安。况我君子，将有此万年之寿也，则泮涣尔游者，永保于无虞，优游尔休者，永垂为久安。今日之绥之者，盖将延之无穷矣，不万年而福禄绥之乎？

吁！以忠爱无已之心，而为颂祷无已之词，若周之臣子，可谓爱君之至者矣。

頍弁 三章，章十二句

首章讲：此燕兄弟亲戚之诗。言：不可解者，亲亲之情；不可废者，亲亲之燕。吾尝究图于离合之间，感于死生之际，而知斯燕之设，不容已者矣。

有頍者弁，实维伊何？

彼弁所以庄首也，今日之与燕者，皆颓然戴弁，而左右之孔偕矣。然是有颓者弁，果伊何乎？

尔酒既旨，尔殽既嘉。岂伊异人？兄弟匪他。

旨，美也。嘉，亦是美。异人，即匪他人之说。况尔酒既旨，尔殽既佳，所以为燕也，则喜异伊人乎？乃兄弟而非他也。

茑与女萝，施于松柏。

茑，寄生草。女萝，是菟丝也。施，延也。然兄弟相亲之意，岂他人所可同哉？诚以茑与女萝，施于松柏，其依附之势，固结而不可解矣。然则我兄弟相须之殷，不亦犹是耶？

未见君子，忧心奕奕。

君子，指兄弟。奕奕，忧心貌。夫兄弟之情，其切如此，是以未见君子之时，以睽违之感，忧心奕奕然而无所薄矣。

既见君子，庶几说怿。

说，亦是悦。今也既见君子，得以叙天伦之乐，则我心之奕奕者，庶几其悦怿焉。盖天亲不可以人为，故聚散之际，而忧喜随之矣。今日之燕，其容以不设也哉？

二章讲同。

有颓者弁，实维何期？尔酒既旨，尔殽既时。岂伊异人？兄弟具来。茑与女萝，施于松上。未见君子，忧心怲怲。既见君子，庶几有臧。

时，新鲜。具来，皆在也。怲怲，忧盛满。臧，善也。

末章讲：

有颓者弁，实维在首。

今日之在燕者，皆颓然戴弁而在首矣。然是有颓者弁，实维在首者，果何人乎？

尔酒既旨，尔殽既阜。岂伊异人？兄弟甥舅。

况尔酒既旨，尔殽既阜，所以为燕也，则岂伊异人乎？乃兄弟甥舅也。

如彼雨雪，先集维霰。

霰，雪子。夫人情每患于会少，为乐恒要于及时。是故雪将雨也，而霰先集，是霰集乃将雪之兆也。亦犹人将死也，而老先至，是老至非将死之征者乎？

死丧无日，无几相见。

无几，不多耳也。然则兄弟为甥舅也，皆老之将至，而死丧之日，相见之时少矣。

乐酒今夕，君子维宴。

君子，指兄弟甥舅。凡我君子，尚其念后会之难期，乐酒今夕，以尽燕乐之欢，可也。不然，雪集于霰之后，虽欲为乐，其可得哉？

夫既叙其情之不容已，又示其乐之不可后，古人之亲亲，其殷勤笃厚之意，有如是夫！

车辖五章，章六句

首章讲：此燕乐其新婚作也。若曰：人之所贵于婚姻，岂徒色是尚哉？亦惟其德之足以资内助耳。是故未见而忧，既见而乐，皆是物也，若我于季女有然矣。

间关车之辖兮，思娈季女逝兮。

间关，设辖声。辖，车轴。娈，是美。季，是少。逝，往而亲迎。我间关然设此车辖者，果何为哉？盖思彼娈然之季女，以为内治之助，欲乘此车往而迎之也。

匪饥匪渴，德音来括。

括，是会。斯时也，匪饥也，匪渴也，但望其德音之来括，而心有如饥渴耳。

虽无好友，式燕且喜。

燕，燕饮。喜，喜乐。夫未见而思之切，今既见则何如哉？彼人得好友，可以为辅仁之助，固当燕饮而喜乐也。今虽无好友，然得贤内助，其益盖无异于好友者，亦当式燕且喜，以尽其相乐之情也。

二章讲：然燕乐之情，不但已也。

依彼平林，有集维鷮。

依彼茂密之平林，则有维鷮以集之者矣。

辰彼硕女，令德来教。

辰，及时而嫁。硕女，即上季女。维彼硕女，而际归妹之时也，则以令德来配己而教诲之矣。盖秉柔顺之德，足以赞乾道之成，而启予之益，诚有莫大也。

式燕且誉，好尔无射。

誉，作乐说。尔，指季女。射，是厌。夫惟有令德之教，是以我也乐有美配，举燕饮之礼，致相乐之情，而一时悦慕之深，宁有厌斁之意乎？

三章讲：夫在我固乐乎尔，尔其可不相乐乎？彼心相得者，略其物之轻；思有余者，忘其德之薄。

虽无旨酒，式饮庶几。

庶几，冀之词。故有旨酒，燕之乐也。今我虽无旨酒以为燕尔，亦忘其不旨之故，而庶几其式饮焉。

虽无嘉殽，式食庶几。

亦有佳殽，燕之乐也。今我虽无佳殽以为燕尔，亦忘其不佳之故，而庶几其式食焉。

虽无德与女，式歌且舞。

女，指季女。以德配德，燕之乐也。今我虽无德以与女，尔亦忘其下德之故，而庶几其式歌且舞焉。盖惟知其情意之当敦，而物之厚薄，人之贤否，皆以情而相忘可矣。

四章讲：夫既相乐如此，则此心复何恨乎？

陟彼高冈，析其柞薪。析其柞薪，其叶湑兮。

是故陟彼高岗，析其柞薪，则其叶湑然而茂盛者矣。

鲜我觏尔，我心写兮。

鲜，是少。觏，见也。写，舒畅悦乐。况此季女，德不恒有，世所鲜之人，而我得以既觏之，而饮食歌舞以相乐焉，则我心输写而无留恨矣，岂复有饥渴之滞于怀耶？

五章讲：

高山仰止，景行行止。

仰，瞻望。行，大道也。今夫高山，势之崇者，则可以仰止矣；景行，道之大者，则可以行止矣。

四牡骓骓，六辔如琴。

如琴，调和如琴瑟。况我之于季女，其往迎也，驾车有马，则骓骓然其驯习；御马有辔，则如琴然其和调。

觏尔新昏，以慰我心。

新昏，即季女。慰，是安。则可以迎彼季女，而既觏之，聆德音之括，获教诲之益，而以慰我之心矣。

是则始之求也，求以德也；终之乐也，乐以德。若诗人者，可谓得情性之正者欤！

青蝇 三章，章四句

首章讲：诗人以王好听谗言，故作此。曰：

营营青蝇，止于樊。

营营，飞往来之声。樊，是藩。彼营营青蝇，则止于樊，其飞声往来，有以乱人听矣。然则谗人之言，其反覆惑人，不亦犹是耶？

岂弟君子，无信谗言。

岂弟，称叫之词。君子，指王。岂弟君子，一闻谗言，敬而远之可也，严而绝之可也，徐察而审听之亦可也，慎无遽信谗言乎！

二章讲：

营营青蝇，止于棘。

营营青蝇，则止于棘矣。

谗人罔极，交乱四国。

罔极，无穷止。惟此谗人，肆其罔极之奸，则有以变乱是非，饰成无罪之人，而被之以莫大之祸矣，不有以交乱四国乎？夫以谗人罔极，而四国为之交乱，是固甚可畏也，又安可以为信哉？

末章讲同。

营营青蝇，止于榛。谗人罔极，构我二人。

构，交乱意。二人，己与听者。

宾之初筵 五章，章十四句

首章讲：此武公饮酒悔过而作也。若曰：人之饮酒，恒慎始而忽终。

欲慎其仪者，可不图厥终乎？以因射而饮言之。

宾之初筵，左右秩秩。

初筵，初即席。左右，筵之左右。宾初即筵之时，左列于左，右列于右，而秩秩然有序矣。

笾豆有楚，殽核维旅。

笾，竹器。豆，木豆。楚，是陈列。旅，众多。燕必有殽核也，则笾豆在列，而殽核之错陈矣。

酒既和旨，饮酒孔偕。

孔，甚也。偕，齐也。燕必有酒也，则酒以成礼，而和旨之调美矣。斯时也，饮酒之人皆肃敬齐一，何孔偕乎，未射而饮如此。

钟鼓既设，举酬逸逸。

设，迁也。酬，本所奠之酬爵。迫夫将射也，钟鼓之宿悬于上者，则迁乐于堂下，以避射位焉；酬爵之奠于席前者，则举之以行旅酬之礼，而逸逸往来之有序焉。

大侯既抗，弓矢斯张。

大侯，君侯之的。抗，张也。张，开也。先是，大侯中掩束也，今则命司马张侯，遂系左下之纲。而弓矢之在韇者，亦张而待射，而有引满之势者焉。

射夫既同，献尔发功。

射夫，饮酒宾客。同，比其耦。献，奏也。发功，发矢之功。三耦众耦之射夫，于是而既同，皆揖让而升，以献夫发矢之功。

发彼有的，以祈尔爵。

的，乃侯中所射之处。祈，求也。爵，豊上之觶。斯时也，孰不欲以永胜乎？然惟各心兢云，我将以是发彼有的，以祈尔饮丰上之觯焉。消有争之形于不露，存必胜之心于忘言，是其争也君子矣。一射饮之间，其始终有仪如此，尚何过举之有哉？

二章讲：以因祭而饮者言之。

籥舞笙鼓，乐既和奏，烝衎烈祖。

籥舞，持籥羽以舞。烝，进也。衎，乐也。烈祖，先祖之有功者。祭必有乐也，则籥舞以动其容，笙鼓以动其声。乐既于是而和奏，五色成文而不乱也，八风从律而不奸也，则所以乐烈祖之心者在是矣。乐何如其美也耶！

以洽百礼，百礼既至，有壬有林。

洽，是合。百礼。礼之备。壬，是大。林，是盛。祭必有礼也，则以乐之和合于百礼之备，而百礼于是而既至。但见外极规模，壬然而大也；内尽节目，林然而盛也。礼何如其善耶？

锡尔纯嘏，子孙其湛。

尔，是主祭者。纯，是全。湛，亦是乐。礼乐明备，先祖是皇，而锡尔以纯全之福焉。

其湛曰乐，各奏尔能。

各奏尔能，此是子孙各尽献尸之能。斯时也，亲而同姓，有子有孙焉，湛然而乐，无有勉强之意。各酌献尸，尸酢卒爵，以奏其将事之能焉。是饮所当饮也，岂崇饮乎？

宾载手仇，室人入又。

手仇，以手挹取酒。室人，是佐食之人。又，复也。疏而异姓，有宾客焉，有室人焉。宾则以手挹酒，室人为之复酌，而加爵焉。

酌彼康爵，以奏尔时。

康，安也。爵，豊上之觯。时，是时祭。莫不酌彼康爵，尸饮乎三，宾饮乎一，于以行乎时祭之礼焉。是饮所当饮也，岂湎饮乎？一祭饮之间，其始终有序如此，尚何过举之有哉？

三章讲：夫射祭之饮，其善如此。奈何人之凡饮酒者，常始乎治，而卒乎乱也。

宾之初筵，温温其恭。

宾之初即筵也，温温其恭，无不以敬慎自持矣。

其未醉上，威仪反反。

反反，顾礼也。方其未醉也，动必顾礼，而威仪反反。

曰既醉止，威仪幡幡。舍其坐迁，屡舞僊僊。

幡幡，与反反相反。舍，弃也。坐迁，所坐之处。僊僊，轩举之状。曰既醉止，则举动轻率，而流于幡幡之归；舍其坐迁，而肆其僊僊之舞，则向之反反者安在耶？

其未醉止，威仪抑抑。

方其未醉也，动皆慎密，而威仪抑抑。

曰既醉止，威仪怭怭。

怭怭，与抑抑相反。曰既醉止，则言失其正，一皆媟慢之言；动失其正，一皆媟慢之动，则何之抑抑者何在耶？

是曰既醉，不知其秩。

秩，常礼。所以然者，是由既醉之后，而昏昏然不知其常礼，故幡幡怭怭之若是耳。

四章讲：不但是也。

宾既醉止，载号载呶。

号，是呼。咷，是讙。宾既醉止，则载号载咷，而言语肆矣。

乱我笾豆，屡舞僛僛。

僛僛，倾侧之状。乱我笾豆，屡舞僛僛，而容止乱矣。

是曰既醉，不知其邮。

邮，是过。所以然者，是曰既醉之后，而懵然不知其过，故号咷僛僛之若是耳。

侧弁之俄，屡舞傞傞。

侧，是倾。俄，倾貌。且弁之戴于首者，俄然而倾侧；舞之见于容者，傞傞而不已。醉者之状如此，可谓无所不至矣。

既醉而出，并受其福。

出，是去。并，主人与宾。夫饮酒不能以无醉，若既醉而出，则宾著温恭之美，主彰是燕之善，岂不并受其福乎？

醉而不出，是谓伐德。

伐，是害。醉而不出，而至于荒乱之甚如此，是自害其温恭之德也。

饮酒孔嘉，维其令仪。

孔，甚也。嘉，是美。令仪，即温恭之仪。且饮酒之所以甚美者，以其有令仪耳。今既若此，则岂复有仪哉？

末章讲：夫饮酒丧仪如此，而可不深以为戒乎？

凡此饮酒，或醉或否。

否，未醉。故凡此饮酒之人，或有醉者，或有不醉者。

既立之监，或佐之史。

监，是纠察善恶之官。史，是书记得失之官。我既立之监，以纠其失；或佐之史，以书其过。庶几饮酒者，顾监史有所畏，而知以自守也。

彼醉不臧，不醉反耻。

不臧，即上幡幡等状。奈何醉者所为不善，而不自知，虽有监史，无所用其防也；使不醉者，反为之羞耻焉。

式勿从谓，无俾太怠。

勿，如言安得。谓，告也。太，甚也。然醉者既如此，安得从而告之，使勿至于太怠者乎？

匪言勿言，匪由勿语。

匪言，非理所当言。匪由，非理所当为。语，亦言也。使有言也，必谋诸心，而非所当言者勿言。使有语也，必谋诸心，而非所当从者勿语。

由醉之言，俾出童羖。

童羖，无角之羖羊。苟由醉而妄言，我将罚尔，使出无角之羖羊矣。知童羖为难得之物，尔安得而不恐哉？是不醉者固欲谓之如此，而奈醉者之不可谓何？

三爵不识，矧敢多又。

识，记也。又，是复饮。夫人能饮，多而有所识，犹之可也。今汝饮至三爵，已不识矣，矧敢又多饮乎？

饮酒者，诚当知所以自省，毋为监史所不能防，毋为不醉者所不能谓可矣。吁！武公饮酒，悔过如此，真可谓能自克以礼也。

鱼藻三章，章四句

首章讲：天子燕诸侯，而诸侯美之。曰：人君以一身贻天下之安者，则当以一身享天下之乐。今观吾王，诚有享至治之休矣。

鱼在在藻，有颁其首。

颁，是大首。彼鱼何在乎？在乎藻也。则游泳自适，而有颁其首矣。

王在在镐，岂乐饮酒。

镐，镐京。岂，亦是乐。王何在乎？在乎镐也。则君臣同乐，燕礼以举，而岂乐饮酒矣。乐饮之外，岂复有余事哉？

二章讲：

鱼在在藻，有莘其尾。

莘，长也。鱼何在乎？在乎藻也。则游泳自适，而有莘其尾矣。

王在在镐，饮酒乐岂。

王何在乎？在乎镐也。则明良胥庆，燕礼攸行，而饮酒乐岂矣。乐饮之外，岂复有余事哉？

末章讲：

鱼在在藻，依于其蒲。

鱼在在藻，依于其蒲，则有以得所处之安者矣。

王在在镐，有那其居。

那，是安。况王在于镐，据天下之上游而居重之势得，但见太平有象，至治无虞，岂不有那其居乎？

要之诸侯美天子，惟以乐饮安居为言，而不及保治之事，何哉？盖后天下之乐而乐者，必先天下之忧而忧，乃能致之，则其进规之意，固在言外矣。

采菽 五章，章八句

首章讲：此天子答《鱼藻》也。若曰：人臣来朝，以明敬也；君人锡予，以示恩也。然要之上交之道，尤在于诸侯之能敬也。吾今愧予之凉惠，而深有嘉于君子之能敬矣。

采菽采菽，筐之莒之。

筐，方器。莒，圆器。彼采菽采菽，则必有筐莒以盛之，而曲尽其处物之宜矣。

君子来朝，何锡予之？

君子，指诸侯。况我君子来朝，则将何以锡予之乎？

虽无予之，路车乘马。

路车，金路象路之车。今虽无以予之而已，有路车乘马之锡矣。异姓同姓，各随其分焉；大邦小邦，各有其等焉。

又何予之？玄衮及黼。

玄衮，是玄色之衣而画以卷龙者。黼，如斧形刺于裳者。又何以予之而已？有玄衮及黼之赐矣。九章七章，以分而别焉；五章三章，以等而异焉。以车服之常典，示锡予之微恩，我今日所以待诸侯者如此。

二章讲：夫诸侯来朝，我固有以锡予之矣。然君子来朝之敬，则何如而我锡之耶？

觱沸槛泉，言采其芹。

彼觱沸槛泉，有芹生也，则言采其芹矣。

君子来朝，言观其旂。

旂，交龙之旂。况我君子来朝，有旂建也，则言观其旂矣。

其旂淠淠，鸾声嘒嘒。

但见其旂淠淠而动，目遇之成色也。鸾声嘒嘒而鸣，耳得之成声也。

载骖载驷，君子所届。

骖，四马。届，至也。马以驾车，而载骖载驷，四马之俱良也。夫
旐鸾骖驷，皆君子之仪卫也。今也见其旐，闻其鸾声，而又见其马，则知
君子之至于是矣。其谨侯度以入朝如此。

三章讲：

赤芾在股，邪幅在下。

赤，赤色。芾，蔽膝。邪幅，邪缠之幅。下，股下。迨其入觐也，
以赤芾则在股，以邪幅则在下，而入朝之威仪肃矣。

彼交匪纾，天子所予。

交，是来朝以上交天子。由是服之以见天子，而交际之间，恭敬斋
遬，不敢以舒缓焉。其所以敬君者何如也？天子嘉其能敬，路车乘马，于
是乎锡之也；玄衮及黼，于是乎颁之也，不为天子之所予乎？

乐只君子，天子命之。

命，宠锡之命。夫锡予所在，即宠命之所在也。我君子以匪纾之心，
溢而为温文之度，何可乐也！岂不天子命之乎？

乐只君子，福禄申之。

申，重也。宠命所在，即福禄之所在也。我君子以匪纾之心，溢而
为温文之度，何可乐也！岂不福禄申之乎？

四章讲：夫君子以匪纾之敬，而为福禄之申，则其获福也，理之宜然
也，而非幸也。

维柞之枝，其叶蓬蓬。

彼维柞之枝，则宜其叶蓬蓬然而盛矣。

乐只君子，殿天子之邦。乐只君子，万福攸同。

殿，镇也。况乐只君子，而惟敬之匪纾也，则宜其膺侯爵，以殿天
子之邦，而为万福之所聚矣。

平平左右，亦是率从。

平平，辩治意。左右，诸侯之臣。率，循也。然岂特君子之能敬已哉？但见其从行之左右威仪，亦皆辩而不昧，治而不乱，平平然若出于雕琢之余，而相与以率从焉。是左右之敬也，亦君子之所敬也，何莫而不见，其为君子获福之宜然者哉？

末章讲：不惟是也，其获福也，亦理之必然也，而非偶也。

泛泛杨舟，绋缅维之。

绋，大索。缅，絷系也。彼泛泛杨舟，则必以绋而缅维之矣。

乐只君子，天子葵之。乐只君子，福禄膍之。

葵，揆度。膍，是厚。况乐只君子，而维敬之匪纾也，则必受知于天子，深信不疑，而为福禄之所必膍矣。

优哉游哉，亦是戾矣。

优哉游哉，从容自得之意。戾，至也。然岂特入觐之能敬已哉？且其来朝之心，莫非出于忠爱之诚，而优游以至此，殆无一毫勉强之意矣。是来朝之敬，一入觐之敬也，何莫而不见，其为君子获福之必然哉？

夫觐君尽其敬，是臣事君以忠也，而非欲徼福于君也。锡臣隆其恩，是君待臣以礼也，而非欲沽惠于臣也。上下之间，各尽其道，此所以能相与以有成欤！

角弓 八章，章四句

首章讲：此刺王不亲九族之诗。若曰：亲亲之谊，有国者不可不笃。盖以亲不敦睦，则民兴怨；君多薄德，则俗益偷。而化导之机，自上程之也。今王何不知此也耶？

骍骍角弓，翩其反矣。

翩，反貌。彼骍骍和调之角弓，张之则内向而来，一或弛之则翩然外反而去矣。

兄弟昏姻，无胥远矣。

胥，相也。远，离也。况此兄弟昏姻，岂可以相远哉？盖兄弟婚姻之情，结之以恩则相亲，或远之则亦离叛而去矣。其远近亲疏之意，果何异于此弓耶？

二章讲：夫兄弟婚姻，既不可以胥远矣，则为人上者可不慎所感之哉？吾知上者，下之倡也。

尔之远矣，民胥然矣。

尔，皆王。胥然，亦如王之远。尔若于兄弟无相亲之意，而有相远之心，则民皆将以兄弟之果可以相远也，而孰有不以为然耶？

尔之教矣，民胥效矣。

效，效王所为。尔若不以敦睦为教，而惟以胥远为教，则民皆将如尔之远其兄弟也，而孰有不以为效耶？上以是倡，则下以是应，非机之必然哉！

三章讲：夫尔以胥远为教，民遂然而效之，则寡恩之兄弟，岂不由此而相谗也哉？

此令兄弟，绰绰有裕。

绰绰，宽意。吾知此善兄弟，情本厚也，故虽王化不善，而彼之所以相亲相爱者如故也，岂不绰绰然其厚之有余哉？

不令兄弟，交相为瘉。

瘉，是病。若不善之兄弟，情本薄也，又见王之胥远，则遂谗怨日起，而交相为病矣。

四章讲：

民之无良，相怨一方。

一方，各执一意见。夫兄弟而交相为病，则亦无良甚矣。然忧其所以相怨者，不过各据其一方之见，不能平观于物我之间也。若能以责人之心责己，爱己之心爱人，则彼己之间，交见而无蔽，何有于相怨哉？

受爵不让，至于己斯亡。

受爵，取爵位。然彼之相怨，以取人爵位也，意以为爵位可长有也。殊不知得之以逊让者，则爵位可保。今乃相谗相怨以取爵位，而不知逊让之道。吾知以交构而得者，亦以交构而失之，终亦必亡而已矣，岂能长久也哉？

五章讲：夫此不令兄弟，而受爵不让者，要亦不量力，不知止之故也。

老马反为驹，不顾其后。

今夫老马惫矣，反自以为驹，不顾其后之不胜任焉。然则谗害人以取爵位者，而不知其不胜任也，亦若是矣。而何其不量力之甚也耶？

如食宜饫，如酌孔取。

饫，饫是也。又如食之已多而宜饱矣，而反不以为饱；如酌之所取亦已甚矣，而反不以为甚。人之贪嗜饮食而不知节，诚可恶矣。然则彼谗人之取爵位，而贪黩攘取之不已也，亦若是矣。何其不知止之甚也耶？

六章讲：若此者，皆由王不善道导之，而效于王之胥远故也。

毋教猱升木，如涂涂附。

猱，是猴。涂，泥也。附，着之上。今夫猱本善升木，不待教而后能；涂本易附着，而不可复以涂附也。人尚其毋教猱升木乎，一教之而放纵，无所不至矣。人无如泥涂之上加以泥涂附之乎，一附之愈相着，而不可解矣。彼小人之性，骨肉之恩本薄，而王又好谗佞以来之，则其相谗相怨以取爵位，而浇薄之若是也，又何怪其然矣。

君子有徽猷，小人与属。

君子，指王言。徽，美也。猷，道也。小人，下民。属，是附。兹欲返薄归厚，则莫若以善道倡之乎！君子诚能于兄弟婚姻也，禄位与共，好恶与同，而有敦睦之善道焉。则上笃于亲，下兴于仁，小人之性虽薄也，而秉彝之心未尝无，亦将反为善以附之，不至于如此之薄矣。夫反薄归厚之化，惟于上倡之如此，王何为独好谗佞，以成浇薄之风也哉？

七章讲：夫王固不可好谗，以成小人之薄矣，然谗言亦岂虽止哉？

雨雪瀌瀌，见晛曰消。

晛，日气。今夫雨雪瀌瀌，雪何盛也，然一见日气，则消而散矣。然则谗言遇明者当自止，不犹是乎？

莫肯下遗，式居娄骄。

下，是贬。遗，是弃。娄，长也。骄，骄慢。谗既易止，则远之以抑其骄可也。今王甘信之，不肯贬下而遗弃之，则小人益以无忌，不益以长其骄慢之习矣乎？

末章讲：

雨雪浮浮，见晛曰流。

流，雪消如水之流也。雨雪浮浮，雪何盛也，然一见日气，则流而去矣。然则谗言遇明者当自止，不犹是耶？

如蛮如髦，我是用忧。

蛮，南蛮。如髦，夷髦。谗既易止，则远之以善其俗可也。今王乃听信谗言，使之相谗相怨，而绝无逊让之风，则中国信义相先之教，澌然尽矣，不如蛮如髦乎？

夫以中国而同于夷狄，人道之大变，而乱亡之阶也。我安得不深用以为忧哉？吁！此《角弓》之诗所由作也。

菀柳 三章，章六句

首章讲：王者暴虐，诸侯不朝而作此。曰：臣子事君犹事天，然曷敢废朝觐之礼哉？顾其所以不朝者，亦有其故矣。

有菀者柳，不尚息焉？

尚，庶几。息，休息。彼有菀然茂盛之柳，其荫可以休也，行道之人，岂不庶几欲就而止息之乎？然则王有富贵之泽，可以相厚也，人孰不欲朝事之乎？

上帝甚蹈，无自暱焉。

上帝，指王者。蹈，威灵。暱，是近。但以王者威神之甚，而喜怒有不可期，使人畏之，而不敢近焉耳。此诸侯所以皆不朝也。

俾予靖之，后予极焉。

予，诗人自子。靖，安也。焉，求之尽意。使我独朝而事之，以靖王室，而欲以其力，为天子使也；欲以其财，为天子用也。吾知后必将极其所欲以求于我，吾恐力疲不胜其所役，财尽不胜其所求，将何以继之哉？是以吾宁不朝耳。

二章讲：

有菀者柳，不尚愒焉？

愒，亦息。有菀然茂盛之柳，其荫可以庇也，行道之人，岂不庶几欲就而愒息之乎？然则王有爵禄之恩，可以相庇也，人孰不欲朝事之乎？

上帝甚蹈，无自瘵焉。

瘵，病也。但以王者威神之甚，而喜怒有不可测，使人近之，而适以自病焉耳。此诸侯所以皆不朝也。

俾予靖之，后予迈焉。

迈，过也，求之过其分。使我独朝而事之，以靖王室焉，后必过其分以求于我，吾将何以应之哉？是以予宁不朝焉耳。

末章讲：

有鸟高飞，亦傅于天。

傅，至也。今夫鸟之高飞，则傅于天矣，是物且有所至矣。

彼人之心，于何其臻？

彼人，指王言。臻，至也。彼人之心，贪纵无极，求责无已，不知其果何所极乎？

曷予靖之，居以凶矜？

居，徒然。凶，凶祸。矜，危也。如此，则岂予能靖之哉？苟不量其己之财力，无以塞王心，无已之欲而欲靖之焉，则将有不可测之辱，亦徒自取凶祸而可怜耳。然则予今日之不朝，夫岂其得已哉？

吁！诸侯之不朝，虽出于不得已之故，然因王之暴虐，而遂不朝，其于君臣之义，亦恝矣！吾于《菀柳》之诗，而深叹其周室之不复振也已。

都人士之什二之八

都人士五章，章六句

首章讲：乱离之后，人不复见昔日都邑之盛、人物仪容之美，而作此诗。曰：人物之盛衰，国家隆替之所系也。吾尝感慨于今，而追思古之盛际矣。

彼都人士，狐裘黄黄。

都，王都。狐裘，以狐狸之皮为裘。昔日王人之威灵尚振，而都邑之大观犹存，故其人士服之于身者，则狐裘黄黄，而文之以君子之服矣。

其容不改，出言有章。

不改，是有常。章，文章。著之为德容也，则有常不改，而文之以君子之容矣。发之为言也，则成章可观，而文以君子之词矣。

行归于周，万民所望。

周，镐京。望，瞻仰。以斯人而行归于周，则当此乱离之后，而复睹昔日之人物，岂不动人之观瞻，而为万民之望者乎？

二章讲：奈何今不复见矣，我将何如其为情也耶？

彼都人士，台笠缁撮。

台笠，以台之草为笠也。缁撮，是缁布冠。彼都邑之人士也，台笠、缁撮，而动容之必感。

彼君子女，绸直如发。

子女，都人贵家之女。彼都人贵家之女也，绸直如发，而首饰之自美。

我不见兮，伐心不说。

然此乃昔时之人物也，我今不可得而见之，则将无以副我之思，我心其不悦者矣。

三章讲：

彼都人士，充耳琇实。

琇，美石。彼都邑之人士之，充耳琇实，而仪容之修整。

彼君子女，谓之尹吉。

尹、吉，周之婚姻旧姓。彼都人贵家之女也，谓之尹、吉，而礼度之素闲。

我不见兮，我心苑结。

苑结，郁积而不解。然此乃昔时之人物也，我今不可得而见之，则无以慰我之思，我心之忧，苑结而不能伸者矣。

四章讲：

彼都人士，垂带而厉。

厉，带垂貌。彼都邑之人士也，带着于身，则厉然而下垂。

彼君子女，卷发如虿。

虿，是螫虫，尾末捷如发之上卷。彼都人贵家之女也，发敛于首，则如虿而上卷。

我不见兮，言从之迈。

迈，行也。然此乃昔时之人物也，我今不可得而见矣。苟得见之，则我愿从之迈，庶有以写我心之忧乎！

末章讲：

匪伊垂之，带则有余。

余，即剩也。然士之带也，非故垂之也。带则有余，自如是其下垂矣。

匪伊卷之，发则有旟。

旟，是扬。女之发也，非故卷之也。发则有旟，自如是其卷曲矣。

我不见兮，云何盱矣！

盱，望也。然此乃昔时之人物也，我今不可得而见之，使我当如何而望之切哉！

夫屡即盛时之事，而深致不见之思，若诗人者，其感慨深矣。

采绿 四章，章四句

首章讲：妇人思其君子而作。言：人情居而相离则思，期而不至则忧。我今于君子何如哉？

终朝采绿，不盈一匊。

盈，满也。两手曰匊。彼绿易采也，一匊易盈也。今我也终朝采绿，而不盈一匊者，盖情动有所制，故心不专于所事也。

予发曲局，薄言归沐。

局，是发之卷。沐，洗头。诚以思我君子之归斯将迩，而予发之曲局，非所以待君子也。故舍之而薄言归沐，以俟其君子之还也。一匊之不盈，何暇计哉？

二章讲：

终朝采蓝，不盈一襜。

衣之蔽膝者曰襜。彼蓝易采也，一襜易盈也。今我也终朝采蓝，而不盈一襜者，盖情动于所思，故心不专于所事也。

五日为期，六日不詹。

詹，即见。诚以念我君子之往也，以五日为期，而今已六日则过矣，而犹不得以见之，则所以系吾之思者，盖甚切矣。虽襜之不盈，奚暇顾哉？

三章讲：夫我今日于君子之未归，而思之切如此，使及今日而遽归焉，吾将何如以为情耶？

之子于狩，言帐其弓。

之子，指君子。帐，弓室。苟君子之归，而欲往狩也，我愿为之帐其弓焉。帐弓虽非妇人事也，然因帐弓而得以亲君子，则亦为之而不辞矣。

之子于钓，言纶之绳。

理丝曰纶。绳，钓索。君子之归而欲往钓也，我愿为之纶其绳焉。纶绳虽非妇人事也，然因纶绳而得以亲君子，则亦为之而不恤矣。

末章讲：

其钓维何？维鲂及鱮。

夫钓必有所获也，其钓维何？则维鲂及鱮矣。

维鲂及鱮，薄言观者。

我于鲂鱮，则薄言往观之焉，是非重一鲂鱮也。因观鲂鱮，而得以亲君子，是固我之所以欲无往，而亦与之俱耳。我之所拟于今日者如此，不知君子何时可还，而得以遂此情耶？

夫情切于未归之时，而冀伸于既归之后，若妇人者可谓贞静专一之至者矣。

黍苗五章，章四句

首章讲：宣王封申伯于谢，命召穆公往营城邑，故将徒役南行，而行者作此诗。曰：

芃芃黍苗，阴雨膏之。

膏，润泽也。芃芃黍苗，则惟阴雨能膏之，而有以遂其盛矣。

悠悠南行，召伯劳之。

悠悠，远行之意。召伯，召穆公。劳，劝劳。况此悠悠南行以营谢者，履周道之倭迟，而有跋涉之劳苦，则惟召伯有以体其情而节其力，为能劳之者矣。宁不励吾超事之心，而激吾忘劳之念哉？

二章讲：以我南行之事言之。

我任我辇，我车我牛。

任，负任。辇，挽车者。车，载辎重者。牛，驾车。盖我之南行也，有任以负物，有辇以载物，有车以任重，有牛以驾车，各司其事，莫非为营谢而行也。

我行既集，盖云归哉？

集，成也。是行也，必同心共济，使营谢之功既成，而后可以言归耳。不然，方虑无以副召伯之命也，而敢为归计哉？

三章讲：

我徒我御，我师我旅。

徒，徒行者。御，乘车之人。我之南行也，有步行之徒，有乘车之御，有二千五百人之师，有五百人之旅，各率其职，莫非为营谢行也。

我行既集，盖云归处？

处，安也。是行也，必协力共赞，使营谢之功既集，而后可以归处耳。不然，方惧有负于召伯之劳也，奚敢为归处计哉？

四章讲：夫我之南行，固必成功而后归。然其功之成，岂吾人所能与哉？

肃肃谢功，召伯营之。

营，治也。今此谢功，城郭寝庙之就绪，肃肃然其严正矣。而孰其营之也？惟召伯经营，区处之有方，教护劝课之有道，为能有以营之耳。

烈烈征师，召伯成之。

征，行也。师，众生。成，鼓舞意。维此征夫，就道趋事之奋发，烈烈然其威武矣。而孰能成之也？惟召伯节其劳而悯其瘁，作其勤而振其怠，为能有以成之耳。他人岂得而与之哉？

末章讲：不特此也。

原隰既平，泉流既清。

土治曰平。水治曰清。疆其土田，而高下之得宜，原隰则既平矣。治其沟洫，而泉水之皆通，泉流则既清矣。

召伯有成，王心则宁。

宁，安也。召伯营谢之功，有成如此，则有以遂王朝分封之意，而副天子待舅之情，王心不载宁乎？

夫营谢一行，上有以忠其君，下有以仁其徒，若召伯可谓善于其职矣。

隰桑 四章，章四句

首章讲：此喜见君子之诗。若曰：国家之所共理者惟贤才，则其所愿见者亦惟贤才。我今于君子之见也，而岂无所以系其心哉？

隰桑有阿，其叶有难。

彼隰桑有阿然而美，则其叶有傩然而盛矣。

既见君子，其乐如何！

况此君子，我之所愿见者也，而今得以既见之，则夙昔之愿以慰，其乐当如何哉？盖一念欢欣之意，殆有不能以形容者矣。

二章讲：

隰桑有阿，其叶有沃。

隰桑有阿然而美，则其叶有沃然而光泽矣。

既见君子，云何不乐？

况此君子，我之所欲见者也，而今得以既见之，则夙昔之怀以遂，则云何不乐哉？盖一念悦怿之心，始有不容以或遏者矣。

三章讲：

隰桑有阿，其叶有幽。

隰桑有阿，则其叶幽然而黑矣。

既见君子，德音孔胶。

胶，是固。况我既见君子，则好贤之誉以彰，德音不孔固乎？夫君子一见，而我之德音以固，宁非我之所深幸耶？

末章讲：

心乎爱矣，遐不谓矣？

遐，何同。不谓，告也。夫见君子，而德音为之孔胶，则我平日之所以爱君子者，皆出于中心之诚，而非声音笑貌之伪矣。今日既得以见之，何不遂以告之，而达吾之情乎？

中心藏之，何日忘之？

然爱之发于言者，言尽而爱亦尽；爱之根于心者，心存而爱亦存。故我但中心藏之，而不以腾于口说，则此爱与此心，相为终始矣，果何日而能忘之乎？此我今日所以不谓之之意也欤！

要之，惟求之也专，故喜之也至；惟爱之也笃，故藏之也久。若《隰桑》者，可谓好贤之至矣。

白华八章，章四句

首章讲：此幽王宠褒姒而黜申后，故申后作此。曰：不可解者，夫妇之伦；不可易者，嫡妾之分。今王何悖伦而乱分也乎？

白华菅兮，白茅束兮。

白华，野菅。束，是束缚。今夫白华为菅，则以白茅为束矣。二物至微，犹必相须为用也。然则夫妇至亲，其相依之势，不亦犹是哉？

之子之远，俾我独兮！

之子，指王言。远，即弃也。独，孤独。何之子也，乃远弃我，使我独立无亲，曾菅茅之不如矣。

二章讲：

英英白云，露彼菅茅。

英英，轻明貌。露，即白云散而下降者。英英白云，水上轻清之气也，散而下被，则露彼菅茅矣。是云之泽物，无微不被也。然则夫之亲妇，当无时不然，不犹是乎？

天步艰难，之子不犹。

天步，如言时运。艰，困苦也。难，之子，指手。犹，是图。夫我之独也，固其时运艰难则然，然之子何不思虑图谋，而遽弃我乎？则不如白云之露菅茅矣。

三章讲：

滮池北流，浸彼稻田。

滮，流貌。稻田，种禾之田。池之水也，滮然北流，则有以浸彼稻田矣。是水小犹能受灌也。然则王之尊大，其宠泽不当通乎？

啸歌伤怀，念彼硕人。

啸，是蹙口出声以舒愤懑之气。何王反不能通其宠泽，而使我之不免于独？是以愤懑不胜，不得以舒其气，忧心不已，悲伤日切于怀，而念彼硕人于不忘焉。

四章讲：

樵彼桑薪，卬烘于煁。

卬，是我。烘，是燎。于煁，无釜之灶。彼桑薪宜以烹饪也，今樵彼桑薪，不以为烹饪之用，而特烘之于无釜之灶矣。然则嫡后之尊，不蒙尊宠，而反见卑贱，不亦犹是乎？

维彼硕人，实劳我心。

硕人，指王言。维彼硕人，其所为如此，是以我也伤尊卑之失序，而此心为之忧劳焉。

五章讲：

鼓钟于宫，声闻于外。

声，鼓钟声。鼓钟于宫，则声闻于外矣。此有所感，彼有所动也。然则积诚于己，而可以动人，不犹是乎？

念子懆懆，视我迈迈。

懆懆，忧貌。迈迈，不顾意。今我念子至于懆懆而忧，其用心不可谓不诚矣，而子反视我迈迈，略不加之意也，宁不深叹息哉？

六章讲：

有鹙在梁，有鹤在林。

梁，鱼梁。林，山林。鹙之与鹤，皆以鱼为食者也。今有鹙在梁而鹙则饱矣，有鹤在林而鹤则饥矣。养鹙而弃鹤，人之用爱何甚悖也？然则王于嬖妾而亲之，于嫡后而远之，其何异于养鹙而弃鹤？

维彼硕人，实劳我心。

硕人，俱指王。维彼硕人，其所为如是，是以使我念贵贱之易位，而此心为之忧劳焉。

七章讲：

鸳鸯在梁，戢其左翼。

鸳鸯在梁，则戢其左翼以相依，夫固不失其配耦之常也。然则夫妇相亲，亦宜其有常匹者，不亦犹是乎？

之子无良，二三其德。

今之子所为不善，乃眷我于始，弃我于终，而二三其德之无常焉，曾鸳鸯之不如矣。

末章讲：

有扁斯石，履之卑兮。

扁，卑也。履，践也。有扁斯石，其势本卑也，则履之者亦卑矣。然则嬖妾之贱，而宠之者亦贱，不犹是乎？

之子之远，俾我疷兮。

之子，指王言。疷，病也。何之子也，乃远弃我，而嬖妾之是亲。是以使我忧其失身于卑贱，而念之以至于病焉。

夫申后被黜而作此诗，以叙其怨，言有序而不乱，怨有则而不流，申后亦贤矣哉！

绵蛮 三章，章八句

首章讲：此微贱劳苦而思有所托者，为鸟言以自比。曰：

绵蛮黄鸟，止于丘阿。

绵蛮，鸟声。丘阿，山中之曲阿。彼绵蛮黄鸟，止于丘阿，而不能前。

道之云远，我劳如何？

如何，言甚也。是非不欲前也，盖道之云远，而我之劳甚矣，故不得已，而为丘阿之止也。然则我微贱者之劳苦，而不能以自振，不亦犹是乎？

饮之食之，教之诲之。

斯时也，谁能饮之食之，而赈我饥渴之苦；教之诲之，而示我去就之途。

命彼后车，谓之载之。

后车，乃副车。命彼后车以载之，而加我委任之诚者乎？不然，我之微贱劳苦，终无以自振矣。

二章讲：

绵蛮黄鸟，止于丘隅。岂敢惮行？畏不能趋。

惮，是畏。趋，疾行。绵蛮黄鸟，止于丘隅，而不能趋矣。岂敢以行为行为惮也哉？盖劳之甚，而畏不能趋也。然则我微贱者之劳苦，而不能以自振，不犹是乎？

饮之食之，教之诲之。命彼后车，谓之载之。

如前讲。

末章讲同。

绵蛮黄鸟，止于丘侧。岂敢惮行？畏不能极。饮之食之，教之诲之。命彼后车，谓之载之。

侧，傍也。极，是至。

瓠叶 四章，章四句

首章讲：此燕饮之诗。若曰：燕以仁宾，惟其诚之足以相孚而已。若必拘乎礼仪之备，则将因其不可继之物，而废不可已之燕矣。今我君子之宴宾，何如哉？

幡幡瓠叶，采之烹之。

幡幡，叶盛。烹，煮也。彼幡幡瓠叶，采而烹之，以为菹物，何薄也。

君子有酒，酌言尝之。

君子，自工歌指主人言。嫌其薄而不进，则于情为疏也。故君子有酒，亦必以是瓠叶与我佳宾，酌而尝之。惟知燕之当举，而不计瓠叶之为薄者矣。

二章讲：

有兔斯首，炮之燔之。

去毛曰炮。加火曰燔。有兔斯首，炮之燔之，物至薄也。

君子有酒，酌言献之。

献之，即献之于宾。君子有酒，亦必以是酌言献之，而宾主之交欢，以敦一时之情焉，盖不知兔首之炮燔为甚薄也已。

三章讲同。

有兔斯首，燔之炙之。君子有酒，酌言酢之。

炙，以物贯之而举于火上以炙之。酢，报也。

四章讲同。

有兔斯首，燔之炮之。君子有酒，酌言酬之。

酬，导饮。夫不计物之厚薄，而欲燕礼之必行，则其殷勤无已之意，殆有溢于瓠叶兔首之外矣。古人之贵德，其实意有如此矣。

渐渐之石 三章，章六句

首章讲：将帅出征，不堪劳苦，而作此诗。曰：御侮折冲，固吾人之职；而履危蹈险，亦人情不堪也。试以我之出征所经历者言之。

渐渐之石，维其高矣。山川悠远，维其劳矣。

渐渐，即高也。渐渐之石，何高峻也；山川荡然，何悠远也。历此险远，盖不胜其劳矣。

武人东征，不遑朝矣。

武人，是将帅。是以我武人之东征也，但见夙夜无已而已，奚有朝旦之暇乎？

二章讲：

渐渐之石，维其卒矣。山川悠远，曷其没矣。

卒，山巅之末。没，尽也。渐渐之石，何崔嵬也；山川荡然，何悠远也。历此险远，盖无时可尽矣。

武人东征，不遑出矣，

是以我武人之东征也，但知一意深入而已，奚暇于谋出乎？

三章讲：然不惟有悠远之劳，而且有遇雨之患焉。

有豕白蹢，烝涉波矣。

蹢，是蹄。烝，是众。彼豕喜雨也，今有豕白蹢，相与众涉水波矣。

月离于毕，俾滂沱矣。

离，月所宿。毕，是星。滂沱，大雨也。月，水精也。今月之所宿，乃在于好雨之毕矣。俯察物情，仰观天象，无非雨征也，则必沛然下雨，而俾滂沱矣。

武人东征，不遑他矣。

我武人之东征也，经历险远，而逢此大雨，则不堪其劳苦之甚，而岂暇及他事乎哉？

由是观之，则将帅之疲于奔命固可见，而时王之穷兵黩武亦可知矣，国欲无亡得乎！

苕之华 三章，章四句

首章讲：诗人身逢周室之衰，作此以自伤。曰：王室之盛衰，乃民生安危所系也。今予之所遇，何不幸若是乎？

苕之华，芸其黄矣。

彼苕之华，芸然而黄，今固盛矣。然附物而生，虽荣其能久乎？然则我之苟全性命于乱世，而不能以久存，何异是哉？

心之忧矣，维其伤矣。

故此心之忧，至于伤悼之不已也。

二章讲：

苕之华，其叶青青。

苕之华，其叶青青，今固盛矣。然附物而生，虽荣其能久乎？然则我之苟全性命于乱世，而不能以久存，何以异此哉？

知我如此，不如无生！

夫人贵生于世者，以其能自存，不如此而已也。倘知其如此，则不若无生之为愈矣。

末章讲：然我之不能久存者，何哉？亦以饥馑之余，百物凋耗，固难于自存焉耳。

牂羊坟首，三星在罶。

牂羊，是牡羊。坟，大也。罶，即笱。彼当国家全盛之时，羊则三百维群也。今则羊首首大，而有牂羊之坟首。当世道方隆之日，潜则有多鱼也。今则鱼竭罶空，但见三星之在罶。夫百物凋耗，固于牂羊鱼罶，而有征也已。

人可以食，鲜可以饱。

当此之时，苟且得食足矣，岂可复望其饱哉？夫以鲜可以饱之时，则亦待死而已，如之何其能以久存哉？

<h1 style="text-align:center">何草不黄四章，章四句</h1>

首章讲：周室将亡，征役不息，行者苦之而作此。曰：

何草不黄，何日不行？

将，亦是行。彼草衰则黄也，今何草而不黄乎？况此当征役不息之时，则何日而不行乎？

何人不将，经营四方？

何人而不行，以经营于四方乎？盖无一时之得休，而一人之得逸也。

二章讲：

何草不玄，何人不矜？

矜，无妻。草黄则玄也，今何草而玄乎？况从役过时而不得归，则何人不矜，而失其室家之乐乎！

哀我征夫，独为匪民！

夫有室家之乐，民生之常也。今哀我征夫，岂独为匪民也哉？而何使之至此耶！

三章讲：

匪兕匪虎，率彼旷野。

彼兕之与虎，则宜其率彼旷野矣。今征夫乃民也，匪兕匪虎也，胡为使之循彼旷野乎？

哀我征夫，朝夕不暇！

哀我征夫，奔走于旷野，而朝夕不得以闲暇。是不以民视民，而以兽视民矣，何其鄙夷之苦是耶？

末章讲：

有芄者狐，率彼幽草。

芄，尾长。有芄者狐，则率彼幽草，而往来无所休矣。

有栈之车，行彼周道。

栈车，即是役车。况我驾彼有栈之役车，则日行彼周道而不得息矣。民何其不幸之若是哉！

吁！昔周盛时，非无役也，而不见有劳苦之忧。乃渐渐何草，辄以怨咨为言，何哉？盖先王役之有时，使之有道，故民虽劳不怨。周室将亡，日敝于兵，暴骨于莽，至以兽视民而不知恤也，民将焉堪之？吾固诵《出车》《杕杜》之诗，而知周之所以兴也；诵《渐渐》《何草》之诗，而知周之所以亡也。

卷三

大雅 _三

文王之什 _{三之一}

凡十篇。

文王 七章，章八句

首章讲：周公述文德以戒成王也。若曰：能开受命之基者，必有配天之德；而欲保先人之业者，当有法祖之思。王今抚文祖之天下矣，亦知文德之当念乎？

文王在上，於昭于天。

上，即天。於，叹词。昭，明也。惟我文王升遐久矣，而其神之在上者，昭明于天，焕乎其不容掩也。

周虽旧邦，其命维新。

周虽旧邦，指后稷以后为诸侯时。命，大命。维新，指成王时。是以周自始封以来，其邦虽云旧矣，而其受命以代商者，则自今始也。其命不维新乎？

有周不显，帝命不时。

有周，指德言。不显，亦明也。命，所受之命。时，当其令。夫文王在上而昭于天，则是有周之德不随生而存，不随死而亡，盖阅万代而如见者矣，岂不显乎？周虽旧邦，其命则新，则是上天之命，眷顾方殷，保定孔固，正适其时而未艾矣，岂不时乎？

文王陟降，在帝左右。

陟，是升。降，是下。在，是文王之神。左右，身之两旁。然其命之时也，天非有私于周也，盖以文王之神，在天一升一降，无时不在上帝之左右，是以子孙蒙其福泽而君有天下也。

二章讲：文王以德受命之事，何如？

亹亹文王，令闻不已。

亹亹，是黾勉也。令，善也。闻，誉也。不已，言久也。彼我文王之德，亹亹然强勉，盖纯亦而不已矣。故今既没，而其令闻之播，亦与亹亹者相为不已。

陈锡哉周，侯文王孙子。文王孙子，本支百世。

陈，敷也。锡，予也。侯，是维。孙子，凡后世皆是，不止武王、成王。本，是宗子。支，是庶子。文王之德如此，是以上帝敷锡于周，不徒尊荣其身已也。维文王孙子，其本宗则百世为天子，支庶则百世为诸侯，而与天无极焉。

凡周之士，不显亦世。

士，是诸侯及王朝公卿大夫之总称。然不徒及其孙子已也，使凡周之士、为天子之臣者，世修其德以辅天子；为诸侯之臣者，世修其德以辅诸侯，而与周匹休焉。凡若此者，何莫非文王之福哉？

三章讲：

世之不显，厥犹翼翼。

犹，谋猷。翼翼，勉敬也。然此周士，其传世岂不显著？果何所自哉？盖忠不足以济时者，则道不足以裕后，其传世之不显毋惑矣。惟此周士也，效其佳谋佳猷，而翼翼然勉敬，初无一毫之敢慢也已。

思皇多士，生此王国。王国克生，维周之桢。

皇，美也。多士，众士也。王国，即文王之国。桢，干也。夫惟厥犹之翼翼如此，则美哉此众多之贤士，而生此文王之国。文王之国能生此众多之贤士，则其所赖者岂其微哉？吾知国以人才为本者也，多士以其翼翼之猷，而输其屏翰之忠，则国之元气固，神气振，不为周之桢乎？

济济多士，文王以宁。

济济，是多貌。宁，是安。君以安国为心者也，多士极其济济之众，既足以为周之桢，则臣效其忠，君享其逸，文王不以宁乎？夫多士有匡国安居之忠如此，则其传世之显也宜矣。

四章讲：夫上帝既有命周之福，则必有绝商之祸，而要皆本于文王之德也。

穆穆文王，於缉熙敬止。

穆穆，是深远。於，叹词。缉，是续。熙，是明。敬止，无不敬也。穆穆哉深远，文王之德，渊乎其莫测也，洪乎其无涯也。然岂外于一敬哉？但见缉而续之，而无一息之间；熙而明之，而无一私之污。至敬之惺惺，盖合始终、贯动静而一之矣。文王之德于是为盛，而神之昭者，此敬以为之昭也；令闻之不已者，此敬以为之不已也。

假哉天命，有商孙子。商之孙子，其丽不亿。

假，是大。丽，是数。不亿，不止十万之多。是以上帝敷锡，而大命于是乎集焉。夫果于何而征之哉？观之有商孙子可见矣。盖商之孙子，其数不止于亿。

上帝既命，侯于周服。

命，命文王。周服，服顺于周。然以上帝之命，集于文王，而今皆臣服于周，有所不能外者矣。

五章讲：然不惟及其孙子已也，而又及其孙子之臣庶焉。

侯服于周，天命靡常。

靡常，是不常。彼商之孙子，皆侯服于周者，以天命无常，惟德是与故也。

殷士肤敏，裸将于京。

殷士，商孙之臣。肤，是大。敏，是疾。裸将，献酒行礼。京，周之京。故孙子既归周，而此殷士其容貌之肤美、趋事之敏达者，今皆执裸献之礼，而助王祭祀于周之京师矣。

厥作裸将，常服黼冔。

黼，是黼裳；冔，是殷冠，二者皆常服。且其所裸将之士，常服黼冔之服，盖仍先代之礼物，而不之变也。

王之荩臣，无念尔祖。

荩，是忠爱之笃，进进不已意。无念，是思。尔祖，即文王也。然孙子之侯服，殷上之裸将，实本于尔祖文王之德所致也。凡尔忠荩无已，而为王之荩臣者，得无念尔祖文王之德乎？尚其睹商之孙子臣庶，而惕然兴思可也。

六章讲：

无念尔祖，聿修厥德。

然欲念尔祖，岂可以他求哉？盖尔固有之德，即尔祖之德，与天命相为合一者也。是必聿修厥德，使固有之理以全焉。

永言配命，自求多福。

永，是长。配，是合。命，天理。自求，自至之说。若是，则与天命合矣。然一息有间，德未修也，又必常自省察，使人欲不得以间之，而长言合乎天理焉。则我今日之德，无异尔祖缉熙敬止之德矣；而今日之福，亦何异于上帝陈锡之福乎？吾见盛大之福自我致之，有不待外求而得矣。

殷之未丧师，克配上帝。

丧，是失。师，民众。克，是能。上帝，天之主宰。然尔固当以文王为法，亦当以殷事为鉴。彼殷未失天下之时，其德足以配上帝，亦如我周之今日也。今其子孙乃侯服于周如此者，惟其颠覆厥德故耳。

宜鉴于殷，骏命不易。

宜鉴，视以为戒。殷，指纣。骏，是大。不易，言难保也。尔宜以殷为鉴，而自省焉。则知天命之予，不常而又夺之，就不常而又去之，诚有不易保者矣！

末章讲：

命之不易，无遏尔躬。宣昭义问，有虞殷自天。

遏，绝也。躬，是身。宣，是布。昭，是明。义，是善。问，是誉。虞，是度。夫天命惟不易保，纣固以不德自绝于天矣。尔无若纣之秽德彰闻，以自绝于天，尚当布明其善誉于天下可也。不特此也，又当度殷之所以废兴存亡者，而折之于天。其在始也，天何为而兴存之；其在今也，天何为而废亡之，庶乎有以得上天予夺之故，以为自省之机焉。

上天之载，无声无臭。

载，是事。然上天之事，无声无臭，其予其夺，有不可得而测度者。

仪刑文王，万邦作孚。

仪、刑，皆是法。孚，信也。今与其求在天之天，孰若求在人之大乎？盖文王之所以为文，即天之所以为天也。今诚能即文王之缉熙敬止者，仪而刑之，使其德与之洽美，则万邦之人心悦诚服，以昔日之孚文王者，而受于我矣。夫人心悦则天意得，而天意之不可度者，于此而可度之矣，又何保命之难哉？嗣王诚不可不师文王矣。

大明 八章，四章章六句，四章章八句

首章讲：此亦周王戒成王之诗。若曰：人君继天而为之子，所可畏者惟天也。人惟不观于天人之际，而始以天为不足畏矣，自我言之。

明明在下，赫赫在上。

明明，德之明。在下，赫赫，指君命之显。上，指天。德修于人，而未始不动于天；命主于天，而未始不通于人。故在下者，健刚中正，笃实光辉，而有明明之德。斯在上者，帝心简在，历数攸归，而有赫赫之命。苟下无是德，则上亦无是命矣。

天难忱斯，不易维王。

忱，信也。斯，不易，是难也。王，为君也。达于上下，去就无常，天命亦难信哉！盖有德则予，无德则夺矣，为君亦不易哉！盖命予之则为君，夺之则为独夫矣。

天位殷适，使不挟四方。

天位，天子之位。殷适，殷之嫡子。持而有之曰挟。不观之殷纣乎？彼位不尊者，人得而废之。纣所居则天位，其势为至尊矣，统不正者，人得而代之。纣则殷之嫡嗣，其统为至正矣。此宜可以抚有天下也，乃使之不得挟四方而有之者，何哉？盖以无明明之德，故无赫赫之命也。信乎，天之难忱，而命之不易矣！

二章讲：夫有明德，斯有显命如此。然则文、武之受命，孰有不本于德哉？彼我周之业基于文王，而文王之生，岂无所自乎？

挚仲氏任，自彼殷商，来嫁于周，曰嫔于京。

挚，国名。仲，中女。任，挚国姓。殷商，商之诸侯。嫔，为妇。京，周之京。盖王季，天下之贤王，难乎其为配也。惟挚国以其仲女氏任者，自彼殷商诸侯之国来嫁于周，而为京室之妇焉。

乃及王季，维德之行。

王季，文王之父。维德之行，此句言以德相配也。但见在王季也，明类长君之德，真足以修男教；而在太任也，端庄诚一之德，亦足以彰妇顺。太任也，乃及王季也，均之维德之行也。

大任有身，生此文王。

大任，文王母。身，怀孕。夫惟一德咸有，则和气攸钟。太任于是有身，而生此文王焉。是文王之圣，盖自父母之贤而已然矣。

三章讲：夫文王之圣，既有所自，则其德之盛，果何如耶？

维此文王，小心翼翼。昭事上帝，聿怀多福。

翼翼，恭慎。昭，是明。怀，是来。维此文王也，缉熙敬止，小心翼翼然以昭事上帝，静与俱，动与游，而对越之匪懈焉。故虽无心于得天也，但见皇天无亲，惟敬是亲，盛大之福于是而毕集矣。

厥德不回，以受方国。

回，是邪。方国，四方来附之国。且是敬德也，妙于中正，无有回邪，静至正动，明达而非僻之不于焉。故虽无心于得人也，但见民罔常怀，怀于有德，四方来附之国，于是而咸受之矣。夫敬足以得天人如此，所谓有明明之德，则受赫赫之命，而我周一代之业，不自此基哉？

四章讲：我周之业，成于武王，而武王之生，岂无所自哉？

天监在下，有命既集。

监，视也。命，天命。彼天虽高高在上，而监福实在于下。以我周世德之盛，足以膺天与之眷也，而假哉之命，既集于我周矣。

文王初载，天作之合。在洽之阳，在渭之涘。

初载，初生文王之年。作，定也。合，配也。洽，水名。渭，水名。然不生圣子，命何由承？不生圣配，子何由生？故于文王初生之年，天已为之默定其配。在彼洽之阳也，在彼渭之涘也，实其为诞育窈窕之区矣。

文王嘉止，大邦有子。

嘉止，行婚礼之时。大邦，指莘国。子，大姒也。是故当文王将婚之期，而大邦有子，可以为君子之好逑也。

五章讲：

大邦有子，俔天之妹。

俔，譬也。大邦有子，其德则何如哉？但见天有刚健中正之德，彼亦有柔顺中正之德，譬则天为之兄，而彼为之妹也。盖天为文王而生之，故畀以如是之淑德耳。

文定厥祥，亲迎于渭。造舟为梁，不显其光。

文，是纳币之礼。祥，是吉。亲迎，文王亲往迎大姒。造，是作。梁，是桥。光，光彩。文王于是卜得其吉，而以纳币之礼定其祥，所以成婚礼之始也。亲迎于渭，而造舟以通其往来，所以成婚礼之终也。夫以圣人而得圣女以为之配，一德相成，真旷世之善匹也，岂不显其光乎？

六章讲：夫文王既得圣配，宁不由是而生圣子乎？

有命自天，命此文王，于周之京。

彼有命自天，既命文王于周之京，而王业之兴勃焉，其莫遏矣。

缵女维莘，长子维行，笃生武王。保右命尔，燮伐大商。

缵，是继。女，女事。莘，国名。行，是嫁。笃，厚也，既生文，又生武，便是笃厚于周。燮，顺也。而克缵太任之女事者，惟此莘国以其长子来嫁于我。圣子之生，端于斯人有赖矣。故天又笃厚我周，使斯人生武王之明圣，保之以安其身，右之以利其行，命之以隆其宠，使之顺天命以伐商焉。盖天命既归周，则不得不生武王，而命以伐商之事也。

七章讲：

殷商之旅，其会如林。矢于牧野，维予侯兴。

旅，军师。会，屯聚。如林，言多也。矢，是陈。予，指周师。侯，是维。兴，奋发。于是武王承上天之命，为伐商之举。当时殷商之旅，会集有如林之众，以拒我周，则与我周之师，皆陈于牧野之地。以众寡论之，势虽若在于纣矣，然纣众虽多，而皆离心离德。惟我之师，同心同德，为有兴起之势也。

上帝临女，无贰尔心。

女，是众指武王。贰，疑也。尔，指武王。以此伐商，何有于不克乎？然众心犹恐武王以众寡之不敌，而有所疑也，故勉之曰：事之不出于天者，或可以力胜。今商罪贯盈，周德方兴，上帝之所监临，实在于汝矣。汝当躬行天讨以顺天命，不可以众寡之不敌，而有所疑贰于心也。要之武王之心，非有所疑也，盖众人愤纣之虐，欲其速亡，故言此以赞其决耳。若是则武王之伐纣，乃顺天应人之举，岂得已哉？

八章讲：以伐商之事言之。

牧野洋洋，檀车煌煌，驷骠彭彭。

檀车，以檀木为车。骠马白腹曰骠。牧野之地洋洋而广大，盖截然为王师之所矣。以言其师众，则檀车煌煌而鲜明，驷骠彭彭而强盛，师众之盛何如耶？

维师尚父，时维鹰扬，凉彼武王，肆伐大商，会朝清明。

师，太师。尚父，太公之号。鹰扬，鹰鸟飞扬。凉，佐助。会朝，会战之旦。清明，秽涂而昭明。以言其将帅，则官太师而号尚父者，奋神武之威，有如鹰之飞扬而将击，将帅之贤何如耶？以将帅之贤，统师众之盛，凉彼武王，肆伐大商，以除其秽浊。但见会战之旦，而天下于是清明矣，我周王业于是而成矣！所谓有明明之德，斯有赫赫之命也。享成业者，可不法文、武以修其德哉？

绵九章，章六句

首章讲：此亦周公戒成王之诗。若曰：王业之成也，不成于成之日，其必有所由，成王知周家之王业所自始乎！

绵绵瓜瓞，民之初生，自土沮漆。

大曰瓜，小曰瓞。民，指周人。自，是徒。土，是地。沮、漆，是二水名。彼瓜之为物，绵绵不绝，至末而成，则谓之瓜；而其始之，近本初生，不过至小之瓞而已。瓜之先小后大如此，然则我周之业，其先小后大，不犹之瓜瓞乎？我以先小后大言之，盖我周自不窋失其官守，至公刘立国于豳，而我周人之生于焉始振。是民之初生，盖自土沮、漆之上矣。

古公亶父，陶复陶穴，未有家室。

古公，太王之号。亶父，太王名。陶，是窑灶。复，是重窑。穴是土室。至于古公亶父之时，风俗犹陋，惟陶复以为居，陶穴以为处，而家室之制未有也。此其在豳之时亦甚微矣，然非终于此已也。

二章讲：

古公亶父，来朝走马，率西水浒，至于岐下。

朝，是早。率，是循。浒，水涯。岐下，岐山之下。逮夫古公亶父之在豳也，狄人侵之，事之而不得免，于是来朝走马，率循水浒之西，至于岐山之下。

爰及姜女，聿来胥宇。

姜女，太王之妃。胥宇，是相视居宅。斯时也，以一时迁都之举，乃万世子孙之业，不可以或苟也。于是遂及贤妃曰姜女者，聿来胥宇以居焉。盖不以播迁艰难之际，而为苟且目前之图矣。

三章讲：

周原朊朊，堇荼如饴。

朊朊，肥美广大。饴，糖之干者。夫太王既胥宇以居矣，于是遂得周原土地之美。但见堇荼苦菜也，且有如饴之甘，是盖土地之美，有以变其质故也。则周原之可居，太王固已定之于心矣。

爰始爰谋，爰契我龟。

谋，是与从迁之人谋之。契，是燃火而灼龟。但以己见不如人见之为详也，于是始与豳人之从己者谋居之，于以稽其众志之同何如也。又以人见不如神见之为审也，于是又契龟而卜之，于以观其朕兆之吉何如也。

曰止曰时，筑室于兹。

时，作是字看。兹，指周原。既得吉兆，则己之见与人之见决矣。乃告其民曰：迁都图存，得国为上。今周原之美，既有以协之于人，又有以协之于神，如此则可以止于是而筑室矣，奚必于他往哉？

四章讲：夫国都既定，民事不可以缓也。

乃慰乃止，乃左乃右。

慰，是安。止，是居。左右，是民居所列者。彼方迁之始，民未有所居也。于是乃慰之使无怀土之思，乃止之使有托处之乐，或列之于左，而比闾之相望，或列之于右，而族党之相属，则夫去豳之民，咸受一廛之安矣。

乃疆乃理，乃宣乃亩。

疆，是画田之大界。理，是别其征理。宣，布散。亩，治田。方迁之始，民未获所养也。于是乃疆之而火界之必定，乃理之而条理之分明，或宣焉而布散以居，使治田之咸便，或亩焉而治其田畴，使分受之各定，则夫裹粮之民，咸受百亩之田矣。

自西徂东，周爰执事。

西，即水浒。东，即岐山。周，遍也。是自水浒之西，以至岐山之东，凡可以居民安民者，何有一事之不为哉？

五章讲：民事既尽，营建攸举。

乃召司空，乃召司徒，俾立室家。

室家，邑居之总名。彼掌营国邑有司空也，则乃召司空；掌徒役之事有司徒也，则乃召司徒。于以使之立我室家之制，以更其陶复陶穴之陋矣。

其绳则直，缩版以载，作庙翼翼。

缩版，以绳束版。庙，是宗庙。然君子将营宫室，宗庙为先，故正以绳，而位次之既定，然后束版以筑，而上下之相承。但见其作是宗庙也，前堂后寝，而制度之整齐；左昭右穆，而规模之严正，则所以妥先灵而崇爱敬者，不在是乎？

六章讲：宗庙既成，宫室乃立。

捄之陾陾，度之薨薨，筑之登登，削屡冯冯。

墙之重复曰屡。于是捄之而盛土于器者，陾陾然其人之众也。于是度之而投土于版者，薨薨然其声之众也。土既投矣，从而筑之，则杵声登登然其相应也。墙既成矣，从而削之，则墙声冯冯然而坚确也。

百堵皆兴，鼛鼓弗胜。

墙土版为堵。皆兴，起也。弗胜，不击止意。百堵之役，于是而皆兴矣。斯时也，有鼛鼓以役事，所以戒民之勿亟也。但见人心竞劝，乐事赴功，虽鼛鼓频击以示戒，而在民心者，则不劝而愈疾矣，鼓声安得而止之哉？

七章讲：宫室既成，门社乃立。

乃立皋门，皋门有伉。

王之郭门曰皋门。伉，高也。彼最远在外者为皋门，乃立皋门，则伉然而高大，足以耸中外往来之观也。

乃立应门，应门将将。

王之正门曰应门。将将，严正也。居中应治者为应门，乃立应门，则将将而严正，足以竣朝宁出入之防也。

乃立冢土，戎丑攸行。

冢土，是大社。戎，是大。丑，是众。攸行，出行也。又于是乃立冢土焉，凡起大事动大众，皆先祭于是，而后戎丑以行也。是其一时之开国经纶，其规模宏远如是，而周家之王业勃勃然其开于此矣。

八章讲：

肆不殄厥愠，亦不陨厥问。

肆，故今也。殄，是绝。愠，是怒。陨，是坠。问，声誉。夫太王迁都，安养兼全，而民事以周，营建备举，而己事以尽，则自修之道得矣。故虽不能殄绝昆夷之愠怒，亦不陨坠己之声闻。盖自修无缺而名誉自彰，虽有无妄之灾，不足为吾玷者矣。

柞棫拔矣，行道兑矣。

柞、棫，皆木名。拔，是挺拔而上。道，是路。兑，是通。方此之时，林木深阻，人物鲜少。及至其后，积累久而培植深，生齿渐以繁，归附日以众。由是柞棫拔矣，不如向之拳曲而蒙密也；行道兑矣，不如向之蔽翳而不可由也。

昆夷駾矣，维其喙矣。

駾，奔突也。喙，喘息也。由是昆夷见国势之日盛，不敢荐居于近地，畏之而奔突窜伏，惟张喙以舒其气之不暇而已，宁复有向之为我愠耶？要之，皆圣祖神孙世德相辉，有以服其心故耳，岂偶然而已哉？

九章讲：夫昆夷既服，则众国之化自行。

虞芮质厥成，文王蹶厥生。

虞、芮，是二国名。质，是正。成，是平。蹶厥，动而疾。生，兴起也。但见虞芮之君，相与争田，来质其讼之平于周，于是感逊顺之风，因各处于不争之地，而四方诸侯闻之而来归周者，盖四十余国矣。夫外而昆夷畏服，内而诸侯效顺，则国运改观，天命于是维新矣，不蹶然动其兴起之势也乎？

予曰有疏附，予曰有先后，予曰有奔奏，予曰有御侮。

予，诗人自称。疏附，率下亲上之。先后，相导前后。奔奏，喻德宣誉之称。御侮，武臣折冲之称。夫文王受命固本于德，然所以致此，则德有赖于四臣之助焉。彼民心之亲附，非得人以启之不能也；以予言之，必有率下亲上之臣焉。君德之有成，非得人以辅之不能也；以予言之，必有相导先后之臣者焉。德之所施，以人而施也；以予言之，必有喻德宣誉之臣乎。威之所奋，以人而奋也；以予言之，必有折冲千里之臣乎。

夫有盛德以为受命之本，又得四臣以为受命之助，此一代王业之所由基也。要之不有太王迁岐以开之于前，则无以启文王受命之基；不有文王受命以大之于后，则无以扩太王开岐之业。是我周之业起自漆、沮之微，及太王迁岐，至文王而始大，则信乎其犹之瓜瓞矣。抚成业者，尚其念祖宗创述之艰也哉！

棫朴五章，章四句

首章讲：此咏歌文王之德。若曰：王者有君师天下之责，而苟德有未至，欲使人心之乐从难也。若我辟王之盛德，感人何如？

芃芃棫朴，薪之槱之。

槱，积也。彼芃芃而盛之棫朴，则人必薪之槱之以为用矣。

济济辟王，左右趣之。

济济，容貌之美。王，指文王。辟，君也。趣，就而附之。况此济济之辟王，其盛德著于容貌，足为斯民之具瞻。故以言其左，则左之人趋之；以言其右，则右之人趋之，而归附之者无或殊矣。

二章讲：然所谓左右趋之者，果何以验之？试自其祭祀之时而言。

济济辟王，左右奉璋。

璋，半圭。但见济济辟王也，以圭瓒祼尸于前，左右则奉璋瓒以祼尸于后，皆将以亲辟王之左右为幸者矣。

奉璋峨峨，髦士攸宜。

峨峨，衣冠盛庄。髦，是美。宜，称职也。且其奉璋者皆威仪盛壮之髦士，而以之奉祭无不宜者也。文王得是人以助祭，莫不极其趋附之诚。如此，则所谓左右趋之者，不于髦士而可见乎？

三章讲：又自其行师之时而言。

淠彼泾舟，烝徒楫之。

淠，舟行貌。泾，水石。烝，众也。彼舟之在于泾也，淠然而行，则舟中之人，无不楫之以共济，盖不待劝而自举矣。

周王于迈，六师及之。

周王，即文王。迈，行也。六师，天子六军。及之，追而及之。况此周王事于征伐而有所往也，则六师之众无不以从行为幸，追而及之，争先而恐后矣。夫行师之事，人之所畏惮也，而六师乐从之如此，则所谓左右趋之者，又不于六师而可见乎？

四章讲：夫文王之德，为人所归如此者，要亦其德之盛，有以振作纲纪、天下之人故耳。

倬彼云汉，为章于天。

倬，是大。云汉，天河也。章，文章。瞻彼云汉，惟其倬然而大，则其为章于天，自昭然莫掩矣。

周王寿考，遐不作人。

文王九十七乃终，故曰寿考。遐，是何。作，是鼓舞意。况我周王年享百岁，而获寿考之休，则德之所薰蒸者久。而人皆日迁善，而不知谁为之者矣，是遐不作人乎？

末章讲：

追琢其章，金玉其相。

追，是雕也。金曰雕，玉曰琢。相，是质。今夫天下之物皆有文，而未必其文之至也。惟夫追之琢之，则文之美者至矣。天下之物皆有质，而未必其质之至也。惟夫金之玉之，则质之美者至矣。

勉勉我王，纲纪四方。

勉勉，如言不已。王，指文王。张之为纲，理之为纪。况凡为治者，皆有纲纪也，而其心不纯者，未必其纲纪之至也。惟勉勉我王也，至诚无息，纯亦不已。但见纲焉常张，有以范围而不过；纪焉常理，有以曲成而下遗。其纲纪四方，不亦至乎？

夫文王之德，有以振作纲纪、天下之人如此，则夫髦士六师，皆其振作纲纪中人耳。其趋向而追及之，不亦宜乎？

旱麓 六章，章四句

首章讲：此亦咏歌文王之德。若曰：圣人之生也，天与神之所助也，人极之所立也。而要之获助而感人者，以圣德之盛耳。今文王之德，吾无从而名矣。试观于感应之际，不有足征乎？

瞻彼旱麓，榛楛济济。

旱，山名。麓，山足。榛、楛，木名。济济，众多。瞻彼旱麓，而榛楛济济，地道美而物生自盛矣。

岂弟君子，干禄岂弟。

岂，是乐。弟，是易。君子，指文王。干禄岂弟，此言致禄以德。况我岂弟君子，易简得天下之理，和顺奋至德之光，虽非有心于干禄也，然德在而福自至。是干禄也以岂弟矣，夫岂出于幸致哉？

二章讲：

瑟彼玉瓒，黄流在中。

黄流，郁鬯之酒。瑟然缜密之玉瓒，足以为黄流之地，则必有黄流在其中矣。宝器岂荐于亵味乎？

岂弟君子，福禄攸降。

君子，指文王。攸，是所。降，是下。况我岂焉而乐、弟焉而易之君子，足以为福禄之基，则必有福禄下于其躬矣。盛德宁不享于禄寿乎？此固理之必然矣。

三章讲：

鸢飞戾天，鱼跃于渊。

戾，至也。渊，深水。鸢之飞也，则必戾于天矣；鱼之跃也，则必出于渊矣。

岂弟君子，遐不作人。

君子，指文王。遐不作人，此言必作乎人也。况我君子，以岂弟之德，妙感化之机，则成人有德，小子有造，固日迁善而不知为之者也，何有不作人乎？此亦理之必然矣。

四章讲：

清酒既载，骍牡既备。

载，是酒之在樽者。备，全具。祭必有酒也，清酒则既载而在樽矣；祭必有牡也，骍牡则既备而在俎矣。

以享以祀，以介景福。

享，是献。景，大也。以是而享祀于神明之前，则岂弟之德，感通有素，但见神之格之，而瑞庆为之大来矣。不有以介景福乎？

五章讲：

瑟彼柞棫，民所燎矣。

瑟，茂密。燎，爇也。瑟彼柞棫，其生也密，则民取之以供燎爨之用矣。

岂弟君子，神所劳矣。

君子，指文王。劳，慰抚。况我岂弟君子，则其德之所孚，无幽不格。但见思也而神若启之，行也而神若翼之，岂不为神之所慰抚乎？

末章讲：

莫莫葛藟，施于条枚。

施，延也。莫莫葛藟，其生也盛，则自施于条枚之上，而有相附之势矣。

岂弟君子，求福不回。

君子，指文王。回，邪也。况我岂弟君子，盛德在躬，而多福自怀，不待以私意求之，则其求福何有于回邪乎？

吁！上之有以得乎天，下之有以得乎人，幽之又有以格乎神，文王之德真可谓盛矣！乌能已于咏歌也哉？

思齐五章，二章章六句，三章章四句

首章讲：此诗亦歌文德也。若曰：惟我文王，其德之盛也，固莫有加，而其德之成也，实有所本。

思齐太任，文王之母，思媚周姜，京室之妇。

齐，是庄。媚，爱也。周姜，即太姜，太王之妃。

盖上焉有庄敬之太任以为之母，实能媚爱周姜而恭顺之，不失允称其为周室之妇也。以此言之，则母之圣可见矣。

太姒嗣徽音，则百斯男。

太姒，文王之妃。嗣，是继。徽音，是美誉。百男，举成数而言。下焉有窈窕之太姒以为之妃，实能克尽妇道，而继太任美德之音。但见和气所钟，斯男有则百之多也。以此言之，则妃之贤可见矣。夫上有圣母，则所以胎教于未生之前，言教于既生之后者，莫非成德之地矣。成之不亦远乎？内有贤妃，则所以不溺于宴安之私，致戒于隐微之地者，莫非养心之助矣。助之不亦深乎？此文王之德所以盛也。

二章讲：夫文王之德既有所本，则其为德之盛何如哉？

惠于宗公，神罔时怨，神罔时恫。

惠，是顺。宗公，宗庙之先公。罔，是无。怨，恨也。恫，痛也。诚以莫难格者，神也。文王则能继志述事，有以顺于宗公而不违，是以宗公之神，喜其统绪之有传，而无有怨也，无有恫也，其接神不亦得其道乎？

刑于寡妻，至于兄弟，以御于家邦。

刑，仪法。寡妻，是小君。兄弟，指文王宗族。御，治也。家邦，在外之人。莫难化者人也，文王则仪法施于闺门，而寡妻以正也；至于兄弟，而兄弟以和也；御于家邦，而家邦以治也，其接人不亦得其道乎？其所施无一之不宜如此，文王之德可谓盛矣！

三章讲：

雍雍在宫，肃肃在庙。

雍雍，和之至。在宫，闺门。肃肃，敬之至。庙，宗庙。今夫闺门之中，以和为主，而文王之在宫也，则雍雍然而极其和之至矣。宗庙之中，以敬为主，而文王之在庙也，则肃肃然而极其敬之至矣。

不显亦临，无射亦保。

不显，幽隐之处。临，神明监视。无射，德无可厌致。保，保守。地至不显，人情所易忽也。文王则几愈隐而志愈严，虽处不显之地，亦常若有临之焉。德至无射，宜若不待保也。文王则德愈盛而心愈下，虽至无射之时，亦常若有所守焉．其纯亦不已有如此者，文王之德可谓盛矣！

四章讲：

肆戎疾不殄，烈假不瑕。

戎，是大。疾，是难。殄，灭绝。烈，是光。假，是大。瑕，是玷缺。夫惟文王之德如此，故今夫难虽不殄绝，然其德之文明者，不玷而愈光；德之广大者，不亏而愈弘也。何尝因大难之加，而有损乎？

不闻亦式，不谏亦入。

闻，古训。式，是法度。谏，规戒。入，入于善。至若事必前闻而后合于法也。文王虽事之无所前闻者，而亦无不合于法度。人必有谏而后入于善也。文王虽无谏诤之者，而亦未尝不入于善矣。何尝待外之资而后有益乎？

末章讲：

肆成人有德，小子有造。

冠者为成人。小子，未冠之称。造，是为。夫惟文王之德，见于事者如此，故今一时之人才，皆得有所成就。以言其成人，则所知日高明矣，所行日光大矣，不有德乎？以言其小子，则求遵其所闻矣，求行其所知矣，不有造乎？

古之人无斁，誉髦斯士。

古之人，指文王。斁，厌怠。誉，是名。髦，是俊。斯士，即成人小子。夫有德有造，则是蚤有誉于天下，而为斯世之髦士矣。成人小子果何以得此哉？盖由古之人其德纯亦不已，无有一时之或斁，而其见于事如此也。是以至诚之所薰蒸透彻，而一时人才皆有所观感而兴起焉。大以成大，而成人以有德誉于天下，而成其俊乂之美也。小以成小，而小子以有造誉于天下，而成其俊乂之美也。夫岂偶然之故哉？夫文王有所本而臻其盛如此，诗人其能已于咏歌也哉？

皇矣 八章，章十二句

首章讲：此诗叙太王、太伯、王季之德，以及文王伐密、伐崇之事。若曰：我周之德，世济其美之德也；我周之命，长发其祥之命也。是故如受命之君者，太王也，天之命之者何如哉？

皇矣上帝，临下有赫；监观四方，求民之莫。

皇，是大。临，是视。赫，显也。莫，走也。皇矣上帝，其临下甚威明也，而所以监观四方者，岂有他哉？惟以求民之遂生复性，而底于安定而已矣。

维此二国，其政不获；维彼四国，爰究爰度。

二国，指夏与商。不获，不得其道。四国，四方之国。究，是寻。度，是谋。然安民在于立君，惟此夏、商二国之政，已不得其道，则无以副求莫之意矣。故于维彼四国之中，寻究其人，而谋度其称。

上帝耆之，憎其式廓。

耆，是致。憎，增益。廓，规模。苟有安民之君，为上帝之所欲致者，则为之增其疆境之规模，使之泽可远施，而得以安民焉。

乃眷西顾，此维与宅。

西，乃豳地。此，指岐周之地。宅，居宅。于是乃眷然顾视西土，惟我太王正安民之君，而为上帝之所欲致者也，遂以此岐周之地，与之为居宅焉。

二章讲：夫太王既承与宅之命矣，而其迁岐之事何如？

作之屏之，其菑其翳。

作，拔起。屏，除去。彼有而拔去之者，则惟立死之菑、自死之翳而已。

修之平之，其灌其栵。

修、平，皆治之使疏密正直得宜也。至于剪其滋蔓，理其拳曲，而修之平之，非其灌其栵之可用者乎？

启之辟之，其柽其椐。

启、辟，皆是芟除。有启、辟而芟除之者，则惟河柳之柽、肿节之椐而已。

攘之剔之，其檿其柘。

攘、剔，皆是剪其旁枝之繁者使得成长也。至于去其繁冗使之成长而攘之剔之者，非其檿其柘之美材者乎？

帝迁明德，串夷载路。

明德，指太王。串夷，即昆夷。载路，涨路而去。其土地开辟如此，岂人之所能为哉？乃上帝迁此明德之君，使居其地，于是昆夷亦畏其德，载路而远遁矣。

天立厥配，受命既固。

厥配，指太姜。固，坚固。天又立媛淑之妃，使为之配，于是迁徙，共协其谋，事来而胥宇矣。夫惟迁岐，一本于天如此，是以人物渐盛，土地开辟，与宅之命坚固不摇，而卒成王业也与！

三章讲：天命太王如此，天命王季何如？

帝省其山，柞棫斯拔，松柏斯兑。

省，视也。山，即岐山。拔，挺起。兑，通也。惟彼上帝，省视岐山，见其柞棫之木，拔然而上；松柏之道，兑然而通，则知民归之者益众矣。

帝作邦作对，自太伯王季。

作邦，如言立国。对，是当。太伯，太王长子。王季，太王少子。然帝既以是岐山而作之邦矣，又择其可当此国者以君之，使有以嗣其业焉。斯意也，岂待太伯之让、王季之受而后定哉？盖自初生太伯、王季之时，而天之意已笃于王季矣。其后太伯让国，王季嗣位，不过承此天意耳。

维此王季，因心则友；则友其兄，则笃其庆，载锡之光。

因心，根于心也。善兄弟曰友。兄，即太伯。笃，是厚。庆，是福。锡，是与。光，荣名也。夫以太伯而让王季，则王季疑于不友矣。殊不知王季之所以友爱其兄者，受让由是也，未受让由是也，皆出于因心之自然而无待勉强也。及其既受太伯之让，则益修其德以厚周家之福，而与其兄以让德之光，有以彰其知人之明，而不为徒让矣。

受禄无丧，奄有四方。

丧，失也。奄，忽然貌。四方，指天下言。夫以王季之德如此，是以膺作对之，眷受天禄而不失。至于文武而奄有四方也，显承之谟烈，孰非其贻谋之遗休哉？

四章讲：且此王季之德，足以嗣王业如此，何莫而不本于天哉？

维此王季，帝度其心，貊其德音。

度其心，是使他之心去度物也。貊，清静。盖人心不度，则无以制义。帝以王季之心，万几所由以裁成也，则为之度之，使权衡素定于中，而能度物制义焉。德音不貊，则非间易生。帝以王季之德音，臣民所由以观望也，则为之貊之，使声名洋溢于外，而人无所用其非间焉。

其德克明，克明克类，克长克君。

德音，有德之誉。夫天厚王季如此，是以王季之德无所不备。事有是非也，则能察是非于不紊而克明焉。人有善恶也，则能分善恶于不淆而克类焉。教诲之勤，无有怠倦，不尽师道而克长乎？赏罚之公，无有僭滥，不尽君道而克君乎？

王此大邦，克顺克比。

大邦，即后周之地。而其王此大邦也，克顺焉慈和，一施而人心遍服也；克比焉上亲乎下，而下亲其上也。王季之德有此六者，何莫非帝度帝貊之所为哉？

比于文王，其德靡悔。

比,是至。德,即六者之德。且其德不特光于一时已也,至于文王虽云再世矣,但见弥久而弥光,初无一毫之遗恨焉。

既受帝祉,施于孙子。

祉,是福。施,延及。孙,武王。子,文王。夫是以既受帝祉,而膺作对之命,施于孙子而成一统之业也,岂偶然哉?

五章讲:天命王季如此,而天命文王以伐密,果何如哉?

帝谓文王:无然畔援,无然歆羡,诞先登于岸。

帝谓文王,设为天命文王之词。畔,离畔。援,攀援。无然,犹言不可。歆,动情。羡,爱慕。登,造也。岸,道之极。

帝谓文王,人心有所恶于此而舍之,有所欲于彼而取之,此畔与援也;人心有所欲而动于中,有所慕而徇于外,此歆与羡也。是二者皆人欲之流,而欲先登道岸也难矣。尔必以道御情,无然舍此取彼而有所畔援也;以理制欲,无然肆情徇物而有所歆羡也。如是则不溺于人欲之流,而能以自济自然、先知先觉以造道之极致矣。

密人不恭,敢距大邦,侵阮徂共。

密,国名。距,拂逆。大邦,文王之地。阮,国名。徂,是往。共,阮地名。夫文王之德,为天所命如此,则其所为何莫而非天耶?是故密人不恭,敢距大邦事大恤小之命,擅兴师旅,侵阮以至于共之地。

王赫斯怒,爰整其旅,以按徂旅,

整,饬而齐之。旅,周师。按,是遏止。旅,前一字指周师,后一字指密师。是固天理之当怒,而天讨之所必加者也。于是文王赫然震怒,爰整我周之旅,以遏彼往共之众。

以笃周祜,以对于天下。

笃,厚也。对,答也。所以然者,盖以文王为方伯,而邻国相侵,非周之福也。其伐密也,所以夷靖我邦而厚周家之福也。文王为方伯,而治乱持危,斯民之望也。其伐密也,所以除暴安民而答天下之望也。夫伐密之师,上以安国家,下以慰民望,是皆因其可怒而怒之,夫岂有所畔援歆羡哉?

六章讲:夫密人遏,则阮人安矣,然吊民之心,奚忍一方之未至乎?

依其在京,侵自阮疆,陟我高冈。

依,是安。京,周京。疆,是境。是故文王不事临陈观兵,惟依然在周之京,而所整之兵既遏密人,则从阮疆而出以侵密。但见王师所至,其势莫敌,而所陟之冈即为我冈矣。

无矢我陵,我陵我阿。

矢,陈师。高冈之上有陵也,冈为我有,则密人不敢陈兵于陵以拒我,我陵即我之阿矣。

无饮我泉,我泉我池。

高冈之下有泉也,冈为我有,则密人不敢饮水于泉以拒我,我泉即我之池矣。

度其鲜原,居岐之阳,在渭之将。

度,谋度。鲜,是善。原,野处。山西曰阳。将,是侧。夫密人既服,归附益众,新都不作,民何以容乎?于是度其高平之原,而作程邑焉。彼地以阻山为固也,而是鲜原则在岐之阳矣;地以临水为险也,而是鲜原则在渭之将矣。

万邦之方,下民之王。

方,向也。王,归往也。形势得而新都建,是以万邦诸侯本有来方之望也。兹则仰新都而兴拱极之思,玉帛车书于此而攸同也,不为万邦之方乎?天下万民本有归往之心也,兹则仰新都而切孔迩之怀,讼狱讴歌于此而咸归也,不为下民之王乎?夫伐暴以安民,作邑而得众如此,何莫而非天命之所在耶?

七章讲：天命文王伐密如此，而天命文王以伐崇果何如哉？

帝谓文王：予怀明德。

予，上帝自予。帝谓文王，予实怀尔之明德焉。

不大声以色，不长夏以革。

声，声音。色，笑貌。夏，侈大。革，变革。彼形迹暴著，非明德也。尔则不言而信，不见而章，而声色之不大也；德盛而心愈下，无为而不纷更，而夏革之不长也。此其德之渊微无迹何如耶？

不识不知，顺帝之则。

知、识，皆是聪明。顺，率由。帝则，即天道。智识未忘，非明德也。尔则不用巧识而浑然两忘，惟顺帝则以周旋也；不用私智而泯然浑化，惟顺帝则以时措也。此其德之纯粹无私何如耶？若此者皆尔之明德，而予之所眷怀者也。

帝谓文王：询尔仇方。

询，问罪。仇方，雠国也。夫天既怀文王之德矣，而不可以奉天讨乎哉？于是帝谓文王曰：崇侯倡乱，逆天害民，乃尔之雠国也！尔可奉行天讨，以兴问罪之师焉。

同尔兄弟，以尔钩援；与尔临冲，以伐崇墉。

兄弟，是与国。钩援，钩引上城之梯。临冲，攻城之车。崇，国名。墉，是城。然伐国必得人以共济也，则必同尔兄弟和好之国；攻城必有其具也，则必以尔钩援临冲之具，于以声罪致讨而崇墉之是伐焉。

八章讲：夫天既命文王以伐崇矣，文王遂从而伐之焉。

临冲闲闲，崇墉言言。

闲闲，徐缓意。言言，高大也。但见以临冲之闲闲，而攻彼崇墉之言言。

执讯连连，攸馘安安。

讯，渠魁。馘，割耳。执讯者循其次，连连而相属也。攸馘者守其纪，安安而不轻暴也。

是类是祃，是致是附，四方以无侮。

致，自至。附，归附。侮，玩侮。是类焉，而祭上帝于出师之日；是祃焉，而祭先戎于所征之地。其缓攻徐战如此者，盖欲致其自至，使之来附而全之耳。将见四方之人，皆曰圣人之致，所不杀者，非力不足，非示之弱也，乃仁之至者也，谁敢有侮之者乎？

临冲茀茀，崇墉仡仡。

茀茀，强盛也。仡仡，坚壮也。及其终不服也，以临冲之茀茀，而攻彼崇墉之仡仡。

是伐是肆，是绝是忽，四方以无拂。

忽，是灭。拂，背达。由是声其不赦之罪，而陈兵以伐之，奋其赫怒之威，而纵兵以肆之。是绝焉，使不得以世其统也。是忽焉，使不得以有其国也。其终不服而灭之如此者，盖天诛不可以复留，而罪人不可以不得故也。将见四方之人，皆曰圣人之伐，绝不贷者，非贪其土地，非利其人民也，乃义之尽者也，谁敢有拂之者乎？

夫以仁绥天下，而天下畏其灭而不敢侮；以义制天下，而天下怀其德而不敢拂。此所以为圣人之师也。然非文王德与天合，其孰能之哉？夫一岐周也，太王迁之以肇其基，王季守之以保其业，文王则伐密、伐崇扩之以大其谟，祖孙父子相为终始，而岐山之地，卒成王业，岂曰偶然而已哉？要皆一德足以安民故焉耳。

灵台 四章，二章章六句，二章章四句

首章讲：此述民乐之词也。言能先天下之忧而忧者，斯能后天下之乐而乐。我文王之所以忧民者至矣，而民乐文王之乐果何如哉？

经始灵台，经之营之。

经，量度。营，营表。今夫国之有台，所以望氛祲而察灾祥，时游观而节劳逸者也。吾王之作灵台也，方其兴事之始，经之以度其位次，营之以正其方面。

庶民攻之，不日成之。

攻，是作。不日，是不终日。庶民已来攻之，而不日之间，灵台于是遂成焉。

经始勿亟，庶民子来。

亟，急也。然岂迫于不得已之命，而若是成功之速哉？盖当经始之际，王心常恐烦民，戒令勿亟。而民之乐于竞劝，有如子之趋父事，不召而自来焉，则台之成于不日，固其所哉。

二章讲：

王在灵囿，麀鹿攸伏。麀鹿濯濯，白鸟翯翯。

攸伏，不惊扰。台之下有囿也，王当万几之暇，时在灵囿以自适也。但见麀鹿安其所而濯濯之肥泽，白鸟适其性而翯翯之洁白。鸟兽之咸若，何者而不足以供吾王之游玩耶？

王在灵沼，於牣鱼跃。

於，叹词。牣，是满。囿之中有沼也，王当庶政之余，时在灵沼以自休也。嗟乎！鱼之多也，牣然而充满；鱼之跃也，悠然而自得。鱼鳖之咸若，何者而不足以供吾王之快睹耶？是民乐文王台池鸟兽之乐者如此。

三章讲：然吾王不特有台池鸟兽之乐已也，又何幸吾王之有钟鼓之乐乎？

虡业维枞，贲鼓维镛。

虡，植木。业，如锯齿。枞，彩色。贲，大也。镛，大钟。彼乐不可以无悬也，则植虡于栒端，设业于栒上，而崇牙之饰枞枞然，所以悬钟磬者，有其具矣。乐不可以无统也，则贲鼓列于东序，大镛列于西序，而乐之纲纪以备，所以统众音者，有其具矣。

於论鼓钟，於乐辟雍。

论，即伦字，有伦理也。辟雍，讲学之所。由是以其鼓钟而奏之也，但见钟以宣之，而八音之克谐；鼓以动之，而六律之不乱。於乎此鼓钟也，何如其有伦乎？于辟雍而奏此鼓钟也，但见大射行礼之区，莫非清音之动荡；讲学明伦之地，莫非欢忻之交通。於乎此辟雍也，何如其可乐乎？

末章讲：

於论鼓钟，於乐辟雍。

於乎此鼓钟也，信乎其有伦矣。於乎此辟雍也，信乎其可乐矣。

鼍鼓逢逢，矇瞍奏公。

鼍鼓，以鼍皮为鼓。矇瞍，瞽者。公，是事。然使鼓钟之乐将已，则吾王之乐亦已矣，何以罄吾人之情耶？今也闻鼍鼓之声，逢逢然其和，则知蒙瞍之工，方奏其事。而乐音之奏于辟雍者，其乐盖悠乎而未有艾矣。则吾王之乐将与之俱未艾也，宁非吾人之所深幸耶？是民乐文王钟鼓之乐者有如此，然文王果何以得此于民哉？盖文王能与民偕乐，而使之各得其所，是以其民欢乐之如此也。

下武 六章，章四句

首章讲：此诗美武王也。若曰：大哉，孝之为道乎！上之可以扩先人之绪，下之可以垂万世之休者也。吾观武王而知其孝道之克尽矣。

下武维周，世有哲王。

下，作文字。维，即造字。世，世代。哲王，明哲之君。彼我周之业，大于文王，成于武王，是文王、武王实造周也。然非始于文、武也，推而上之，则有勤家之王季，肇基之太王，盖世世有哲王矣。

三后在天，王配于京。

三后，指太王、王季、文王。王，武王。配，对也。京，镐京。今三后虽没，其神常在于天。惟武王则能缵三后之绪，而成一统之业，有以对之于镐京之中而无忝焉。

二章讲：

王配于京，世德作求。永言配命，成王之孚。

世德，先世之德。永，是长。言，是念。配，是合。命，天理。孚，信也。然武王所以能配于京者，何哉？诚以肇基勤家修和辑宁，三后世有令德，而与天命相为吻合者也。武王则继志述事作而求之，而动必与理俱，静必与理游，盖长言而合乎天命者矣。武王求德之纯如此，是以天下之人皆悦服。武王之为孝子，不有以成王者之信乎？若暂合而遽离，暂得而遽失，岂足以成其信哉？

三章讲：

成王之孚，下土之式。

下土，即下民。式，是法。夫武王既有以成王者之孚矣，吾知孚之既深，则法之自广，而有以为下土之式矣。

永言孝思，孝思维则。

孝思，以孝道思念于心。则，亦法也。然所以能式下土者，岂有他哉？盖以武王求世德配天命，其孝常存于心而不忘，是以下土之人皆则其孝耳。使其孝有时而忘，则亦伪耳，何足法哉？

四章讲：

媚兹一人，应侯顺德。

媚，是爱。一人，指武王。应，丕应。侯，维也。顺德，孝顺之德。夫武王之孝，足以式孚于人如此，由是天下之人皆爱戴之以为天子，而无一人之不应矣。然岂武王有以强之哉？盖以孝者，天下之顺德，而民心之同然也。武王之孝，有以触其同然，是以天下之人，媚而应之者，亦应以武王之顺德耳。

永言孝思，昭哉嗣服。

昭，是明。嗣，是继。服，是事。夫即其应之速，可以知其感之神。是武王真能长言孝思而不忘，是以天下归之，而三后之业，因之益光大而不可掩矣，岂不昭哉其嗣先王之事乎？以此而配之于天，诚无忝矣。

五章讲：

昭兹来许，绳其祖武。

昭，明也。兹，此也。来，是后世。许，绳，继也。其祖，指武王。武，是迹。夫武王继先之孝，其道之昭明固如此矣。苟后世能绳其所行之迹，以其求德者，求德以其配命者，配命而其道一如武王焉。

於万斯年，受天之祜。

祜，是福。吾知武王之孝，上孚于天者也。孝不违于亲者，则仁不违于帝。天眷帝德之维肖，岂不于万斯年而受天之祜乎？盖贵为天子，富有四海者，万年如一日矣。是武王之孝，有以贻后世得天之休如此者。

六章讲：

受天之祜，四方来贺。

贺，朝贺。武王之孝，下孚于人者也。能绳其武者，既有以受天之祜矣，则天之所与者，人之所归，由是四方诸侯皆来贺。

於万斯年，不遐有佐！

遐，何也。有佐，助也。岂不于万斯年而赖其佐助之功乎？盖贺之者无穷，斯佐之者无穷，而万年如一时矣。是武王之孝，有以贻后世得人之休如此者。夫武王继先之孝，而有以垂裕后之休焉。信乎，武王之为至孝矣！

文王有声_{八章，章五句}

首章讲：此言文王迁丰，武王迁镐之事。若曰：吾观古之圣王，所以计安天下之心，何不置哉？即其宅都建邑，亦莫非以为民也。吾于周二后见之。

文王有声，遹骏有声。

声，声名。骏，大也。彼人以有声为贵，声以宏大为难。惟我文王，令闻宣昭，信乎其有声也。且无远弗届，甚大乎其有声也。

遹求厥宁，遹观厥成。

遹，语词。宁，安也。成，安民成功。所以然者，盖以文王之心，欲以求夫民之安宁，而遂观其成功。此其爱民之切如此，则声之聿骏有以也。

文王烝哉！

烝，是君。夫君德莫大于安民也。文王安民之心，必至于成功而后已，文王其尽君道也哉！

二章讲：夫文王既以安民为心，则作丰以安民，乌容已哉？

文王受命，有此武功。

受命，即伐崇之命。彼询尔仇方，上帝有是命也。文王受天之明命，遂著伐崇之武功焉。

既伐于崇，作邑于丰。

作邑，是徙而都之。既伐于崇，而人归者众，由是作邑于丰，以抚归附之人，而使民得赖以为安也。

文王烝哉！

是文王之作丰，乃所以奉天而安民也。文王其尽君道也哉！

三章讲：

筑城伊淢，作丰伊匹。

淢，城沟。匹，和称。且其作丰也，其筑城则因旧沟为限，而不过其制也；其作邑居则与城相称，而不侈其规也。丰邑之制有如此。

匪棘其欲，遹追来孝。

棘，急也。孝，继先之孝。然常甫定之秋，即为土木之举，文王岂以急成己之欲哉？特以先人皆有安民之志，而阻于机会之未集，故今急于作丰者，盖追先人安民之志，而来致其继述之孝焉耳。

王后烝哉！

是文王之作丰，乃所以继先而安民也。王后其尽君道也哉！

四章讲：

王公伊濯，维丰之垣。

公，作功者。濯，著也。垣，是邑居也。夫文王常以安民为心，但见其伊昭布于天下，人皆仰之，可谓濯濯著明者矣。所以然者，以其能筑此丰之垣，立归往之地，有以安民故也。

四方攸同，王后维翰。

四方，指天下说。同，聚也。王后，即文王。翰，干也。由是四方之人，莫不来同，于是皆以文王为桢干，而赖之以安耳。则观成之功于是而始就，而求宁之心于是而始遂矣。

王后烝哉！

文王之安民成功如此，王后其尽君道也哉！

五章讲：文王之迁丰如此，武王之迁镐何如？

丰水东注，维禹之绩。

东注，东入而注于河。绩，是功。彼丰水之东注也，实维禹治水有以顺其就下之性，而成其永赖之功耳。

四方攸同，皇王维辟。

皇王，是有天下之号，指武王说。辟，君也。是以四方之人，得以遵丰水以来同，而戴武王以为君焉，而媚兹之风尽天下矣。

皇王烝哉！

夫君道以得人心为至，武王居丰而能安民，以大得人心如此。皇王其尽君道也哉！

六章讲：夫武王居丰，而得民归，则镐京之迁，乌容已哉？

镐京辟雍，自西自东，自南自北，无思不服。

镐京，武王所营。辟雍，武王之学。重"思"字，见心服也。于是审镐京之地为新都之建，于以莅四海而制六合者在是矣。然立国居民，建学为先也，于是乃作辟雍以为行礼之地。但见教化大行，人心悦服，自镐京以至四方，盖有无思而不服者矣。

皇王烝哉！

夫君道以教化为先务，武王迁镐建学，而悦服于天下如是。皇王其尽君道也哉！

七章讲：然是镐京之迁也，夫岂徇一己之见哉？

考卜维王，宅是镐京。

卜，稽考龟卜。王，武王。宅，居也。但见武王当相土之初，遂稽之于卜，以宅是镐之何如？盖将审之于神，而不敢以自是己见也。

维龟正之，武王成之。

正，决也。成之，作成邑居也。及夫维龟正之，而决其疑矣。于是武王乃从而成之，而邑居以定焉，其慎于谋始如此者。

武王烝哉！

盖以始之不慎，后必有重迁之扰，非所以安民也。此其为天下虑也深矣。武王其尽君道也哉！

八章讲：然是都邑之作也，夫岂为一时之计者哉？

丰水有芑，武王岂不仕？

仕、事同。彼丰水之傍，犹有芑生焉，岂以武王身创业之责而无所事乎？

诒厥孙谋，以燕翼子。

诒，是遗。谋，创造之谋。燕，安也。翼，敬也。子，指成王。盖其镐京之建，固所以创业垂统，而诒其孙以居重驭轻之谋。则此能敬之子，不过安享其成，而无俟于缔造之艰，可以无为而治矣，不有以燕翼子乎？

武王烝哉！

夫其为谋之远者如此者，盖以谋之不远，则必无长治之休，亦非所以安民也。此其为后世虑也周矣。武王其尽君道也哉！

噫！有文王之迁丰，而一代之王业肇；有武王之迁镐，而一代之王业成，总之为生民计也。抚成业者，尚其体文武之心哉！

生民之什三之二

凡十篇。

生民 八章，四章章十句，四章章八句

首章讲：周公制礼尊后稷以配天，故作此诗。曰：有天下之大功者，斯可享天下之大祭。今日南郊之祭，配天以稷矣。抑知稷之德真足配天者乎？

厥初生民，时维姜嫄。

民，周人。姜嫄，高羊氏之后妃。粤稽生民之伊始，实维有邰之姜嫄。

生民如何？克禋克祀，以弗无子。

精意以享曰禋。祀，是祀郊媒。弗，除也。生民如何？彼姜嫄当玄鸟始至之日，精意以祀郊禖，所以弗无子而求有子也。

履帝武敏歆，攸介攸止；载震载夙，载生载育，时维后稷。

履，践也。帝，上帝。武，是迹。敏，足大指。歆，是惊动。介，是大。止，是息。震，娠也。夙，肃也。育，养也。后稷，弃之官名。但见上帝监一念之诚，使之见大人之迹而履其拇，遂歆歆然如有人道之成。于是即其所大所止之处，而震动有娠矣。及月辰而肃居侧室，其所生而育者，实维后稷焉。所谓厥初生民者，在是人也，其受孕之祥有如是者。

二章讲：夫后稷既生矣，而其降生之异何如？

诞弥厥月，先生如达。小坼不副，无菑无害，以赫厥灵。

弥，是终。先生，初生子也。达，小羊。坼、副，皆裂也。赫，是显。厥灵，是异。但见居乎侧室，既终十月之期。而首生乎后稷，其易有如达，初不坼副，而无灾害之苦焉。若此者，是天欲以显其灵异于天下，使知其生有不同于凡人也。

上帝不宁，不康禋祀，居然生子。

宁，是心无怨恫。康，是安意以享。居然，是徒然也。以此观之何也？禋祀之祭，但知有子之求，而未知上帝之宁我康我否也。今也既肇履拇之祥，又得降生之异，则上帝岂不无怨无恫，而宁我之禋祀乎？岂不来格来享而康我之禋祀乎？惟其宁我康我，是以使我无人道而居然生是子，且显其异如此也。是其降生之异有如此者。

三章讲：夫无人道而生子，固天意之有在也。但人之闻见不习，而不祥之疑，虽其母亦未能释然者，于是举而弃之焉。

诞寘之隘巷，牛羊腓字之。

寘，是弃。隘，是狭。腓，庇也。字，爱也。其始也，则寘之隘巷，以为不免于牛羊之践矣。而牛羊乃腓字之，若有以动其感者，是固异也。

诞寘之平林，会伐平林。

会，是遇。犹以为出于偶也，其继也则寘之平林，以为不免于荒芜之中矣。乃会人伐木而收之，若有以速其会者，是又异也。

诞寘之寒冰，鸟覆翼之。

寒冰，寒冻之水。覆，是盖。翼，是藉。犹以为值其适也，其终也乃寘之寒冰，以为冱寒迫体将万无生理矣。鸟乃以一翼覆之，以一翼藉之，若有使之然者，是不为大异乎？

鸟乃去矣，后稷呱矣。实覃实讦，厥声载路。

呱，啼声。覃，是长。讦，是大。载路，满路。既而鸟乃去矣，后稷呱矣，覃然而长讦，然而大厥声，充满于道路之间，而闻之者皆知其非凡儿矣。夫以摧折困踣之余，而其声气且如是焉，其异又何如耶！于是姜嫄始收而养之。其见弃之祥又如此者。

四章讲：夫后稷之生，既本于天，故其所事自异乎人。

诞实匍匐，克岐克嶷，以就口食。

匍匐，手足并行。岐、嶷，是俊茂之状。口食，此是六七岁时。方其匍匐之时，克岐克嶷，状貌何茂异也。及其能就口食之日，遂有种植之志焉。

蓺之荏菽，荏菽旆旆，禾役穟穟，麻麦幪幪，瓜瓞唪唪。

蓺，是树。菽，大豆。旆旆，枝扬起。役，列也。穟穟，苗美好。幪幪，茂密。唪唪，多实。但见其游戏之间，或蓺之荏菽也，荏菽则枝旆旆然而扬起；蓺之禾也，禾则成列穟穟然而美好；蓺之麻麦也，麻麦则幪幪然而茂密；蓺之瓜瓞也，瓜瓞则唪唪然而多实。随其所蓺，无不咸若者，盖上天默相其能，故虽游戏之种植，遂有以得造化之神妙者矣。是其幼志之异有如此者。

五章讲：夫幼既有志于种植，长遂为农师以教民。

诞后稷之穑，有相之道。

相，助也。诞惟后稷之穑也，必尽人官之能，以助天地之所不及焉。

茀厥丰草，种之黄茂。

茀，治也。黄茂，佳谷名。谓丰草异类也，黄茂佳谷也；丰草不除，则黄茂无自而生矣，于是茀厥丰草而种之黄茂焉。

实方实苞，实种实褎，实发实秀，

然种之而岂徒哉？其渍种也方焉而成房，而生意已涵于桴甲之中矣；苞焉而未拆，而生意将露于桴甲之外矣，是其渍种之时则然也。既而甲拆而可为种矣，且皆褎然而渐长；既而受气已足而尽发矣，且皆秀然而始穟。是其苗而秀也，后稷尽有相之道于其始也。

实坚实好，实颖实栗，即有邰家室。

邰，是后稷之母家。既而保合太和而实坚矣，抑且形味之既好；既而繁硕垂末而实颖矣抑且不秕而实栗。是其秀而实也，后稷尽有相之道于其终也。故尧以其有功于民，于是即有邰之地，而为后稷之家室焉。周之有国，实自此始矣。

六章讲：夫稷既受有邰之封，而遂创有国之祀。

诞降嘉种，维秬维秠，维穈维芑。

降，是布此种于民。但见其降是嘉种于民也，不惟有黑黍之秬，而且有一稃二米之秠焉；不惟有赤粱粟之穈，而且有白粱粟之芑焉。

恒之秬秠，是获是亩；恒之穈芑，是任是负，以归肇祀。

恒，遍种。获，是割。亩，栖之田。任，肩任。负，背负。肇，始也。遍种是秬秠也，既成则获而栖之于亩焉；遍种是穈芑也，既成则任而负之以归焉。若此者，岂特可以育民人而已哉？而亦可以供祭祀焉。酒醴取之秬秠，粢盛取之穈芑，于以祭夫内外之神，而肇有国之祀，胥此矣。

七章讲：

诞我祀如何？

夫后稷既肇有国之祀矣，诞我之祀则如何哉？

或舂或揄，或簸或蹂，释之叟叟，烝之浮浮。

祭必有粢盛也，则或舂焉而致其精凿，或揄焉而取米出臼，或簸焉而扬其糠秕，或蹂焉而取谷以继。由是释之于水，则燥湿相投，而声之叟叟矣；由是烝之于甑，则水火既济，而气之浮浮矣。粢盛何其备耶！

载谋载惟，取萧祭脂，取羝以軷。

萧，是蒿。脂，膟膋。羝，牡羊。祭必吉蠲也，则载谋焉而卜日择士之皆善，载惟焉而斋戒具修之皆洁，吉蠲何其谨耶！祭始于求神也，则取萧与脂而爇之以祭宗庙之神，取羊之羝而用之以祭行道之神，而求神之义无不周矣。

载燔载烈，以兴嗣岁。

兴，起也。嗣，继也。岁，往岁。祭重于献尸也，则载燔焉以备庶羞，载烈焉以实俎豆，而献尸之物预矣。所以然者，诚以今岁之举，来岁之倡也。兹一肇祀而回者之无不处者，正欲以兴来岁，而嗣我往岁之典于不穷，使宗庙有常享斯已矣。

八章讲：夫后稷受命于天，有功于民，而封国肇祀之远如此，则与天合德矣。今日南郊之祭，舍稷其谁配哉？

卬盛于豆，于豆于登。

卬，是我。豆，木豆。登，瓦器。盖南郊之祭，必有菹醢也，则盛之于豆矣；必有太羹也，则盛之于登矣。

其香始升，上帝居歆。

香，品物之气。但见豆登之香始升，而上帝之神已居然而享之矣。

胡臭亶时！

胡，是何。臭，是香。亶，是诚。此何但芳臭之荐，信得其时而已哉！是必有感孚之素，溢于豆登之外者。

后稷肇祀，庶无罪悔，以迄于今。

迄，至也。今，是指今日奉祭言。盖自后稷立国肇祀之日，诞降加种粒，我蒸民有以承上帝率育之命，而成万世永赖之功。其庶无罪悔于天也，盖已迄于今如一日矣。

夫惟其功足以配天而无愧如此，是以南郊之祭而居歆之速者，盖监稷之德也，而岂我之芳臭云乎哉？吁！周公尊稷配天而以是为言，其知所本者矣。

行苇 四章，章八句

首章讲：此祭毕而燕父兄耆老之诗。若曰：国以宗姓为重，以燕好为情，情洽而后宗姓无失其亲也。今祭祀毕矣，宾客归矣。嗟，我兄弟何无燕以笃亲亲乎？

敦彼行苇，牛羊勿践履。方苞方体，维叶泥泥。

行，道间。苞，甲而未坼。体，成形。彼敦然勾萌之行苇，其生意之毕达而未成也。惟牛羊勿践履之，则方苞方体甲而未坼者，渐以成形，维叶泥泥而柔泽矣。

戚戚兄弟，莫远具尔。或肆之筵，或授之几。

戚戚，是亲意。具，俱也。尔，皆在。肆，是陈。筵，是席。授，是与。几，所以凭者。况此戚戚然至亲之兄弟，其分义本相属而不睽也。惟令之莫远而具迩，则我或肆之筵，或授之几，以笃亲亲之情，而燕礼在所必行矣。不然虽有筵几，当复为何人而设之哉？

二章讲：夫是燕也，岂有一之不用其情乎？

肆筵设席，授几有缉御。

设席，是设重席。缉，是续。彼侍御不足，非所以优宾也，则既肆之筵、设之席、授之几矣，而又有相续代而侍者使令于前也，侍御何如其盛耶！

或献或酢，洗爵尊斚。

酢，莫是不饮也。斚，殷爵名。献酬不举，非所以尽情也，则主人酌酒而献宾，则从而酢之；主人洗爵而酬宾，则从而奠之，而交错以遍也。献酬何如其盛耶！

醓醢以荐，或燔或炙。嘉殽脾臄，或歌或咢。

荐，进也。臄，口上肉。自其饮食言之，则醓醢荐而燔炙之并陈，嘉殽具而脾臄之盛有，肥甘无不足于口矣。饮食其有不盛乎？自其歌乐言之，则或比于琴瑟而为之歌，或徒击乎鼓而为之咢，声音无不足于耳矣。歌乐其有不盛乎？燕饮之间随事而周，其礼有如此矣。

三章讲：然犹未也，而又行射以为乐焉。

敦弓既坚，四鍭既钧。舍矢既均，序宾以贤。

敦，雕也，是画其文于弓上。鍭，是金镞翦羽矢也。均，皆中。贤，中之多者。敦弓则既坚而强劲矣，四鍭则既钧而参亭矣。斯时也，比耦齐发，舍矢既均，而皆有所中矣。然中不能无多寡之殊也。于是序宾而以中多者为贤焉，而寡者则取觯立饮。是非以能愧不能也，藉是以饮酒，庶有以尽相乐之情乎！

敦弓既句，既挟四鍭。四鍭如树，序贤以不侮。

句、彀同。挟，手挟矢而射。树，与手就树一般。不侮，是敬意。敦弓则既句而引满矣，四鍭则既挟而遍什矣。斯时也，贯革坚正，有如手就而树之于的矣。然心不能无敬肆之异也。于是序宾而以不侮者为德焉，而侮者则取觯立饮。是非以德病不德也，藉是以劝酬，庶有以罄相乐之情乎！一燕饮之间，而行射之为乐又如此矣。

四章讲：然犹未也，而又举酒以相祝焉。

曾孙维主，酒醴维醹。

曾孙，主祭之称。主，主乎燕。醹，是厚。今日之燕享之者父兄耆老也，而主之者实维曾孙焉。燕必有酒也，酒醴则维醹矣。

酌以大斗，以祈黄耇。黄耇台背，以引以翼。

黄耇，老人之称。台背，鲐文在背。引，是导。翼，是辅。酌以有器也，酌则以大斗矣。酌之者何？盖欲父兄耆老也。饮此旨酒，颐养天和，以期黄耇台背之庆耳。然得寿固难，而善以享寿尤难，又安得我父兄耆老也。相与引于善焉，使不昧于所趋；相与翼于善焉，使不怠于所行。

寿考维祺，以介景福。

祺，是吉。介，是大。则寿不徒寿，而有德以享之。为国之元老，为卿之达尊，而可以表世范俗矣，此其寿考也。盖寿考之美也，景福之介，孰有过于此哉？一燕饮之间，而奉酒以祝颂又如此矣。

吁！周王于祭毕之燕，而殷勤笃厚如此，其亲亲之至何如哉？此周道所以独隆，而非后世所能及也与！

既醉 八章，章四句

首章讲：此父兄所以答《行苇》也。若曰：人君以一身敛天下之福，非始之难，而终之难。吾人受君之恩渥矣，宁无所愿乎？

既醉以酒，既饱以德。

德，恩惠。彼向者之燕，或献或酬，既醉我以酒矣；行射祝寿，既饱我以德矣。

君子万年，介尔景福。

君子，指王。尔，指王。吾人于此将何以图报耶？惟愿君子历万年之久，富贵无疆，震祥日衍；所以介景福者，悠乎未有艾焉，而后心始慰矣乎！

二章讲：不特此耳。

既醉以酒，尔殽既将。

将，捧而进之。向者之燕，洗爵奠斝，既醉我以酒矣；燔炙脾臄，尔殽则既将矣。

君子万年，介尔昭明。

昭明，即光大。吾人于此将何以图报耶？惟愿君子历万年之久，纯嘏缉熙，离明继照；而所以介尔昭明者，悠乎未有穷焉，而后心始释矣乎！

三章讲：

昭明有融，高朗令终。

融，明之盛。朗，是虚明。然是昭明之介也，非明而未盛也。吾见显于四方，而日新月盛，何有融耶！亦非明而未虚也。吾见被于四表，一庇不累，何高朗耶！然是有融高朗，又非止于一时者。盖君子历万年之久，则有融者日以有融，高朗者日以高朗，将延之于无极矣，其有不令终乎？

令终有俶，公尸嘉告。

俶，始也。公尸，即君之尸。嘉告，以善言告。然善终为后日之事，而善始即善终之征。今虽未终矣，然有融高朗君子，今日身履其盛，而既有其始矣，则其令终之庆，不过自此而衍之于有永焉耳。然此非我之私媚也。盖向者之祭，公尸传神意，既以此令终之福告于尔矣，则吾人今日之所愿者，孰非神贶之已验哉？

四章讲：

其告维何？笾豆静嘉。

其告果维何乎？诚以尔之祭祀也，笾豆之荐，既清洁而美矣。

朋友攸摄，摄以威仪。

朋友，宾客助祭者。摄，是佐。而朋友之助祭者，又皆有威仪以当神意也。一祭也外尽其物，而且助祭之得人，是君臣之间无不敬矣。

五章讲：

威仪孔明，君子有孝子。孝子不匮，永锡尔类。

威仪，此就君言。君子，主祭之君。孝子，主人之嗣子。匮，竭。类，善也。尔之主祭也，威仪之著既尽善而得宜矣。而君子有孝子以举奠者，又因心致敬，而孝诚之不竭也。一祭也，内尽其诚，而且举奠之有人，是父子之间无不敬矣。合君臣父子而各尽其敬如此，是以神之格思而永锡以善也。

六章讲：

其类维何？室家之壶。

壶，宫中深巷。然所锡之善维何？彼室家之壶甚深远而严肃也。君子之居处固在于是，而神明之敷锡亦在于是。

君子万年，永锡祚胤。

君子，指王。祚，是福。胤，子孙。以善莫大于有祚也，则君子历万年之久，而永锡以祚焉，而福禄之无疆也；以善莫大于有胤也，则君子历万年之久，而永锡以胤焉，而子孙之蕃衍也。锡之以善，孰有过于是也哉？

七章讲：

其胤维何？天被尔禄。

夫既永锡以胤矣，而其胤维何哉？盖胤而不先之以祚，则胤无所于承矣，故必使尔有子孙者，先被之以天禄，而富贵之咸备。

君子万年，景命有仆。

君子，指王。命，即天禄。仆，附也。然不特一时已也，而天禄之所在，即景命之所在也。又必使君子历万年之久，而长为景命所附属焉。若然则天命不替，而君子无不祚之胤矣。锡之胤也，而岂徒哉？

末章讲：

其仆维何？厘尔女士。

厘，予也。女士，女有士行者。夫既景命有仆矣，而其仆维何哉？盖祚而不随之以胤，则祚无所于托矣，故必厘以女之有士行者，使为之配。

厘尔女士，从以孙子。

从，随也。然士女不徒厘也，而淑媛之作合，乃圣神之所由生也。既厘之以女士，而遂从之以生孙子焉。若然则本支百世，而君子无不胤之祚矣。锡之祚也，而岂徒哉？

祚之与胤，永为相成，诚莫大之善，而为公尸之嘉告也。然则吾人今日之所颂祷者，其意实本于此矣，岂为私媚乎哉？

凫鹥五章，章六句

首章讲：此祭之明日绎而宾尸之乐。若曰：人君假庙有象神之尸焉，当对越之顷，则固有妥侑之敬；举燕饮之礼，则又有欢洽之情。我今日之宾尸何如哉？

凫鹥在泾，公尸来燕来宁，

公尸，君尸也。宁，安也。彼凫鹥则在泾，而安然自适矣。我公尸之来燕也，忘君臣之分，而通以宾主之情，不其安然而来宁乎？

尔酒既清，尔殽既馨。

尔，自工歌指主人言。酒与殽所以成燕者也。尔酒则既清，尔殽则既馨矣。

公尸燕饮，福禄来成。

燕饮，自承君燕言。成，就也。公尸燕饮于此，则荷宠遇之隆，而福禄为之毕集，不成就于其身乎？

二章讲：

凫鹥在沙，公尸来燕来宜。

凫鹥则在沙矣，公尸来燕，则泰然于樽俎之间，而惬其心之所欲，不来宜乎？

尔酒既多，尔殽既嘉。

尔酒既多，尔殽既嘉，燕礼行矣。

公尸燕饮，福禄来为。

为，是助有扶持全安意。而公尸之燕饮，则沐恩光之厚，而福禄为之默佑，不来为乎？

三章讲：

凫鹥在渚，公尸来燕来处。

处，得所安。凫鹥则在渚矣，公尸来燕，则怡然于几席之上，而适其体之所安，不来处乎？

尔酒既湑，尔殽伊脯，

湑，酒之沛者也。脯，肉脯也。尔酒既湑，尔殽伊脯，燕礼行矣。

公尸燕饮，福禄来下。

下，下降也。而公尸之燕饮，而蒙宠泽之及，而福禄为之下逮，不来下乎？

四章讲：

凫鹥在潨，公尸来燕来宗。

宗，尊也。凫鹥则在潨矣，公尸来燕，而优以为宾之礼，则来宗矣。

既燕于宗，福禄攸降。

此宗字是宗庙。何也？宗庙之祭，有妥侑以致孝，有九献以致敬，福禄固攸降矣。

公尸燕饮，福禄来崇。

崇，高大。今公尸之燕饮也，则恩眷之蒙无有穷已，福禄不积而高大乎！

五章讲：

凫鹥在亹，公尸来止熏熏。

凫鹥则在亹矣，公尸来燕，而畅其和悦之情，则熏熏矣。

旨酒欣欣，燔炙芬芬。

欣欣，是乐。芬芬，是香。酒以合欢而欣欣也，燔炙以备物而芬芬也，固无一而不备矣。

公尸燕饮，无有后艰。

后艰，自后日言。而公尸之燕饮也，则平康之庆，延之终身，又何有于后艰耶？

夫燕饮之间，而极道其福禄之盛，周人之于公尸，可谓爱之深而敬之至矣！

假乐 四章，章六句

首章讲：此公尸所以答《凫鹥》也。言：人君为天之宗子，必有格天之德，然后可以得天之眷。若无显德，未足以望厚福也。

嘉乐君子，显显令德。宜民宜人，受禄于天。

君子，指王者。民，庶民。宜人，在位者。惟我可嘉可乐之君子，私欲不累，天理昭融，有显显光明之令德。下足以宜民，而民安其治也；上足以宜人，而人习其政也。是以惟德动天，惟天眷德，而有以受天之禄焉。

保右命之，自天申之。

安其身曰保。助其行曰右。锡之为天子曰命。然天之于王，犹反覆眷顾之未厌也。既保之、右之、命之，而绥将宠锡之特隆。又自天申之，而保佑眷命之愈至矣。所以受天禄者，岂一时而已哉？

二章讲：然吾王以德获福，不但此也。

干禄百福，子孙千亿。

福，即禄。十百曰千。十万曰亿。今夫吾王有显德，固无心于福之干也。然德之所在，禄即从之，是王者以德干禄而得百福矣。百福维何？彼福莫大于子孙之多也，则子孙千亿，而所以衍本支之传者盛矣。

穆穆皇皇，宜君宜王。

穆穆，严敬也。皇皇，纯美也。宜，称也。君，诸侯。王，天子。然福尤莫大于子孙之贤也，又皆寅畏中存，而有穆穆之敬，充实光辉而有皇皇之美。支庶者则以此德而宜其为君也，本宗者则以此德而宜其为王也。

不愆不忘，率由旧章。

愆，过也。忘，失也。率，是循。由，是行。旧章，先王之典。且为君王者，本其敬美之德，而为继述之图，不作聪明而失之愆，不涉玩愒而失之忘，惟以率由先王之旧章而已。子孙多而且贤如此，百福孰有加于此哉？

三章讲：夫子孙之贤固为君之福，而王之嫡嗣则天下之本，而尤欲其贤也。吾愿王之嫡嗣何如？

威仪抑抑，德音秩秩。

抑抑，慎密。秩秩，有常。彼人君以修德为先，而威仪德音皆盛德之验也。是必威仪抑抑，合显微无间，德音秩秩，贯始终不渝，而修德其至矣。

无怨无恶，率由群匹。

由，从也。匹，善类。人君以用贤为急，而私怨私恶非任贤之道也。是必不萌私怨，惟群辟是任，不萌私恶，惟群辟是听，而用贤其公矣。

受福无疆，四方之纲。

受福，即受天禄。无疆，来久。夫修德则出治有本，任贤则辅治有人，由是帝心简在，而富贵福泽萃于一身，既有以受无疆之福矣。则作福作威，惟辟主之，而天下臣民皆不出统驭之中也，不为四方之纲乎？

末章讲：

之纲之纪，燕及朋友。

纲，是政之大体。纪，是政之节目。燕，安也。朋友，群臣也。夫吾王之嫡嗣，既能张其纲焉而不失之废弛，理其纪焉而不失之紊乱，则有以安天下之民矣。而朋友有安民之责者，自无事抚循之劳，而坐享优游之逸矣。不有以燕及朋友乎？

百辟卿士，媚于天子。

百辟，在外诸侯。卿士，在内群臣。媚，爱。君既有以燕其臣，臣自有以媚乎君。但见外而百辟，内而卿士，皆燕之朋友也，莫不媚爱于天子焉。

不解于位，民之攸塈。

解，息。塈，息。而媚之皆曰一人之勤息，天下之安危系焉。是必励精图治，不懈于位，使其纲之张者常张，纪之理者常理。则天下之民，囿于纪纲之内者，永有以获安宁之庆矣。凡我百辟卿士所以荷其燕及者，又岂有穷哉？吾王之嫡嗣有如是焉，是人君莫大之福也，非吾人之所深愿乎？

公刘 六章，章十句

首章讲：召康公述公刘之事，以戒成王。曰：国以民为本，治国以安民为先。今王抚有一统矣，其未知尔公刘之厚民乎！

笃公刘，匪居匪康。

笃，厚也。公刘，后稷曾孙。康，安也。厚哉，公刘之于民也！其在西戎，念民生之未安，慨国势之不振，而夙兴夜寐，不敢宁居焉。

乃埸乃疆，乃积乃仓。

埸、疆，皆是田畔。积，露积。仓，贮谷者。以农者国之本，食者民之天也，乃埸乃疆，以治其田畴；乃积乃仓，以实其仓廪。

乃裹糇粮，于橐于囊，思辑用光。

裹，包也。糇、粮，皆食也。有底曰囊，无底曰橐。辑，和也。光，光显。既富且强矣，于是裹其糇粮于彼橐囊之中，而将为迁都之举焉。盖以人民不和，则国势不大。与戎狄杂处，非所以和民而光国也。其欲迁都也，思以辑和其民人，而光显其国家耳。

弓矢斯张，干戈戚扬，爰方启行。

张，是开。戚，是斧。扬，是钺。方，始也。启行，进迁于豳。故当糇粮之既备，乃张弓矢，备干戈，载戚扬，爰始启行而迁都于豳焉。是公刘之迁都，莫非为思辑用光计也，何其厚于民哉！

二章讲：

笃公刘，于胥斯原。既庶既繁，既顺乃宣，而无永叹。

胥，相也。原，是广平之地。顺，得所上也。宣，居之遍也。叹，故旧之思。厚哉，公刘之于民也！当自戎至豳之日，为相土以居之举，但见其胥斯原也。适睹从迁之众，既庶既繁，既顺乃宣，皆有乐土之安，而无思旧之叹矣。

陟则在巘，复降在原。

巘，山顶。原，山下。公刘于是陟则在巘，于以察其势之所自；复降在原，于以审其势之所止。而豳原之形势，可以为定都立国之所者，已领略其大概也已。

何以舟之？维玉及瑶，鞞琫容刀。

舟，作带说。瑶，玉属。琫，刀上饰。容刀，容饰之刀。当时上下山原之间，必有所佩之饰，而果何以舟之乎？见其有维玉及瑶以比德也，有鞞琫容刀以周防也。即一时所佩，而立国之文德武功，亦略睹于此矣。夫以如是之佩服，而亲如是之劳苦，无非为思辑用光计耳，何其厚于民哉！

三章讲：相土既定，营建斯举。

笃公刘，逝彼百泉，瞻彼溥原。

逝，往也。瞻，视也。溥，大也。厚哉，公刘之于民也！以为都邑之大势，虽云既定，而邑居之形胜不可不详也。故广原在百泉之侧也，则逝百泉以望广原，而在下之形胜得矣。

乃陟南冈，乃觏于京。

陟，是升。京，高丘。在高丘、南冈之下也，则陟南冈以觏高丘，而在上之形胜得矣。

京师之野，于时处处，于时庐旅，

高丘而为众所聚曰京师。时，是也。处处，居室。庐，是舍。旅，是宾旅。但见此京师之野，实为都会之区。于是营夫处处之宅，以为宴息之地；于是营夫庐旅之宅，以为送迎之地。

于时言言，于时语语。

直言曰言。论难曰语。于是营夫言言之宅，以为涣发之地；于是营夫语语之宅，以为论难之地。而建国之规模，盖已极综理之周矣。夫以公刘之营建如此，莫非为思辑用光计耳，何其厚于民哉！

四章讲：营建既周，落成斯举。

笃公刘，于京斯依。

依，安也。厚哉，公刘之为民也！向当相土营度，既任其劳矣，今则宫室既成，而安然在京焉。

跄跄济济，俾筵俾几，既登乃依。

跄跄济济，自群臣有威仪言。俾筵，使人酒食。几，为凭者。登，即筵。依，依几。但见燕饮以落成，而群臣之来与燕者跄跄济济，然动皆有仪。使人设筵，则既登乃筵矣；使人授几，则乃依斯几矣。

乃造其曹，执豕于牢，酌之用匏。

曹，是群牧之处。牢，是畜豕之处。酌，酌酒。匏，以匏为爵。燕必有殽也，乃造于曹而执于牢，无有珍羞，何其俭耶！酌必有器也，酌之所资以匏为之，无有异器，何其质耶！

食之饮之，君之宗之。

食，食殽。饮，饮酒。君，统异姓。宗，统同姓。于焉食之饮之，而上下之情意洽矣。然恩洽者易至于无别，则以统异姓而为之君焉，以统同姓而为之宗焉。情之所在，又有分以维之。是以一落成之燕，而恩义为之兼尽也。思辑用光之计，至是亦渐有成绪矣，何其厚于民哉！

五章讲：邑居既定，疆理斯行。

笃公刘，既溥既长。

溥，是广。厚哉，公刘之于民也！当芟夷垦辟之余，土地则既溥而且长矣。

既景乃冈，相其阴阳，观其流泉。

景，考日影。冈，登高山。相，视也。阴阳，向背寒暖之宜。流泉，水泉灌溉之利。由是考日景以正田之四方，复登高以望田之形势。盖以物性有寒暑之异宜，故景之以相阴阳焉，使向背之不失也。水势有高下之异向，故冈之以观其流泉焉，使灌溉之有利也。

其军三单，度其隰原，彻田为粮。

三单，此是大国三军之数。度，旧里度。彻，均也。粮，税也。有田必有赋也，则寓兵于农，计井出军，而三单之制立矣。何尝尽民以为兵耶？有田必有税也，则度其隰原，彻田为粮，而九一之制行矣。何尝竭民之财而取之耶？

度其夕阳，豳居允荒。

地幽暗，至夕始见日，故曰夕阳。允，是信。荒，是大。然居民众多，其田不足以授之也，于是又度山西之田以广之。凡所以辨土宜、定赋税者，无不为之计也。但见无一地而非民之所耕，则无一地而非民之所处，而豳人之居于是益大矣。夫公刘之辨土授民，事无不周如此，其思辑用光之心可谓勤矣，何其厚于民哉！

末章讲：吾又自其始终而概言之。

笃公刘，于豳斯馆。涉渭为乱，取厉取锻。

馆，客舍。乱，是造舟为浮桥。厉，砺石。锻，是铁。厚哉，公刘之于民也！当裹粮始至之时，客馆于豳之际，以材木所以造宫室也，则涉渭为乱；以取之砺锻，所以成宫室也，则取厉取锻以成之。

止基乃理，爰众爰有。

止，定居也。理，疆理。众，人多。有，财足。但见既顺乃宣也，于京斯依也，而止基之事以定矣。既景乃冈也，度其夕阳也，而疆理之务亦周矣。夫定民居于先，则所以安之者有其道；授民田于后，则所以富之者有其方。由是民之居者，日益繁庶，视向之既庶既繁者为有加矣；日益富足，视向之乃积乃仓者为益盛矣。

夹其皇涧，溯其过涧。

夹，是居于水之两边。溯，是向。民既富庶，非京师之野所能容也。固有夹其皇涧，而相对以为居者；有溯其过涧，而相连以为居者。

止旅乃密，芮鞫之即。

止旅，是所居之众。鞫，是水外。即，是居。然止居之众日以益密，而皇过之地又不足以容之也，乃复即汭水之外而居之，而疆地日以益广矣，民之富庶何其盛哉！至是则民人以辑，国家以显，而公刘之心遂矣。非厚于民，何以能此乎？然则今日之民，固公刘所遗之民也，王当思所以厚之矣。

泂酌 三章，章五句

首章讲：此召康公戒成王作也。若曰：天生民而立之君，使周恤保护之，无至失所。而苟仁德之不足，则非所以庇民而承天意也。今王亦知修德以宜民乎？

泂酌彼行潦，挹彼注兹，可以餴饎。

泂，是远。行潦，流潦之水。挹，取之。注，贮之也。餴，是做酒食。饎，即酒食。彼行潦之水，若无所用也。然远酌彼行潦，挹之于彼而注之于此，尚可以为餴饎之用矣。夫无源之水，犹有益于用如此。

岂弟君子，民之父母。

岂弟，以德言。君子，指王者。而况有德之君，岂无所益于民乎？吾知岂弟君子，体天地好生之德也，备乾坤易简之仁也，则有以为民之父母矣。盖民莫不好善而恶恶，惟其岂也，必有以强教乎民，而遂其迁善去恶之性；民莫不好逸而恶劳，惟其弟也，必有以悦安乎民，而遂其好逸恶劳之情，则民皆有父之尊、有母之亲矣。不然，恶在其为民父母耶？

二章讲：

泂酌彼行潦，挹彼注兹，可以濯罍。

濯，洗涤。罍，酒器。远酌彼行潦，挹彼注兹，尚可以为濯罍之用矣。

岂弟君子，民之攸归。

君子，指王者。况我岂弟君子也，有以强教乎民，而民皆归以就其教也；有以悦安乎民，而民皆归以就其养也，不为民之攸归乎！使无是岂弟之德，民何以归之哉？

末章讲：

泂酌彼行潦，挹彼注兹，可以濯溉。

溉，亦濯也。远酌彼行潦，挹彼注兹，尚可以为濯溉之用矣。

岂弟君子，民之攸塈。

君子，指王者。塈，息也。况我岂弟君子也，有以强教乎民，而民皆赖其教以为安也；有以悦安乎民，而民皆赖其养以为安也，不为民之攸塈乎！使无是岂弟之德，民将何所塈乎？

卷阿 十章，六章章五句，四章章六句

首章讲：此召康公从成王游于卷阿而作此。曰：后乐必本于先忧。吾兹从游于王，而不能无言矣。

有卷者阿，飘风自南。

卷，是曲。阿，大陵。自，从也。彼卷然而曲之阿，有以钟地道之胜，适飘风自南而来，则以斯地而际斯时，诚有可乐也。

岂弟君子，来游来歌，以矢其音。

君子，指王者。游，游适。歌，歌咏。矢，陈也。我岂弟君子，当万几之暇来游于此，玩游之下而情以舒，于是咏歌作焉，其宛然喜起之遗音乎！奭也以师保之任，叨辇毂之陪，君臣同游，千载一遇，而载歌不赓，非所以鸣其盛也。于是写欲言之意于声诗之间，而以矢其音焉，庶几为吾王保治之一助矣。

二章讲：所矢之音何如？

泮奂尔游矣，优游尔休矣。

尔，指王。尔，指王。今日卷阿一临，是尔之游也。兹当太平无虞，此心旷然无所系累，盖泮涣尔之游矣。卷阿一堅，是尔之休也。兹当四海无事，此心怡然得以从容，盖优游尔之休矣。

岂弟君子，俾尔弥尔性，似先公酋矣。

君子，指王者。尔，指王。弥，是终。性，是命。酋，亦终也。是在今日，亦既善其始矣，然岂但一时已哉？岂弟君子，必使尔终其寿命，似先公之善始善终焉。而所以泮涣优游者，诚未有艾矣。

三章讲：

尔土宇昄章，亦孔之厚矣。

昄章，大明也。厚，坚厚。且尔之土宇也，一统之盛，而无窃据之邦以紊其制，何昄章耶！四封之广，而无陧杌之患以启其衅，何孔厚耶！

岂弟君子，俾尔弥尔性，百神尔主矣。

君子，指王者。尔，指王。百神，凡天地山川鬼神皆是。是在今日，已为百神之主矣，然岂但一时已哉？岂弟君子，必使尔终其寿命，常为天地山川鬼神之主焉。而所以昄章孔厚者，诚未有穷矣。

四章讲：

尔受命长矣，茀禄尔康矣。

尔，指王。长，即久也。茀，是福。康，安也。且尔自幼冲践祚以来，亦为有日，其受命长矣。业抚盈成，而无缔造之劳，其莼禄康矣。

岂弟君子，俾尔弥尔性，纯嘏尔常矣。

君子，指王者。尔，指王。纯嘏，纯全之福。常，常享。是在今日，已有纯嘏之福矣，然岂但一时已哉？岂弟君子，必使尔终其性命，常享纯嘏之休，而受命长者日益长，莼禄康者日益康矣。

五章讲：夫有寿考以享福禄之盛，此固莫大之庆也。然所以致此，岂无其由哉？亦曰得贤以修德耳，而今则不患无可用之贤矣。

有冯有翼，有孝有德，以引以翼。

冯，可为依。翼，可为辅。孝，善事亲。德，得道者。以，用也。引，导也。翼，辅也。但见有托志忠雅、足为心膂之寄而可为冯者，有忠谅不阿、足为股肱之任而可为翼者，又有善事其亲而以孝称者，又有道得于己而以德称者。若此者无非可用之才也，王诚用之为引而相导前后，使不迷于所适，用之为翼，而赞襄左右，使不怠于所行，则其德日修矣。

岂弟君子，四方为则。

君子，指王者。则，法也。岂弟君子，德之所在，既足以建天下之极，则近不厌，远有望，而仪刑于一人者济如矣，岂不四方为则乎？

六章讲：夫惟用贤而德修也。

颙颙卬卬，如圭如璋，令闻令望。

颙颙卬卬，此句言尊严。如圭如璋，此句言纯洁。令闻，善誉。令望，威仪可望。但见形之为体貌，则极其尊严而颙颙卬卬也。蕴之为德性，则极其纯洁而如圭如璋也。声名洋溢于中外，而令闻为之昭宣矣；威仪可法于臣民，而令望为之丕肃矣。

岂弟君子，四方为纲。

君子，指王。纲，统驭意。夫君子德之克修，既足以系天下之心，则离者合，涣者萃，而维系于一人者禽如矣，岂不四方为纲乎？

七章讲：夫得贤固有自辅之益，而贤才亦有效用之忠，独不观之凤凰者乎？

凤凰于飞，翙翙其羽，亦集爰止。

凤，雄者。凰，雌者。凤凰于飞，翙翙其羽，而亦集于所止矣。

蔼蔼王多吉士，维君子使，媚于天子。

蔼蔼，众多意。吉士，美士也，以冯翼孝德言。媚，是爱。

况此冯翼孝德，蔼蔼然众多者，皆王之吉士也，岂无所媚于上乎？特王未之使耳。一维王之所使以事君也，则媚爱于天子，俾有以成为纲为则之德，而上不负于天子矣。

八章讲：

凤凰于飞，翙翙其羽，亦傅于天。

凤凰于飞，翙翙其羽，而亦傅于天矣。

蔼蔼王多吉人，维君子命，媚于庶人。

命，亦使也。况此冯翼孝德，蔼蔼然众多者，皆王之吉人也，岂无所媚于下乎？特王未之命耳。一维王之所命以治民也，则媚爱于庶人，俾有以被为纲为则之治，而下不负苍生矣。

九章讲：然贤才固忠于效用，而所以用之者，其机则在于上耳，又不观之凤凰与梧桐者乎？

凤凰鸣矣，于彼高冈。

彼凤凰鸣矣，于彼高冈，固将择梧桐以栖也。

梧桐生矣，于彼朝阳。

朝阳，山之东。梧桐生矣，于彼朝阳亦将为凤凰所栖也，是一物者诚相须矣。

菶菶萋萋，雍雍喈喈。

菶菶萋萋，此句是梧桐生之盛。雍雍喈喈，此句是凤凰鸣之和。然要其所以招来之机，则有在梧桐，而不在凤凰者。是必梧桐之生于朝阳者，极菶菶萋萋之盛，足以来凤凰之集矣；然后凤凰之鸣于朝阳者，极雍雍喈喈之和，有以显梧桐之盛焉。不然，凤凰将终翔于高冈之上矣，何有于梧桐哉？然则治世之贤才思效用于君，治朝之贤君将委用乎贤，其相溺甚殷矣，然必贤君有待贤之礼，而后贤才乐为之用。其视凤凰与梧桐相须而相遇者，不同一机乎？

末章讲：夫感召贤才之机固在于上矣，然今岂患于感召之无其具哉？

君子之车，既庶且多。君子之马，既闲且驰。

庶，众也。闲，习也。今夫菶菶萋萋，则雍雍喈喈矣。彼绎络于卷阿之上者，君子之车也。君子之车则既庶而且多矣，自供乘舆之外，皆虚器也。驰骤于卷阿之上者，君子之马也。君子之马则既闲而且驰矣，自备法驾之外，皆留良也。则凡天下之事，有资于车马者，诚足以待用而有余矣。王能知所以用之，则菶菶萋萋者在朝廷，而雍雍喈喈者不在国家乎？是我所矢之音者如此。

矢诗不多，维以遂歌。

不多，言无几句。遂歌，继王之声而遂歌。夫以君臣同游之日，正言语得尽之时也，而我所矢之音，惟止于此，则矢诗盖不多矣。惟以王歌之于前，而我不可不赓之于后，故继王之声而遂歌之，以聊寓吾忠爱之一二耳。

若我一念无穷之意，则岂此歌之所能尽哉？王诚绎于此歌，必知用贤以修德，而享寿考福禄之盛，不亦宜哉？吁！召康公以此戒王，其惓惓忠爱之心，见于词矣。

民劳 五章，章十句

首章讲：此同列相戒之诗。言：人君用贤以行保民之政，人臣事君当尽保民之道。惟我僚友，尔固有保民之责也，而可不加之意乎？

民亦劳止，汔可小康。

汔，庶几。康，安也。方今中外之民，憔悴困苦，劳亦甚矣，亦庶几小有以康之可也。

惠此中国，以绥四方。

惠，恩惠。中国，是京师。绥，亦安。四方，天下也。是必惠此中国，先固其根本之区，以绥四方，使措诸咸宁之域，则民劳庶其小康矣。

无纵诡随，以谨无良。式遏寇虐，憯不畏明。

不顾是非而妄从人曰诡随。谨，敛束之意。遏，是止也。憯，是曾。明，是天之明命。然斯民之不安，以小人有以戕之也；小人之得志，由我有以纵之也。故必无纵诡随之人，使无良者有所儆而自肃，寇虐无畏之人有所惩而自止。

柔远能迩，以定我王。

柔，是安。能，是顺习。王，王室。则民害既除，而安民之泽可施。由是于四方之远者，宽而抚之，使远者以安；于中国之迩者，顺而习之，使迩者以宁。吾知王者以天下为家，中外乂安，而王室不于此而定乎？

二章讲：

民亦劳止，汔可小休。惠此中国，以为民逑。

民亦劳止，亦可以使之小休也。是必惠此中国，以为民逑，使内有奠安之庆，而外无涣散之虞，则民劳庶其小休矣。

无纵诡随，以谨惛怓。式遏寇虐，无俾民忧。

惛怓，犹欢哗。俾，是使。然民害不除，民何以休？是必无纵诡随之人，使惛怓者知谨而不敢惑听，寇虐者知止而不敢肆威，以无俾斯民之忧可也。

无弃尔劳，以为王休。

劳，功也。休，是美。去小人以安民，此尔今日之劳也。要当惟怀永图，始终不渝，以无弃尔之前功焉。则安在天下，美归一人，不惟尔职克尽，而且有以为王之休矣，可不务乎？

三章讲：

民亦劳止，汔可小息。惠此京师，以绥四国。

四国，即四方。民劳甚矣，亦可使之小息也。是必惠此京师，以绥四国，使内有被泽之悦，而外有辑宁之风，则民劳庶其小息矣。

无纵诡随，以谨罔极。式遏寇虐，无俾作慝。

罔极，为恶无穷极。慝，恶也。然民害不除，民何以息？故必无纵诡随之人，使罔极者知谨而不敢恣恶，寇虐者知止而不敢肆威，以无俾作慝于民可也。

敬慎威仪，以近有德。

近，是亲。有德，有德之人。然远小人，莫先于亲君子，而亲君子则自谨仪始。要必谨慎尔之威仪，使无侮慢自贤之态，以近乎有德之人。则君子进而小人退，民于是安矣，可不务乎？

四章讲：

民亦劳止，汔可小愒。惠此中国，俾民忧泄。

愒，亦息。泄，是去。民劳甚矣，亦可使之小愒也。是必惠之所施，先及中国之近，使四方之民亦得以去忧困之情焉。

无纵诡随，以谨丑厉。式遏寇虐，无俾正败。

厉，是恶。正败，正道败坏。然民之所以有忧者，以小人蠹政，而为正道之败耳。故必无纵诡随，以谨丑厉，式遏寇虐，使不得肆意妄行，以为正道之败，则民之忧于是可泄矣。

戎虽小子，而式弘大。

戎，汝也。小子，以年之幼言。弘，是广。夫去小人以安民，正尔所任之职也。今汝年虽小子，而其职则甚大也。知其职之大，而可不思以尽其职乎？

末章讲：

民亦劳止，汔可小安。惠此中国，国无有残。

残，残暴。民劳甚矣，亦可使之小安也，是必惠之所加，先及中国之迩，使四方之国亦得以免伤残之害焉。

无纵诡随，以谨缱绻。式遏寇虐，无俾正反。

缱绻，小人固结其君之状。正反，反于正意。然民之所以有残者，以小人固宠，以为正道之反耳。故必无纵诡随，以谨缱绻，式遏寇虐，使不得拂经乱常，以为正道之反，则国之残于是可去矣。

王欲玉汝，是用大谏。

玉，是宝爱意。汝，指友。谏，正也。夫去小人以安民，亦王所托之意也。是王宝爱于汝者，诚不轻矣。故我用王之意，作为《民劳》之章，以大谏正于汝。使汝知王爱之深也，而可不思以副其爱乎？

板 八章，章八句

首章讲：此亦同列相戒之诗。若曰：治道有二，敬天、勤民而已。然勤民所以敬天也，敬天未始不勤民也。嗟！我诸友当艰难之际，其可忽焉而不图耶？

上帝板板，下民卒瘅。

板板，是反也。卒，尽也。瘅，是病。彼求民之莫者，天道之常也。今上帝乃反其常道，而使下民皆至于尽病矣。

出话不然，为犹不远。

出话，即出言。不然，不合于理。犹，是谋。不远，浅近也。然病民固天之变，而所以致之者，则由于人也。今尔出话不然，而皆背理之言，为犹不远，而皆目前之计。

靡圣管管，不实于亶。犹之未远，是用大谏。

靡，是无。管管，无所依。亶，是信。此犹字，就智识看。若此者，盖其心以为当今无复有圣人，但恣己妄行而无所依据。又不诚之为贵，虚伪反覆而不实于亶。其话之不然，犹之不远，正坐此故耳，岂其识见之未远乎？是以我也尽言相规，以大谏诤于汝，使汝改图。于言犹之间，以回板板之天，而靖卒瘅之民也。

二章讲：所以谏之者云何？

天之方难，无然宪宪。

宪宪，欣也。今夫天方艰难，将有困穷之患，正人所当恐惧也。无得欣然自适而宪宪，可乎？

天之方蹶，无然泄泄。

蹶，是动。泄泄，弛缓意。天方蹶动，将有颠覆之虞，正人所当修饰也。无得怠缓不救而泄泄，可乎？

辞之辑矣，民之洽矣。

辞，即言。辑，和也。洽，是合。然天变固有以病民，而安民亦有以回天。彼出话不然，既能使民卒瘅矣。故尔诚能言必先王之道，有以质之天理，而顺而辞之辑焉，则顺理之辞，自有以保乎民心，而涣者以萃，不于是而洽乎？

辞之怿矣，民之莫矣。

怿，是悦。莫，是定。言必先王之道，有以协之人情，而安而辞之怿焉，则协情之辞，自有以安乎民心，而争者以息，不于是而莫乎？夫辞辑与怿，则合乎理而异于不然者矣。民洽与莫，则所谓卒瘅者，庶乎有瘳矣。而天难、天蹶之变，不可回哉。尔于出辞之际，诚不可不加之意也！

三章讲：夫慎言固可以安民而回天变矣，何尔终不能舍己以从人耶？

我虽异事，及尔同僚。

我，诗人自我。事，职事。尔，指友。同，同为王臣。夫我之与尔，职虽不同也，然与尔同为王臣，则有同僚之好焉。

我即尔谋，听我嚣嚣。

即，就也。嚣嚣，自得貌。既为同僚，则不可无尽言之义。故我即尔谋，而天难、天蹶之变，民洽、民莫之道，无不言之悉焉。固望尔之能听也。尔乃听我嚣嚣，自足而不肯受。

我言维服，勿以为笑。

服，亦是事。岂以我之言为迂而不可听乎？不知我之所言，正今日之急务，而不可不听者也，尔勿以为笑可也。

先民有言，询于刍荛。

先民，古贤人。询，问也。刍荛，采薪之人。况先民有言曰：询于刍荛。夫以刍荛之言，古人犹必询之者，以言无微而可忽也。况以僚友之言，而可不听哉？汝其勖之哉！

四章讲：使其言不听，则其祸终不可救矣。

天之方虐，无然谑谑。

谑谑，戏侮意。今夫上帝板板，方肆暴虐之威，人当恐惧修省，无然戏谑以处之，而重干天怒可也。

老夫灌灌，小子跻跻。

老夫，诗人自言。灌灌，款款之意。小子，指僚友。跻跻，骄也。故我老夫也，知天变之可畏，灌灌然尽其款诚以告之矣。奈何小子也，视天变为不足畏，乃以吾言不足信，蹻蹻自是而骄焉。

匪我言耄，尔用忧谑。

耄，老而昏。谑，戏也。是非我老耄而妄言果不足信也，乃汝以忧为戏而不加之意焉耳。

多将熇熇，不可救药。

熇熇，火炽盛意。夫忧未至，而救之犹可为也。苟俟其忧之益多，将如火之炽盛，则虽有善者，无如之何而不可救药矣。是岂可不虑哉？

五章讲：夫祸多既不可救矣，又况妨贤病民，国几何而不至于灭亡乎？

天之方㦖，无为夸毗。

㦖，是怒。夸，大言。毗，卑言。今夫天之示人，其怒甚矣，而所赖以靖之者，犹有藉于善人也。尔无为大言以夸人，而肆为矜高之形乎！无为谀言以毗人，而务为侧媚之态乎！

威仪卒迷，善人载尸。

迷，乱也。尸，是不言不饮食意。夫惟言语夸毗，则将使威仪之迷乱，无复恭敬之节。彼善人者，皆敛手屏息，不得一有所为，而如尸之在位矣。

民之方殿屎，则莫我敢葵。

殿屎，是呻吟意。葵，揆度。夫善人既锢，民病日滋。方今之民，其愁苦呻吟，诚必有故也。而乃莫敢揆度其所以然，则岂有敢任其责而救之乎？

丧乱蔑资，曾莫惠我师。

蔑资，即灭亡。惠，顺也。师，众也。是以至于丧乱灭亡，咨嗟之声不已，卒无有能惠我之师也。夫妨贤病民而卒至于不可救如此，是岂可以不惧哉？

六章讲：然欲惠民，莫先于谨道民之路。

天之牖民，如埙如篪，如圭如璋，如取如携。携无曰益，牖民孔易。

牖民，即是开明，乃天启其心之意。埙、篪，俱是乐器。璋，半圭。取，是求。携，是得。益，是增益。今天之于民也，与之以本然之理，以开其未觉之知。但见天授之民，即受之有如埙唱而篪和也，如璋判而圭合也，如取求于人，携而得之，而无所费于己也。上天牖民之易，有如此者。

民之多辟，无自立辟。

辟，邪僻。然则上之化下，其易不犹是耶？是故上道之以善则善矣，道之以恶则恶矣。方今之民愁苦呻吟，不聊其生，已多邪僻矣，又岂可自立邪僻以道之乎？一或导之，则民之邪僻将何时而已哉？

七章讲：然导民固不可不慎矣，而辅君以修德，尤其所当先者。

价人维藩，大师维垣。

价，大也。师，众也。垣，是墙。今夫大德之人，足以弭患，则维藩矣。百姓之众，足以守邦，则维垣矣。

大邦维屏，大宗维翰，

屏，是树。宗，宗族。翰，是干。大邦之强国，吾恃其捍外以无恐，屏之谓也。大宗之强族，吾恃其居中以为固，翰之谓也。

怀德维宁，宗子维城。

宁，是安。宗子，是同姓者。人君怀德而自修，而宗社可以久安，不维宁乎！宗子合族以联亲，而根本日以益固，不维城乎！

无俾城坏，无独斯畏。

畏，可惧意。此六者，皆君之所恃而德其本也。有德则得是五者之助，不然则亲戚叛之而城坏，城坏则藩垣屏翰皆坏而独居，独居而所可畏者至矣。是必辅君修德，使亲戚助之，无俾城坏可矣；无俾城坏，则藩垣屏翰皆不坏，而无独居可畏之祸矣。若坐视君德之不修，则不免于可畏，而何以安民为哉？

末章讲：然安民莫要于敬天，敬天斯可以安民。

敬天之怒，无敢戏豫。敬天之渝，无敢驰驱。

怒，震怒。戏豫，即戏侮也。渝，是变。驰驱，恣肆之状。诚以板板也、难也、蹶也、虐也、怀也，其天之怒而变也甚矣。是必敬天之怒，无敢戏豫可也；敬天之渝，无敢驰驱可也。

昊天曰明，及尔出王。昊天曰旦，及尔游衍。

王，作往字。旦，亦是明。所以然者，盖以天之于人也，有所及有所不及；则人之于天也，可以敬可以无敬。殊不知人之出往一跬步之间而已，而昊天之临下，赫然其甚明，凡尔之出往无不与之俱焉。人之游衍一瞬息之间而已，而昊天之鉴观，昭然其甚旦，凡尔之游衍无不与之同焉。苟有一念之不敬，固不能逃夫日监之下矣，尚可以戏豫驰驱为哉？夫苟知当敬而敬之，则所以安民者，自不容已，而天之变怒可回，卒瘅之民以瘳矣。尔同列固有敬天安民之责者，可不知自修省也哉？吁！作是诗者不惟忠于僚友之谋，而亦有爱国之心也已。

荡之什 三之三

凡十一篇。

荡 八章，章八句

首章讲：诗人以厉王之将亡而作此。曰：

荡荡上帝，下民之辟。

辟，是君。荡荡广大之上帝，其赋予无私，天下之民无不得其理以生者，乃下民之君也。

疾威上帝，其命多辟。

疾威，犹暴虐。命，天所付之理。辟，邪僻。今此上帝，肆其疾威之虐，其降衷之命，乃有不善而多僻焉，则恶在其为民之君哉？

天生蒸民，其命匪谌。

蒸，众也。谌，是信。以此言之，天生众民，其命有不可信者，而难以皆善必之矣。

靡不有初，鲜克有终。

鲜，少也。克，去也。然要之天之生人，皆与之以继善成性之理。其初无有不善者，惟形生神发之后，乃有安于暴弃而淫用匪彝，遂至失其本然之初，而鲜克有终焉耳。然则致此大乱，使天命亦罔克终，如疾威而多僻者。是人之所为也，而天之荡荡，固自若矣，岂可归咎之于天哉？

二章讲：夫厉王所为之不善，大抵与纣之所为无异者，故托为文王之咨嗟殷纣者而言之。

文王曰咨，咨尔殷商！曾是强御，曾是掊克，曾是在位，曾是在服。

咨，嗟叹声。殷商，指纣言。强御，暴虐之臣。掊克，聚敛之臣。在，作任。位，是事。昔者殷纣不道，文王嗟叹而言曰：咨女之殷商也，强御之臣，暴虐以戕民命，掊克之臣，聚敛以伤民财，不可使之在位而用事也。今则命之以爵，而曾是在位焉，任之以事，而曾是在服焉，则民之被其害有不可胜言者矣。

天降慆德，女兴是力。

慆，慆慢。女，指纣。兴，是起。力，力而用之。夫强御、掊克，皆所谓慆德也。固天降之以害民，然非其能自为也。乃汝兴此人，使之在位在服，而力为此强御、掊克之恶耳，岂可以天降而遂咎之于天哉？

三章讲：

文王曰咨，咨尔殷商！而秉义类，强御多怼。流言以对，寇攘式内。

义类，是善人。怼，是怨。流言，浮浪不言。对，应对。寇，是盗。攘，是取。式内，居于朝也。文王嗟叹而言曰：咨汝之殷商也，善类有益于国家，汝当秉而用之可也。今乃任此强御多怼之臣，使之用流言以应对，不以为佞而以为忠，则是寇盗攘窃而反居内矣。

侯作侯祝，靡届靡究。

作，即诅字。祝，咒字。届，穷也。究，极也。夫强御得志，则毒流天下，而怨归一人。吾知民不堪命，相与侯诅侯咒而无有穷极之期矣。是赏其纳忠而不知其大不忠也，嘉其任怨而不知其怨丛于上也，则亦何利之有哉？

四章讲：

文王曰咨，咨尔殷商！女炰烋于中国，敛怨以为德。

炰烋，气健貌。敛怨，聚民之怨。文王嗟叹而言曰：咨女之殷商也，女用此强御之臣，盛其暴虐之威以炰烋于中国，多为可怨之事，而反自以为德，何乖谬若是耶？

不明尔德，时无背无侧。

背，是后。侧，是傍。然此岂无故而然哉？盖为政在人，取人以身也。今尔不明其德，故用舍失宜，前后左右皆非正人，以无背无侧矣。

尔德不明，以无陪无卿。

陪，是贰。卿，公卿。尔德不明，故举错失义，公卿大臣皆不称官，以无陪无卿矣。然则强御之炰烋，中国岂非尔殷商任用之失当耶？

五章讲：

文王曰咨，咨尔殷商！天不湎尔以酒，不义从式。

湎，是饮酒及色。不义，即不善。式，用也。文王嗟叹而言曰：咨女之殷商也，天之立君，望其修德而用善也。岂使尔沉湎于酒，而惟不义之事是从而用之哉？

既愆尔止，靡明靡晦。

愆，过差。止，容止。但见以言其威仪，则以酒迷乱而既愆焉。靡明靡晦，穷明晦以为乐也。

式号式呼，俾昼作夜。

号、呼，酒中欢哗。以言其言语，则以酒欢呶而号呼焉。俾昼作夜，穷昼夜以为乐也。其沉湎之非如此，是岂天立君之意哉？

六章讲：

文王曰咨，咨尔殷商！如蜩如螗，如沸如羹，小大近丧，人尚乎由行。

蜩、螗，皆蝉名。小大，小大之国。近，是几。尚，犹字同。由行，如前日所为。文王嗟叹而言曰：咨女之殷商也，今天下将危，人皆愁苦呻吟，嗷嗷然有怨谤之声；扰攘骚动，汹汹然有反侧之状，有如蜩螗之噪乱也，有如羹沸之腾涌也，而小大之国皆已近于丧亡矣。尔宜恐惧修省，急于改图可也。尚且由此而行，安危利灾而不知变。

内奰于中国，覃及鬼方。

奰，是怒。覃，延也。鬼方，远夷之国。是以内自中国之近，外延鬼方之远，皆知悔祸之无期，而怨怒之不释也。夫至内外怨怒，国欲不亡，其可得乎？

七章讲：

文王曰咨，咨尔殷商！匪上帝不时，殷不用旧。

不时，不善之时。旧，是老成故臣也。文王嗟叹而言曰：咨女之殷商也，当舍今天下怨乱，小大近丧，时之不善固如此也。然岂上帝为此不善之时哉？乃尔不用先王之旧，致此祸耳。

虽无老成人，尚有典刑。

老成人，即旧臣。典刑，即旧法。彼老成人者，先王之旧臣；典刑者，先王之旧法。此二者，所恃以为治者也。今尔不秉义类，而惟愔德之是任，意以当今无复有老成人矣。然纵使耆旧凋谢，虽无老成人之可用，尚有先王之典刑在焉，独不可以为扶持凭借之资乎？

曾是莫听，大命以倾。

大命，即国运。倾，覆也。惟其并人与法皆莫之听用，是以大命卒至于倾覆而不可救也，而可诿于上帝之不时哉？

末章讲：

文王曰咨，咨尔殷商！人亦有言，颠沛之揭，枝叶未有害，本实先拨。

颠沛，是仆拔。揭，蹶起。本，是根。拨，是绝。文王嗟叹而言曰：咨女之殷商也，人亦有言，大木之颠沛，揭然将蹶，其枝叶茂盛未有所伤也；惟其本根之实已先绝，然后此木乃相随而颠拔耳。今殷商之衰，典刑未废，诸侯未叛，四夷未起，枝叶固无害也。而为人君者，乃先为不义而自弃于天，莫可救止，何异于本实之拨哉？

殷鉴不远，在夏后之世。

鉴，视以为戒。夏后，指桀言。

昔者夏桀之失天下，亦由其本之先乱，故我殷先王之所由以革命也。往事覆辙，昭然可睹，然则尔之所当鉴者，夫岂远哉？亦近在夏桀之世而已。夫殷纣之当鉴者，既在于夏，然则厉王之当鉴者，宁不在于殷乎？吁！此诗人所以托意于文王，而假借于殷纣以重嗟叹也与！

抑十二章，三章章八句，九章章十句

首章讲：武公作此诗，使人日诵于其侧以自儆。曰：人君以身位臣民之上，凡修己治人之事，孰非所当尽哉？倘忽焉而不加意，甚非所以则斯民而当天心也。吾试以德之当修，为尔陈之。

抑抑威仪，维德之隅。

抑抑，密也。隅，廉角。彼人之威仪，抑抑然缜密，而合显微于无间者，非其作意而为之也，乃人有严正之德蕴于中，而其廉隅见于外耳。

人亦有言，靡哲不愚。

哲，智也。愚，无德之称。夫德仪之相符如此，则有哲人之德者，固必有哲人之威仪矣。今之所谓哲者，乃未尝有其威仪，则有靡哲而不愚矣。

庶人之愚，亦职维疾。

气失其平曰疾。夫众人之愚，盖其禀赋之偏，宜有是疾，不足为怪也。

哲人之愚，亦维斯戾。

戾，反常。若夫哲人，则禀赋得其全，而今亦愚焉，则反戾其常矣，岂不深可怪哉？知戾常之可怪，则当修德以为威仪之本矣。

二章讲：然德之所以当修者何哉？亦以修德之自有其应耳。

无竞维人，四方其训之。

竞，是强。人，是人道。今夫莫强者，人道也，四方之所共由也。人能尽其人道，使之竞然而莫强焉，则四方以之为训者矣。

有觉德行，四国顺之。

觉，直大也。顺，是从。直大者，人之德，而四方之所同得也。人能全其德行，使之觉然而直大焉，则四方皆顺从之矣。

讦谟定命，远犹辰告。

讦，是大。谟，是谋。定，是定。命，是令。犹，是谋。辰，是时。告，是戒。夫以道德之应如此，而人可不知所以修其道德哉？彼政令之间，道德所寓也，是必讦其谟焉，不为一身之计，而有天下之虑，至于号令则一定而不朝更以夕改；远其猷焉，不为一时之计，而有长久之规，至于播告则以时而不慢令以致期，则道德修于政令之间矣。

敬慎威仪，维民之则。

威仪，形于身者。则，是法。威仪之间，道德所寓也，是必敬慎其威焉。暴慢之必远，使其仰之而可畏也；怠易之不形，使其则之而可象也，则道德修于威仪之间矣。如是则所谓无竞有觉者在我矣，而不为民之则乎？吾知一政令之发而民皆信从，一威仪之形而民皆傚法，所谓四方训，四国顺，不在是哉？是可见人君之当修德矣。

三章讲：

其在于今，兴迷乱于政。

今，是武公自言今日所为。夫德之当修如是，奈何尔今日所为之不善耶？不知政为辅治之具也，而尚迷乱于政焉。

颠覆厥德，荒湛于酒。

湛，是久意。不知德为出治之本也，而尚颠覆其德焉。惟荒湛于酒，日事沉湎之为而已。

女虽湛乐从，弗念厥绍。

从，是为也。绍，所承之绪。然汝虽荒湛之是从，独不念尔所承之绪，乃受之天子，传之先君，其任为甚重而不可以如是者哉？

罔敷求先王，克共明刑。

敷，是广。先王，先王所行之道。共，是执。明刑，昭明之法。彼先王已行之道，固国家昭明之法，皆可以为维持厥绍之具者。今尔顾不广求先王之道，共执其明刑焉，其何以承厥绍乎？所为之颠覆迷乱故如是矣。

四章讲：

肆皇天弗尚，如彼流泉，无沦胥以亡。

肆，故今。弗尚，不顾念之意。流泉，泉水之流。沦，是陷。胥，是相。夫尔惟所为之不善如此，故今皇天弗尚而有厌弃之心。则国势日就倾败，不将如流泉之易相与沦陷，以至于亡也乎？

夙兴夜寐，洒扫廷内，维民之章。

章，表章。为今之计而欲挽回天道之变，则必以寝兴洒扫之常，虽细故也，而下民之观法系焉。于是夙夜之间，而寝兴之有节；廷除之内，而洒扫之必饰。使细行以矜，大德不累，而有以为民之章焉。

修尔车马，弓矢戎兵，用戒戎作，用遏蛮方。

修，整治。戒，是备。戎，是兵。作，是起。遏，止也。蛮方，蛮夷之方。以车马戎兵之变，国大务也，而夷狄之向背关焉。于是修尔车马，而求其壮健；及尔弓矢戎兵，而求其精好。庶乎先事有备，有备无患，而可以戒戎兵之作，用遏蛮方之寇焉。虑无不周，备无不饰，则政令之修在是矣。尚何皇天之弗，尚而有沦胥之患哉？

五章讲：犹未也。

质尔人民，谨尔侯度，用戒不虞。

质，成也，定也。谨，是慎。侯度，诸侯所守之法。戒，是防。不虞，不意之变也。人民所以守邦不质之则，有涣散之虞矣；侯度所以治国不谨之则，有贬削之虞矣。故必质尔之人民焉，使其生养遂而伦理明也，狱讼平而争夺息也。又必谨尔之侯度焉，使其王章恪守而不悖也，成宪率由而不愆也。庶乎邦本以固，国法以立，而有以防乎意外之患矣。

慎尔出话，敬尔威仪，无不柔嘉。

话，言语。柔，顺也。嘉，善也。然既修为治之道，又当严自治之功，慎尔出话。凡有言也，必求其合诸道，敬尔威仪；凡有动也，必求其中乎礼，而无不柔嘉可也。

白圭之玷，尚可磨也；斯言之玷，不可为也。

玷，缺也。磨，治使平也。为，救也。然出话之所以当慎者，何哉？盖以白圭之玷，尚可磨镳使平，而人犹得施其巧也。若斯言之玷，一出于口，则监史书之，国人传之，其失遂昭著于人之耳目，不可得而救矣。出话乌得而不慎乎？

六章讲：

无易由言，无曰苟矣。

易，轻易。由言，出言也。苟，亦轻易之意。夫言之不可不慎如此，故尔不可轻易其言。无曰欲之即言，而可以苟为也。

莫扪朕舌，言不可逝矣。

扪，是持。逝，是放失。当知无人为我执持其舌，言语由己，易致差失，尚当执持而不可放去也。

无言不雠，无德不报。

雠，是答。且天下之理，无有言之善而不售者，无有德之施而不报者。

惠于朋友，庶民小子。

惠，是顺。朋友，在朝之臣。庶民，在野之人。尔诚谨于出话，使其在朝者有以惠于朋友，而卿大夫莫得矫其非；在野者有以惠于庶民小子，而士庶人莫得矫其非，如是则善而有德矣。

子孙绳绳，而民靡不承。

绳绳，是继也。承，是奉。岂无所售而报之乎？吾知以此为垂裕之谟，则子孙皆以为立言之法，而继绳于无穷矣；以此为人民之训，则万民皆以为定保之征，而奉承于不悖矣。其售报之效为何如哉？所谓"慎尔出话，而无不柔嘉"者在是矣。

七章讲：又以谨仪之事言之。

视尔友君子，辑柔尔颜，不遐有愆。

友君子，晋接人臣之时。辑，是和。颜，颜色。遐，是何。愆，是过。视尔接君子之时，和柔尔之颜色，固无有所愆矣。然其戒惧之意，常若自省曰：岂不至于有过乎？其修于显者如此，人情大抵然也。

相在尔室，尚不愧于屋漏。

相，是视。室，燕居之室。屋漏，室西北隅。然使修之于显，而不修之于隐，则所以为德之累者多矣。又视尔独居于室之时，必戒谨不睹，恐惧不闻，使反之此心，泰然自足，虽质之屋漏而无愧焉可也。

无曰不显，莫予云觏。

不显，是幽隐意。觏，是见。尔无曰屋漏为不显之地，而人莫之见也。

神之格思，不可度思，矧可射思。

格，来也。度，测度。矧，况也。射，厌怠。当知鬼神之妙，无物不体。其至于是也，或临之在上，或质之在傍，有不可得而测度者。此虽不显亦临，犹惧有失，况可厌射而不敬乎！一或不敬，则有愧于屋漏，而辑柔之颜，亦色庄之伪矣。尔惟能敬于隐者，无间于显焉，则所谓"敬慎威仪，无不柔嘉"者在是矣。

八章讲：夫尔之修德，能至于屋漏无愧，则凡所谓修己治人之道，无一不纯而德成矣。如是而岂无其应乎？

辟尔为德，俾臧俾嘉。

辟，是君，指武公。臧、嘉，皆善也。辟尔之为德也，诚能纯然尽善而俾臧焉，粹然尽美而俾嘉焉。

淑慎尔止，不愆于仪。

止，容止。其形之于容止之间者，一皆淑慎之休，而不愆于仪焉。

不僭不贼，鲜不为则。

僭，是差。贼，是害。则，是法。如是则德之在我者，适顺其自然之性，而不失之僭矣；不亏其本体之全，而不失之贼矣。由是表极建于一身，而仪刑遍于四国，民岂不以之为则也乎？

投我以桃，报之以李。

此感彼应，理不容诬。辟如人投我以桃，而我报之以李之必然者也。

彼童而角，实虹小子。

童，是牛羊幼时。虹，乱也。小子，指武公。彼谓不必修德而可以服人者，犹牛羊之童而求其角，亦徒溃乱小子之听而已，岂可得哉！

九章讲：夫修德之事，吾固尽言之矣，而听言尤修德之资也。

荏染桑木，言缗之丝。

荏染，柔貌。缗，纶也。今夫荏染之柔木也，则可被之纶，以为良弓之材矣。

温温恭人，维德之基。

恭，即温。基，是本。此温温和厚之恭人也，则其质之谦有，可以为进德之基矣。

其维哲人，告之话言，顺德之行。

哲人，即温恭之人。话言，古之善言。是何也？故切者多不能容，拒谏者乃所以伐德也。惟此温温恭人，心虚而明，是即所谓哲人也。其惟哲人，告之以修己治人之善言，则一惟顺德之，而行不见其相逆矣，岂非进德之基者乎?

其维愚人，覆谓我僭，民各有心。

愚人，与温恭相反。僭，不信。民各，兼智愚。若彼愚人，告之善言，则语之而不达，拒之而不受，反以我为不信矣，其何以进德哉? 夫人心不同，愚智相越之远，固如此乎!

十章讲:

於乎小子，未知臧否。

小子，指武公。臧，善也。否，不善。夫进德基于听言如此。於呼小子，知识未通，而道之或臧或否，皆未之能辨焉。

匪手携之，言示之事。

手携，此是以手指之。示，晓告。事，是成迹。故我不但手以携之，指其何往之途而已，而又示之以事何者为臧，何者为否，一一有成迹之可据也。

匪面命之，言提其耳。

面命之，此是以言告之。提耳，有警省意。不但面以命之，泛论其启迪之方而已，而又言提其耳，使从于臧，使戒于否，惓惓乎警觉之有加也。

借曰未知，亦既抱子。

知，知识也。夫所以喻之者，既详且切，则尔宜知臧否矣。借曰我之不知臧否，由于未有知识而然，则在童稚之年犹可诿也。今汝亦既长大而抱子矣，则宜有知识矣，而不明至是耶?

民之靡盈，谁夙知而莫成?

盈，自足。夙，早也。莫，晚也。所以然者，自满累之也。人若不自满假，听受教戒，则若臧若否知之必早，不至于既抱子之后，而犹无知矣。知之既早，则成之亦早，岂有早知而反脱成者乎？

十一章讲：然是言之听不听，而祸福攸系，尔可不知所警乎？

昊天孔昭，我生靡乐。

昭，是明。瞻彼昊天，福善祸淫之理，昭然其甚明。我生斯世，而忧心为之靡乐焉。

视尔梦梦，我心惨惨。

梦梦，不明之貌。惨惨，忧貌。何也？盖人知为善以去恶，然后可以获福而免祸。今视尔梦梦而未知臧否，则天之祸尔必矣。此我所以惨惨而靡乐也。

诲尔谆谆，听我藐藐。匪用为教，覆用为虐。

谆谆，详熟也。藐藐，忽略貌。虐，暴虐。然尔之梦梦者，岂我诲尔之未详与？然我手携而示事，面命而提耳，所以诲之者，谆谆然其详尽也。特尔之听我藐藐而忽略，非惟不以我为教，反以我为暴虐，则尔之梦梦有由然矣。

借曰未知，尔聿既耄。

知，亦是知识。耄，是老。借曰尔之梦梦，由于未有知识而然，则尔亦聿既耄，历练世故，不为不多矣，岂宜若此梦梦哉？惟其轻忽人言，故至此耳。

十二章讲：夫尔不能受言如此，独不知天道之可惧也乎？

於乎小子，告尔旧止。听用我谋，庶无大悔。

旧，旧典。大悔，即后患也。於乎小子，我之所以告尔者，皆先王旧章之所在，而可为扶持凭藉之资者。尔必听用我谋，庶可以无大悔矣。

天方艰难，曰丧厥国。

盖天运方此艰难，将丧厥国，是所谓大悔也。

取譬不远，昊天不忒。

譬，犹云论事。忒，差也。我取此大悔以命子者，夫岂远而难知哉？亦视诸福善祸淫之不差忒，则不善者必降之以祸，而悔可知矣。

回遹其德，俾民大棘。

遹，是僻。棘，危急。今尔乃回遹其德，执迷不返，俾民至于困急，则无以当天心，而其丧厥国也必矣。何以能免此大悔哉？诚不可不听用我谋矣。

噫！武公使人命己之词如此，其自儆之意良切矣。此所以歌睿圣也与！

桑柔 十六章，八章章八句，八章章六句

首章讲：此芮伯刺厉王作也。若曰：王业之衰，不自衰也，由于民病之日滋而民受之；病不自病也，由于用舍之失当。吾今目击时事，而深有可忧者矣。

菀彼桑柔，其下侯旬。捋采其刘，瘼此下民。

菀，是茂。旬，是遍。捋，取也。刘，残也。瘼，病也。彼菀然茂盛之柔桑，方其未采也，其荫无所不遍，民得以休息而蒙其庇矣。及其采之也，一朝而尽，无黄落之渐，民不得以休息而反受其病矣。然其我周盛时，而仁恩覆于天下，今日凋弊，而膏泽不下于民，何以异是哉？

不殄心忧，仓兄填兮。

殄，是绝。仓兄，悲悯意。填，是病。我生斯世，伤祸乱之无究，慨至治之不复，忧戚之深，不绝于心，悲悯之甚，以至于病矣。

倬彼昊天，宁不我矜！

倬，是明。矜，矜恤。倬彼昊天，世之治乱，人之安危，无所不察者也。胡不易乱为治，转危为安，而加矜恤于我，使不至于睹民瘼而甚病乎？

二章讲：夫民之病果何以见之？观于征役之怨词，则可知矣。

四牡骙骙，旟旐有翩。

骙骙，壮盛也。有翩，飞扬也。盖人君岂能无所役，但出于不得已；而役之有节，则民犹可以自慰也。今焉四牡之驾则骙骙矣，旟旐之建则翩翩矣。以此车马旌旗而日用之于征役，使民不得安息，亦独何哉？

乱生不夷，靡国不泯。

夷，平定。泯，灭也。斯时也，大乱日生，而平定无期。自国言之，丧乱之祸，非独一国为然也，盖无国而不沦胥以灭矣。

民靡有黎，具祸以烬。

黎，是黑首之称，即民也。具，即惧也。烬，灰烬也。自民言之，死亡之祸，非独一民为然也，盖无黎而不惧祸以烬矣。

於乎有哀，国步斯频！

於，叹词。国步，国步即国运。频，急蹙。夫国危而民病如此，则大运将倾矣。於乎哀哉，国步不于是而日蹙乎？

三章讲：

国步蔑资，天不我将。

蔑，是灭。资，是咨。将，养也。夫国将危亡，而天不我养。

靡所止疑，云徂何往？

止，是居。疑，是定。徂，往也。何往，无所去处。故我欲有所居以图安与，则居无所定，不能一日安其身也。欲有所往以避乱与，则往无所适，无所逃于天地之间也。

君子实维，秉心无竞。

君子，泛就有德之人言。秉心，操心也。竞，争也。是祸也，岂君子为之哉？盖君子之心，欲安静和平以养天下之福，不欲纷急多事以生天下之变。今所以使我无所定无所往者，实非君子之有争心也。

谁生厉阶？至今为梗。

厉阶，乱之本也。梗，病也。然事必有端，祸必有源，不知谁生厉阶，使之至今为梗乎？任事不得辞其责矣。

四章讲：

忧心殷殷，念我土宇。

殷殷，忧盛貌。土宇，故乡之居宇。夫民生得以安其土宇者，治世之常也。我也遭此乱离之时，忧心殷殷，念我土宇怀归之思，盖与日而俱积也。

我生不辰，逢天僤怒。自西徂东，靡所定处。

辰，是时。逢，是遇。僤，是厚。要其所以然者，乃我生之不时，而逢上天之僤怒，是以自西徂东，无有定处，虽欲一日居我土宇而不可得也。

多我觏痻，孔棘我圉。

觏，见也。痻，病也。孔，甚也。棘，急也。圉，边境。夫惟不得归也，但见蹑足行伍之间，而饥渴疲劳之并臻，多矣我之见病也。寄身锋镝之中，而死亡危急之不免，急矣我之在边也。何其不幸而至于此极哉？观征役者之怨词如此，而当时之民病可知矣。

五章讲：夫当时之民病如此，然所以靖之者，岂无其道乎哉？

为谋为毖，乱况斯削。

毖，是慎。况，是滋。盖王之为国，非不谋且慎也，但不得其道，则不惟无以拨乱为治，适所以长乱而自削耳。

告尔忧恤，诲尔序爵。

告，言告。恤，亦忧也。序，有班别意。兹欲谋而慎之，其惟用贤乎！故我告尔以所当忧之事，惟在班别贤否之道，使贤者皆在乎位，而不贤者不得以厕乎其间焉。

谁能执热，逝不以濯？

濯，以手濯手。盖贤者之能已乱，犹濯者之能解热也。谁能执热而不以濯乎？谁能已乱而不以贤乎？

其何能淑？载胥及溺。

淑，是善。胥，相也。溺，陷溺。苟于贤者之不用，则已乱之无人，果何自而能善哉？但相引以陷于死亡而已。然则当忧之事，信无过于用贤者矣。

六章讲：夫以贤者之能已乱如此，奈何王不能然也。

如彼溯风，亦孔之偈。

溯，乡也。偈，是气喝。是以君子慨民生之无聊，伤国步之日蹙，忧时感事，闷然如溯风之人，喝而不能息焉。

民有肃心，荓云不逮。

肃，是进。荓，是使。逮，及也。当是时，虽有切于救乱，而欲进以任其责者，皆使之曰世乱矣，非吾所能及也。

好是稼穑，力民代食。

力民，尽力与民同事。代食，代禄介。于是退而稼穑，尽其筋力与民同事，以代禄食而已。

稼穑维宝，代食维好。

夫稼穑不如仕进之为宝久矣。然以今观之，则爵位之贵，贵而危者也；稼穑之贱，贱而安者也。稼穑不维宝乎？代食不如禄食之为好久矣。

然以今观之，则禄食之荣，荣而有悔者也；代食之劳，劳而无患者也。代食不维好乎？夫朝廷本赖君子以济时，而君子方以田野为安焉，其何以为国哉？

七章讲：夫稼穑代食，贤者之计得矣。孰知天变之极，虽此亦无以自存乎？

天降丧乱，灭我立王。降此蟊贼，稼穑卒痒。

蟊贼，害苗也。痒，是病。彼天降丧乱，固已灭我所立之王矣。又降此蟊贼，使我之稼穑尽病，虽欲代食而不可得焉。

哀恫中国，具赘卒荒。

恫，是病。具，是俱。赘，是危。荒，是虚。哀恫此中国也，加以丧乱皆危，而无可安之所，因以饥馑尽荒而无可食之资。

靡有旅力，以念穹苍。

旅，膂同。穹苍，是天。是以危困之极，至于无力以念天祸，独听天之所毙耳。夫使君子乐处于田野，已非家国之福矣。况至于田野，又无以自存，则世道之变，不愈甚哉？

八章讲：夫王不能用贤，而使贤者至无以自存，则何以系斯民之心哉？

维此惠君，民人所瞻。秉心宣犹，考慎其相。

惠，是顺。瞻，仰望也。秉，是持。犹，是谋。考，是稽。相，辅佐臣。今夫维此顺理之君，所以为民所尊仰者，以其秉至公之心，周遍谋度，而考慎其相。所用者，必众人之所谓贤者也；所舍者，必众人之所谓不肖者也。好恶合民心之公，用舍得当然之理，而民之瞻仰不在兹乎？

维彼不顺，自独俾臧。自有肺肠，俾民卒狂。

不顺，是不顺理。臧，是善。自有肺肠，此句如言自有意见之说。狂，狂惑。若彼不顺理之君，则自以为善而不考众谋，自有私见而不通众志，所以使民眩惑而至于狂乱也。

九章讲：夫上无明君，固有以致乱矣。使下有美俗，亦可以相安也。

瞻彼中林，牲牲其鹿。

牲牲，众多并行。今瞻彼中林之鹿，牲牲然众多类聚而相亲，并行而相友矣。物善其群有如此。

朋友已谮，不胥以榖。

谮，谤毁。胥，是相。榖，是善。况朋友之间，乃嫉妒而相谮毁，不能以善道相与，是鹿之不如也。

人亦有言，进退维谷。

进，仕也。退，不仕。谷，是穷。君子生今之世，而适遭所究，岂非人亦有言，而进退维谷者乎？盖上无明君，则直道难容，虽忠而不见售；下有恶俗，则独行无朋，虽贤而不见与。又安得而不穷哉？

十章讲：夫世道乖乱至于如此，则丧亡之祸亦近而易见矣。

维此圣人，瞻言百里。

圣人，先见之称。瞻言，视而言者。百里，言远也。然惟此圣人，炳于几先，其所视而言者，虽在百里之远，犹在目前之近，盖无远而不察矣。

维彼愚人，覆狂以喜。

愚人，与圣人反。覆，是反。彼愚人者，冥然不知祸之将至，安危利灾，而反狂以喜，今日之用事者盖如此。

匪言不能，胡斯畏忌。

畏忌，畏王暴虐。我非不能言之于王，使之改易于用舍之间也，但言出祸随如此，畏忌何哉！今王之用不贤而拒谏饰非如此，何怪其丧亡之日近也哉！

十一章讲：不时此也。

维此良人，弗求弗迪。维彼忍心，是顾是复。

良，是善。迪，是进。忍，残忍。顾，顾念。复，是重。今夫良人，国之宝也，则弗求弗迪而弃之如遗；忍心，国之贼也，则是顾是复而念之不已。用舍之间，倒置甚矣。

民之贪乱，宁为荼毒。

贪乱，如言乐祸。荼毒，去害人者。夫王惟弃良人，而用忍心，是以恶政日加，民不堪命。惟贪乱之是行，而安为荼毒以害人也？使忍心之不用，而民穷之未滋，则荼毒何自而生哉？

十二章讲：夫王用舍之乖如此，孰知君子小人其所行之道不同乎？

大风有隧，有空大谷。

隧，是道。谷，山谷。彼大风之行，必有隧也。而有空大谷之中，乃其所行之隧矣。

维此良人，作为式穀。

式，是用。穀，是善。况维此良人，则作为式穀而光明高洁，维善道之是用矣。

维彼不顺，征以中垢。

征，征是行。中，是隐暗处。垢，污也。彼不顺者，则征以中垢而幽暗秽浊，几何而不为下流之归哉？夫君子小人其道不同如此，而王之所顾念重复者，乃于彼而不于此，何也？

十三章讲：夫小人不同于君子如此，则用之必有其害矣。

大风有隧，贪人败类。

彼大风之行也，必有隧。而王使贪人为政，则嗜利害民必败类矣。王用人之非如此。

听言则对，诵言如醉。

听言，王欲听之也。对，答于王。诵言，诵所对之言。如醉，昏迷之状。故我之有所对于王也，亦以能听信吾言，而动其悔悟之机，则对之耳。然其蔽锢已深，而知其终不能听也。故诵吾言之下知不见用，而忧愤昏迷之极，中心有如醉者焉。

匪用其良，覆俾我悖。

良，善人。悖，昏也。是非我之自悖昏也，由王不用善人而用贪人，大难将至而不知备，是以反使我至此悖昏也。吾王何为不悟而不听吾言哉？

十四章讲：然吾之言，非惟吾君当听，而僚友亦所当听也。

嗟尔朋友，予岂不知而作？

朋友，指僚友。作，作此诗。嗟尔朋友，吾为是言以告子者，夫岂不知其理而妄发哉？

如彼飞虫，时亦弋获。

盖千虑之下，或有一得之见，如彼飞虫而亦有弋获之时也。吾言岂无益于听乎？

既之阴女，反予来赫。

阴，庇荫。赫，威怒。夫我以一得之见而发为忠告之词，所以来告乎尔者，乃示之自新之道，启之以免患之方，正所以阴覆乎尔也。乃汝非惟不以为厚，反来加赫然之怒于我也。何其谬哉！

十五章讲：夫尔既不听吾言，则民之乱盖有由矣。

民之罔极，职凉善背。为民不利，如云不克。

职，是专。凉、谅同。背，反也。不利，害民之事。克，胜也。彼民之所以贪乱而不知止者，专由此人，名为直谅而实与善相反，为民所不利之事，惟恐不克。是贪乱者民，而所以致之者此人也，岂得归咎于民哉？

民之回遹，职竞用力。

回遹，邪僻。用力，力为邪僻。民之所以邪僻而不知反经者，亦由此人，从于匪彝以倡率之，即于愠淫以开导之。是回遹者民，而所以使之者此人也，又岂得归咎于民哉？

十六章讲：不特此也。

民之未戾，职盗为寇。

戾，是定。盗，盗臣。寇，攘夺之言。民之所以乱离罔极，未有安定者，由此盗民以夺民之财者为之寇也。

凉曰不可，覆背善詈。

覆背，是背后。詈，詈君子。斯人也，其为言也，亦以小人为不可为；及其背也，而反工为恶言以詈君子。是其色厉内荏，真可谓穿窬之盗者矣。

虽曰匪予，既作尔歌。

歌，即《桑柔》之歌。且又自文饰以为此非我言也，则我既作尔歌，其情甚真，其事甚明，虽欲掩覆，岂可得哉？夫小人情状反覆生事致乱如此，则所以至今为梗者，厉阶有自来矣。王乃安然信之，惑其利而不究其害，亦独何哉？

云汉 八章，章十句

首章讲：此宣王忧旱，而仍叔作诗以美之。曰：灾异儆戒，固天心之所以仁爱人君，而恐惧修省，实人君之所以图回天变也。遇灾而惧，吾于我王见之矣。

倬彼云汉，昭回于天。

倬，是明。汉，天河。昭，是明。回，是转。今夫倬彼云汉，昭回于天，则旱而不雨，民受其殃矣。

王曰於乎，何辜今之人！天降丧乱，饥馑荐臻。

王，吾王。於，叹词。辜，是罪。吾王畏天变而重民命，于是仰天而诉之曰：於乎，今之人奚辜哉！天乃降之丧乱，而饥馑之荐臻如此也。

靡神不举，靡爱斯牲，圭璧既卒，宁莫我听？

举，是索而祭之。卒，尽也。我遇此旱灾，鬼神类皆索而祭之。凡可以祈祷者，则虽祀典之所不载，而亦不废祀焉。牲者，礼神之物也，则用之而不爱。圭璧，礼神之玉也，则用之而既尽。事神之敬如此，宜乎神之有以恤我也。何为其不我听而旱之，卒不见弭也哉？

二章讲：

旱既太甚，蕴隆虫虫。

蕴，是畜。隆，是盛。虫虫，是热气。夫天久不雨，旱既太甚，其阳气蓄积之盛，虫虫然燔炙之可畏者矣。

不殄禋祀，自郊徂宫。上下奠瘗，靡神不宗。

殄，是绝。郊，祀天地。徂，是往。宫，宗庙。上，是天。下，是地。瘗，是埋。宗，是尊。我也为民之忧而求神之助，凡可以禋祀者，未尝绝也。或郊焉而祭天地也，或宫焉而祭宗庙也。上祭天，下祭地，奠其礼，瘗其物，盖无神而不尊之矣。

后稷不克，上帝不临。

克，胜也。临，是享。若此者，固将以救旱之责望之也。夫何宫之神，莫亲于后稷，固未尝不吾享也，而力不足以胜灾；郊之神，莫尊于上帝，力固足以胜灾也，而又不吾享。蕴隆之旱，何时而可弭也？

耗斁下土，宁丁我躬！

耗，耗损。致，败。丁，是当。夫太旱为灾，而下土为之耗致，必我有以致之耳。不然，何以当吾之身而有是灾哉？

三章讲：

旱既太甚，则不可推。

推，是去。夫天久不雨，旱既太甚，则不可以人力推而去之矣。

兢兢业业，如霆如雷。

我也遇此之灾，兢兢而恐，业业而危，有如霆如雷之震，而极其畏惧之甚者。

周余黎民，靡有孑遗。

余，是大乱之后。孑，是无右臂貌。遗，存也。盖以我周大乱之后，人民则耗，已无半身之有遗矣。

昊天上帝，则不我遗。胡不相畏？先祖于摧。

摧，灭也。而昊天上帝，又降此旱灾，使我身亦不见遗，则胡可不相畏哉？盖我不见遗，则先祖之祀将自此而灭矣。是我身之存亡，系宗社之绝续，虽欲无畏，其容已也乎？

四章讲：

旱既太甚，则不可沮。

沮，是止。夫天久不雨，旱既太甚，则不可以力沮而止之矣。

赫赫炎炎，云我无所。

赫赫，旱气。炎炎，热气。无所，无可容身。但见赫赫无非旱气，炎炎无非热气，将何所容于其身乎？

大命近止，靡瞻靡顾。

近止，言死将至。瞻，是仰。顾，是望。大命垂绝已在旦夕之近，瞻顾四方莫为倚赖之所。

群公先正，则不我助。

群公先正，古之百辟卿士有益于民者。彼群公先正，昔尝有功于民者也，意者可望其为助，今则坐视吾之危迫而不之助矣。

父母先祖，胡宁忍予？

然群公先正，犹与我相疏不敢深望之也。至于父母先祖，我身所自出者也，亦胡忍视我适此祸变，而漠然莫为之所乎？则是与我相亲者亦忘情矣，其将如之何哉？

五章讲：

旱既太甚，涤涤山川。旱魃为虐，如惔如焚。

涤涤，山无木，川无水，如涤而除之也。魃，旱神。惔，是燎。夫天久不雨，旱既太甚，则在山者涤涤然而无木，在川者涤涤然而无水。是旱魃为虐，有如惔如焚之甚炽矣。

我心惮暑，忧心如熏。

惮，劳也。熏，是灼。当此之时，我心惮暑，其忧惧之至，诚有如火燔灼而不得以自宁也。

群公先正，则不我闻。

彼群公先正，吾尝有以告之，固欲其我闻也。今则未告犹是，既告亦犹是，而曾不我闻焉。

昊天上帝，宁俾我遁？

遁，是逃。昊天上帝，则又司主宰之柄，擅趋避之权者也，亦何为使我不得逃遁而去，而坐受此患也哉？

六章讲：

旱既太甚，黾勉畏去。

畏，出无所之也。夫天久不雨，旱既太甚，使我黾勉畏去，而出无所之也。

胡宁瘨我以旱，憯不知其故。

瘨，是病。我以旱、不知其故，此句言不知致旱缘故。然变不虚生，必有其故。今反而思之，天胡为病我以旱乎？欲求其故，曾有所不知焉。

祈年孔夙，方社不莫。

祈年，祈有年。夙，是早。方，祭四方。社，祭土神也。莫，晚也。若以我祭祀不时，失礼于神而致然与。则孟春祈谷于上帝，孟冬祈来年于天宗，祈年之礼既孔夙矣。祭四方以报其成物之功，祭后土以报其生物之功，方社之礼亦不莫矣。夫我之自反，初无致灾之由如此。

昊天上帝，则不我虞。敬恭明神，宜无悔怒？

虞，度其心。今昊天上帝，曾不度我之心，如我之敬恭明神，宜可以无悔怒者也。顾我瘨我以旱，而悔怒之不免，亦独何哉？诚不知其故矣。

七章讲：

旱既太甚，散无友纪。

友纪，如言纲纪。夫天既不雨，旱既太甚，则朝廷之上，以忧旱而废事，皆散无纲纪矣。

鞫哉庶正，疚哉冢宰。

鞫，是穷。庶正，六卿之官。疚，是病。冢宰，六卿之长。但见众官之长有庶正也，今则奔走于蕴隆之候，而精力为既竭矣。鞫哉我庶正乎！众长之长有冢宰也，今则勉劳于云汉之瞻，而精力为甚病矣。疚哉我冢宰乎！

趣马师氏，膳夫左右。

掌王马之政为趣马，掌王门之守为师氏。或废而不秩，或弛而不陈，不能安其职矣。掌王之膳羞为膳夫，供王之侍御为左右。或彻而不举，或布而不修，不能率其常矣。

靡人不周，无不能止。

周，救也。止，不救。自庶正而下，以至左右而下，莫不尽心竭力以周救百姓，宁有一人以不能自诿而遂止不为者乎？若是则不惟我忧旱之甚，而在廷之臣，亦均受其病者矣。

瞻卬昊天，云如何里？

里，忧也。瞻仰昊天，旱虐而不见悯，竭诚而不见恤，使我无所聊赖如此，如之何而不忧也哉？

八章讲：

瞻卬昊天，有嘒其星。

嘒，是明。旱既太甚，而仰天望雨，则有嘒然之明星，未有雨征也。

大夫君子，昭假无赢。

君子，即上众官。昭，明也。假，恪也。无赢，无余力也。大夫君子竭其精诚，助我以昭格于天者，已不遗余力矣。

大命近止，无弃尔成。

成，前功。然谓之无余力则可，若以无余力而自息，则非也。故今死亡虽近，而亦不可弃其前功，当益求所以昭格者而修之。庶乎精诚之极，而天意可回也。

何求为我？以戾庶正。

戾，定也。庶正，众官。然此非但求为我之一身而已，盖旱既太甚，俾民不宁，则庶正亦因以不安矣。今日格天弭变，固所以求惠斯民而定尔庶正也，诸臣可不勉图成功哉？

瞻卬昊天，曷惠其宁？

瞻仰昊天，以莫民为心者也，不知果何时惠我以安宁，而使我臣民之各得其所乎？

吁！即宣王之忧旱，可以见其事天之敬焉，有恤民之仁焉。惟其敬天而仁民，是以卒能消灾而弭变也。中兴之功，盖亦有所本矣。仍叔作诗以美之，宜哉！

崧高八章，章八句

首章讲：宣王封申伯于谢，而尹吉甫作诗以送之，则国家分封之典，固所以隆懿亲也，而实所以彰贤德也。人知申伯以亲故而受封矣，抑知其生有所自而出有所为乎？

崧高维岳，骏极于天。

山大而高曰崧，山之尊者曰岳。骏，亦大也。彼崧然高大之岳，山有以骏极于天焉。

维岳降神，生甫及申。

甫，甫侯。及申，申伯。夫山之高者，则其神必灵。故此岳山者，尝降其神灵以生甫侯于前，今以降其神灵以生申伯于后。

维申及甫，维周之翰。四国于蕃，四方于宣。

蕃，蔽也。宣，布德泽。夫申伯之生，既不异于甫侯，则其功业之隆，宁不与甫侯而前后相望哉？但见维申及甫，其居中而夹辅王室也，则能尊朝廷固国本，而为周之桢干矣；其在外而总领诸侯也，则能杜外患御外侮，而为四国之屏蔽矣；其奉行德意以宣于民也，则自近及远，恩惠浃洽而四方皆赖之以休息矣。夫以申伯之功，足以继乎甫侯如此，则王朝分封之典，其乌容以不举乎？

二章讲：以王分封之典言之。

亹亹申伯，王缵之事。

亹亹，强勉意。缵，继也。事，先世之事。亹亹然忠勤之申伯，本其先世尝为方岳之长，而总领诸侯也，则王命之继其先世之事。

于邑于谢，南国是式。

邑，国都。南，南□之地。式，法也。邑之于谢，使南国诸侯皆得有所矜式焉。

王命召伯，定申伯之宅。

召伯，召穆公虎。宅，居宅。既邑于谢，居宅所当定也。王乃命召伯课督经营，以定申伯之居宅。

登是南邦，世执其功。

登，造之。执，守也。其意盖欲南邦居宅成功之后，而申伯之封传之无穷，凡为子孙者得以世守其功于不坠也。王于申伯委之重而期之远有如此。

三章讲：

王命申伯，式是南邦，因是谢人，以作尔庸。

庸，城也。夫此申伯也，王既命之式是南邦之诸侯，遂因谢人之所聚而作之城，使其定都于此矣。

王命召伯，彻申伯土田。

彻，是定经界、正赋税。然土田不彻，何以为食禄之资？王命召伯彻申伯土田，而什一之制定矣。

王命傅御，迁其私人。

傅御，申伯家臣之长。私人，家人也。私人不迁，何以遂燕居之乐？王命傅御迁其私人，而亲亲之情遂矣。王于申伯委之重而待之周有如此。

四章讲：

申伯之功，召伯是营。

功，都邑之功。营，经营。夫申伯定宅之事，王尝命召伯矣。但见王命之，召伯任之，则凡此申伯之邑功，孰非召伯之所营乎？

有俶其城，寝庙既成。既成藐藐。

俶，始作。寝庙，栖祖考者。藐藐，深广貌。彼城郭，君子之所以守邦也。今谢邑之城，则始作矣。寝庙，君子所以祀先也。今寝庙之成，则藐藐矣。

王锡申伯。四牡蹻蹻，钩膺濯濯。

蹻蹻，是壮貌。濯濯，光明貌。召伯之营谢有成，则申伯之往谢有日。于是王锡申伯以就国之仪焉。其锡之以驾车者，则四牡之蹻蹻也；其锡之以饰马者，则钩膺之濯濯也。等威辨而物采昭，一时之锡有以极宠遇之隆乎！

五章讲：

王遣申伯，路车乘马。

遣，命以行。夫既锡之矣，王遂遣申伯以行。但见有路车焉，有乘马焉，而就国之仪备矣。

我图尔居，莫如南土。

图，谋度。南土，即谢地。王乃以分封于谢之意而告之曰：方今一统，皆我周之天下，非无可为，舅封而必于南土也。但我图尔居，莫如南土之美，地辟而民聚也。

锡尔介圭，以作尔宝。

介圭，诸侯封圭。故我分封兹土，锡尔以介圭，使尔执之以为传国之宝，而永世于无穷焉。

往近王舅，南土是保。

近，是辞。王舅，是申伯。然王者分封以守邦为要，臣子受封以保国为忠。元舅此往，其必树一方之保障，南土之是保，以无负吾分封之意可也。

六章讲：

申伯信迈，王饯于郿。

迈，行也。饯，送行。郿，地名。夫申伯既承王命之遣，遂为信迈之行。王乃笃亲亲之恩，而饯之于郿。

申伯还南，谢于诚归。

归，归于谢。既饯之，于是申伯指南国以言，旋诚望谢邑以于归，非若向之数留欲行而屡不果者矣。

王命召伯，彻申伯土疆，以峙其粻，式遄其行。

土疆，土地之疆界。峙，是积。粻，是粮。遄，速也。然使委积之不豫，而道路之无备，亦何以速其行哉？殊不知王于召伯营谢之时，已命之彻申伯土疆，敛其赋税，以积其粻粮，而庐市皆有止宿之委积，是以申伯无留行也。此可见王于申伯之封，不惟其饯之厚，而且其待之豫矣。

七章讲：

申伯番番，既入于谢，徒御啴啴。

维此申伯番番而武勇，既入于谢，徒御啴啴而众盛。

周邦咸喜，戎有良翰。

戎，汝也，是周人相谓。周邦咸喜而相谓曰：惟兹谢邑，南方之重镇，京师之屏蔽也。今也得人如申伯以封于谢，必能树一方之桢干，而为京师之所恃以安矣。汝今不亦有良翰乎?

不显申伯,王之元舅,文武是宪。

元,是长。宪,法也。且不显申伯,王之元舅,其文德足以附众,而人莫不法其文,武德足以威敌,而人莫不法其武,则王命申伯式是南邦者,吾知其不虚矣。申伯之贤何如哉?

八章讲:申伯之贤,不止足以法人也。

申伯之德,柔惠且直。

惟我申伯之德,刚柔不偏,不惟柔惠而和顺之可挹,又且正直而严敬之可畏,德何全也!

揉此万邦,闻于四国。

揉,是治。以是全德而建之为事业也,则仁以育民,义以正民,有以统治万邦而范围之无外矣。树之为风声也,则仁声洋溢,义问宣昭,有以闻于四国,而无远之弗届矣。申伯德望之隆如此,则王命申伯南土是保者,今固有可期也已。

吉甫作诵,其诗孔硕,其风肆好,以赠申伯。

吉甫,周卿士。诵,《崧高》之诵。硕,是大。风,是声。然则就封之际,我吉甫其容以无言哉?于是《崧高》之诵以作焉。诵之词为诗也,则降生之异,德业之隆,眷顾之厚,无不备载于其中,其诗何孔硕耶!诵之声为风也,则降生之异,德业之隆,眷顾之厚,一吟咏间,真有脍炙人口者,其风不肆好耶?以是诗也风也,以赠申伯,盖亦彰其贤以为美盛之观,表其素以为荣行之助,夫岂张大而溢美也哉?

烝民八章,章八句

首章讲:宣王命樊侯仲山甫筑城于齐,而尹吉甫作诗以送之。曰:贤才之生,不偶然也,以禀赋则无不全,以事业则无不尽。吾尝求瑞于天,而知山甫之有异于人矣。

天生烝民，有物有则。

烝，是众。物，是有形者。则，是理。彼天之生众民也，气以成形，理亦付焉。故有是物，必有是物之则，如有耳目则有聪明之德，有父子则有慈爱之德之类，是其则也。

民之秉彝，好是懿德。

秉，是执。彝，是常。好，是爱。懿，是美。是物则也，乃一定不易之理，而纯粹至善之精，是乃所谓彝而为天下之懿德者也。故人之生，莫不禀此一定不易之理，而为秉执之常性，其性不亦善乎？性善则情亦善，是以发之为情，无不好此懿德，而于纯粹至善之精有同然焉。是天之生物，而厚于人如此。

天监有周，昭假于下。保兹天子，生仲山甫。

监，是视。昭，是明。假，是至。保，是佑。天子，指宣王。仲山甫，是樊侯字。然则天之生人，不尤厚于圣贤哉？盖天监视有周，能以昭明之德感格于下，故保兹天子，以为中兴之主，而遂为之生贤侯曰仲山甫焉。凡其辅天子之德，而佐天子之业者，皆于斯人有托矣。是仲山甫之生矣，为天子而生也，则所以钟其秀气而全其美德者，岂特如凡民已哉？

二章讲：夫仲山甫之生，既出于天矣，则其德之全为何如哉？

仲山甫之德，柔嘉维则。

嘉，是美。则，是法。但见仲山甫之德，妙柔嘉之休，而无过则之愆，盖沉潜刚克，不偏于柔，故不过则如是也。使过则，焉得谓之柔嘉乎？

令仪令色，小心翼翼。

令，善也。仪，威仪。色，颜色。翼翼，敬慎。以言其动容，则仪色之皆善；以言其存心，则恭敬之不忘，表里盖交修也。

古训是式，威仪是力。

古训，先王遗典。式，法也。力，黾勉。以言其学问，则取法于古训，而无自足之心；以言其进修，则致力于威仪，而有践履之实，知行盖并进也。

天子是若，明命使赋。

若，顺也。明命，天子之命。赋，布也。且其发挥于事业也，则献为协九重之心，而天子之是若经营；宣德意之美，而明命之是赋体用，盖兼全也。仲山甫之德曷有一之不备哉？

三章讲：仲山甫之德既无不备，岂不足以膺全职也乎？

王命仲山甫，式是百辟。

式，法也。百辟，诸侯。使之居冢宰之位，而式是百辟，外有以总领诸侯矣。

缵戎祖考，王躬是保。

缵，继也。戎，汝也。祖考，山甫之祖考。躬，是身。保，调护。缵戎祖考之职，而王躬是保，内有以辅养君德矣。

出纳王命，王之喉舌。

出，是为而布之。纳，是入而复之。喉舌，是言所出入者。王之明命赖之以出纳，而为王之喉舌，非入则典司政本者乎？

赋政于外，四方爰发。

发，发而应之。王之德政赖之以敷布，而使四方之丕应，非出则经营四方乎？仲山甫之职曷有一之不全哉？

四章讲：以仲山甫之尽职者言之。

肃肃王命，仲山甫将之。

肃肃，是严。将，奉行也。彼肃肃王命，未易将也。惟仲山甫则奉行惟谨，悉副乎九重之托，为能将之焉。

邦国若否，仲山甫明之。

若，是顺。顺否，如言臧否。明，是明察。邦国若否，未易明也。惟仲山甫则旌别不忒，莫逃洞监之精，为能明之焉。

既明且哲，以保其身。

明，明于理。哲，察于事。保身，即守身。人臣之身，天子是毗，不保之，非智也。彼则明于理焉，察于事焉，顺事理以推行，自足以保身而不陷于凶咎矣，何待趋利避害以全躯也？

夙夜匪解，以事一人。

解，是怠。一人，指天子。人君之身，人臣是辅，不事之，非忠也。彼则夙而兴焉，夜而寐焉，效处恭于匪懈，于以事一人而不私于其躬矣，何尝怠惰荒宁以废职也？仲山甫之职业，宁有一之不尽哉？

五章讲：故尝合而观之，而知仲山甫柔嘉之德，与夫举德举职者，果有以异于常人者矣。

人亦有言，柔则茹之，刚则吐之。维仲山甫，柔亦不茹，刚亦不吐。

人言，是世俗之语。茹，是吞啗之意。吐，是畏避之意。人亦有言，柔者易制，人则茹之；刚者难御，人则吐之，此常情之偏也。惟仲山甫，柔亦不茹，刚亦不吐。

不侮矜寡，不畏强御。

侮，侵侮。矜寡，即鳏寡。强御，刚强之人。惟不茹柔，故柔莫柔于矜寡也，则仁以抚之，而皆在保恤之中，何尝陵而侮之乎？惟不吐刚，故刚莫刚于强御也，则义以裁之，而皆归节制之内，何尝慑而畏之乎？刚柔合德，中正不偏，则仲山甫之柔嘉维则者于此可见，而其保身亦何尝枉道以徇人也哉？

六章讲：

人亦有言，德辖如毛，民鲜克举之。

辖，是轻。鲜，是少。克，是能。举，是尽。人又有言曰：德辖如毛。夫其德之甚轻如此，若易举也。然凡民不免溺于拘蔽，而鲜有能举之。

我仪图之，维仲山甫举之，爱莫助之。

仪图，是度谋也。我仪图其能举之人，则惟仲山甫独得乎天性之厚，而不亏其物则之良，所以举之者全尽而无遗焉。盖其内外交修，知行并进者，实所以全其美德也。故我也，心诚爱之，虽欲助之而不能者矣，何也？彼固能举之也，而我奚所庸其助？是其举德，不亦异于人乎？

衮职有阙，维仲山甫补之。

职，王职。阙，缺失。补，是使之复于无过之意。人君一身万机系焉，不能以无缺失也。常人既不能举其德矣，又孰能补王之缺乎？仲山甫既能举德，则以己之善，格君之非，至诚以感动之，尽力以扶持之，为能补衮职之阙，悉复于无阙之地焉。是其举职，不亦异于人乎？即人言观之，信乎天生人而厚于圣贤，果非如凡民已也！

七章讲：夫仲山甫能举德尽职如此，则城齐不易易哉？

仲山甫出祖，四牡业业，征夫捷捷，每怀靡及。

祖，是出行祭祖道之神。靡及，即不及。惟兹仲山甫当出行之时，举祖道之祭，四牡则业业而健矣，征夫则捷捷而疾矣。斯时也，仲山甫念才力之弗堪，思职业之难称，每怀靡及之心，而不能自已焉。

四牡彭彭，八鸾锵锵。王命仲山甫，城彼东方。

城，干城。东方，即齐地。所以然者，盖以驾四牡之彭彭，鸣八鸾之锵锵。是行也，乃王命之以城东方，域民固国在此一举，其职盖甚重矣，乌得无靡及之怀哉？

末章讲：虽然此亦仲山甫敬谨之心，自不容已耳，以我观之。

四牡骙骙，八鸾喈喈。仲山甫徂齐，式遄其归。

遄，速也。四牡骙骙而强盛，八鸾喈喈而和鸣，仲山甫乘之以徂齐也。吾知以举德如斯人，尽职如斯人，则一指顾之下可以集事，不旋踵之间可以言归，而仲山甫之心于保王躬、补王阙者得以自尽矣，夫岂久于齐哉？

吉甫作诵，穆如清风。

诵，《烝民》之诵。穆，深长。清风，清微风。然此惟我能谅之，而心怀靡及者不自知也。故我吉甫作为《烝民》之诵，原其降生之异，道其德职之全，其意味之深长足以动人，殆如清微之风，有足以动物者乎！

仲山甫永怀，以慰其心。

永怀，远有所思也。慰，是安。此其意非有他也，盖以仲山甫远行，有所怀思，故作此诵以送之。使彼闻言之下，知城齐之事，乃其才之所优为而无有不及者，于以慰其永怀之心耳。

是则非仲山甫不能承王命之重，非尹吉甫不能慰仲山甫之心，君臣之间，僚友之情，两得之矣，其一时相与之盛何如哉？

韩奕六章，章十二句

首章讲：韩侯初立来朝，始受王命而归，诗人作此以送之。曰：诸侯不得专有其国，故继世必请命于天子，而后臣职明。我韩侯知是道矣，而其受命以归，其事岂无可言者乎？

奕奕梁山，维禹甸之。有倬其道，韩侯受命。

奕奕，是大。梁山，韩国之镇。甸，治也。受命，入朝听命于王也。彼奕奕梁山，昔禹荒度土功，甸而治之，遂成倬然之道路。故今韩侯初立，由此道以受命于王，盖以国虽传于先君，实出于天子，而不敢不禀命之礼也。

王亲命之，缵戎祖考。

缵，是继。戎，是汝。于是王亲命之，以为尔之祖考，尝为诸侯者也，则命尔缵祖考之旧服而为一国之诸侯。

无废朕命，夙夜匪懈。虔共尔位，朕命不易。

虔，是敬。位，诸侯之位。易，改易也。汝当无废朕命而夙夜匪懈，以虔共尔位，则朕之命于汝者，山河带砺而终不改易矣。

榦不庭方，以佐戎辟。

榦，是正。不庭方，不来庭之国。佐，助也。戎，汝也。辟，君也。然不来庭之国，正尔职之所当榦者也。是必君布德宣威，以正彼不来庭之国，使九重无北顾之忧，于以弼佐戎辟，中兴之治可也。如是则职业已修，而缵戎之命可无负矣。汝往钦哉！

二章讲：来朝受命如此，王之锡予何如？

四牡奕奕，孔修且张。韩侯入觐，以其介圭，入觐于王。

修，是长。张，是大。介圭，封国之宝。韩侯之初来朝也，驾四牡之奕奕，孔修而且张，以士服入见天子，执其介圭以合瑞于王焉。

王锡韩侯，淑旗绥章，簟茀错衡；玄衮赤舄，钩膺镂钖；鞹鞃浅幭，鞗革金厄。

斯时也，诸侯之命既于是而授，则诸侯之仪卫亦于是而锡焉。所锡维何？有交龙之淑旗，有注旄之绥章，所以表其仪者至矣。而饰之于车者，则有方文之竹簟以为蔽，错文之车衡以为凭，车之饰何美耶！有衮龙之玄衣，有金缕之赤舄，所以华其躬者备矣。而饰之于马者，则颔下有钩，而膺有樊缨之饰，眉上有钖，而钖有镂金之文，马之饰抑何美耶？然车之饰不惟有簟茀错衡已也，又有去毛之革以持式中，有浅毛之皮以覆式上，车之饰无一弗备矣。马之饰不惟有钩膺镂钖也，又以鞗为辔有余而垂，以金为环缠扼辔首，马之饰无一不全矣。韩侯乘此以返国，不有以昭宠锡之隆耶？

三章讲：韩侯既受命予之隆，遂为返国之举。

韩侯出祖，出宿于屠。

祖，是祭行道之神。屠，地名。但见韩侯之出也，行祖道之祭而出宿于屠。

显父饯之，清酒百壶。其殽维何？炰鳖鲜鱼；其蔌维何？维筍及蒲；其赠维何？乘马路车。

周卿士以酒送行曰饯。百壶，言其多。竹萌曰筍。蒲，是蒲蒻。显父于是承王命而饯之，以酒言之则清酒百壶，以殽言之则炰鳖鲜鱼，以蔌言之则维笋及蒲，以赠言之则乘马路车。

笾豆有且，侯氏燕胥。

且，是多。侯氏，即韩侯。斯时也，供帐侈都门之外，笾豆列有楚之多。但见侯氏与显父献酬交错，于以尽相乐之情焉。返国而膺饯赠之隆，有如此者。

四章讲：

韩侯取妻，汾王之甥，蹶父之子。

汾王，即厉王。蹶父，周卿士。韩侯当返国之余，遂为娶妻之举。以妻之族类言之，则为汾王之甥，而母族贵矣；为蹶父之子，而父族贵矣。

韩侯迎止，于蹶之里。百两彭彭，八鸾锵锵，不显其光。

迎，亲迎。止，蹶之里，即蹶父之所居。韩侯亲迎于彼蹶里之中，百两彭彭，八鸾锵锵，以物采则彰也，以声名则扬也，允乎邦君之仪卫矣，岂不显其光乎？

诸娣从之，祁祁如云。韩侯顾之，烂其盈门。

娣，媵妾。从之，从嫁而行。祁祁，言美也。云，言多也。顾，视也。盈，满也。当时一娶九女，诸娣从之，祁祁而徐靓，如云而众多。韩侯一顾之下，盖烂然其盈门矣，不有以遂其婚姻之乐乎？

五章讲：夫韩侯亲迎之乐如此，而韩姞于归之情何如？

蹶父孔武，靡国不到。为韩姞相攸，莫如韩乐。

武，武勇。到，至也。韩姞，即蹶父之女。相攸，择可嫁之地。彼蹶父以孔武之资，膺出使之命，盖靡国而不到矣，乃因为韩姞择可嫁之所，而莫如韩土之可乐者焉。

孔乐韩土，川泽訏訏，鲂鱮甫甫，麀鹿噳噳，有熊有罴，有猫有虎。

訏訏，地之大。甫甫，鱼之大。噳噳，是多。以孔乐之韩土言之，南襟大河，流而为川，川则訏訏而大也；北控追貊，潴而为泽，泽则訏訏而大也。地势何其广耶！既有鲂鱮之甫甫，又有麀鹿之噳噳也。或熊或罴，固无不有；或猫或虎，亦无不有也。物产何其多也耶！信乎莫如韩土之乐矣。

庆既令居，韩姞燕誉。

庆，是喜。令，是善。燕，是安。誉，是乐。蹶父于相攸之下，既庆韩姞之有令居，则韩姞于归之后，岂不遂其安乐之情乎？

末章讲：夫韩侯既受王命而归，而遂室家之乐如此，则所以钦王命者岂可苟哉？

溥彼韩城，燕师所完。

溥，是大。燕，召公国名。师，是众。浦彼韩城，实召公率燕师之所完也，其立国有自来矣。

以先祖受命，因时百蛮。王锡韩侯，其追其貊；奄受北国，因以其伯。

先祖，韩侯之祖。时，作是。追、貊，皆夷狄之国。伯，长也。今王之封韩侯，盖以韩之先祖尝受命于先王而为百蛮之长，则夫守藩服而因统蛮方者，乃韩之旧职也。故王锡韩侯以追貊之北国，使之奄而受之，而因为之君，所以缵乎先世之绪也。

实墉实壑，实亩实籍。献其貔皮，赤豹黄罴。

墉，是城。壑，是池。亩，治田亩。籍，是税法。献，是贡。赤豹黄黑，俱是贡其皮。然使职业之不修，何以继此世业乎？彼为国之道，安养为先，是必修城池也，治田亩也，正税法也，于以尽安养之道焉；事君之礼，贡献为先，是必献貔皮也，与赤豹也，及黄黑也，于以修贡献之礼焉。韩侯返国而能此，则王所谓缵戎祖考者可以无负，而朕命不易者可以永膺矣。韩侯其勉哉！

吁！诗人既述王命，而复申告之以此，则丁宁劝戒之意切矣。所谓不以颂，而以规也与！

江汉 六章，章八句

首章讲：宣王命召公平淮夷之夷，诗人美之。曰：戡乱者，人臣之弘功；报功者，人君之大典。我召虎今日之成功而获报，果何如哉？

江汉浮浮，武夫滔滔。

方召虎承王命之重，而为平淮之行，其所涉之江汉则浮浮而水盛矣，所率之武夫则滔滔而顺流矣。

匪安匪游，淮夷来求。

是行也，六师之众，皆怀敬戒之心，不敢安游，而曰：淮夷倡乱，天讨所当加；我之来也，将以求正淮夷之罪焉耳。

既出我车，既设我旟。

非车无以制敌，我车则既出矣；非旟无以统众，我旟则既设矣。

匪安匪舒，淮夷来铺。

铺，陈师。是行也，三军之士皆恃戒惧之心，不敢安舒，而曰：夷肆侮王法，所当诛；我之来也，将陈师以伐淮夷耳。使淮夷无可伐之罪，则王朝岂为无名之师哉？

二章讲：夫淮夷当行，则天讨斯行。

江汉汤汤，武夫洸洸。

但见遵江汉以有行，则汤汤而水盛矣；率武夫以从事，则洸洸而武勇矣。

经营四方，告成于王。

成，成功。于以经营淮夷之四方，凡发谋出虑以为荡平之策者，罔不尽也。但见一指顾而淮夷屈服，则南征之功有成，遂持檄以告于王矣。

四方既平，王国庶定。时靡有争，王心载宁。

夫王国以四方为安危者也，四方既平，则国家不摇而王国庶定矣；人心视四方为向背者也，四方既平，则人心知戢而时靡有争矣。若然则土宇如故，人心攸同，而天子南顾之忧以释矣。王心不因之而载宁乎？

三章讲：夫经营既成，则疆理斯举。

江汉之浒，王命召虎，式辟四方，彻我疆土。

浒，水涯。虎，召穆公名。辟，开除，指侵地言。彻，是井其田。故即此江汉之浒，王命召虎以四方为淮夷所侵扰，而疆土因之以紊也，于是命之以式辟四方之侵地，而以彻法正疆界焉。

匪疚匪棘，王国来极。

疚，病也。棘，急也。极，居中之表。夫经营而且疆理无有宁日，非不恤困苦而以病民也，经营而即疆理曾不后时，非更张无渐而以急欲也。盖以彻法乃王国中正之法，其辟而彻之者，惟欲四方皆来取正于王国，而无有贪暴兼并之患，斯已矣。

于疆于理，至于南海。

召虎乃承王命，往而疆之，而画其大界；往而理之，而别其条理，直至于南海而止焉。盖无一处之疆土而不彻省矣。

四章讲：夫经营疆理告成，召虎之功懋矣，而王岂无所以报其功乎？

王命召虎，来旬来宣。

旬，是遍。宣，是布。盖昔淮夷倡乱之时，王命召虎来此江汉之浒，经营疆理，而遍治其事，以布王命焉。

文武受命，召公维翰。

召公，即康公奭。翰，是干。因勉之曰：昔我文、武受命，尔祖召公循行南国，辟国百里，实为周之桢干，今其事犹可稽也。

无曰予小子，召公是似。

小子，宣王自称。似，继也。尔今淮南之行，毋曰为予小子之故也，维尔召公之事是似耳。盖忠以为国，即孝以承家也。

肇敏戎公，用锡尔祉。

肇，是开。敏，是速。戎，是汝。公，是功。锡，是予。祉，是福。尔诚肇敏戎功，无愧于召公之翰文武，则我当用锡尔祉，无异于文武之报召公矣，是其当临遣之时，期以立功，而欲厚报之如此。

五章讲：乃今功既成矣，而王锡祉以报之何如哉？

厘尔圭瓒，秬鬯一卣。

厘，赐也。圭瓒，是酒器。秬鬯，酿酒之物。卣，酒尊。但见圭瓒秬鬯已得而专也，则厘尔圭瓒秬鬯一卣，使之以祀其先祖焉。

告于文人，锡山土田。

文人，是先祖有文德者。山川土田已不得而专也，则告于文人锡山土田，使之得广其封邑焉。

于周受命，自召祖命。

周，岐周。自，从也。召祖，即康公。然此策命之词，不徒使之受于朝廷之上而已也。盖以岐周之地，乃文王命召公而召公受命之所也。王又使之往受命于岐周，从其祖受命于文王之所焉，一以昭我周之有世臣，一以昭康公之有贤胤。其所以宠异之者，不亦至乎？

虎拜稽首，天子万年。

稽首，是头至地。天王策命之隆如此，召虎受之，将何以报谢哉？于是致拜乎稽首之恭，而惟社天子以万年，欲其永为天地臣民之主也已。

末章讲：

虎拜稽首，对扬王休。

对，是答。扬，是称。休，是美。夫召虎既拜赐于周矣，及其归而献之于庙也，复拜于稽首，以答天子之美命，昭君赐也。

作召公考，天子万寿。

考，成功也。乃作召公之庙器，以勒王策命之词，而纪其成功。且其所勒之词，祝天子以万寿，盖欲使君寿考与庙器相为悠久矣。

明明天子，令闻不已。

然不特此也。明明天子，今日经营疆理，卓有成功，令闻固洋溢矣，又必始如是终亦如是，而令闻为之不已焉。

矢其文德，洽此四国。

矢，敷陈。文德，礼乐之属。洽，是遍。今日淮夷之服，四方之平，武功既丕振矣，又必矢其教化之文德。自朝廷而江汉，以洽于四国之远焉，则至治垂于无疆，而令闻延于有永矣。不然，武以戡乱，虽足以成一时之闻，而文德不敷，治日以替，令闻如何能不已哉？此固虎之深愿，而报谢之意至此其少罄矣乎！

吁！宣王之报功臣也，必致其宠锡之隆；召虎之答君恩也，必极其报称之意。君臣之间，可谓两无负矣！

常武六章，章八句

首章讲：宣王自将以伐淮北之夷，诗人作此以美之。曰：人君之御夷有大法焉，有大本焉。法在取乱而侮亡，本在耀德不观兵。今我天子之北伐成功，深有得于此矣。

赫赫明明，王命卿士，南仲太祖，太师皇父。

赫赫，尊严也。明明，光明也。卿士，皇父之官。太祖，始祖也。太师，皇父兼官。吾王愤淮夷之乱，为自将之举。其当时所命以董师者，果谁人乎？但见纶音涣发，赫赫明明。王所命之卿士，乃谓南仲为太祖，官太师而字皇父者焉。盖以世臣之家，文事武备皆其素谙，太师之位尊官重望，足以服人耳。

整我六师，以修我戎；既敬既戒，惠此南国。

整，简选。六师，天子大军。修，治也。戎，兵器。敬，不慢。戒，戒惧惠，顺也。南国，指淮夷诸国。命之云何？以六师所以从行也，则整之；使士卒之辨治以戎事，所以制敌也，则修之。使器械之精好，而其具已预矣。又必既敬焉，无有怠慢之心；既戒焉，无有轻忽之念，而其本以得矣。所以然者，盖以淮夷倡乱，而南国为之不宁，故今之治军戎而敬戒者，正欲除淮夷之乱，以惠此南方之国耳。钦哉！皇父无废朕命，是其亲命皇父以董其师者如此。

二章讲：

王谓尹氏，命程伯休父：

尹氏，即吉甫。程伯，周大夫。然军士既有皇父以统之，不可无司马以副之也。于是王谓掌策命之官尹氏者，使之命程伯休父为司马焉。盖必彼此协谋，斯能万全以取胜；左右赞襄，斯能克敌以成功焉耳。

左右陈行，戒我师旅。

行，行列。戒，誓告。命之云何？以师旅不戒，恐其失律而于纪也，则左右陈其行列而誓戒之，俾我师我旅不愆于步伐之法也。

率彼淮浦，省此徐土。

率，是循。省，是察。徐土，徐州之土。以徐土不省，恐其滥及于无辜也，则使之率彼淮浦之地而省徐土焉，惟渠魁者歼之，而胁从者则赦之不治。

不留不处，三事就绪。

三事，居处三农之事。绪，事业。然师之所处，荆棘生焉，又必罪人既得，即班师而归，无久留而处于彼，使三农之事，得以就绪可也。钦哉！休父无废朕命，是其策命休父以副其师者如此。

三章讲：军士既备，王遂将之以行。

赫赫业业，有严天子。

严，是威。但见威灵之振，赫赫其甚显；气势之张，业业其甚大。而若是可畏者，盖以天子自将，故其威之可畏有如是耳。

王舒保作，匪绍匪游。

王，王师。舒，是徐。保，是安。作，是行。绍，是纠紧。游，遨游。斯时也，王师始出，舒徐安行，固不失之纠紧也，亦不失之遨游也，惟率其常度而已。

徐方绎骚。震惊徐方，如雷如霆，徐方震惊。

绎骚，是连络骚动。然而先声所在，徐方之人已连络而骚动，震叠而惊惧，有如雷如霆之作于其上。而徐方之震惊如是也，是王师未至而威之可畏如此。

三章讲：

王奋厥武，如震如怒。

及其既至乎徐也，王之威武奋扬，有如雷霆之震怒。夫固足以发舒华夏之气，而寒淮夷之胆矣，岂特如闻风之绎骚震惊而已哉？

进厥虎臣，阚如虓虎。

进，鼓而进之。阚，奋怒貌。于是进厥虎臣以布列也，则忠愤激烈，阚然如虓虎之雄，是将帅以天子之怒为怒者也。

铺敦淮渍，仍执丑虏。

铺，是布其师。敦，是集其阵。仍，是就。丑，是众。陈其师旅于淮浦也，则厚集其阵，而有仍执丑虏之势，是士卒以天子之怒为怒也。

截彼淮浦，王师之所。

截，是截然不可犯意。斯时截然淮浦之地，实惟王师所陈之所矣。宁复有情乱而负固者哉？是王师既至，而势之难犯如此。

四章讲：以王师之无敌言之。

王旅啴啴，如飞如翰，如江如汉，如山之苞，如川之流。

如飞如翰，此句状其疾。如江如汉，此句状其众。如山之苞，此状其静之不可动。如川之流，此状其动之不可。但见大权统于天子，而六师为之张皇，以师旅而啴啴，而众盛焉。自其应变之速，从事之敏也，则如飞如翰，何其疾耶！自其步卒之众，骑士之多也，则如江如汉，何其盛耶！其敛而静之也，则如山之苞，其静不可扰也。其进而动之也，则如川之流，其动不可御也。

绵绵翼翼，不测不克，濯征徐国。

绵绵，不绝。翼翼，不乱。不测，不可知。不克，不可胜。濯，是大。其部伍联属，绵绵而不绝焉；行列整肃，翼翼而不可乱也。攻则敌不知守，守则敌不知攻，而其几之密也不可测也。以攻则无不胜，以守则无不固，而其锋之锐也不可克也。以此万全之师，濯征徐方之国，有不战，战必胜矣。

五章讲：然王之服远，岂特恃兵威之盛已哉？

王犹允塞，徐方既来。徐方既同，天子之功。

王犹，如言王道。允，是信。塞，是实。来，是闻风而来。同，是同心而来。功，是平夷之功。良由王道之大，正身以率物，旺旺乎实德之孚，由中以达外，凿凿乎实事之布。是以至诚所感，徐方则既来，日切服从之愿，徐方则既同，众致归附之诚。若此者，以为资六师之勇，则非勇之所能怒；以为资士卒之力，则非力之所能致。其既来而既同者，皆由于王犹之允塞，实惟天子之功也。

四方既平，徐方来庭。徐方不回，王曰还归。

平，安宁。庭，是来朝。回，是违。且天子之所以有此行者，正为淮夷之乱四方故耳。以今四方则既平，而叛涣者息矣。徐方则来庭，而稽首称藩矣；徐方则不回，而倾心向化矣。班师而归。吾王于此乃曰：吾之自将，正欲省徐土以惠南国也。今来同，则徐土靖而南国惠矣。岂可久处以妨农事哉？于是班师而旋归，庶乎武之不黩矣。

夫诗人于宣王之伐淮北也，始著其兵威之盛，终归其王道之大，其亦美不忘规之意也与？

瞻卬七章，三章章十句，四章章八句

首章讲：此刺幽王嬖褒姒，任奄人，以致乱之诗。若曰：天下无不败国之妇寺，所贵乎人君者。惟其心之不惑，则能修身以用贤，而乱亡无自至矣。吾于今有惑焉。

瞻卬昊天，则不我惠。孔填不宁，降此大厉。邦靡有定，士民其瘵。

填，是久。厉，是乱。瘵，是病。彼昊天以惠民为心，而民之所恃以安者也。今也瞻仰昊天，则不我惠，使我甚久不宁，而降此大厉之乱焉。所以邦国阽杌靡定，而士民皆为之受其病也。

蟊贼蟊疾，靡有夷届。

夷，平也。届，止也。夫小人虐民而戕之，民之蟊贼也。今蟊贼之为害，靡有平止之期。

罪罟不收，靡有夷瘳。

罟，网罟。瘳，平也。淫刑而陷民于死，民之罪罟也。今罪罟之不收，靡有平愈之日。则士民之受其瘵，将何时已哉？

二章讲：何以见蟊贼罪罟之为民病也？

人有土田，女反有之。人有民人，女覆夺之。

人，指士。女，指王。夫蟊贼之小人，王任之也，未有任蟊贼而已不为蟊贼者。故土田民人，官之事守存焉，王之予夺贵当也。今人有土田，女反奄而有之；人有民人，汝反谋而夺之。是其侵牟攘取于人者若此，其无常予夺何不当也！是王之自为蟊贼蟊疾矣。

此宜无罪，女反收之。彼宜有罪，女覆说之。

收，是拘。彼、此字，指俱民言。说，脱也。罪罟之罔民，王樑之也。未有罪罟虐民而刑罚能中者，故五刑五用，民之命脉系焉，王之刑罚责中也。今此宜无罪者，汝反从而收之；彼宜有罪者，女反从而脱之。此其拘系纵什于人者若此，其失实刑罚何不中也？是王之罪罟信不收矣，此王政之所以为昏乱也，而士民其瘵奚惑哉！

三章讲：然其所以致此，岂无由哉？

哲夫成城，哲妇倾城。

哲，是智。城，是国。哲妇，指褒姒。诚以男子为国家之主，故有智则能立国；妇人以无非无仪为善，无所事哲哲则适以覆国而已。

懿厥哲妇，为枭为鸱。妇有长舌，维厉之阶。

懿，美。枭、鸱，皆恶鸟名。长舌，能多言。厉，乱也。阶，梯也。故此懿美之哲妇，人反目之为枭鸱之恶者，盖以妇有长舌，能变乱是非。而为祸乱之阶梯，以倾人之国焉耳。

乱匪降自天，生自妇人。

如此则大乱之作，岂与自天降哉？特由于妇人而已。

匪教匪诲，时维妇寺。

妇，是妇人。寺，是奄人。今夫人之言，非养德则规过，是皆有教诲之益也。若夫徒事言而无教诲之益，则惟妇人与寺人耳，岂可近哉？近之适以阶乱而已。

四章讲：且夫妇寺之恶，可胜道哉？

鞫人忮忒，谮始竟背。岂曰不极，伊胡为慝？

鞫，是穷。忮，是害。忒，是变。谮，是妄。竟，是终。背，是反。极，是止。慝，是恶。盖妇寺能以知辨而穷人之言，其心忮害而变诈无常。其或倡为谮妄，而偶有所验，因欣然以取幸于君矣。纵使为谮于始，而终或不验于后，此可谓不极而甚慝矣，则亦不复自谓其言之放恣无所极已，而反曰：是何足为慝乎？夫始则纵其罔极之奸，而终略无忌惮之意，若而人也，岂可使之为国家哉？

如贾三倍，君子是识。妇无公事，休其蚕织。

贾三倍，商贾获利之多。公事，朝廷之事。休，舍。蚕织，妇人之业。且朝廷之事，非妇人之所宜预；辟之商贾之利，非君子之所宜识。今则如贾有三倍之利，君子识其所以然，是喻于义者反喻于利也，固为莫大之耻矣。妇人无朝廷之事，而舍其蚕织以图之，是位乎内者而反以谋乎也，岂不为莫大之慝哉？

五章讲：夫致乱者妇寺，而任乎妇寺者王也。

天何以刺？何神不富？

刺，是责。彼王为天之子，其见爱于天者宜也。今天何用责王，而有祸乱之降？为神之王其见祐于神者宜也，今神何用不富王，而有饥馑之生？凡以王信用妇人之故，此所以天变而不爱，神怒而不之富也。

舍尔介狄，维予胥忌。

介，大也。吾见内乱既深，外变将作，所可忌者，夷狄之大祸也。今王乃舍此夷狄之大祸，而不之忌，反以我之正言不讳为忌，何哉？

不吊不祥，威仪不类。

吊，是闵。夫天之降不祥，所以儆戒人君，庶几王惧而自修。今王乃降灾而不之恤。身为邦国之本也，则不能谨其威仪以修身，而恣其荒淫之行。

人之云亡，邦国殄瘁。

瘁，是病。才为邦国之辅也，则不能用贤以共事，而致其人才之亡。如是则上无以保恤乎国家，下无以共安乎生民，邦国不自此而殄瘁乎？

六章讲：夫亡国之机如此，有人心者宁能以恝然矣乎？

天之降罔，维其优矣。

优，是多。彼天厌周德而降其祸乱，殆无宁日，维其优矣。

人之云亡，心之忧矣。

使有贤人犹可维其乱也，而且人之云亡，谁与共理？则天变终不可弭，而邦国之瘁也必矣。我心安得而不忧哉？

天之降罔，维其几矣。

天厌周德而降其祸乱，已为穷促，维其几矣。

人之云亡，心之悲矣。

使有贤人犹可持其危也，而且人之云亡，谁与共理？则天变日以益迫，而邦国之瘁也必矣。我心安得而不悲哉？盖以文、武之基，创成、康之培植，历数百年全盛之业，而一旦为之倾覆，诚不能不令人为之咨嗟而叹息矣！

末章讲：夫祸之已成，固为可悲。然天心仁爱人君，宁终有不可弭之祸乎？

觱沸滥泉，维其深矣。心之忧矣，宁自今矣。

彼泉水濆涌上出，其源深矣。我心之忧，非适今日而然也，其所从来亦已久矣。

不自我先，不自我后。

盖以祸乱之极，不自我先，不自我后，固已无可为者，此其忧之不容已耳。

藐藐昊天，无不克巩。

藐藐，高远貌。巩，固也。然改过自新，宁非君之所当勉哉？彼维天高远，虽若无意于物，而其功用神明不测；虽危乱之极，亦无不能巩固之者。盖下有遇灾而惧之君，则天有反灾为祥之应，理固然也。

无忝皇祖，式救尔后。

后，后来。今王诚能改过自新，亲其所当亲，而不溺于闺门之爱；任其所当任，而不狎于奄竖之私。于身而修之，于人而用之，视之皇祖者无所愧焉，则天意可回来者，犹必可救，而子孙亦蒙其福矣。所谓无不克巩者如此，不然吾不知其所终矣。

吁！始深刺王之惑于妇寺，而终深冀其改过以回天变。非有忠君爱国之心者，其能然哉？

召旻七章，四章章五句，三章章七句

首章讲：此刺幽王任用小人，以致饥馑侵削之诗。若曰：

旻天疾威，天笃降丧，瘨我饥馑。

笃，厚也。瘨，病也。彼旻天本仁覆悯下者也，今乃肆其疾威，厚降以丧乱之灾，而病我以饥馑之祸焉。

民卒流亡，我居圉卒荒。

卒，尽也。居，是中国。圉，是边陲。荒，虚也。是以斯民失所，尽以流亡，内自中国，外及边圉，皆荒虚而无人矣。天之虐人何其惨哉！

二章讲：然所以致此者，以王所任之非人耳。

天降罪罟，蟊贼内讧，昏椓靡共。

讧，是溃。昏，是乱。椓，是丧。共，供其职。彼天降罪罟而使民卒流亡者，岂真自天为之哉？良由蟊贼之人内溃其心志，昏椓之人靡共其职事也。

溃溃回遹，实靖夷我邦。

溃溃，乱意。回遹，邪僻。靖，治也。夷，平也。若此者，是溃溃邪僻之人，不可使之为国家者也。王乃使之司均平之责，宰政令之权，以靖夷我邦焉。则小人得志，而恶政日加，是以上干天怒，而致此罪罟之降也。岂可以归咎于天哉？

三章讲：然小人之用，由王之取舍不明故也。

皋皋訾訾，曾不知其玷。

玷，缺也。彼昧道废职，皋皋然肆其顽慢；巧言如流，訾訾然务为谤毁。此其素履玷缺者，王宜有以灼其奸矣。顾乃为其所迷，而不知其玷焉？

兢兢业业，孔填不宁，我位孔贬。

填，是久。贬，黜也。至于夙夜匪懈，兢兢而戒谨；朝夕惕若，业业而恐惧，如是而甚久不宁者，王宜有以悯其情矣。顾乃更见贬黜，而不得以安其位焉？夫以王之取舍颠倒如此，则其小人之用有由然矣。

四章讲：

如彼岁旱，草不溃茂，如彼栖苴。

溃，是遂。栖苴，是浮草栖于木上。夫惟任用小人，是以国脉已促，民生就竭，流离饥困之余，无复人世之望。如彼草遇岁旱而不遂其茂，其生意已绝矣；如草栖木上而不沾其泽，其枯槁已甚矣。

我相此邦，无不溃止。

相，视也。夫民，国之本也。民生如此，吾想此邦，终于溃乱而已矣，其将何以为国哉？

五章讲：夫国至于溃乱，则吾之忧其能以自已耶？

维昔之富，不如时。维今之疚，不如兹。

时，作是。疚，是病。仰惟先王之世，民生乐利，未有若是之疚也，据今之疚，饥馑切身，又未有若此之甚也。

彼疏斯粺，胡不自替？ 职兄斯引。

粗曰疏。精曰粺。替，是废。兄，怆怳。然今日之病，皆小人为之耳。夫小人之与君子，其善恶邪正不相为谋，如疏与粺，其分审矣。为小人者，宜自退逊，使君子得行其志可也。顾乃妨贤病国，不自替以避君子，则斯民之病，当何时而已耶？是以我心专为此故，至于怆怳引长，而不能自已也。

六章讲：

池之竭矣，不云自频。泉之竭矣，不云自中。

竭，是干。频，是厓。中，池中。夫小人妨贤以致祸乱，则祸乱之起有自来矣。犹池之竭，自外之不入也；泉之竭，自内之不出也。今之论者，不究其所自来，而曰：池之竭矣，不云自频；泉之竭矣，不云自中。是以祸乱为适然之数，而不为小人致之也。

溥斯害矣，职兄斯弘，不灾我躬？

溥，广也。职，专也。兄，怆怳。弘，亦是大。则小人益无所忌，日恣其乱，而其为害也益广矣。是以我心专为此故，至于怆怳日益弘大，而忧之曰：岂不灾及我躬也乎？吾知其无以自免矣。

末章讲：夫祸乱至于如此，则吾心宁无思于古哉？

昔先王受命，有如召公，日辟国百里。

先王，指文武。召公，指康公。辟，开辟。昔我文、武受命之时，其大臣有如召公者，敷政南国，而江汉服从焉，汝坟遵化焉，卒至虞、芮质成，四十国来归焉，盖日辟国百里也。

今也日蹙国百里。

今也犬戎内侵，诸侯外叛，乃日促国百里，何其异于昔也？亦曰蟊贼昏椓，夷靖我邦，而所用之非其人耳。

於乎哀哉！维今之人，不尚有旧？

旧，是旧德可用之人。然王之不用贤，非曰今世无人也。於乎哀哉！今世虽乱，岂不犹有旧德可用之人乎？盖有之而不能问耳。有臣而不用，则何怪其国之日促哉？

吁！亲贤臣，远小人，此盛周之所以兴隆也；亲小人，远贤臣，此衰周之所以倾颓也。用人得失，兴亡遂判，宜诗人叹息致恨于幽王与！

卷四

颂四

周颂

清庙之什四之一

凡十篇。

清庙一章八句

一章讲：此周公既成洛邑而朝诸侯，因率之以祀文王之乐歌。言：自古有德之主，孰不足以感人哉？至于既没之后，而人心少有厌射焉，亦其德之未至也。予观今日之庙祭，而知文德不以久而湮矣。

於穆清庙，肃雍显相。

於，叹词。穆，深远。清，清静。肃，敬也。雍，和也。显，是明。相，助也。彼於穆此清静之庙，所以安文王之神，而妥文王之王也。但见祀礼一行，万邦皆集，有助祭之公卿诸侯也，皆敬且和，而俨然文德之范。

济济多士，秉文之德。

济济，是众。秉，执持。文，文王。德，和敬之德。有执事济济之多士也，皆秉文德而宛然肃雍之模。

对越在天，骏奔走在庙。

对，是与之相参。越，解作工。骏，大而疾也。奔走，是勤于事意。文王之神在天，则对越其在天之神，恍乎若或见之，一和敬之所昭格也。文王之主在庙，则骏奔走其在庙之主，趋事匪懈，一和敬之所形见也。

不显不承，无射于人斯。

显，言其德之明。承，是尊奉。射，是厌。夫以在庙之人，皆体文王之德以奉祭。如此，则是文王之德显于前者，不晦于后，岂不显乎？趋于昔者，不替于今，岂不承乎？信乎其盛德至善，克当人心而无有厌于人矣。使其不显不承，而一有射于人焉，则肃雍秉德者何以若是其众？对越骏奔者何以若是其诚耶？文王之德之盛于兹见矣。谓庙祭可以观德，岂虚也哉？

维天之命—章八句

首节讲：此亦祭文王之诗。言：我今日赖圣祖之德以修祀矣，然不观诸天，无以悉至德之蕴；不述诸后，无以慰启佑之心也。何言之？

维天之命，於穆不已。

天命，即天道，指付予于物者言。不已，是无穷意。自其德原于天，谓之命。於乎深远哉！此维天之命也，一通一复，互为其根，何不已乎！而於穆者即不已之藏其朕也，此天之所以为天也。

於乎不显，文王之德之纯！

於乎，是叹词。纯，不杂也。自其命付于人，谓之德。於乎不显哉！此文王之德也，一动一静，私欲不杂，何其纯乎！而不显者即纯德之流其光也，此文王之所以为文也。天之不已维其纯也，文王之纯则亦不已矣，宁不与天而无间哉？

末节讲：

假以溢我，我其收之。

假，作何字。溢，作恤字。夫文王与天同德如此，则为后人之所当法矣。然所赖者文王之恤我也，不知文王在天之神果何以恤我，而大其启佑之泽乎？有则我当受之，以大顺文王之道而修己治人，一遵其纯德而不悖也。

骏惠我文王，曾孙笃之。

我，后王自我。收，是受。骏，是大。惠，是顺。我文王，指所协之道。曾孙，是后王。笃，不忘之意。然不特我当顺之，凡继我而为曾孙者，又当笃厚之而修己治人，固守其纯德而不忘也。盖文王之纯德，在一世则为一世之法，在万世则为万世之法，而骏惠笃厚之责实在我后人也。诚能法之，则文王与天为一，我与文王为一矣，不足以慰在天之灵也哉！

维清一章五句

一章讲：此亦祭文王之诗，且圣君有良法以贻子孙，而恒病于世守之难者，谓可用于古之天下，而不可用于今之天下也。吾今观于文典而知后世之当法矣。

维清缉熙，文王之典。

清，清明。缉，继续。熙，光明。典，法典。彼我所当清而明之，而使之不紊；缉而熙之，而使之不坠者，其维文王之典乎！

肇禋，迄用有成，维周之祯。

肇，是始。禋，是祀。迄，是至。成，治功城。祯，是祥。夫文王之典，所以当清明缉熙者何也？盖以文王本敬止之德运，而为丕显之谟，其典尽善尽美。故自始祀文王以至今日，其用是典者非一人也。然创业者用之而成四海永清之烈，守成者用之而成四方日靖之功，皆能有成如此。则是典也，用之一世而一世治，是为一世之祯也；用之万世而万世治，是为万世之祯也。所以兆是灵长之运基，悠久之隆者在是矣，不为我周之祯祥乎！夫以文典为周之祯，则后人乌可不清明而缉熙之哉？

烈文一章十三句

首节讲：此祭于宗庙而献诸侯助祭之乐。言人君之福，非助祭，谁与锡之？人臣之福，非道德，谁以承之？故图报之道与自修之职，吾君臣宜交相勉焉。试言之。

烈文辟公，锡兹祉福。

烈，是光。文，文彩。辟公，是诸侯。锡，是与。祉，是福。我向者之祭，辟公竭和敬以相祀，于是神明感通，多福降焉。则兹祉福也，虽神锡之，实我烈文辟公锡之也。

惠我无疆，子孙保之。

无疆，言福之久。保，是守。但见惠我以无疆之休，使我子孙世世保之，而长守其富也，长守其贵也，盖历万世而不改矣。

二节讲：夫辟公锡福之功如此，我岂可不思所以报之哉？

无封靡于尔邦，维王其崇之。

封，是专利以自封殖。靡，是侈汰。崇，尊崇。我念尔之在国也，赋有常法，不专利以自封，恪守吾周家九赋之规；费有常经，不侈汰以自靡，克遵吾周家九式之法则，王当遵崇女矣。

念兹戎功，继序其皇之。

戎，是大。功，锡福之功。序，子孙相传之序。皇，亦大也。况今在庙有此锡福之大功，而保我之子孙，则当使尔之子孙，继序而益大之。山河带砺之盟不改，与我子孙而相为无疆矣。

末节讲：然有功固我所当报，而道德亦女所当修。

无竞维人，四方其训之。

无，是莫。竞，是强。人，是人道。训，效法。今世之人，固有以威力为强矣，然此未足以言强也。语莫强者，其维人之道乎！女诚能尽道焉，吾见道为天下之共由，四方不以之为训哉？

不显维德，百辟其刑之。

百辟，是诸侯。刑，取法。亦有以爵位为显矣，然此大足以言显已。语莫显者，其维人之德乎！女诚能修德焉，吾见德为人心之同得，百辟不以之为刑哉！

於乎，前王不忘！

乎，叹词。前王，指文、武。不忘，当思念意。吾尝征之前王矣。於乎！前王所以能使人既没世而思念之不忘者，正以其能尽人之道，备君之德故耳。女辟公可不知所勉哉？盖道德者，所以居功也，使于道德有不修，则恃功而骄者，乃所以丧其功。王朝报功之典，岂能保其常乎？凡我辟公尚其懋哉！

天作一章七句

一章讲：此祭太王之诗。言：一代之王业必有所创，而开其基于前，而后有所藉，而成其业于后，为子孙者诚不可忘其所自矣。吾今知太王之功矣。

天作高山，太王荒之。

高山，指岐山。荒，治也。高哉，此岐山也！实上天作之，以待明德之君者也。我太王也，以明德而承与宅之命，遂从而荒之，作屏修平以辟其土地，左右疆理以辑其人民。

彼作矣，文王康之。

彼，指太王。作，即荒。康，安也。而作之于前者，既有以垂后世之统矣。于是文王从而康之，惠鲜怀保，于以益固岐州之业焉。

彼徂矣岐，有夷之行，子孙保之。

徂，险僻。岐，岐山。夷，平也。行，是路。子孙，凡后王俱是。保，守也。之，指岐山。夫祖开于前，孙承于后，由是人归者众。而此险岨之岐山，遂有平易之道路，而允为天下之一都会也。太王创业之业垂统之功如此，亦云艰矣。凡我子孙抚此岐山，则当念创者之艰，而保守之不失可也。盖岐周为我周肇基之所，正根本之地。失此岐山，是失根本之地矣，岂所以慰太王始谋之心哉？吁！周人奉太王之祭，而欲守太王之业，可谓得事神之本矣。

昊天有成命一章七句

一章讲：此祀成王之诗。言：帝王之命，帝王之德为之也。非唯创业者藉之以闻，其统而守成者亦藉之以永其休者也。人知成王之能永命矣，而亦知其存心乎？

昊天有成命，二后受之。

二后，文王、武王。受之，受成命。昊天有一定之命，文王、武王既以敬止敬胜之德，受于前矣。

成王不敢康，夙夜基命宥密。

成王，武王子。康，安逸。基，是始，积累于心以承藉于上也。使继之者非人，能保其不失乎？惟成王也，维抚盈成之运，此心常凛凛然，虑成命之不易保，而不敢康宁。夙夜之间，其积德以承藉天命者，但见德之所成，统万理于不遗，而时出之有本，何宏深耶！湛一理于凝寂，而纤欲之不杂，何静密耶！

於缉熙，单厥心，肆其靖之。

缉，继也。熙，明也。单，尽也。肆，故今。靖，安也。於乎！成王能积德以基命如此，是真能继续光明文、武之业，有以尽继述之心而无愧。向之不敢康者，于是乎什矣。故今能安靖天下，而四方之攸同如故也，四海之水永清犹旧也，不有以保其所受之命耶？吁！此成王之德于是为盛也，今日抚有成业者，诚当知所自矣。

我将一章十句

首节讲：此宗祀文王于明堂，以配上帝之乐歌也。若曰：天与亲一道，事天与事亲一心，故所以祀之者与所以永其享者，皆有本焉。吾今日之尊文以配天也，将何以尽祭之义乎？

我将我享，维羊维牛，维天其右之。

将，是奉。享，是献。少牢曰羊。太牢曰牛。右，是尊。彼明堂之祭，所以祀上帝而报成物之功者也。是故我之所奉而献者，实惟少牢之羊、太牢之牛也，而视圜丘之礼为有加矣。惟此上帝庶其鉴一念将享之微，沉降而在此羊牛之右，以享我祭者乎？

二节讲：然明堂以祀上帝，而文王所以配之也，文王岂无以享我哉？

仪式刑文王之典，日靖四方。

仪、式，俱是作。靖，是安。盖文王以安民为心而创是典，固望后人法之以安民也。我也仪式刑文王之典，以日靖四方之民焉，而感乎之诚为有素矣。

伊嘏文王，既右享之。

伊，此也。嘏，是福。享，享祭。则此能锡福之文王，岂不既降而在此牛羊之右，以享我祭乎？

末节讲：夫天与文王既皆右享矣，使或恃而弗敬，安能保其常享者哉？

我其夙夜，畏天之威，于时保之。

夙夜，日夜无间。彼福善祸淫而昭然不爽者，天之威也。文王之德，固与天为一者也。我其夙焉畏天之威，不敢有怠朝也；夜焉畏天之威，不敢有怠夕也。使有以孚天之心，而存文王之神，于以保天与文王所以降监之意可矣。不然，明堂之祭，徒为弥文，天与文王孚我于今者，安知不弃我于后哉？

夫周人之享帝享亲，其始也竭诚以来降监之休，其终也畏威以保降监之意，仁孝之至，于此可见矣。

时迈—章十五句

首节讲：此巡狩而朝会祭告之乐歌也。若曰：锡天子之位者惟天，而保天子之位者惟君。故验之于行事，则可以知天意矣；慎之于政教，则可以凝天命矣。试言之。

时迈其邦，昊天其子之？

时，革命之时。迈，行也。邦，侯国。其子，王者为天之子。彼爰革商政之始，正人心望治之初也。故我也以时巡狩诸侯之国，所以朝会者在此行，所以祭告者在此行也。是虽帝王之旧规，实我周之新命矣。不知昊天于冥冥之中，其子我为天下神人之主矣孚？我盖不敢以自必也。

二节讲：然天之子我虽不可必，而示之行事则有可征者。

实右序有周，薄言震之，莫不震叠。

右，是尊。序，是次序。周，是武王。震，震动。叠，畏惧。天实尊我周于臣民之上，序我周于夏、商之后矣。是以朝会一行，班玉辑瑞，修礼如器，薄示震叠之威于诸侯，而诸侯莫不震惧，而畏威之不遑矣。

怀柔百神，及河乔岳。

怀，是来。柔，是安。百神，凡天地山林川泽之类。祭告一行，神之涣者，怀以来之；萃者，柔以安之，而百神皆怀柔以至。河之深广，岳之崇高，亦莫不感格焉。

允王维后！

允，信也。王，武王。后，是君。夫人君受命于天，而为神人之主者也。一朝会而诸侯畏之，一祭告而百神享之，则昊天子我之意可卜矣。岂不信乎周王之为天下君哉？

末节讲：夫天既子我而为之君，则岂可不知所以保之哉？

明昭有周，式序在位。

昭，亦明。式序在位，明试考课诸侯也。盖明昭乎我周也，既除乎秽浊之乱而成清明之治矣。故庆赏黜陟，天之所以命德而讨罪也，则以此而式序在位之诸侯，而赏罚功罪各得其宜而不紊矣。

载戢干戈，载櫜弓矢。我求懿德，肆于时夏。

戢，聚也。櫜，藏也。懿，美也。德，文教。肆，是陈。夏，是中国。干戈弓矢，向之所以奉天而伐暴也，则于此戢而櫜之，而求其懿美之德，布之于时夏之中焉。

允王保之！

夫天作君师，付之以政数之柄者也。今政行有以尽作君之责，教行有以尽作师之道，则昊天子我之命益固矣。岂不信乎周王之能保天命哉？

吁！武王一时巡，不敢必天之子，既验之，又欲有以保之，可谓知畏天矣。

执竞 一章十四句

首节讲：此祭武王、成王、康王之诗。若曰：先王之立德立功，后人之所藉为休者也。子孙之奉祭举祀，先王之所感而格者也。吾今赖三王之泽，以奉三王之祭，其功德岂无可言者乎？

执竞武王，无竞维烈。

无竞，如言莫过。烈，功烈。以武王言之，但见持敬胜义胜之德，自强而不息，其心纯矣。心之纯者，功必集也。是以定一统之业，而受一定之命，功烈盖莫得而竞之矣，功何隆耶！

不显成康，上帝是皇。

显，是光显。成，成王。康，康王。皇，是君。以成康言之，但见懋敬密对扬之学，光明而不昧，其德显矣。德之显者，天必眷也。是以承无竞之烈，而保右序之眷，亦为上帝之所君，德何盛耶！

二节讲：然其德之不显，何如哉？

自彼成康，奄有四方，斤斤其明。

有，尽而有之。斤斤，明之察。盖自彼成、康继体而君天下，固奄有四方之广矣。而其文明之德，亦合四方以光被之，无地而不察也。不亦斤斤其明矣乎？诚哉其德之显矣。

三节讲：夫以三后功德之盛如此，我后人之奉祭何如？彼感通神明，莫善于乐，以乐言之。

钟鼓喤喤，磬筦将将，降福穰穰。

钟以宣之，鼓以动之，喤喤然其声之和也。磬以收之，管以会之，将将然其声之集也。由是声音所感，三后来格，降福穰穰然其多，无竞是皇之休，皆有以昭受之而无遗矣。

末节讲：昭格神明，莫大于礼，以礼言之。

降福简简，威仪反反。

夫降福既穰穰而多，则必简简而大矣，然不敢恃此而自怠也。但见受福之后，威仪益愈谨重，始固如是其敬也，终亦如是其敬也。

既醉既饱，福禄求反。

由是诚敬所孚，而皇尸醉饱之余，神锡之厘，福禄之来，反复而不厌。无竟是皇之休，盖有以祗承之而无穷矣。夫三后既以垂功德于后，又以畀禄福于祭，则我子孙之赖于三后弘矣。登歌之颂，乌容已于揄扬哉？

思文一章八句

全章讲：此尊稷配天之诗。若曰：民之所仰者天也，天之所爱者民也，而体天心以立民心者则圣人也。人知今日之尊稷配天矣，抑知其德之盛者乎？

思文后稷，克配彼天。

思，语词。文，文德。克，是能。配，对也。彼巍巍乎惟天为大，未易配也。惟我后稷，经纶参赞而尽有相之道，其文德之著，足以克配彼天而无间焉。

立我烝民，莫匪尔极。

立，即粒食。烝，众也。极，德之至。何以见之？盖洪荒之世，黎民阻饥久矣，后稷教民稼穑，使我烝民皆得以粒食者，皆其德之至极而不可复加者也。

贻我来牟，帝命率育。

贻，是遗。来，小麦。牟，大麦。命，是令。率，是遍。育，是养。且其贻我民以来牟之种，乃上帝以此遍养下民。稷则承天之命以致之民，是其下民立命，乃其上承天心也。

无此疆尔界，陈常于时夏。

陈，布也。常，常道。夏，中国也。但见民生既遂，民性可复，是以无此疆彼界之殊，皆得以陈其君臣父子之常道于中国矣。使非稷之粒民，则救死不赡，奚暇治礼义哉？夫后稷尽养道之功，而因开教道之始如此，则是天之生民所不能养者，稷代为之养；所不能教者，稷代为之教矣。其德如是，岂不可以配乎天哉？然则南郊之配，舍稷其谁？

臣工之什_{四之二}

凡十篇。

臣工_{一章十五句}

首节讲：此戒农官之诗。若曰：我周以农事开国，则当以农事为重。

嗟嗟臣工，敬尔在公。

嗟嗟，重叹以敕之。臣工，司农事者。公，农职。嗟嗟臣工，凡农官也，凡农官之副也。尔职之勤怠，生民之休戚系焉者也。是必敬尔在公之职，而恪共匪懈可也。

王厘尔成，来咨来茹。

厘，是赐。成，成法。咨，是问。茹，是度。然敬职莫先于守法。王始置农官而赐之成法，颁在天朝，固昭然可为尽职之准者也。尔必来咨之以致其审，来茹之以究其详，庶几成法可守，而尔公可敬矣。

末节讲：然其所为成法者，不过秉天时以尽人事而已。

嗟嗟保介，维莫之春，亦又何求？

保介，农官之副。嗟嗟保介，职副农官者也。于今维莫之春，此正东作之时也，尔今亦何所求哉？

如何新畬？於皇来牟，将受厥明。明昭上帝，迄用康年。

田一岁曰新。畬，是三岁之田。於皇，叹美词。明，明赐。迄，至也。康，即丰也。其所求者，不过新畬之当治耳。今新畬之治已何如哉？毋谓天时尚缓，而可以舒徐为之也。盖於皇来牟，今已将熟，而可受上帝之明赐矣。过此以往，而此明昭之上帝，又将赐我新畬以丰年也。

命我众人，庤乃钱镈，奄观铚艾。

命，是令。众人，甸徒之属。庤，是具。钱、镈，俱是田器。奄，忽然。铚，短镰。艾，是刈。尔诚乘此莫春之时，即命众人具此钱镈以治其新畬，则奄忽之间，又见铚艾之在目矣。所谓康年之赐，诚可指日而待也。以东作未几，而西成继至，则天时之相催亦甚速矣，人事其可以或缓耶！嗟！尔保介王之成法如此，可不咨而茹之，以敬其在公之职乎？

噫嘻一章八句

全章讲：此连上篇，亦戒农官之诗。若曰：服田力穑，在乎农夫；而劝课督责，在乎农官。

噫嘻成王，既昭假尔。

噫嘻，叹词。昭，明也。假，即示。尔，指农官。 嗟我成王，始置农官之日，已著之成法，盖已昭然以示尔之臣工矣。

率时农夫，播厥百谷。

率，督率。时，是字。播，是布散而种。凡尔乡遂之官，司稼之属，是皆以农为职者也。尚其睹明法，则思职之当尽，是必率时农夫以播厥百谷，使无后时可矣。

骏发尔私，终三十里。

骏，是大。发，是耕。私，私田。三十里，是万夫共耕之地。然使耕者之力有不齐，百谷何自而播乎？盖一成之地三十里尔，必使之大发其私田，尽三十里而止，无一地而不耕也。

亦服尔耕，十千维耦。

服，是事。二人并耕曰耦。一川之众十千人，尔必使之皆服其耕事；万人为耦而并耕，无一人而不力也。则人无遗力，斯地无遗利，而百谷于是可播矣。凡尔农官尚念成王之明法，昭垂以各钦厥职哉！

振鹭—章八句

首节讲：此二王之后来助祭之诗。若曰：容之在人也，难敬而易肆；誉之在人也，难得而易失。此均不足称也。今我周肇祀，而先代之来助祭也，其容与誉深有足嘉者矣。

振鹭于飞，于彼西雍。

振，群飞。鹭，白鸟。西雍，水泽也。振振然群鹭之飞也，则爱止西雍之水焉。其清标之资，盖有极其洁白之至矣。

我客戾止，亦有斯容。

我客，夏、商之后。戾，是至。容，乃动容之容。我客之来助祭，而至止周庙之庭也，则以洁白之心著于容貌之间，进退升降无不中礼，其修整之至，亦有如鹭之洁白矣，容何异美耶！

末节讲：然不时容之美已也。

在彼无恶，在此无斁。

彼，指彼本国。恶，憎也。此，指周邦。斁，厌也。且其在彼国也，善政善教，有以宜大夫士庶之心，则皆爱之而不忍忘，而无有恶之者矣。其在此国也，令仪令色，有以孚天子公卿之心，则皆敬之而不忍衰，而无有厌之者矣。

庶几夙夜，以永终誉。

庶几，是幸词。夙夜，无间断意。誉，声名。夫人心所在，声名所起也。人心无间，爱敬大同，岂不庶几自夙而夜，循环不穷，永终此誉者乎？誉何其隆耶！

夫容者德之符，其容盛者，其德充；名者实之宾，其名大者，其实宏，而人之贤可想矣。周人既拟其容之盛，又幸其誉之久，则于二代之后所以爱之也，不亦至乎？

丰年一章七句

一章讲：此秋冬报赛田事之乐歌，盖祀田祖、先农、方社之属也。若曰：国家有丰年，而后朝廷无旷典。然要其所以致此者，则神贶之功不可诬也。吾今日之所赖于神者何如？

丰年多黍多稌。

彼当丰年之际，雨旸有时若之休。固宜高燥而寒者黍也，我黍则既多矣，而凡性之类，夫黍者可知矣；下湿而暑者稌也，我稌则既多矣，而凡性之类，夫稌者可知矣。

亦有高廪，万亿及秭。

廪，是仓。数万曰亿。数亿曰秭。及其收而藏之高廪之中也，以为万而止也，则人累万以至夫亿焉；以为亿而止也，则又累亿以至夫秭焉。

为酒为醴，烝畀祖妣，以洽百礼，降福孔皆。

烝，是进。畀，是与。洽，是备。百礼，言多也。皆，是遍。其收成之富如此，则其制用岂有一之不周乎？但见以为之酒，则三酒之既备矣；以为之醴，则五醴之既洁矣。由是而进畀祖妣焉，享祀妥侑，而祀事为之孔明也。由是而备百礼焉，燕宾养老，而仪文为之周洽焉。夫以丰年之制用如此，乃田祖、先农、方社之神阴佑我民，而锡之丰年之庆。祖妣之烝，神烝之也；百礼之洽，神洽之也。其降福不甚遍乎！神之有功于农如此，报赛之典其容以不举哉？

有瞽一章十三句

首节讲：此始作乐而合乎祖之诗也。言我周当治定功成之后，为崇德尚功之乐，而奏之于祖也，所以告成也。

有瞽有瞽，在周之庭。

瞽，是乐官无目者。庭，是祖庙之庭。是故有瞽有瞽，司乐之官也，则在周庭之上，奏象成之乐，以合格乎祖考之神矣。

二节讲：以所作之乐言之。

设业设虡，崇牙树羽。

设业于栒上，设虡于栒端，悬钟磬者有是也。画崇牙于栒业，树采羽以为仪式，业虡皆有文也。

应田县鼓，鞉磬柷圉。

小鼓之应，大鼓之田，而皆县之业虡之上，则夏、商之制变矣。柄摇有鞉，垂击有磬，而并列起乐止乐之柷圉，则始终之节具矣。

既备乃奏，箫管备举。

凡既备矣，于是三瞽之官从而奏之矣。然不惟有鞉磬也，而又有编小竹管之箫，亦备举焉；不惟有柷圉也，而又有并两而吹之管，亦备举焉。乐之陈也，极器饰之备；乐之奏也，合小大之全矣。

末节讲：夫乐既备，奏而其声之和何如哉？

喤喤厥声，肃雍和鸣，先祖是听。

但见其声也，八风从律而不奸，五音成文而不乱，盖喤喤乎其和矣。然使一于肃而无雍以济之，则伤于拘迫非和也；今则皦如之中有纯如者存，肃而未尝不雍也。使一于雍而无肃以济之，则失于溷乱非和也；今则纯如之中有皦如者存，雍而未尝不肃也。其喤喤之和鸣，有如此者矣。是以先祖之神徂落，虽云久也，然此和声所感，皆听之于冥冥之中，而无有怨恫者矣。

我客戾止，永观厥成。

我客，二王之后。成，是乐之终。我客之心，兴衰虽在念也，然此和声所融，皆永观其成，而无有厌怠者矣。其乐之感乎神人有如此，诚有极情文之备，而为一代尽美之乐矣乎。

潜一章六句

一章讲：此季冬荐鱼，季春荐鲔于寝庙之乐歌。若曰：君子之致孝，非必品物之备也，即有一物之荐，亦足以告虔而通神明之感者也。自今言之。

猗与漆沮，潜有多鱼。

猗与，叹词。潜，是椮，即鱼所藏者。猗与漆沮之水，蓄育鱼鲔之所也。其积柴所养之鱼，盖至多矣。

有鳣有鲔，鲦鲿鰋鲤。

但见鳣鲔有焉，鲦鰋鲤有焉。

以享以祀，以介景福。

是固四时之物，而可以顺孝子之心也。于是以之享焉，以之祀焉。一念荐物之敬，有以孚祖考之心，而感通之余，遂介以景福矣，岂但祭祀之间能获福哉！

雍一章十六句

首节讲：此武王祭文王之诗。若曰：人君之假庙也，固当合天下之孝以为孝，然要非后人之能致也，实惟先德之是赖焉。我今日之祀先王也，何如哉？

有来雍雍，至止肃肃。

彼当四海混一之初，而为肇祀文王之举，庙貌始开，万国毕集。但见辟公之来自侯国也，雍雍而和，无勉强之意；其至止周庭也，肃肃而敬，无怠慢之心。

相维辟公，天子穆穆。

相，助祭。辟公，是诸侯。天子，是主祭者。穆穆，见之容者。而所以助我之祭祀者，实维此辟公矣。如是，天子夫何为哉？惟见其湛思疑虑，以交神明，非不雍雍而和也，而不可以和名；非不肃然敬也，而不可以敬象，但著其穆穆深远之容而已。是其合天下之和敬，而为一人之和敬，何其内之尽志耶！

二节讲：

於荐广牡，相予肆祀。

广牡，大牲也。相，是助。肆，陈也。然不特内尽志也，但见此和敬之诸侯，各以其物来祭，于是於荐广牡以助我之祭祀。是其合天下之享献，而为一人之享献，何其外之尽物耶！

假哉皇考，绥予孝子。

假，大也。皇考，指文王。孝子，武王自称。以此而享皇考，孝子之心固望其来享也。假哉皇考，尚其鉴而享之，以安我孝子之心，而得以慰其如见之怀可也。

三节讲：然我之得人以奉祭，孰非文德之所贻哉？

宣哲维人，文武维后。

宣，是通。哲，是智。人，人道。文，教化。武，威勇。后，君德。盖人之灵万物者，惟此宣哲也。皇考则宣无不通，哲无不知，而人道尽矣。君之称全德者，惟此文、武也。皇考则文足以经邦，武足以戡乱，而君德备矣。

燕及皇天，克昌厥后。

燕，安也。克，是能。昌，是大。厥后，是武王时。夫惟宣哲则聪明所在，于民之欲恶无不知，而民以宣哲安矣；惟文、武则德威所及，于民之利害无不济，而民以文、武安矣。如是则有以慰求莫之心，不有以燕及皇天乎？是以敷锡之休，不惟尊荣其身，享有寿考已也，且以克昌其后嗣焉，而贻之以久大之庆也。

末节讲：昌后之实何如？

绥我眉寿，介以繁祉。

眉寿，自垂老受命言。繁祉，富贵之隆言。彼人莫难于有寿也。今则绥我以眉寿，而历年有永，受命既长，其宛然周王寿考之遗乎！人莫难于福也。今则介我以繁祉，贵为天子，富有四海，其恍然聿怀多福之遗乎！

既右烈考，亦右文母。

右，尊也。烈考，即皇考。文母，是太姒。夫有眉寿则不患无可为之时矣，有繁祉则不患无能为之分矣。是以我得合和敬之诸侯，以荐广牡。既右烈考以天子之礼，而天下以父道尊之也；亦右文母以后妃之礼，而天下以母道尊之也。使非皇考盛德之泽，有以昌我后人，则今日之祭果何自而举哉？信乎，皇考之德不可忘也！

载见一章十四句

首节讲：此诸侯助祭于武王庙之诗。若曰：孝子之奉祭也，能竭万国之欢心者，斯能敛万国之多福。若我今日之祭，其所赖于辟公，岂其微哉？

载见辟王，曰求厥章。

见，朝也。辟王，君也。章，法度。是故我举昭考之祭，而诸侯修助祭之礼。然助祭必先入朝，而入朝所以禀王法也。于是载见辟王，曰求厥章，盖将奉一人之礼乐政刑，退而与国人共遵之也。

龙旂阳阳，和铃央央。

而其入朝之仪何如哉？但见车上之建，有交龙之旂，其色则阳阳而鲜明也。轼前之和，旂上之铃，其声则央央而和也。

鞗革有鸧，休有烈光。

休，是美。马辔之鞗，辔首之革，其声则有鸧而和也。侯度修而等威以辨，仪卫盛而又悉以彰王，国若因之以生色矣，不亦能有烈光矣乎？

二节讲：夫诸侯既来朝而禀法矣。

率见昭考，以孝以享。

率，引见。昭考，指武王。于是率之以见我昭考之庙，所以修祀事也。斯时也，精诚萃于万国，而合天下之孝以致其孝；物品备于四方，而合天下之享以成其享。所以致昭考之来格者，诚有在于斯矣。

末节讲：

以介眉寿，永言保之，思皇多祜。

皇，大也，美也。祜，亦福。是以神隆而锡以福，介我以秀眉之寿，使我来言保此。思皇之多祜，长守其富，长守其贵也，盖不特今日而已矣。

烈文辟公，绥以多福，俾缉熙于纯嘏。

夫有寿以保多祜，此正所谓多福而天下之纯嘏也。然岂我之所能致哉？盖我烈文辟公，竭其孝享之诚，致夫神锡之休，绥以多福，使我缉而熙之有寿，以保多祜，而纯嘏之至于此也。此皆辟公之功，敢忘所自哉？

有客一章十六句

首节讲：此微子来见祖庙之诗。

有客有客，亦白其马。

客，指微子。我微子本先代之后，我周盖尝待以不臣之礼矣。今为朝庙之行，至止周庭之上，不为我周之客乎？有客有客，其所乘者亦白其马，盖修先代之礼物而不之变也。

有萋有且，敦琢其旅。

琢，即雕琢。旅，从行者。自其仪之在一身而言，则有萋有且，而极其敬慎之至。是一身之敬，而莫非一心之敬也。自其仪之在从行而言，则左右便便，而若出于敦琢之余。是从行之敬，莫非有客之敬也。不有适我之愿耶？

二节讲：奈何朝庙既毕，遂欲舍我而去矣。

有客宿宿，有客信信。

一宿曰宿。再宿曰信。是故近而计之，我客不过于此一宿又一宿而已；远而计之，我客不过于此再宿又再宿而已。信信宿宿之外，将不为我久留也。

言受之絷，以絷其马。

絷，是以索缚之也。然我不欲客之逃去也，于是以彼之所乘有马而言，受之絷以絷其马焉，庶马以絷故而不得行，人亦以马故而不得去矣。

末节讲：夫以絷其马，我之计则然也。孰知我客之决于去而不可留，我将何以为情哉？

薄言追之，左右绥之。

追，是已去而追之使复还也。于是薄言追之，欲以挩其既去之辙，凡所以安而留之者，无不用其至矣。

既有淫威，降福孔夷。

淫，大也。威，等威。夷，易也，大也。且尔独不念我周之恩，犹有可留之道乎？盖我周使尔统承先王，得用天子礼乐，而制特异于群工，亦既大有等威矣。然则我周之降福于尔，名分不拘，恩泽无涯，不既易而且大乎！尔诚念及于此，亦可为我而少留也，何为而怼于我哉？

吁！周人于微子之朝庙，既喜其至，复悲其去。而留之切如此，可谓亲爱之无已矣。后世有天下者，反忌人之子孙至于殄灭无遗，亦独何哉？

武一章七句

一章讲：此周公颂武王之功，为《大武》之乐。若曰：圣人非以杀伐为威，而以止杀为武。能止杀则可以定王业，而即所以扩先绪也，今我武王之武何如哉？

於皇武王，无竞维烈。

皇，是大。无，如言莫。烈，功业。於皇哉，此武王也！创新造之王业，济四海于永清，其功烈之盛，可以光前裕后，天下莫得而竞之矣。

允文文王，克开厥后。

文，文德。开，创造。何以言之？盖信有文德之文王，修和有夏，辑和有宁，邦家大统，几于垂成，固有以克开后人之绪矣。

嗣武受之，胜殷遏刘，耆定武功。

嗣，继也。受之，受其绪。殷，即纣。遏，止也。刘，杀也。耆，致也。然殷虐未除，文德犹未洽于天下，使继之者非人，则先绪亦坠也。唯我武王嗣而受之，因其缔造之勋，而为吊伐之举，胜殷以止其杀，而救民水火之中。是以天下由此大定，而成其无竞之功也。用是观之，可见非武王之武，无以成文王之文，而胜功遏刘之功未建，亦无以集克开厥后之业。此其武功所以为大，而周公象之以作乐而告成功，宜哉！

闵予小子之什四之三

凡十一篇。

闵予小子一章十一句

首节讲：成王免丧，始朝于先王之庙，而作此诗也。若曰：服新命者当知持危之戒，守盈成者宜切继先之思。

闵予小子，遭家不造，嬛嬛在疚。

小子，成王自称。遭，遇也。造，成也。嬛嬛，无所依意。疚，哀病。闵予小子，今日之继体守成，以天命则未固也，以人心则未孚也，盖遭家不造矣。况我皇考，见皆嬛嬛然在此疚病之中，今虽免丧，朝庙之日，念之有难为情矣。

於乎皇考，永世克孝。

於乎，叹词。皇考，指武王。永世，终身意。夫以其眇躬而当不造之家，复失皇考之祐，我将何以为继序之图哉？亦惟法皇考之孝耳。於乎皇考也，事亲以孝，善继善述，盖终其身而不忘者。

二节讲：所谓永世克孝何如？

念兹皇祖，陟降庭止。

念，思念。皇祖，文王也。陟，是升。降，是。观其于皇祖既没之后，常切思念之心。善继其志，怳然若与之契也；善述其事，怳然若与之接也，有如皇祖之陟降于庭焉。其克孝于此可征矣。

维予小子，夙夜敬止。

小子，成王自言。今我小子之视皇考也，敢不夙夜之间敬以自持，兢兢然不忘皇考之思乎？

末节讲：

於乎皇王，继序思不忘。

皇王，兼指文、武。序，是相传之统序。所以然者，盖於乎我皇祖之业，皇考继之；皇考之业，小子继之。是其先后相传之序，不可自我而坠也。故我之所以夙夜敬止者，正欲崇大化之本，以就皇王之业，思继此序于不忘耳。不然先王之所望于小子者，其谓我何哉？

吁！成王于朝庙之初，即思以守文、武之业，此所以为有周之令主欤！

访落——章十三句

一章讲：成王既朝于庙，因作此诗，以道延访群臣之意。言：我出谅阴以听治，正继体守成之初也，不慎厥始，难图厥终。

访予落止，率时昭考。

访，是问。落，是始。率，是循。时，作是。昭考，指武王。咨尔群臣，我将谋之于始，以循我昭考之道。

於乎悠哉，朕未有艾。

悠，远也。朕，即予字。艾，及也。然於乎我昭考也，其道乃圣人之道，极于深远，朕未之能及也。

将予就之，继犹判涣。

继，缵述其道。判涣，分散之说。将使予勉强以就之，则强探力索者多扞格而不胜，犹恐道自道而我自我，判涣而不相合也。

维予小子，未堪家多难。

难，变故。夫以昭考之道，既远而难继，况予小子，渺躬凉德，又未能堪国家多难也。

绍庭上下，陟降厥家。

绍，是继。庭，朝廷。家，宫室。是何以为继述之图哉？亦曰以道求道则远而难及，以事求道则近而可循。外而在庭，昭考之所上下于是者，皆道之所著也，我则绍其上下于庭者而上下之；内而在家，昭考之所陟降于是者，皆道之形也，我则绍其陟降于家者而陟降之。凡刑寡妻至兄弟，一遵其成宪也。

休矣皇考，以保明其身。

休，是美。皇考，武王也。保，是安。明，是显。如此则事之所在，莫非道之所在；道之所在，莫非休之所在也。庶几哉！可以赖皇考之休。有以保吾身焉，而不陷于纵欲之危；明吾身焉，而不迷于昏昧之途。则昭考之道于是可继，而家国之难于是可堪矣。我今之所谋始者，尔群臣以为何如耶？

敬之一章十二句

首节讲：此成王受群臣之戒，而述其告己之言，及己答之之意。曰：天之所命者惟君，君之保命者惟敬，而所以能纯其敬者，惟在于无间之功，而辅翼之助也。向也小子以道延访群臣，而群臣以道而告小子。有曰：

敬之敬之，天维显思，命不易哉！

显，是明。命，天命。不易，言难保。我王当嗣服之初，正天命去留之会也，尚当体敬止之心法，守敬胜之家传，而有严有翼。其敬之哉，敬之哉！然所以当敬者何也？盖使大道有不显，而明命之易保，犹可以不敬也。自今言之，天道甚显，凡人一念之敬肆，莫不在于洞烛之中，而命遂因之予夺，有不可执之以为常矣，命何不易保哉？

无曰高高在上，陟降厥士，日监在兹。

无曰，戒之之词。士，即事。监，监临。兹，此也。王毋曰：天之高高在上，而不吾察也。当知其聪明明畏，常若陟降于吾之所为。盖有无日而不能临鉴在兹者，无一事之或遗，亦无一时之或间矣。天道之显如此，则其命亦因之矣，如之何其易保耶？王诚不可以不敬也。

末节讲：

维予小子，不聪敬止。

小子，成王自称。不，如言未。夫群臣固以敬而戒我矣，顾予小子，天质不聪，尚昧主敬之方而未能敬焉。

日就月将，学有缉熙于光明。

就，向往。将，进也。学，即勉敬之学。然未能者其质也，愿举者其心也。是必体验于幽独之中，扩之于行事之际。日有就焉，日求一日之功；月有将焉，月求一月之功。不但已也，又必于其日就月将者，缉而续之，熙而明之，无一息之间，以造于一疵不存、万理明尽之后，而复其光明之本体，斯已矣。如是则私欲不杂，此心惺惺，庶几其为纯敬道哉！

佛时仔肩，示我显德行。

佛，辅也。仔肩，如言大任。显，明也。德行，事有可据者。凡尔群臣，当念我所负荷之任，天命于我乎？疑人心于我乎？固而非敬无以胜之，盖甚重也。是必辅助我所负荷之任，而凡为显明之德行者，一以示我，使我得以于此加日就月将之功，因缉而熙之，庶几光明之地可几而敬可能矣。不然，而徒泛泛示之曰敬之哉，我将何以循哉？

吁！成王既受戒，而又欲交修于人已，此所以能基命宥密而为守成之令主与！

小毖一章八句

一章讲：此亦《访落》之意。若曰：

予其惩，而毖后患。

惩，有所伤而知戒意。毖，是慎。患，祸患。人情有所惩于前，斯有所儆于后。我今何所惩而儆后患乎？

莫予荓蜂，自求辛螫。肇允彼桃虫，拚飞维鸟。

荓，是使。蜂尾有针，故曰辛螫。肇，始也。允，信也。桃虫，鹪鹩，小鸟。拚，飞貌。鸟，大鸟。夫蜂之为物，虽小而有毒，本不可使也；桃虫之小，而能为大鸟，本不可信也。今予之当惩者，莫予拚蜂而自求辛螫之变，信桃虫而不知拚飞为大鸟焉。此其所以当惩者乎！

未堪家多难，予又集于蓼。

蓼，是辛苦之物。顾予年幼冲，未堪国家之多难，而又集于辛苦之地，有此辛螫拚飞之祸焉。使今不惩昔日之变，则恐复酿他日之患矣。凡尔群臣，诚当思以匡我之不及，而使我知所谨可也，岂可舍我而弗助哉？

载芟一章三十一句

首节讲：此诗疑亦秋冬报赛田事之乐歌。言：农事以稼穑为先，稼穑以丰年为庆。

载芟载柞，其耕泽泽。

芟，除草。载柞，除木。彼三农之事，莫先于耕也。然草木不除，则有妨五谷，故芟焉除草，柞焉除木。而其耕也，泽泽然土膏之解散矣。

千耦其耘，徂隰徂畛。

耘，是去其苗中之草。隰，是为田之处。畛，是田畔。三农之事，亦莫重于耘也。然人力不协，则地有遗利，于是合千为耦，同出而耘。而其耘也，自为田之处以至田畔之处，而皆遍矣。

二节讲：然耕与耘之事何如？

侯主侯伯，侯亚侯旅，侯强侯以。

主，是家长。伯，是长子。亚，仲叔之次子伯者。旅，众子弟。强，相助者。以，佣工者。以其耕之勤言之，内则主、伯、亚、旅之咸在，外则侯强、侯以之咸力。

有嗿其馌，思媚其妇，有依其士。

嗿，是人众饮食之声。依，爱。士，即夫也。斯时也，妇子来馌而众食之，嗿然其有声矣。且为夫者，则以力耕吾事也，而悯其妇来馌之劳，无不媚妇之夫也。为妇者，则以来馌吾事也，而悯其夫力耕之劳，无不依士之妇也。

有略其耜，俶载南亩。

略，是利。耜，起土者。载，事也。合内外长幼以并出，各以有略之耜，始事于南亩之中焉。所谓芟作而耕者，何勤耶！

三节讲：以其耕之勤言之。

播厥百谷，实函斯活。

实，种子。函，含气。活，生也。但见既耕之后，而百谷可播矣。则播厥百谷，其实含气而生焉。

四节讲：

驿驿其达，有厌其杰。

驿驿，苗生。达，出土。厌，受气足。杰，先长。由是驿驿其达，苗生之出土也。有厌其杰，受气之足而先长也。

五节讲：

厌厌其苗，绵绵其麃。

绵绵，详密。麃，是耘。厌厌其苗，受气之齐而均长也。斯时也，力耘非其日乎，则绵绵其麃，而耘之极其详密，既不失之卤莽也，亦不失之裂灭也。所谓千耦其耘者，抑何勤耶！

六节讲：

载获济济，有实其积，万亿及秭。

获，刈禾。济济，人众貌。有实，是积之实。积，露积。万亿及秭，俱是所积之数。夫耕耘之务既勤矣，及夫西成届期，百谷咸登。获之于野，而有济济人力之众；实之于积，而有万亿及秭之多，收入之富如此。

为酒为醴，烝畀祖妣，以洽百礼。

醴，甜酒。烝，是进。畀，是献。洽，是备。则以之制用焉，有一事之不周乎？但见以之为酒而三酒备矣，以之为醴而五醴具矣。由是进之祖妣之前，以洽百礼之备。凡夫妥侑以致孝，献酬以致敬，无不有资矣。

其祭祀之需，焉有不足耶？

七节讲：不特此也。

有饛其香，邦家之光。

饛，芳香。光，文明。但见酒醴也，饛然其香，以之燕享宾客，则会明良，聚道德，而邦家由之以光矣。

有椒其馨，胡考之宁！

馨，亦香。考，是寿。宁，安也。椒然其馨，以之供养耆老，则养天和、安气体，而胡考由之以宁矣？其燕享之具，又焉有不周耶？

末节讲：

匪且有且，匪今斯今。

且，前字指此处，后字指此事。今，前字指今时，后字指丰年。夫耕耘收获，稼穑之事也；祭祀燕享，丰年之庆也。然非特此处有此稼穑之事也，今时有今丰年之庆也。

振古如兹。

振古，如言极古。兹，亦此字。盖自极古以来，即有此稼穑之事，而不独一处为然矣。有此稼穑，即有此丰年之庆，而不独一时为然矣。夫以稼穑，斯年之兆，于古如此，则神之有功其来久矣，报赛之典，其容以不举乎？

良耜一章二十三句

首节讲：此诗疑亦秋冬报赛田事之乐歌。言：稼穑之事虽由于人力，丰年之庆实由于神功。我周人不敢忘所自矣。

畟畟良耜，俶载南亩。

畟畟，严利也。彼方其耕也，以此严利之耜，而始事于南亩之间，其耕之也勤矣。

二节讲：

播厥百谷，实函斯活。

迨其耕也，播此百谷之种，其实皆含气而生，其播之也时矣。

三节讲：

或来瞻女，载筐及筥，其饷伊黍。

瞻女，妇子来饷。筐、筥，俱是饷具。饷，是所馌之物。由是农夫在田，妇子馌焉，则持筐筥之器，盛伊黍之馌，而饔飧之有备也。

四节讲：

其笠伊纠，其镈斯赵，以薅荼蓼。

纠，笠轻。镈，田器。赵，刺也。薅，去也。妇子来馌，农夫耘焉，则戴轻纠之笠，持斯赵之镈，而荼蓼之是薅也。

五节讲：

荼蓼朽止，黍稷茂止。

朽，腐烂。荼蓼既去，则草朽土熟，而黍稷日见其茂盛矣。

六节讲：

获之挃挃，积之栗栗。

由是西成届期，于焉而可获也。则获之于野，挃挃然其有声，积之于场，栗栗然其甚密。

其崇如墉，其比如栉，以开百室。

崇，高也。墉，是墙。比，密比。栉，头梳。语其所积之崇，则如墉也；语其所积之密，则如栉也。而向之合百室以共作者，今则开此百室而同时以入谷矣。

七节讲：

百室盈止，妇子宁止。

由是百室盈止，而比闾族党，皆有积仓之富；妇子宁止，而俯仰有资，皆蒙乐利之休。其丰年之庆为何如哉？

末节讲：夫农夫获丰年之庆，要之皆田祖、先农、方社之功也，报赛之礼其容可缓乎？

杀时犉牡，有捄其角。

黄牛黑唇之犉。故杀此犉牡之牲，有捄其角之曲，于以行报赛之礼焉。

以似以续，续古之人。

似，即继。人，即先祖。举是礼也，而岂徒哉？盖我先祖于农事有成之日，固常行报赛之礼。我今日之举，正欲以似续古之人之典于不替耳。不然，行于昔而废于今，将何以报神功之远哉？

丝衣一章九句

一章讲：此祭而饮酒之诗也。意曰：王者有事于庙，而多士与焉。非徒以备官也，盖将萃臣工之敬焉耳。

丝衣其纮，载弁俅俅。

丝衣，是祭服。纮，洁也。载，是戴。弁，是爵弁。俅俅，是恭顺。今观我周士之助祭也，丝衣之服于身者，纮然其鲜洁；爵弁之戴于首者，俅然其恭顺。盖以士者之服，而助王者之祭矣。

自堂徂基，自羊徂牛，鼐鼎及鼒。

自，是由。徂，是往。基，门塾。鼐，大鼎。鼒，小鼎。但见方其未祭也，有行礼之序焉。则始而省器也，升自门堂，视壶濯笾豆之属，降往于基，往告主人曰：器皆已濯具矣。次而省牲也，出自门外，从羊至牛，而视之反于基，告于主人曰：牲皆已充矣。又次而省镬也，出自门外，举夫大鼎之鼐及夫小鼎之鼒，反于基，告主人曰：鼎皆已洁矣。是未祭而谨礼之序如此。

兕觥其觩，旨酒思柔。不吴不敖，胡考之休。

吴，喧哗。敖，骄傲。休，即福。迨其既祭也，有献酬之礼，则称彼觩然而曲之兕觥，酌彼柔然而和之旨酒，笑语卒获，无有于喧哗也；礼仪卒度，无有于怠傲也。是饮酒而谨礼之仪如此。由是敬至而神以孚，神孚而福以降，岂不永锡难老而有胡考之休乎！则所以相一人之祀事者，盖未有既矣，岂直今日之祭饮而已哉？

酌一章八句

一章讲：此颂武王之诗。言：天下有不可违之时，而圣人自有顺时之道，欲行事者当知所法也。

於铄王师，遵养时晦。

铄，是盛。王师，武王之师。遵，是循。晦，藏也。迨我武王也，向有铄盛之王师，非不可伐纣而成功，然天命犹在商，而周时未至，时尚晦矣。武王则坚事商之小心，而退自循养，与时俱晦焉。若幸国之衅而轻易其君，岂仁人之所屑者哉？

时纯熙矣，是用大介。

熙，光也。介，是甲。及天命既绝商，而周道已光，时纯熙矣，武王则著戎衣以伐纣，而天下大定，与时俱显焉。若纵独夫之暴以虐其民，岂仁人之所忍哉？是其始之循养也，非有心于忘天下也；终之大介也，非有心于利天下也，惟其时而已。

我龙受之，蹻蹻王之造。

龙，宠也。蹻蹻，武貌。造，为也。夫酌时之下，大功以建，是以尺地莫非其有，一民莫非其臣，诚蹻然为王者之造也。惟我后人无事经营之劳，安然受此跻跻然王者之功，而垂裕也亦弘矣。

载用有嗣，实维尔公允师。

嗣，是继。尔，指武王。公，是事。师，是法。我今所以嗣其功者，岂可以他求哉？亦惟武王酌时之事是师耳。盖虽不尽袭牧野之迹，然时未可为则，法养晦之遗规，不敢先时而失之纷更也；时所可为则，法大介之遗意，不敢后时而失之废弛也。使不师其道而欲嗣其功，不亦难哉？

桓—章九句

一章讲：此亦颂武王之诗。若曰：帝王之兴，天命之也。故世乱而伐暴安民，世平而用贤保治，莫非所以承天命也。我观武王得是道矣。

绥万邦，娄丰年，天命匪解。

匪解，如言不怠。当商罪贯盈之时，万邦之失其所安久矣。惟我武王伐纣，救民于水火之中，而措万邦于久安之域，是以民心悦而天意得，阴阳顺轨，风雨时若，而屡获丰年之祥焉。盖虽大军之后，必有凶年，而非所论于武王顺天应人之师者矣。若此者固天之眷周，然天命之于周久而不厌，不徒有屡丰之祥而已也。

桓桓武王，保有厥士，于以四方，克定厥家。

桓桓，武貌。厥士，即十乱之臣。盖此桓桓武王，知天以安民为心也。于是凡此敦商之旅，皆列爵分土，保而用之于四方，以克定厥家，使夫见休之众，愈获安宁之庆焉。

於昭于天，皇以间之。

皇，是君。间，是代。是以安民之德，上通于天，而天命之君天下以代商也，而一代之命于此永承于无疆矣。命之匪懈何如哉？夫伐商屡获丰年之庆用矣，而膺匪懈之命，武王之功所以为大也。宜周人颂而归功也与！

赉一章六句

一章讲：此颂文、武之功，而言其大封功臣之意也。若曰：帝王享有天下而必与功臣共者，非徒示宠荣也，一以广先王之德泽，一以保万世之太平。盖大公大虑存焉者也。尔诸臣亦知此意乎？

文王既勤止，我应受之。

勤，是劳。应，当。彼我文王，日昃不遑，以肇造区夏，其勤劳天下至矣。我也受而有之，因成一统之业。

敷时绎思，我徂维求定。

敷，是布。时，作是字。绎思，是寻绎而思念。徂，是往。定，安也。则此土地人民之所在，莫非文王之功德而可绎思者也，我岂敢私之为己有哉？布此文王功德之在人而可绎思者，以赉有功之臣，使其大小相制，轻重相维，于以夹辅王室而往求天下之安定焉。

时周之命，於绎思。

命，诏令。於，叹词。然此分封之典，乃我周一代之新命，所以酬功报德，而非复商之滥及恶德矣。於乎！有文王之功德，斯有今日之封爵。凡尔群臣之受封赏者，尚其绎思文王之功德于不忘焉，则所以计安天下者不容已矣。不然，其何以慰勤劳之意，而钦我周之新命也哉？

此可见不有文王之勤劳，则无以得天下而启分封之典；不有武王之分封，则无以安天下而保勤劳之业。此文、武之功所以均为可颂也。

般一章七句

一章讲：此武王巡守而朝会祭告之乐歌。若曰：自商政不纲，巡狩之废也久矣，甚非所以柔百神而肃人心者也。

於皇时周！陟其高山，隳山乔岳，允犹翕河。

於，叹词。皇，是美。陟，升也。隋山，山狭而长者。乔，是高。允，是信。犹，是由。翕河，河不泛滥。美哉，我周也！当受命之始，为巡狩之行，于是陟其高山，以柴望夫狭而长之堕山也，高而大之岳山也，而一方之祭告无不遍，则一方之朝会无不举矣。然天下非一山，四方非一岳，于是又道翕顺之河以周四方之岳，而四方之祭无不遍，则四方之朝会无不举矣。

敷天之下，裒时之对，时周之命。

敷，即普。裒，是聚。对，是答。所以然者何哉？盖以敷天之下，皆仰一王之新政而有望于我，是以我也聚而朝之方岳之下，正朔与之一，律度与之同，五礼与之修，五瑞与之辑，以答其仰望之心耳，夫岂无事而优游哉？若此者，虽遵先王之旧规，然实我周之新政，以与天下相更始者也。尔群臣知新命之不可轻，则当知遵守而不可忽也已。

鲁颂 四之四

鲁，乃成王封周公长子伯禽也，姬姓侯爵。其诗皆臣子颂其君之词，与商、周之诗，子孙颂其先德者异矣。然其节奏皆依颂成声，故得列之商、周而无嫌。诗凡四篇。

駉 四章，章八句

首章讲：此诗言僖公牧马之盛，由其立心之远也。若曰：大哉心乎！始于仁民，终于及物，故立心之善否，而万化之兴颓系焉。我于我侯牧马之盛，而有以独观其深矣。

駉駉牡马，在坰之野。

牡马，马之公者。坰，是林外之地。野，牧外。彼駉駉然腹干肥张之牡马，在于坰之野，所以避民居良田也。

薄言驷者，有骊有皇，有骊有黄，以车彭彭。

以是马之驷者而言，有骊马白跨之骊也，而又有黄白之皇，有纯黑之骊也，而又有黄骍之黄，色虽不同而驷则一。以之驾车，见其彭彭而充盛矣。

思无疆，思马斯臧。

思，心思。无疆，即无穷。思马，思及于马。臧，是善。然岂无自而然哉？盖由我公之治国也，有悠久之计，无浅近之规，而思之无疆也。是以一思及于马，自然蕃养有道，而马有如是彭彭之善矣。

二章讲：

駉駉牡马，在坰之野。

駉駉然腹干肥张之牡马，牧之于坰之野，避民居与良田也。

薄言驷者，有骓有駓，有骍有骐，以车伾伾。

自其马之驷者而言，有苍白杂毛之骓也，而又有黄白杂毛之駓，有赤黄之骍也，而又有青黑之骐，色虽有异而驷则同。以之驾车，吾见其伾伾而有力矣。

思无期，思马斯才。

才，材力。然岂无自而然哉？盖由我公之治国也，有万世之虑，无一时之谋，而思之无期也。是以一思及于马，自然蕃育有方，而马有如是伾伾之才矣。

三章讲：

駉駉牡马，在坰之野。

駉駉之牡马，在于坰之野，牧之有其地矣。

薄言驷者，有骍有骆，有駵有雒，以车绎绎。

薄言驷者，有青骊鳞之骍与夫白马黑鬣之骆，有赤身黑鬣之駵，与夫黑身白鬣之雒。以是马而驾夫车，绎绎然不绝也，可谓盛矣。

思无斁，思马斯作。

斁，厌怠。然非无自也。盖由我公心思彻乎终始，而无一念之厌斁。是以思及于马，马大繁息，而绎绎之奋起耳。

末章讲：

駉駉牡马，在坰之野。

駉駉之牡马，在于坰之野，而牧之有其地矣。

薄言駉者，有骃有騢，有驒有鱼，以车祛祛。

薄言駉者，有阴白杂毛之骃与夫彤白杂毛之騢，有豪骭之驒与夫二目白之鱼。以是马而驾夫车，祛祛然强健也，可谓盛矣。

思无邪，思马斯徂。

邪是正，徂是行。然非无自也。盖由我公心思极其正大，而无一念之邪僻。是以思及于马，马大繁息，而祛祛以徂行耳。

盖国家之盛衰，征之畜产；畜产之盛衰，本之君心。僖公立心之远，则其牧马之盛，岂偶然哉？吾以是知君心之关于万化大矣，不特一牧马然也。

有駜三章，章九句

首章讲：燕饮而颂祷之词。若曰：君臣相庆熙之盛事，吾今抑何幸而躬逢其盛耶？

有駜有駜，駜彼乘黄。

乘黄，四马皆黄色。彼有駜然肥强之马，则四马皆黄矣。

夙夜在公，在公明明。

公，是燕会之所。明明，是辨治。我侯君臣夙夜在公，举燕饮之礼，则君有君之仪，臣有臣之仪，皆明明而辨治矣。

振振鹭，鹭于下。

燕必有舞也。持此鹭羽，或坐或伏，振振然如鹭之下。

鼓咽咽，醉言舞。于胥乐兮！

燕必有鼓也。击此革鼓，不疾不徐，咽咽然其声之长。斯时也，献酬屡更，君臣皆醉，复命工而起舞焉。夫以上下交泰，名分无拘，其相乐为何如哉！

二章讲：

有駜有駜，駜彼乘牡。夙夜在公，在公饮酒。

有駜然肥强之马，则四马皆牡矣。我侯君臣夙夜在公，而举燕饮之礼，以洽明良之情，则在公饮酒矣。

振振鹭，鹭于飞。鼓咽咽，醉言归。于胥乐兮！

燕必有舞也。持此鹭羽，或举或扬，振振然如鹭之飞。燕必有鼓也。击此革鼓，不疾不徐，咽咽然其声之长。斯时也，献酬屡更，君臣皆醉，然后相与言归焉。夫君臣同乐，其迹无累，其乐为何如哉！

末章讲：

有駜有駜，駜彼乘駽。夙夜在公，在公载燕。

有駜然肥强之马，则四马皆駽矣。我侯君臣夙夜在公，则在公载燕矣。

自今以始，岁其有。君子有穀，诒孙子。于胥乐兮！

有，丰登。穀，是善。诒，是遗。斯时也，凡我群臣沐君之恩深矣，将何以为愿哉？殆必自今以始，阴阳顺轨，风雨时若，岁岁其有焉，我侯永享乐利之休矣。君子有穀，礼教是重，信义是崇，以诒孙子于无疆焉，我鲁永享亲贤之化矣。夫然则君享其臣，臣蒙其休，而燕饮以乐太平者，亦自今以始，盖未艾也。其乐为何如哉？

泮水 八章，章八句

首章讲：此饮于泮宫而颂祷之词。若曰：学校者，礼义之所宗；讲学者，人主之盛节。兹何幸于我侯见之！

思乐泮水，薄采其芹。鲁侯戾止，言观其旂。

泮水，泮宫之水。芹，水菜。戾，是至。彼思乐泮水，有芹生焉，则薄采其芹矣。我侯之至止于泮也，有旂建焉，则言观其旂矣。

其旂茷茷，鸾声哕哕。

但见其旂茷茷而飞扬，目遇之成色也；鸾声哕哕而和鸣，耳遇之成声也。

无小无大，从公于迈。

迈，往也。斯时也，我侯举旷世之盛典，而人心之欢乐，无小无大。从公于迈，环桥以观听者济如矣。是其苗泮得人有如此者。

二章讲：

思乐泮水，薄采其藻。鲁侯戾止，其马蹻蹻。

思乐泮水，有藻生焉，则薄采其藻矣。我侯之至止于泮也，有驾马焉，则蹻蹻其盛矣。

其马蹻蹻，其音昭昭。

音，声名。昭昭，是著。夫其马蹻蹻，仪卫隆矣。是行也，为崇儒来也，为重道来也，其聿骏之音不复昭昭而著乎？

载色载笑，匪怒伊教。

色，和颜。怒，暴戾。教，讲学。斯时也，我侯妙作人之术，而敷教之在宽，色笑可亲，暴怒不形，所以教人者尽其道矣。其苢泮善教有如此者。

三章讲：

思乐泮水，薄采其茆。鲁侯戾止，在泮饮酒。

思乐泮水，则薄采其茆矣。我侯之至止，于是也当讲学行礼之余，则在泮饮酒矣。

既饮旨酒，永锡难老。顺彼长道，屈此群丑。

难老，如言不老。顺，是循。长道，大道也。屈，是服。丑，是中。吾人将何以为愿哉？彼寿者，福之先也。安得我侯饮此旨酒，颐天和、安气休而永锡难老之庆者乎？民者，邦之本也。安得我侯顺此大道，重礼教、崇信义而屈服鲁国之众者乎？

四章讲：然吾人之愿于我侯者，不止此已也。

穆穆鲁侯，敬明其德。敬慎威仪，维民之则。

德，是具于性者。威仪，是章于身者。吾见穆穆鲁侯也，敬以明其德，而本体之不昧；敬以慎威仪，而尔止之不愆：则表里尽善，民极以建矣。由是下民皆思明德谨仪，不于我而取法矣乎？

允文允武，昭假烈祖。

文，文德。武，威武。烈祖，指周公、鲁公。允文焉，德之所施者博；允武焉，威之所制者广。而质诸烈祖之以文武开国承家者，允无愧焉。

靡有不孝，自求伊祜。

孝，就继述说。祜，福也。则继述尽善，而靡有不孝矣。由是烈祖锡之以福，不自求伊祜矣乎？

五章讲：然吾人之愿于我侯者，又不止此也。

明明鲁侯，克明其德。既作泮宫，淮夷攸服。

明明，称呼之词。克，是能。吾愿明明鲁侯也，克明其德，而虚灵之本体不亏，则服远之道预矣。乃今既作泮宫，固将以为讲学行礼之区，亦所以为受成释奠之所也。当是之时，适淮夷之攸服焉。

矫矫虎臣，在泮献馘。淑问如皋陶，在泮献囚。

矫矫，武也。虎臣，如虎之臣，言勇也。馘，是刈其左耳。淑，是善。问，是讯。皋陶，古善理狱者。囚，虏获。所服之淮夷，有格其左耳者，则有矫矫武勇之虎臣，而在泮献馘也。有囚获而归者，则淑问如皋陶之智臣，而在泮献囚也。我侯修德服远之功如此，不亦深可愿乎！

六章讲：然不时修德以服远也，又愿其得人以成功焉。

济济多士，克广德心。

多士，是兵士。广德心，推而大之善心也。彼济济之多士也，皆克广其德，心有忠君爱国之诚，无自私自利之意焉。

桓桓于征，狄彼东南。烝烝皇皇，不吴不扬。

桓桓，是武貌。狄，遏也。东南，指淮夷。吴，喧哗。扬，轻跳状。夫德心一广，则何功不立。故当淮夷之未克也，则奋桓桓于征之勇，以狄彼东南之夷兵。进而合有烝烝皇皇之盛也，师出以律，有不吴不扬之肃也。

不告于讻，在泮献功。

讻，争功便是凶事。献功，献捷也。德心一广，则何功可争？故及夫淮夷之既克也，则士让于将，将让于君，不以争功之事而告于狱官也，惟以所成之功而献于泮宫也。凡若此者，皆德心之广为之矣，宁非吾人所愿于侯之多士乎？

七章讲：然不特得人以服远已也，又愿其善兵威兵谋以成功焉。

角云其觩，束矢其搜。

束，五十矢为一束。以言角弓，觓然其体之健；以言束矢，搜然其矢之疾。

戎车孔博，徒御无斁。

博，广大。徒，兵卒。御，御车之人。斁，厌怠。以戎车则孔博而攻坚之有具，以徒御则无斁而敌临之有人。

既克淮夷，孔淑不逆。

不逆，无违命也。以此武备之修饬，固足克淮夷，使之效顺而不逆矣。

式固尔犹，淮夷卒获。

固，密固。犹，谋也。卒，是终。获，是得。然有威而无谋，犹恐不能以万全取胜也。又必式固尔犹，有周详之虑，而无苟且之谋，则致人而不致于人，淮夷岂有不终服哉？

末章讲：夫淮夷既服，纳贡行焉。

翩彼飞鸮，集于泮林。食我桑葚，怀我好音。

泮林，泮宫之林。好音，清和之音。彼翩然之飞鸮，本为恶声之鸟也，今集我泮林，食我桑葚，而怀我以好音之美矣。

憬彼淮夷，来献其琛。

憬，觉悟。琛，宝也。况此蠢然之淮夷，本为难化之人也，今则悟已往之非，而来行其献琛之礼焉。

元龟象齿，大赂南金。

赂，是遗。所献之琛维何？元龟也，象齿也，南金也，皆从而大赂之，虽非其土所有，莫不来献以将其诚矣。淮夷之服如此，不有以遂吾人之愿乎？

閟宫九章，五章十七句，内第四章脱一句，二章章八句，二章章十句

首章讲：此僖公修庙，诗人歌咏其事，以为颂祷之词。意谓：庙立于先王，而修之在后人。此非徒侈伟观也，所以上妥先灵而下顺民心者也。今我公以孝敬之心为修庙之举，其事不有可言者乎？

閟宫有侐，实实枚枚。

閟，深也。侐，清静。实实，自下言。枚枚，自上言。但见深閟之宫，侐然清静。以下之盘基，则实实而巩固也；以上之结构，则枚枚而砻密也。所以祀周公皇祖，而报功德于无疆者在是矣。

赫赫姜嫄，其德不回。上帝是依，无灾无害。弥月不迟，是生后稷。

姜嫄，后稷之母。回，邪也。依，眷顾。弥月，正当满月之期。然修庙之事，虽由于我公，而有鲁之庙，实始于后稷。而后稷之生，夫岂偶然哉？盖赫赫姜嫄，其德无有回邪，而为上帝之所眷念，是以无灾无害，终十月之期而不迟，是生后稷焉。

降之百福，黍稷重穋，稙稚菽麦。

夫天眷后稷之生，将使之教民稼穑而终率育之命者也，于是降之百福。凡夫黍稷重穋、稙稚菽麦，而无不备焉。

奄有下国，俾民稼穑。有稷有黍，有稻有秬。奄有下土，缵禹之绪。

奄，尽也。下土，即天下。缵，继也。绪，功也。所以膺有邰之封，而奄有下国者，基于此矣。由是后稷教民稼穑，所以诞降嘉种者，稷黍有之，稻秬有之，有以遍及下土之远焉。

夫向也禹平水土，使民得以安居；今也稷教稼穑，使民得以粒食。禹之功，稷有以继之矣。夫稷生有所自出，有所为如此。此固我周有天下之始，而亦我鲁有国之自也。

二章讲：

后稷之孙，实维太王。居岐之阳，实始剪商。

岐之阳，即岐周之地。剪，除也。逮夫后稷之孙，实维太王徙居岐阳之后，人心日归，土地日广，而王迹以肇，实始有翦商之势。

至于文武，缵太王之绪。致天之届，于牧之野。

至于文、武，缵太王之绪。适际天命归周绝商之届，于是武王奉天命以伐商于彼牧野之间。

无贰无虞，上帝临女。

贰，疑贰。虞，思虑。而当时人心犹恐武王有不决也，而赞之曰：女无以臣伐君非常之事而疑惑于心也，盖尔之德有以克当乎天心，上帝实临女矣。

敦商之旅，克咸厥功。

敦，治也。旅，师众。咸，同也。斯时也，凶残既取，乱略以遏，治商之众，咸有其功，而周公尤在元勋之列焉。

王曰叔父，建尔元子，俾侯于鲁。大启尔宇，为周室辅。

王，成王。叔父，即周公。元，长也。元子，长子，即伯禽。启，开也。宇，居也。故成王嗣统，呼周公而告之曰：叔父，我欲封尔一身，则王朝辅相不可以无人。兹惟建尔元子，俾侯于鲁，而列爵之崇也；大启尔宇，而分土之广也，于以藩屏一方，而为周室之辅焉。

三章讲：夫分封之意，王既示之公矣，遂降之以分封之典焉。

乃命鲁公，俾侯于东。锡之山川，土田附庸。

即伯禽封子曰鲁公。东，鲁地。附庸，附属之国。乃命鲁公，俾侯于东，而爵诸侯之尊矣。锡之山川，土田附庸，而分土百里之广矣。

周公之孙，庄公之子，龙旂承祀，六辔耳耳。

周公之孙、庄公之子，二句俱指僖公言。承祀，祀兼郊庙。耳耳，柔和貌。我鲁之国既于此乎封，而郊庙之祭亦于此乎锡。是以我公为周公之孙、庄公之子，乃上承郊庙之祀，旂建于车，则交龙之旂也；辔以御马，则六辔耳耳也。

春秋匪解，享祀不忒。

春秋，二时之祭。匪解，不懈怠。忒，过差。其致敬于岳，则祭祀以时，春秋匪懈焉，仪物有等，享祀不忒焉。

皇皇后帝，皇祖后稷，享以骍牺。

皇皇，大也。后帝，郊之帝。骍，赤色。其致敬于郊，则主以皇皇上帝，而以皇祖后稷配焉，享以骍色之牺，而将享以致虔焉。

是飨是宜，降福既多。

由是郊则天神格，而是享是宜，降福之孔多矣。

周公皇祖，亦其福女。

皇祖，指群公。庙则人鬼享，而周公皇祖亦其福汝矣。

四章意：然致敬于庙，而获福果何如哉？

秋而载尝，夏而楅衡。

尝，秋祭。楅衡，施于牛角以止其触。但见秋行尝祭，夏而楅衡其牛，礼何预也？

白牡骍刚，牺尊将将。毛炰胾羹，笾豆大房。

白牡，祀周公。骍刚，祀鲁公。牺尊，受酒之尊，画牛。炰，去其毛而炰之。胾，是切肉。大房，半体之俎。周公祀以白牡，鲁公祀以骍刚，礼何别也？祭必有器，牺尊将将而严正；祭必有品，毛炰胾羹之并陈。有笾豆以盛菹醢也，有大房以载牲体也，而礼于是乎咸备矣。

万舞洋洋，孝孙有庆。俾尔炽而昌，俾尔寿而臧。

孝孙，指僖公。庆，福也。炽、昌，俱是福盛。臧，寿而吉。以乐言之，文用羽籥，武用干戚，万舞何洋洋其盛也！礼乐明备，烈祖来格，孝孙不有庆乎？俾尔以福，既炽然而盛，且纯嘏有常而昌焉；俾尔以寿，既历年之多，且寿考维祺而臧焉。

保彼东方，鲁邦是常。不亏不崩，不震不腾。

常，不失也。亏，缺也。崩，坏也。震，动也。腾，不定。有此福寿，有以保彼东方鲁邦，常为我公之有，而无亏崩震腾之患矣。

三寿作朋，如冈如陵。

三寿，三卿老成者。朋，辅也。夫国有长君，社稷之福。然使无老臣以辅之，则独任难以成理也。又必有三寿之卿而为公之朋辅，则国之元气培而神气振，有以保国如冈陵之固焉。凡若此者，何莫非孝孙之庆乎？

五章讲：不特此也。

公车千乘，朱英绿縢，二矛重弓。

千乘，大国之赋。朱英，饰矛者。绿縢，约弓者。二矛，夷矛、酋矛。重弓，两弓。有田则有车也。我公提封万井，则出车千乘矣。在车之右而持矛者，则有朱英以为之饰；在车之左而持弓者，则有绿縢以为之约。矛必以二，备击刺也；弓必以重，备折坏也，而车之卫无不备矣。

公徒三万，贝胄朱绶，烝徒增增。

徒，步卒。贝，是水虫有文者。有车则有徒。我公车既千乘，则徒必三万矣。胄戴于首，以文贝为之饰；贝饰于胄，有朱绶以为之缀，我师我旅增增然而极其众矣。

戎狄是膺，荆舒是惩，则莫我敢承。

戎，西戎。狄，北狄。膺，当也。荆，楚号。舒，楚与国。惩，治也。承，当也。以此车徒，膺彼戎狄，惩彼荆舒也。吾知有不战，战必胜矣，孰敢有当吾之锋哉？

俾尔昌而炽，俾尔寿而富。黄发台背，寿胥与试。

发，是复兴。台背，背有台文。胥，相也。试，用也。夫以我公允武之功，有以昭格烈祖如此，则感孚之有其道矣。是以今日致祭于庙，而神锡之以福也。俾尔昌而炽矣，俾尔寿而富矣，黄发台背而寿为有征矣。且有老寿之臣相与为公用焉，其得人之庆为何如耶！

俾尔昌而大，俾尔耆而艾。万有千岁，眉寿无有害。

俾尔昌而大矣，俾尔耆而艾矣，万有千岁而寿为有永矣。且保艾尔后而眉寿无有害焉，其享得之吉为何如耶！

六章讲：又不特此也。

泰山岩岩，鲁邦所詹。奄有龟蒙，遂荒大东。至于海邦，淮夷来同。莫不率从，鲁侯之功。

詹、瞻同。龟、蒙，二山名。荒，亦奄。大东，极东之地。海邦，近海之邦。泰山岩岩，常为鲁邦之所詹；龟、蒙二山，永为鲁邦之奄有。此其视诸剖符锡壤之初，犹如故矣。然大东海邦，我鲁以东之国；淮夷，我鲁以南之国，又势相联属，可以服从者也。其必绥之以文德，震之以武威，遂荒大东至于海邦、淮夷也，莫不来同而称臣焉，莫不率从而效顺焉。保所已有，服所未有，鲁侯之功，不其伟哉？

七章讲：又不特此也。

保有凫绎，遂荒徐宅。至于海邦，淮夷蛮貊。及彼南夷，莫不率从。莫敢不诺，鲁侯是若。

凫、绎，二山名。徐宅，徐国也。若，顺也。凫之为山，屹乎兖之东南；绎之为山，镇乎邹之南境。今皆保而有之。此其视诸山河带砺之初，犹不改矣。然徐宅海邦，我鲁以东之国；淮夷蛮貊，我鲁以南之国，又势相联属可以服从也。其必绥之以文德，震之以武威，遂荒徐宅，至于海邦、淮夷、蛮貊及彼南夷也，莫敢不率从而效顺焉，莫敢不唯诺而听命焉。保所已有，而服所未服，鲁侯之心，不是若哉？所谓周公皇祖，亦其福女者如此。

八章讲：然其致敬于郊，而获福果何如哉？

天锡公纯嘏，眉寿保鲁。居常与许，复周公之宇。

常、许，乃鲁地，见侵于诸侯者。宇，即常、许。但见天于我公，感其承祀之敬，而有纯嘏之锡。以寿为诸福之先，所以保是福者也，于是使我侯享天寿之格，而有秀眉之征。故鲁邦周公之所造也，则以是保鲁而守周公之旧。常、许，诸侯之所侵也，则居常与许而复周公之宇。

鲁侯燕喜，令妻寿母。

燕喜，安乐也。令，善也。妻，指声姜。寿母，指成风。由身以及家，则鲁侯燕喜，而有优游无事之休也；令妻寿母，而有家庭天性之乐也。

宜大夫庶士，邦国是有。

宜，当其心。有，乃常有也。以家而及朝廷，则宜于大夫，而大夫莫敢矫其非也；宜于庶士，而庶士莫敢矫其非也。由朝廷以及国，则邦国之山川土田是有也，邦国之附庸是有也。

既多受祉，黄发儿齿。

祉，乃福也。儿齿，齿落更生。夫以眉寿抚先世所遗之业，享燕喜母妻之乐，坐收朝廷邦国之治，则其受祉亦既多矣。然有寿以保福，岂特有秀眉之征已乎？又且发白复黄，齿落生细，凡所以享有寿之征者，无所不备。而保其受祉之多，将见悠悠也，其未有艾也。纯嘏之锡，为何如哉？所谓皇皇后帝，而降福既多者，信乎无一之不备矣。

末章讲：然其致敬于如庙，既有以获福矣，而其修庙之事则何如哉？

徂来之松，新甫之柏，是断是度，是寻是尺。

断，锯截。度，量也。寻，八尺。尺，十寸。彼为巨室，必求大木也。于是取松于徂来，取柏于新甫，断之以成质也，度之以授材也，或寻以度其长也，尺以度其短也。

松桷有舄，路寝孔硕，新庙奕奕。

舄，大也路寝，正寝之室。但见松桷则有舄，路寝则孔硕，而新庙之成奕奕乎其甚大矣。

奚斯所作，孔曼且硕，万民是若。

奚斯，公子鱼也。作，劝课。曼，长也。若，顺也。然是新庙也，主之者我公，而作之者谁乎？教护属工课，其章程之事，皆董于奚斯，乃奚斯之所作也。是以奕奕新庙，形制之深长也，规模之宏伟也，而孔曼且硕，所谓"閟宫有侐，实实枚枚"者，信不偶矣，所以祀周公皇祖者，信有地矣。

夫周公有开国之功，皇祖有承受之德，皆万民所思而欲纪者也。今以孔曼且硕之庙而祀之，则有以报功报德于不尽矣，万民不是若乎？夫僖公之修庙，惟其有以若万民，此国人所以歌咏其事，而颂祷之也与！

商颂四之五

契为舜司徒，而封于商，传至十四世而汤有天下。诗凡五篇。

那一章二十三句

首节讲：此祀成汤之诗。言：理幽之道，莫尚于祭，而要所以感通其间者，声以动之也，敬以本之也，而尤一气以奉之也。我商人之祀先，备是道矣。

猗与那与，置我鞉鼓。

猗，叹词。那，多也。置，陈也。猗与！我商之乐，其多矣乎。乐之小者，有鞉也，置我鞉焉，而凡类夫鞉之小者，无不备矣。乐之大者，有鼓也，置我鼓焉，而凡显夫鼓之大者，无不备矣。

奏鼓简简，衎我烈祖。

烈祖，指汤言。于是以其所置之鞉鼓从而奏之，其声简简然而和大
焉。盖虽牲牢之未迎，臭味之未成，而其和声所感，已足以乐烈祖之心
矣。是其乐音之盛，于未祭如此。

二节讲：

汤孙奏假，绥我思成。

奏，奏乐。假，格烈祖。迨夫方祭之时，汤孙奏乐以格烈祖，但见
格之来格，有以安我。所思而成其人矣，何也？盖子孙之所欲格者祖考，
祖考未格，则其思未慰，而其人未成也。

鞉鼓渊渊，嘒嘒管声。

然其所奏之乐何如，而烈祖有思成之绥哉？以言乎鞉鼓，则其声渊
渊而深远也；以言乎竹管，则其声嘒嘒而清亮也。

既和且平，依我磬声。

依，协也。既和焉而彼此之相济，且平焉而高下之适均。故虽以堂
上之玉磬，其声最为和平，而难依也。今皆有以依之，而堂下之音盖与堂
上之音相协矣。

於赫汤孙，穆穆厥声。

於赫汤孙，声乐如此，岂不穆穆其甚美乎？则其致思成之绥有由矣。
此其音乐之盛，于方祭者如此。

三节讲：

庸鼓有斁，万舞有奕。

庸，大钟。万舞，文武之舞。迨夫既祭也，九献之后，钟鼓交作，
斁然而甚盛；万舞并陈，奕然而有序。

我有嘉客，亦不夷怿。

嘉客，先代之后。怿，悦也。斯时也，虞夏之后来助祭，而为我商

之佳客者，虽不能无盛衰之感也。然乐声甚和，而听之者皆尽神，乐容甚善，而观之者皆忘倦，岂有不夷怿乎？佳客如此，则烈祖可知矣。

四节讲：然祭固以乐为尚，尤以敬为本。

自古在昔，先民有作。

先民，古人也。作，制礼也。是敬也，岂我所自行哉？盖自古在昔，有开物成务之先民者，以为非祭无以洽幽明之交，而非敬无以为奉祭之本，于是制为礼以教人，而恭敬之相传。

温恭朝夕，执事有恪。

执事，祭事。恪，亦敬也。故我也，踵而行之，温恭自持于朝夕之间，而执事有恪。凡夫迎牲以至送尸也，初献以至九献也，莫不尽其敬，而无一时之或懈矣。其奉祭之敬又如此者。

末节讲：乐与敬而俱至，固幸其有思成之绥矣。然此惟将之以其类，而为一气之相通者，方敢必之也。

顾予烝尝，汤孙之将。

顾，犹念。烝、尝，二祭名。将，奉也。今汤尚其顾予之烝尝哉！盖此烝尝之将非他人也，乃汤孙之所将也。以汤之孙奉汤之祭，则一气感通，固宜其我顾矣。不然，乐特具音，礼特具文耳，乌敢必其愿哉？

烈祖一章二十二句

首节讲：此祀成汤之乐。言：先王以垂后为仁，而后嗣以奉先为孝。吾今赖烈祖以修祀典也，而敢忘所自哉？

嗟嗟烈祖，有秩斯祜。申锡无疆，及尔斯所。

烈祖，乃汤也。秩，常也。祜，福也。申，重也。尔，指主祭者。所，即世也。嗟嗟烈祖，应天顺人，爰革夏正，于是贵为天子，富有四海，有秩秩常久之福，可以申锡于无疆。是以至于尔今王之所，犹得承烈祖之祜而奉烈祖之祭也。

二节讲：然承先祜而奉祭，其事何如哉？

既载清酤，赍我思成。

酤，酒也。赍，与也。彼祭必有酤也，则既载之在尊，以行其灌献之礼。但见物备而诚孚，诚孚而神格，于是临之在上，质之在傍，有以赍我所思而成之人也。

亦有和羹，既戒既平。鬷假无言，时靡有争。

和羹，味之调和者。鬷，即奏也。祭亦必有和美也，则既戒而备之预，既平而味之调，以是和羹进而格之祖考，但见无有言说，无有纷扰，而极其肃之至者焉。

绥我眉寿，黄耇无疆。

是以神监其敬，而绥我以眉寿黄耇之寿征，而历万年于无疆矣。若此者，何莫而非先祜之所及乎？

三节讲：不特此也。

约轵错衡，八鸾鸧鸧，以假以享。

今日之人心，犹烈祖所联属之人心也。是以庙祭一行，群后毕集，乘约轵错衡之车，驾八鸾鸧鸧之马，以助我之祭祀，其得人之广大矣。

我受命溥将，自天降康，丰年穰穰。

溥，是广。将，是大。穰穰，黍稷之多。今日之天命，犹烈祖所昭格之天命也。是以诸侯来助祭而受命，既广大矣，又自天降康，使之丰年穰穰之相继，其得天之休大矣。

来假来飨，降福无疆。

协天人之休以奉祭，是以格之，而祖考来格享之。而祖考来享，而降福极于无疆矣。若此者，何莫而非先祜之所及乎？

末节讲：夫载清酤，进和羹，既有思成之赉，眉寿黄耇之绥；萃人心，得天命，又有格享之孚，降福无疆之报。然此惟祭之以其类，而一气相通者，乃敢必之也。

顾予烝尝，汤孙之将。

今汤尚其顾予之烝尝哉！盖此烝尝非他人，乃汤孙之所将也。以汤之孙奉汤之祭，则一气之感也，固宜我顾矣。不然，即清酤和羹，特备物耳，乌敢必其愿哉？

玄鸟一章二十二句

首节讲：此祭祀宗庙之乐。言：一代之业，岂偶然哉？必有不世出之君创之前，又必有不世出之君承之后，而要之皆天命也。

天命玄鸟，降而生商，宅殷土芒芒。

玄鸟，即燕子。生商，生契也。宅，居也。芒芒，大也。是故我商之生，今固衍其盛矣，而生商之始，谁则开之哉？乃天命玄鸟，降于郊禖之前，因而生商焉。由是当夫唐虞之时，为司徒以敷五教，遂膺有国之封，而宅殷土之芒芒也。我商之生，其始于此矣。

古帝命武汤，正域彼四方。

古帝，上帝。汤有武德，故曰武汤。正，治也。域，封境也。我商之业，今固享其成矣，而创业之绪，谁则造之？盖维昔上帝以汤有武勇之德，足以式于九围，于是乃命之爱革夏正，而正域四方之广也。我商之业，其成于此矣。

二节讲：夫上帝即命汤以正域四方矣。

方命厥后，奄有九有。

方，四方。厥后，诸侯。九有，九州也。是以天命所在，人不能违，而四方无不受命之诸侯，而政教号令一禀王法也。人心既归，土宇自属，而凡有无不为其所奄有，而绥甸要荒皆入其版图也。

商之先后，受命不殆，在武丁孙子。

先后，指汤。武丁，是商高宗。夫人心土宇皆天所以命有德也。今无不方命奄有之则，商之先后其受命，亦孔固而不殆乎。惟其受命不殆，是以遗泽之远，至于武丁孙子，犹得以赖其福也。

三节讲：夫先后之命固在武丁孙子，而武丁之中兴何如哉？

武丁孙子，武王靡不胜。

彼智勇锡而圣武昭，汤尝以武王作号矣。今武丁孙子亦袭武王之号，但见其武勇之德，足以拨乱反正而无所不胜，固视之汤而有光矣。

龙旂十乘，大糦是承。

大糦，乃黍稷。承，奉也。夫德既有光于前，而业亦不替于后。以是德而联属乎人心，则庙祭一行，群后毕集，皆建交龙之旂、驾十乘之车，皆奉大糦以为王祭之供矣。其人心如是，视之方命厥后之日，不犹旧乎？

三节讲：

邦畿千里，维民所止，肇域彼四海。

邦畿千里，此是王者所都之地。止，居也。域，封域。以是德而维持乎土宇，则邦畿千里，惟民所止，固适遵先王之制而不敢过；而其封域所及，则极乎四海之广而无外矣。其土宇如此，视之奄有九有之日不如故乎？

四节讲：

四海来假，来假祁祁。景员维河，殷受命咸宜，百禄是何。

祁祁，人多也。景，山名。员，周也。夫人心不改，而四海极来格之多；土宇如故，而景山皆大河之绕。则此人心土宇之命，汤以武德受于前，固无不宜矣。今武丁亦以武德而抚有人心之众，土宇之广，则其受命不咸宜乎！夫天命所在，即百禄所在也。天命攸归，而百禄咸属其负荷，殆与汤之百禄是遒者相匹休矣。武丁中兴之功如此，而与契之生商、汤之造商者，不其克配矣乎？圣祖神孙，后先相继盛德大业，启佑无疆。登歌之颂，乌敢忘所自哉？

长发七章，一章八句，四章章七句，一章九句，一章六句

首章讲：此亦祭宗庙之诗。言：我商今日抚有天下，其受命固本于汤，岂非自汤始也？其所由来者渐矣。

浚哲维商，长发其祥。

浚，是深。哲，是智。祥，指受天命。盖惟深足以潜天下之机，惟明足以见天下之赜，此浚哲之德也。君之所以格天，而天之所以眷君者，皆在于是焉。今自我商言之，世世有浚哲之君，而其受命之祥，发见已久，非一朝一夕之故者矣。

洪水芒芒，禹敷下土方。外大国是疆，幅陨既长。

洪，大也。芒芒，亦大貌。敷，治也。外大国，远方诸侯之国。疆，境界。何以见之？尧时洪水芒芒，禹遍治下土之水，尽其疏凿之功，以外大国为中国之境，兼尽疆理之务，而宇内之幅陨由之以广大。

有娀方将，帝立子生商。

娀，乃契之母家。子，即契。斯时也，有娀氏之国势方大，帝于是立有娀之女。其子曰契者，于以造商室焉。

二章讲：夫天既命契而造商室矣，而为司徒以敷教其事何如哉？

玄王桓拨，受小国是达，受大国是达。

玄，深微。桓，武也。拨，治也。达，通也。但见我玄王也，具武勇之资，足以胜治民之任。其受小国则教化达焉，而小国以宜也；其受大国则教化达焉，而大国以宜也。

率履不越，遂视既发。

履，是礼。越，过也。视，即示。发，应也。若此者而岂徒哉？盖玄王以身率由于典礼之中，而不过越。举凡所谓亲义序别，信者无非其所身有者也，而所以为民之式者，已无不备矣。是以遂示其民，民皆发以应之，五品逊而百姓亲，小国大国之无不达，不以此乎？是契有浚哲之德，而一代受命之祥，已基于此矣。

相土烈烈，海外有截。

相土，契之孙。截，齐一也。延至相土，载嗣侯服，有烈烈显盛之德，继契而为司徒。教化之行海外，咸归于皇极之中，于是人心截然而整齐矣。是相土有浚哲之德，而一代受命之祥，已延于此矣。

三章讲：

帝命不违，至于汤齐，汤降不迟。

违，去也。齐，会也。降，生也。不迟，当其时也。夫商之先祖，既有明德，是以天命未尝去之，以至于汤。正值天命去夏归商之会，而汤之生也应期而降，适当其时而不迟焉。

圣敬日跻，昭假迟迟，上帝是祗。

跻，升也。迟迟，不息意。祗，敬也。夫既得圣人之时矣，然岂徒恃其天，而人之不继哉？但见其以礼制心，以义制事，圣敬日以跻升，以至昭格于天，犹迟迟不息，而惟上帝之是敬焉，则又纯圣人之敬矣。

帝命式于九围。

式，法也。九围，九州也。夫生得其时，则天命已有所属；敬极其至，则格天又有其本。于是上天畀之以君师之任，使代夏而有天下，以为法于九围之中。则浚哲之德，其传自玄王、相土者，至此而益光。而受命之祥，其始自玄王、相土者，至此而有成矣。

四章讲：然以敬德受命之实，果何如哉？

受小球大球，为下国缀旒，何天之休。

球，乃所执之玉。缀，结也。旒，乃旂之垂者。休，是福。彼九围之国，必有所执之玉也。汤则受小国大国所赞之玉，而为人心所系属，不为下国之缀旒乎？夫人心所属即天命所及，是以有荷天之休矣。

不竞不绒，不刚不柔，敷政优优，百禄是遒。

竞，强也。绒，缓也。敷，施也。优优，宽广意。遒，萃也。然此非天有私于汤也，盖汤本其圣敬之跻，以敷布其政也。不偏于竞，不偏于绒，不偏于刚，不偏于柔，而适得其中正之则，盖优优然而宽裕矣。是以人心所属，天休荷而百禄是遒也，岂徒然哉？

五章讲：

受小共大共，为下国骏厖，何天之龙。

共，贡也。骏厖，马能负载。龙，宠也。九围之国，必有所共之贡也。汤则受小国大国所供之贡，而为人心所负戴，不为下国之骏厖乎？夫人心所戴，即天宠所及，是以有荷天之宠矣。

敷奏其勇，不震不动，不戁不竦，百禄是总。

敷奏，如言大奋。勇，武也。震，惊也。动，摇动。戁，恐也。竦，惧也。总，集也。此亦非天有私于汤也，盖汤本其圣敬之跻，以敷奏其勇也。不失之震，不失之动，不失之戁，不失之竦，而莫非仁义之师，盖外不扰民，内不怵己矣。夫是以人心戴天宠荷，而百禄之是总也，岂徒然哉？

六章讲：吾以当时奏勇之事言之。

武王载旆，有虔秉钺。如火烈烈，则莫敢我曷。

虔，敬也。秉，执也。钺，斧钺。烈烈，炽盛。曷，当也。武王肃将天威，载白旆、秉黄钺以征不义，但见无敌之威，如火之烈烈，孰敢有当其锋而遏之者哉？

苞有三蘗，莫遂莫达，九有有截，

苞，是本。蘗，旁生者。遂，遂其恶。达，达其志。截，齐也。是故当时有一本之苞，与夫旁生之三蘗者，若夏桀之肆于上，韦、顾、昆吾之党于下，皆莫得以遂其恶，而九有之大，皆截然归商矣。

韦顾既伐，昆吾夏桀。

韦、顾、昆吾，三国皆桀党。然汤之伐桀，岂其得已哉？吾观其行师之序，则初伐韦，次伐顾，次伐昆吾。盖先灭其党，欲桀之惧祸而自改，汤得以终守为臣之节也。夫何夏之稔恶如故，于是兴鸣条之师以伐夏桀焉。初岂有心于利天下，而遽以伐之哉？盖上帝眷其敬德之纯，而命之以式九围，汤亦不得而辞之矣。我商受命而有天下，肇于契，衍于相土，而后成于成汤，信乎其祥之长发也。

末章讲：夫汤之受命，虽本于德，然所以辅之者，岂无其人乎？

昔在中叶，有震且业。允也天子，降于卿士。

叶，世也。震，惧也。业，危也。允，信也。天子，指汤。降，生也。卿士，指伊尹。昔在中叶，有震且业之时，汤也道足以济天下之溺，勇足以除天下之暴，允矣天下之大君也。然天以不生圣臣以辅之，王业无自而成也，于是降之以卿士。

实维阿衡，实左右商王。

阿衡，伊尹官名。左右，辅弼也。商王，指汤也。实维阿衡之伊尹也。是伊尹也，实推其天民先觉之德，以左右商王焉。凡其政之敷也，勇之奏也，莫非其赞襄之力矣。是一代王业之成，夫岂偶然哉？

夫契有浚哲之德，而天命以基；相土有浚哲之德，而天命以大；汤有浚哲之德，而天命以受，祖功宗德之不可忘如此！吾人于登歌之顷，乌容已于揄扬哉？

殷武

殷武六章，三章章六句，二章章七句，一章五句

首章讲：此祀高宗之乐。言：王者振积衰之运，岂偶然哉？有明作之大功者，斯可称中兴之令主，而享无穷之祀也。若我汤孙，可语是矣。

挞彼殷武，奋伐荆楚。

殷武，殷王之武。荆楚乘商道之寖衰，而为悖逆之举，故汤孙挞然用武，以奋伐荆楚。

罙入其阻，裒荆之旅。

罙，冒也。阻，险也。裒，聚也。夫荆楚之所以敢于叛者，徒恃其地之险阻故也。于是冒入其险阻之地，以致其众而聚之，所以使之穷迫无所逃遁也。

有截其所，汤孙之绪。

汤孙，指高宗。绪，功也。夫人心既聚，而无所逃遁，则此荆楚之地无有欲涣，遂为截然整齐之所矣。若此者，果谁之绪哉？实惟汤孙也。为汤之后，思欲复汤之业，故能平荆楚之乱，以振王纲于既坠，合人心于既涣也，非汤孙之绪何哉？

二章讲：夫荆楚既伐，于是申大义以责之。曰：

维女荆楚，居国南乡。

国，商国。维女荆楚，乃敢为乱者，岂以其地之远哉？特居吾国之南乡耳。

昔有成汤，自彼氐羌，莫敢不来享，莫敢不来王，曰商是常。

氐、羌，西方之夷。享，献也。世见曰王。常，常礼。独不观氐、羌之事成汤乎？昔有成汤之世，自彼氐、羌之远，亦以普天之下皆王土，莫敢不来享而致方物之献也；以率土之滨皆王臣，莫敢不来王而守世见之礼也。且曰来享来王，兹固商之常礼，而我不敢以不遵也。夫远如氐、羌

且然，况女荆楚曷敢不至哉？此吾今日所以观兵而来也。

三章讲：荆楚既平，诸侯自服。

天命多辟，设都于禹之绩。岁事来辟，勿予祸適，稼穑匪解。

多辟，众诸侯。天下土地皆禹所治，故曰禹绩。岁事，乃诸侯之职事。来辟，即来王也。解，怠也。但见侯王、君公皆天之所命者也，九州、五服皆禹之所治者也。自今视之，天命之多辟，其设都于禹之绩者，各修其岁事，来述职于商，以祈王之不谴焉。盖惟惧祸谪之及，何有干赏之意？且曰国家之大事在稼穑，我今土地辟，田野治，而稼穑之匪懈，王之罪谪庶乎其可免矣！其诸侯畏服有如此者。

四章讲：夫以华夷率服，则中兴之功伟矣。然所以致之者，岂无其本哉？

天命降监，下民有严。

监，视也。严，威也。诚以天之降监，不在乎他，而在乎民。民之所归者，天必从而予之；民之所去者，天必从而夺之。是下民虽至微，而实操乎予夺大君之权，不亦甚可畏矣乎？

不僭不滥，不敢怠遑。

僭，赏差。滥，刑过。惟我汤孙以民心即天意，而畏民即所以畏天也。于是有赏也，与众共之，而不失之僭；有罚也，与众共之，而不失之滥。且此心之兢兢于中，不敢有一息之怠遑，惟恐其或失之僭滥也。如是则赏罚协民之心，而民心悦矣。

命于下国，封建厥福。

下国，作天下看。封，大也。民心悦即天意得，故天命之于下国，使为华夷之主。外焉荆楚服，而大建其福于外也；内焉诸侯服，而大建其福于内也。其成中兴之功，夫岂偶然哉？

五章讲：夫汤孙既能中兴，以成天下之功矣，则其业之盛而泽之远何如哉？

商邑翼翼，四方之极。

极，表则。盖自盘庚既没之后，威灵不振，商邑之颓久矣，四方之不取正久矣。今也汤孙一奋，体统正而朝廷尊，礼乐刑政莫不修明，商邑盖翼翼然其整齐矣。是以四方之人，莫不守其礼乐、遵其刑政，而来极于商邑也。

赫赫厥声，濯濯厥灵。

由是发之为声也，施中国而及蛮貊，赫然其显盛也；著之为灵也，诸侯威而四夷服，濯濯其光明也。

寿考且宁，以保我后生。

宁，安也。后生，指后之子孙。然岂特一时之盛哉？且获寿考之祥，遂安宁之庆，则所以嘉靖殷邦而固中兴之业者，无不至矣。故我后生犹得抚翼翼之商邑，藉赫濯之声灵，而中外畏服如故也，不有以保我之后生乎？夫高宗中兴，其业之盛、遗泽之远如此，此诚百世不磨之功也。

末章讲：夫我高宗之功如此，则吾人所以报之者，岂其微哉？

陟彼景山，松柏丸丸。是断是迁，方斫是虔。

丸丸，是直。断，斩也。迁，徙也。方，正也。斫，削也。虔，截也。于是陟彼景山，而取松柏之丸丸。既断之于山林中矣，而遂迁之于造作之所，厥材其孔良也；既王之以绳墨之法矣，而遂斫之以适其大小之用，截之以协其长短之宜，人工其曲尽也。

松桷有梴，旅楹有闲，寝成孔安。

寝，庙中之室。是以庙制皆极其美，以言乎松桷，则有梴然而长也；言乎旅楹，则有闲然而大也。寝庙于是乎成矣，所以祔神主、藏衣冠者有地矣。以此寝庙奉我高宗，为百世不迁之祀，与烈祖成汤相为无穷，而不在三昭三穆之数，不有以安我高宗之神乎？高宗之神安，而后吾人报功之心亦因以安矣。

　　夫高宗有不世之功，而商人有不世之报，故祔庙而歌之。其善于美盛德而告成功也与！要之，高宗由有傅说之辅，得闻圣人之学，始终一敬，故能嘉靖殷邦，享盛长久。然则不迁之庙，尤不可无傅说之配享。